高等院校工商管理核心课程精品教材

房地产营销学

王光娟　金升辉 ◎ 主　编
张赫楠　张　丹　钟绍军 ◎ 副主编
刘　玥　赵珈瑶　向　南 ◎ 参　编

BUSINESS ADMINISTRATION

上海财经大学出版社

图书在版编目(CIP)数据

房地产营销学/王光娟,金升辉主编. —上海:上海财经大学出版社,2019.4

(高等院校工商管理核心课程精品教材)

ISBN 978-7-5642-3146-0/F·3146

Ⅰ.①房…　Ⅱ.①王…②金…　Ⅲ.①房地产市场-市场营销学-高等学校-教材　Ⅳ.①F293.352

中国版本图书馆 CIP 数据核字(2018)第 254791 号

□ 责任编辑　林佳依

□ 封面设计　贺加贝

房 地 产 营 销 学

王光娟　金升辉　主　编

张赫楠　张　丹　钟绍军　副主编

刘　玥　赵珈瑶　向　南　参　编

上海财经大学出版社出版发行

(上海市中山北一路 369 号　邮编 200083)

网　　址:http://www.sufep.com

电子邮箱:webmaster @ sufep.com

全国新华书店经销

上海景条印刷有限公司印刷装订

2019 年 4 月第 1 版　2019 年 4 月第 1 次印刷

787mm×1092mm　1/16　18 印张　461 千字

印数:0 001—3 000　　定价:49.00 元

前 言

随着我国住房制度改革深化和房地产市场的建立，房地产行业发展从无到有、从小到大，逐步成为国民经济的支柱性产业之一。房地产行业是一个专业性跨度很大、涉及领域很广泛的综合型产业，同时也是一个由众多部门机构和分支行业共同支撑的庞大而又复杂的完整体系。房地产作为一种重要的消费品和生产资料，同时也作为一种相对稳定、可靠的投资工具，随着行业的蓬勃发展，其专业人才的需求量一直保持着持续上升的发展态势，尤其是高素质的房地产营销人才。

房地产营销学是市场营销在房地产业的发展和应用，因而成为市场营销学的一个重要分支，是高等院校市场营销专业、房地产管理专业等普遍开设的一门专业课，具有极强的综合性、实践性和操作性。本书从房地产行业人才的需要和高校房地产类专业的培养目标出发，以深化房地产市场营销的理论知识、培养学生的营销技能和综合素质为目标，以房地产营销岗位的工作任务要求为主线，达到真正培养学生进行房地产营销活动设计、策划与执行的能力，使学生的素质能满足行业、企业对必备的营销知识和能力的需求。

全书共 11 章，主要介绍了房地产营销基础、房地产产品概念、房地产营销主题定位、房地产企划创意、销售案场的设计与包装、房地产销售管理、销售人员的培训与管理、房地产营销策略组合、房地产营销信息技术、房地产营销新论等内容。

本书的编写遵循和实现了“系统完整、结构合理，条理清晰、通俗易懂，突出实用性，注重能力培养”。每章课后都有思考题，大多数章节课后设置了案例分析训练，以供读者复习巩固所学的知识，并运用知识去解决实际问题。

本书由吉林农业科技学院的教师完成编写工作，由王光娟担任第一主编，负责全书的统筹、修改和定稿工作，并编写了第一、十一章；金升辉担任第二主编，编写了第四、五、六章；张赫楠、张丹、钟绍军共同担任副主编，其中张赫楠编写第七章，张丹编写第八章，钟绍军编写第十章；刘玥、赵珈瑶、向南担任参编，其中刘玥编写第九章，赵珈瑶编写第二章，向南编写第三章。

本书在编写过程中参阅了大量的文献资料和国内外相关的房地产类教材和著作，借鉴了房地产营销专家、学者大量的最新研究成果和案例，但由于诸多资料是教学中日渐积累而得，故一时无法查找到所有资料的出处并一一说明。如有原作者知悉，请与编者联系，联系邮箱为78308612@qq.com，在此谨向其表示诚挚的感谢。

由于编者水平有限，书中疏漏、不妥之处在所难免，恳请广大专家和读者批评指正。

编　者

2019 年 3 月

目　录

第一章　房地产营销基础

第一节　房地产市场营销概述

一、房地产的概念

房地产是房产和地产的合称，是指在一定社会意识形态下受一定所有权支配的土地财产和房屋财产。在物质形态上，土地是房屋的载体；在经济形态上，土地和房屋的经济价值和运行机制具有内在联系。作为房地产物质构成的房产是指按照建筑规划设计要求建造、供人类生活和从事其他活动的实物体。按其用途，房产可以分为住宅、生产用房、营业用房、行政用房、其他专业用房等，住房是人类生活必不可少的条件，其他房产则是一切经济和社会活动的物质基础。地产是土地、地上附着物和地下设施的总称，地上附着物包括道路、桥梁、水渠等，地下设施有供水、供热、供气、照明、通信等各种管线。城镇用地一般分为工业用地、商业用地、居住用地、交通用地、市政公共设施用地、绿化用地、其他特殊用地等。

房地产作为一个整体，其中地产是主要的，从各国不动产立法来看，都把土地放在核心的地位。从房产和地产的物质形态看，土地可以独立存在，作为独立的物权标示，并且可永久存在；而房屋则不能独立存在，不能离开土地而成为空中楼阁。再从房地产业的运作和房地产市场的运行机制看，土地的获得或占有是房地产业的基础和前提，也是房地产开发经营活动的起点。市场经济越发展，就越能显示土地的价值和突出地位。在经济发达的国家和地区，地价在房地产价格中所占的比重越来越大。再从房地产的价值构成看，房地产价值分为地价和房价两部分，由于土地的永续利用性和房屋的损耗性，随着时间的推移，地价永续而房价有限，可见地价是房地产价值的主体。

房地产与不动产是两个密切相关的概念。法律意义上的不动产，是指在空间上具有固定位置，不能移动或移动就会影响其经济价值的实物体，与动产对应。房产和地产都具有不动产的本质特征，因而房地产属不动产范畴。但从严格意义上说，不动产的外延要广于房地产，如林木、鱼池、一定时期的农作物等，在有的国家民法中都属不动产。

二、房地产的特征

房地产作为一种财产，属于法律意义上的物的范畴，因而具有物的一般法律特征。但房地产同时又具有区别于一般财产（动产）的特点。

（一）房地产具有固定性

房地产属于不动产，占有固定空间而不能移动，故它作为商品进入市场流通时，移转的只是其使用价值而不是物质实体。

（二）房地产具有单一性

房地产属典型的特定物，在地势、地质、面积、位置、气候、结构、质量、装饰等方面彼此之间都存在着较大的差别，世界上没有两件完全相同的房地产。

(三)房地产具有稳定性

房地产作为一种有形财产，较其他财产而言更具稳定性，这一方面表现在它有较长的使用寿命，另一方面表现在其产权变动较其他财产发生得少。

(四)房地产具有保值性

由于土地的稀缺，房地产不但不像某些财产会随着时间的推移而逐渐贬值，相反还能不断增值，因此，房地产投资常被人们作为保值的手段与工具。

案例 1—1

某开发商于 2009 年推出位于某市商业步行街旁的 3 层商业裙楼，由于没有整体策划与包装，尽管商场位置很好，价格也只是周边步行街商铺的 50%，但还是滞销积压，几次开业均不成功。2016 年，步行街周边商铺生意很火爆，导致门面紧俏，门面价格飞涨。开发商趁势将商场裙楼委托给某房地产经纪机构销售。经纪人为其策划后，将商场定位为家居广场，整体出租给商家经营，再将其产权进行重新分割，化整为零，将各个铺位产权以较高的价格出售给众多小投资者。投资者购买产权后，按月向家居经营商家收取租金。开发商由于房地产经纪机构的成功营销，其商场没有因为停业而贬值，反而销售火爆。

(五)房地产具有累计性

房地产的长期稳定性和保值性，使它成为社会财富的庞大容器，这是其他财产所无法比拟的。房地产的这些特征是相互联系和制约的，它们决定着房地产经济运行的规律及房地产的法律关系的调整。

三、房地产市场的概念与类型

(一)房地产市场的概念

广义的“市场”是指商品交换关系的总和，狭义的“市场”是指商品交换的场所。房地产是一种特殊的商品，不可移动性是其与劳动力、资本以及其他类型商品的最大区别。虽然土地及地上建筑物不可移动，但它们派生出的权益可以被某个人或机构所拥有，并且能给拥有者带来利益，因此就产生了房地产交易行为，形成了房地产市场。

房地产市场是指房地产商品的交换场所和领域，也是房地产商品一切交换或流通关系的总和。凡是涉及房地产商品，包括土地、房产及其相关劳务活动交易的场所或领域，就会存在相应的房地产市场及其经济活动。由于房地产的特殊性，房地产在生产和交换的历史发展过程中衍生出了各种交换流通形态，如转让、租赁、抵押和典当等。这些市场形态都离不开中介服务，离不开房地产经纪人的市场运作。

(二)房地产市场的类型

从识别和把握房地产宏观市场环境的角度出发，可以按照地域、房地产的用途和等级、交易目的等标准，对房地产市场进行分类。

1. 按地域范围划分

房地产的不可移动性，表明其对地区性需要的依赖程度很大，这决定了房地产市场是区域性市场，人们认识和把握房地产市场的状况，也多从地域的概念开始，因此按地域范围对房地产市场进行划分，是房地产市场划分的主要方式。地域所包括的范围可大可小，由于房地产市场主要集中在城市化地区，所以最常见的是按城市划分，如北京市房地产市场、上海市房地产市场、深圳市房地产市场等。对于比较大的城市，其城市内部各区域间的房地产市场往往存在较大差异，因此常常还要按照城市的某一个具体区域划分，如深圳市特区内房地产市场、特区外宝安房地产市场、深圳市中心区房地产市场等。

从把握某一国家房地产市场状况的角度，除按城市划分外，还可以按省或自治区所辖的地域划分，如湖南省房地产市场、辽宁省房地产市场等。当然还可以说中国华北地区房地产市场、美国房地产市场、东南亚地区房地产市场、亚洲房地产市场、世界房地产市场等。但一般来说，房地产市场所包括的地域越大，其研究的深度就越浅，研究成果对房地产投资者的实际意义也就越小。

2. 按房地产的用途和等级划分

不同类型的房地产从投资决策到规划设计、工程建设、产品功能、面向客户的类型等方面均存在较大差异。因此，根据房地产用途的不同，可将其分解为若干子市场，如居住物业市场（含普通住宅市场、高档公寓市场、别墅市场等）、商业物业市场（写字楼市场、商场或店铺市场、酒店市场等）、工业物业市场（标准工业厂房市场、新技术产业用房市场、研究与发展用房市场等）、特殊物业市场（码头、机场等）和土地市场（各种类型用地市场）等。根据市场研究的需要，有时还可以进一步按物业的档次或等级细分，如甲级写字楼市场、乙级写字楼市场等。

3. 按房地产交易形式划分

根据《中华人民共和国城市房地产管理法》的规定，房地产交易包括房地产转让、房地产抵押和房屋租赁。由于同一时期、同地域范围内某种特定类型房地产的不同交易形式，均有其明显的特殊性，因此，依不同房地产交易形式对房地产市场进行划分也就成为必然，如土地市场。针对新建成的房地产产品交易，存在着销售（含预售）和抵押等子市场；面向存量房屋的交易，则存在着租赁、转让、抵押、保险等子市场。

4. 按房地产交易目的划分

房地产市场上的买家购买房地产的目的主要有自用和投资两类。自用型购买者将房地产作为一种耐用消费品，目的在于满足自身生活或生产活动对入住空间的需要，其购买行为主要受购买者自身特点、偏好等方面的影响；投资型购买者将房地产作为一种投资工具，目的在于将购入的房地产出租经营或转售，并从中获得投资收益和收回投资，其购买行为主要受房地产投资收益水平、其他类型投资工具的收益水平以及市场内使用者的需求特点、趋势和偏好的制约。根据购买者购买目的不同，可以将房地产市场分为自用市场和投资市场。

5. 其他划分方式

根据市场分析的特殊目的，房地产市场还有其他一些划分方式。例如可以按照房地产市场的交易对象，将房地产市场划分为土地市场、房产市场、房地产金融市场（房地产信托、住房储蓄、房地产保险、房地产证券、房地产抵押贷款、房地产融资等）和房地产中介服务市场（房地产经纪、房地产咨询和房地产评估等）。按照供货方式分，有现房市场和期房市场。按照法律原则分，有合法市场和隐性市场。

四、房地产市场的基本特点

房地产市场作为市场体系的基本组成部分，具有市场的一般规律性，但由于房地产市场的交换对象的独特性，房地产市场具有不同于一般商品市场的一系列特征。

(一)权利的主导性

在一般商品市场,流转的是商品本身。而在房地产市场,房地产商品具有不可移动性,房地产交易仅仅是地产产权的流转和界定。这导致房地产交易一般要经过复杂、严密的法律程序,耗费较长的时间和交易费用,包括中介费、税金等在内的交易费用一般要达到房地产价值的2%左右。

(二)交换客体的异质性

由于房地产的自然异质性和空间区位的差异性,因此,任何房地产交易只能是个别估价、个别成交。

(三)强烈的地域性

由于房地产商品的不可移动性,不同市场供需圈的房地产难以相互替代,因此,难以形成统一的市场竞争和统一的市场价格。可见,房地产市场具有强烈的地域性。

(四)供求关系的特殊性

土地是一种不可再生的稀缺的自然资源,总体来看,房地产的自然供给完全没有弹性,其经济供给受自然供给的限制,弹性也有限。所以,房地产价格主要取决于市场需求。需求增加,则价格上涨;需求减少,则价格下降。当然有时会出现异常现象:地价下跌,供给反而增加;地价上涨,需求随之增加,这时的房地产遵循着特殊的供求规律。

(五)不完全竞争性

由于土地供给的稀缺性、房地产本身的固定性、房地产的交易额巨大以及较强的房地产市场政府干预性,房地产市场的竞争性没有一般市场竞争那么广泛和自由,具有不完全竞争的特性。

(六)银行和中介机构的参与性

房地产交易额巨大,离不开金融机构的融资。

房地产交易一般人很少经常参与,并不熟悉,加上房地产交易的专业性和复杂性,因而房地产交易都有中介机构参与,提供代理、咨询等服务。

五、房地产市场营销的概念及特点

(一)房地产市场营销的概念及内涵

1. 房地产市场营销的概念

房地产市场营销就是企业在房地产市场上进行的营销活动。房地产市场营销是指房地产开发经营企业开展的创造性适应动态变化着的房地产市场的活动,以及这些活动综合形成的房地产商品、服务和信息从房地产开发经营者流向房地产购买者的社会活动和管理过程。这些活动包括房地产市场调研、顾客消费行为研究、市场细分、目标顾客选择(市场定位)、产品定位、客户定位、形象定位、产品创新、销售渠道选择、促销方式选择、销售管理、广告宣传、顾客管理等内容。

2. 房地产市场营销的内涵

房地产市场营销不是简单的销售部门或营销管理部门的业务,而是一个系统活动,涉及财务支持、产品支持、成本控制、人力资源管理等各个部门业务,由参与房地产市场企业经营活动的各方面构成的相互联系、相互影响、相互制约的有机整体。作为一个人为构造的开放系统,它主要表现在四个方面。一是房地产市场营销系统是由一系列相关要素构成的。从大的方面来看，包括宏观、微观两种要素。宏观要素是指国家及地方政府有关房地产市场营销的政策体系与内容（如房地产产业政策、金融政策、市场政策等）以及社会经济背景环境（如人口数量、收入水平等）。微观要素是指房地产开发经营企业围绕企业经营所投入的要素，企业的各个部门、每个人员实际参与的市场营销活动。如策划部门负责对市场进行调研、顾客研究、目标定位，为房地产规划设计提供决策依据；财务部门为市场营销提供财务支持、负责资金筹集和运用，提供资金保障；工程部门，包括总工程师办公室为市场营销提供符合顾客需要的合格的产品，包括设计、施工管理等；销售部门负责选择和确定销售渠道、策划销售方案设计；人力资源部门为整个企业的各个部门合理调度和分配人力资源，设计激励机制；物业管理企业则担当着房地产产品的售后服务功能；房地产企业总经理则是整个企业营销活动的最终决策者。二是房地产市场营销系统的运行结构由输入、过程及输出三个部分构成。这又包括两个方面的内容：房地产市场营销系统运行资源的输入、过程、输出，房地产市场营销战略的输入、过程、输出。三是房地产市场营销具有特定目标。首先是通过房地产市场营销使房地产购买者的需求或欲望得到满足；其次是以盈利为目的，即房地产市场营销活动的参与者都是以追逐近期或长期利益为目的，例如，有些房地产开发商向特定对象（如科学家、劳动模范、知名人士等）实行廉价售房，就是为了树立良好的企业形象，从而追逐更多的长期利益。再次是推进房地产业以及社会经济的整体发展，因为房地产业是整个社会经济活动中一个十分重要的产业，通过有效地开展房地产市场营销活动，可以促进房地产业的持续发展。四是房地产市场营销系统具有环境相关性。房地产市场营销系统是一个开放的系统，系统环境要素对房地产市场营销系统具有重大影响，它可能为房地产市场营销活动提供机会、条件和激励，也可能对房地产市场营销活动产生制约，形成障碍。2018 年上半年，中国房地产政策在“房子是用来住的，不是用来炒的”基调下继续构建长短结合的制度体系。除了传统的限购、限售、限贷等政策，还通过监管的强化、规范市场秩序等措施，保障合理购房需求。

（二）房地产市场营销的基本特征

1. 受区域影响很大

房地产市场具有很强的区域性，因此，房地产市场营销必须对所在区域的城市规划、市政基础设施、商业设施、教育设施、人口状况等因素充分把握，根据区域环境制订适宜的营销计划。

2. 消耗时间较长

房地产价值大，通常消费者多次到实地考察后才会确定交易意向。因此，房地产市场营销者需要与潜在消费者多次接触沟通，让消费者完全认同该房屋价值后，才能实现成功营销。这对房地产市场营销者的能力及素质都有较高要求。

3. 具有动态性

房地产开发周期长，从申请立项到建成销售，需要少则一年、长则数年的时间。因此，房地产营销项目环境具有动态性，企业必须根据变化了的市场营销环境及时调整营销计划。

4. 受消费者心理预期影响较大

与一般商品相比，消费者心理预期对房地产市场营销活动的影响较大。目前房地产市场的消费者对经济及市场认识薄弱，加上买卖双方信息不对称，消费者往往不能对经济形势发展趋势及个人资金效用得失做出客观合理的分析判断，此外，房地产市场消费者对价格变动心理承受能力相对较弱。因此，企业市场营销应充分考虑消费者非理性预期的营销，采取合适的营销策略,以确保企业盈利目标的实现。

5. 受政策法律影响较大

从法律角度看,通过房地产营销活动使房地产产品的转移,主要是房地产产权的转移,而不是房地产商品的实体流动。房地产产权的流动过程和对流动行为的监控需要法律的保障。不同形态的产权转移,不同产权关系的变更,涉及的法律条款不同。从政策角度看,当期发布的财政政策、货币政策、房地产产业政策对房地产产业的发展都会产生一定的影响,针对房地产营销策略也会因市场政策环境的变化而变化。

第二节　房地产营销的相关概念

房地产营销作为市场营销的一个分支,具有极强的专业性,因此,要正确理解房地产营销的内容,必须弄清与之相关的一些专业概念。

一、房屋性质方面的相关概念

与房屋性质有关的概念有商品房、经济适用房和限价房。

(一)商品房

商品房在中国兴起于20世纪80年代,是指经政府有关部门批准,由房地产开发经营公司开发的,建成后用于市场出售出租的房屋,包括住宅、商业用房以及其他建筑物。它是开发商开发建设的供销售的房屋,能办产权证和国有土地使用证,是可以自定价格出售的产权房。自建、参建、委托建造,又是自用的住宅或其他建筑物,不属于商品房范围。

商品房价格由成本、税金、利润、代收费用以及地段、层次、朝向、质量、材料差价等组成。另外,从法律角度来分析,商品房是指按法律、法规及有关规定可在市场上自由交易,不受政府政策限制的各类商品房屋,包括新建商品房、二手房(存量房)等。

1. 商品房的类型

商品房根据其销售对象的不同,可以分为内销商品房和外销商品房两种。

(1)内销商品房

内销商品房是指房地产开发企业通过实行土地使用权出让形式,经过政府计划主管部门审批,建成后用于在境内范围(不包括香港、澳门特别行政区和台湾)出售的住宅、商业用房以及其他建筑物。

复式商品房是内销商品房的一种,是一种经济型房屋,在层高较高的一层楼中增建一个夹层,从而形成上下两层的楼房。

(2)外销商品房

外销商品房是指房地产开发企业按政府外资工作主管部门的规定,通过实行土地批租形式,报政府计划主管部门列入正式项目计划,建成后用于向境内外出租的住宅、商业用房及其他建筑物。

2. 商品房建造和出售的资格

一般情况下,商品房需要取得“五证”,才可以建造和出售,这“五证”包括:国有土地使用证、建设工程规划许可证、建设用地规划许可证、建筑工程施工许可证、商品房销售(预售)许可证。

(1)国有土地使用证:证明开发商已合法取得该土地的使用权,并已缴纳土地出让金。

(2)建设工程规划许可证:证明该房地产项目规划已取得规划部门许可。

(3)建设用地规划许可证:表明政府允许在该土地上进行项目开发建设。

(4)建筑工程施工许可证:表明政府允许该项目进行施工建设。

(5)商品房销售(预售)许可证:表明政府允许进行期房预售、现房销售等。

(二)经济适用房

经济适用房是指根据国家经济适用住房建设计划安排建设的住宅。由国家统一下达计划,用地一般实行行政划拨的方式,免收土地出让金,对各种经批准的收费实行减半征收,出售价格实行政府指导价,按保本微利的原则确定,具有经济性和适用性的特点。经济性是指住宅价格相对于市场价格比较适中,能够适应中低收入家庭的承受能力;适用性是指在住房设计及其建筑标准上强调住房的使用效果,而非建筑标准。经济适用房是国家为解决中低收入家庭住房问题而修建的普通住房,是具有社会保障性质的商品住宅。这类住宅因减免了工程报建中的部分费用,其成本略低于普通商品房。现在购买经济适用房,须年收入小于等于一定金额的家庭或个人,且有当地户口或有居住证才可购买。

经济适用房在别的国家和地区一般被称为"公共房屋",中国香港称为"居者有其屋",中国澳门称为"经济房屋",中国台湾称为"国民住宅",新加坡称为"组屋"。

1994年由建设部、国务院房改领导小组、财政部联合发布的《城镇经济适用住房建设管理办法》指出,经济适用住房是以中低收入家庭、住房困难户为供应对象,并按国家、住宅建设标准建设的普通住宅。经济适用房的价格按建设成本确定,建设成本包括征地拆迁费、勘察设计及前期工程费、建安费、小区内基础设施配套建设费、贷款利息、税金、物业的管理费。

2007年11月19日,中华人民共和国建设部、中华人民共和国国家发展和改革委员会、中华人民共和国国土资源部、中国人民银行共同发布了《经济适用住房管理办法》,对经济适用房的优惠政策、开发建设、价格确定、交易管理、集资和合作建房、监督管理等做出了规定。经济适用房属于政策性住房,购房人拥有有限产权。经济适用房自购买合同备案之日起,不满5年不得直接上市交易。购房人因各种原因确需转让经济适用房的,由住房储备机构按照届时同类经济适用房价格进行回购。

随着时代的发展,经济适用房的适用性也会发生质的变化,即随着经济发展水平的提高而不断地提高住房质量。因此,经济适用房的建设在数量上必须满足不断增长的住房需求,在质量上要通过精心规划、精心设计和精心施工,使经济适用住房的建设达到标准不高水平高,面积适中功能全,造价不高质量高,占地不多环境美。

(三)限价房

限价房是按照"以房价定地价"的思路,采用政府组织监管、市场化运作的模式,在土地挂牌出让时就已被限定房屋价格、建设标准和销售对象,政府对开发商的开发成本和合理利润进行测算后,设定土地出让的价格范围,从源头上对房价进行调控。限价是国家给出的硬性指示,就是死的价格,开发商没有权利更改。简单理解,就是限房价、限地价的"两限"商品房,其价格比经济适用房高。

限价房作为政府在一定时期内调控房地产市场、调节住房供需矛盾的有效手段,由政府成立的全资国有公司负责建设。销售价格实行政府定价,定价原则按照比周边同类商品住房低20%～25%确定。销售价格在预售时向社会公布,公布价格应为该限价房楼盘的最高价。购买限价房应自购房合同备案5年后方可上市交易,并且产权人需补缴土地收益款或房屋产权人自行缴纳土地收益价款后取得完全产权后再出让；补缴标准为土地收益价款按照交易时点或申请补缴时点契税、课税价格与原购买价格之间差价的70%计缴。

二、房屋面积方面的相关概念

房屋面积主要包括建筑面积、套内面积和公摊面积。

(一)建筑面积

建筑面积也称建筑展开面积，是建筑行业的专业名词，与实用面积及实用率计算有直接关系。在房地产市场中它作为一项基础性指标，成为政府、开发商及购房人最为关心的核心数据。因国家或地区不同，其定义和量度标准未必一致。建筑面积一般大于使用面积。建筑面积是建设工程领域一个重要的技术经济指标，也是国家宏观调控的重要指标之一。它是指住宅建筑外墙勒脚以上外围水平面测定的各层平面面积之和，是一个表示建筑物建筑规模大小的经济指标，也是以平方米反映房屋建筑建设规模的实物量指标。每层建筑面积包含了房屋居住的可用面积、墙体柱体占地面积、楼梯走道面积、其他公摊面积等。

(二)套内面积

套内面积全称套内建筑面积，由三部分组成，即套内使用面积与套内墙体面积及阳台建筑面积之和。销售房屋如果按套内面积计算，对业主和开发商都有一定的有利因素。

1. 套内使用面积

套内使用面积，是指建筑物各层平面中直接为生产或生活使用的净面积之和，即每套住宅房门内除墙体厚度外全部净面积的总和，其中包括卧室、起居室、过厅、过道、厨房、卫生间、储藏室、壁柜(不包括吊柜)、户内楼梯(按投影面积)。计算住宅使用面积，可以比较直观地反映住宅的使用状况，但在住宅买卖中一般不采用使用面积来计算价格。

计算使用面积时有一些特殊规定：跃层式住宅中的户内楼梯按自然层数的面积总和计入使用面积；烟囱、通风道、管井等均不应计入套内使用面积；内墙面装修厚度计入使用面积。计算住宅租金，都是按使用面积计算。

2. 套内墙体面积

套内墙体面积是套内使用空间周围的维护或承重墙体或其他承重支撑体所占的面积，新建住宅各套(单元)内使用空间周围的维护或承重墙体，有公用墙和非公用墙两种。

新建住宅各套(单元)之间的分隔墙，套(单元)与公用建筑空间之间的分隔墙以及外墙(包括山墙)均为公用墙，公用墙墙体按水平投影面积的一半计入套内墙体面积。非公用墙墙体按全部的水平投影面积计入套内墙体面积。内墙面装修厚度均计入套内墙体面积。

3. 套内阳台建筑面积

套内阳台建筑面积均按阳台外围与房屋外墙之间的水平投影面积1/2计算。

(三)公摊面积

公摊面积是指由整栋楼的产权人共同所有的整栋楼公用部分的建筑面积，包括电梯井、管道井、楼梯间、垃圾道、变电室、设备间、公共门厅、过道、地下室、值班警卫室等，以及为整幢服务公共用房和管理用房的建筑面积，以水平投影面积计算。

共有建筑面积还包括套与公共建筑之间的分隔墙，以及外墙(包括山墙)以水平投影面积一半的建筑面积。独立使用的地下室、车棚、车库、为多栋楼服务的警卫室、管理用房、作为人防工程的地下室，都不计入共有建筑面积。

公用分摊建筑面积是指每套(单元)商品房依法应当分摊的公用建筑面积。公用建筑面积和分摊的公用建筑面积的产权归整栋楼购房人共有,购房人按照法律、法规的规定对其享有权利,承担责任。

三、建筑经济技术指标方面的相关概念

建筑经济技术指标常见的概念有容积率、绿化率(绿地率)、得房率和建筑密度。

(一)容积率

容积率又称建筑面积毛密度,是指一个小区的地上总建筑面积与用地面积的比率。容积率是衡量建设用地使用强度的一项重要指标。容积率的值是无量纲的比值,通常以地块面积为1,地块内地上建筑物的总建筑面积对地块面积的倍数,即为容积率的值。附属建筑物也计算在内,但应注明不计算面积的附属建筑物除外。值得注意的是,容积率越低,居民的舒适度越高;反之,则舒适度越低。一个良好的居住小区,高层住宅容积率应不超过5,多层住宅容积率应不超过3。但由于受土地成本的限制,并不是所有项目都能做得到。

一般情况下,容积率是指某一基地范围内,地面以上各类建筑的建筑面积总和与基地面积的比值。可以根据规划和管理需要对地下建筑面积计算地下容积率。关于地下室是否算容积率,地下商业建筑(商业用房)算不算容积率等,在现实中都有很好的探索。不算容积率是考虑到节约用地,鼓励开发地下空间;而计入容积率是为了规范房地产市场,防止不良房地产开发商有漏洞可钻。容积率将直接关系到建筑用地的大小。容积率一般是由地方政府自行规定的。

在现行城市规划法规体系下编制的各类居住用地的控制性详细规划中,一般而言,容积率分为:独立别墅为0.2～0.5;联排别墅为0.4～0.7;6层以下多层住宅为0.8～1.2;11层小高层住宅为1.5～2.0;18层高层住宅为1.8～2.5;19层以上住宅为2.4～4.5;住宅小区容积率小于1.0的,为非普通住宅。

(二)绿化率(绿地率)

绿化率是一个不准确、不规范的用词,准确的提法应为“绿化覆盖率”。绿化覆盖率是指绿化垂直投影面积之和与小区用地的比率,相对而言比较宽泛,大致长草的地方都可以算作绿化,所以绿化覆盖率一般要比绿地率高一些。

项目规划建设用地范围内的绿化面积与规划建设用地面积之比。绿化率只是开发商宣传楼盘绿化时用的概念,并没有法律和法规依据。

法律法规中明确规定的衡量楼盘绿化状况的国家标准是绿地率。绿地率是指小区用地范围内各类绿地的总和与小区用地的比率,主要包括公共绿地、宅旁绿地、配套公建所属绿地和道路绿地等,其计算要比绿化率严格很多。计算公式为:

$$绿地率=\frac{绿地面积}{土地面积}$$

绿地率通常以下限控制:并不是长草的地方都可以算作绿地率,距建筑外墙1.5米和道路边线1米以内的土地或地表覆土达不到3米深度的土地,如地下车库、化粪池等,不管它们上面是否有绿化,都不计入绿地面积。公共绿地内占地面积不大于1%的雕塑、水池、亭榭等绿化小品建筑可视为绿地,屋顶绿化等装饰性绿化地,按当前国家的技术规范,也算正式绿地。

(三)得房率

得房率是指可供住户支配的面积与每户建筑面积之比。一般情况下,多层住宅的得房率

最高，基本控制在85%～90%，小高层的得房率为80%～85%，高层一般在75%～80%，办公楼为55%～60%。得房率是买房比较重要的一个指标。计算房屋面积时，计算的是建筑面积，所以得房率太低，不实惠；太高，不方便。因为得房率越高，公共部分的面积就越少，住户也会感到压抑。一般得房率在80%左右比较合适，公共部分既宽敞气派，分摊的面积也不会太多，比较实惠。

（四）建筑密度

建筑密度，是指在一定范围内建筑物的基底面积总和与占用地面积的比例。它是指建筑物的覆盖率，具体指项目用地范围内所有建筑的基底总面积与规划建设用地面积之比，可以反映一定用地范围内的空地率和建筑密集程度。比如一块地为10 000平方米，其中建筑底层面积3 000平方米，这块用地的建筑密度就是3 000/10 000×100%＝30%。建筑密度一般不会超过40%～50%，用地中还需要留出部分面积用作道路、绿化、广场、停车场等。

建筑密度与建筑容积率考量的对象不同，相对于同一建筑地块，建筑密度的考量对象是建筑物的面积占用率，建筑容积率的考量对象是建筑物的使用空间。

四、住宅设计格局方面的相关概念

在住宅设计格局方面的概念主要包括开间、进深、层高、净高。

（一）开间

住宅设计中，住宅的开间是指相邻两个横向定位墙体间的距离。因为是就一自然间的宽度而言，故又称开间。如果把画的图定为上北下南、左西右东，那么上开间就是房屋北边的开间，下开间就是房屋南边的开间。

住宅的开间在住宅设计上有严格的规定。根据《住宅建筑模数协调标准》（GBJ100－87）的规定，住宅建筑的开间常采用下列参数：2.1米、2.4米、2.7米、3.0米、3.3米、3.6米、3.9米、4.2米。规定较小的开间尺度，可缩短楼板的空间跨度，增强住宅结构的整体性、稳定性和抗震性。

虽然小开间住宅存在诸多优点，但也存在许多弊病。因为开间小，在住宅建筑面积中，承重墙、柱的结构面积相对较大，减少了有效使用面积；同时由于开间小，房间分割过小，不适应家庭居住行为变化的要求，而且住房很难自行改造。

为改变传统的小开间住宅设计格局，从20世纪80年代末起，国家开始了大开间住宅设计的技术攻关，并确定要大力推行开间在5米以上、进深在7米以上大开间的住宅建筑体系。这种住宅可为住户提供一个40～50平方米甚至更大的居住空间，与同样建筑面积的小开间住宅相比，承重墙减少了一半，使用面积增加了2%，具有构造配件规格小，便于工业化生产，便于住宅灵活隔断、装修改造的特点。例如，购房者可将住宅分割成较大的两室一厅，也可根据需要分割成三室一厅。这种可自由分割的大开间住宅在国外又叫作“演进式住宅”“空壳式住宅”。在我国由于技术、造价、建材质量等原因，大开间住宅尚处在大力推广之中，有很好的发展前景。

（二）进深

进深是指建筑物纵深各间的长度，即位于同一直线上相邻两柱中心线间的水平距离。各间进深总和称为通进深。在建筑学上，进深是指一间独立的房屋或一幢居住建筑从前墙壁到后墙壁之间的实际长度。进深大的房屋可以有效地节约用地，但为了保证建成的建筑物有良好的自然采光和通风条件,进深在设计上有一定的要求,不宜过大。目前中国大量城镇住宅房间的进深一般要限定在5米左右,不能任意扩大。

通常设置好绘图环境后,就开始在直线轴线中输入上下开间和左右进深数据,就是房屋四周后期要标注的轴线尺寸。

(三)层高

层高是指住宅高度以“层”为单位计量,每一层的高度,国家在设计上有要求,这个高度就叫层高。它是指上下两层楼面(或地面至楼面)结构标高之间的垂直距离;其中,最上一层的层高是其楼面至屋面(最低处)结构标高之间的垂直距离。楼板面至屋顶面的垂直高度也包括楼板面至房屋顶平台面的高度,但房屋顶面或平台面都不应包括隔热层的高度。楼面或地面也不应包括装饰层的厚度,例如,用于装饰而铺设的木地板、塑胶地板、瓷砖、石材板料等块料面层的装饰厚度。中华人民共和国住房和城乡建设部、国家质量监督检验检疫总局联合发布的《住宅设计规范》(GB50096－2011)规定,住宅层高宜为2.80米。

(四)净高

生活中,比如,人的身高的净高＝整体身高－鞋子高度－头发的高度,净高指的是去掉影响高度的因素外,真正的高度值。生活中称量物品等的绝对高度值。工程上的净高,指的是楼面或地面至上部楼板底面或吊顶底面之间的垂直距离。《建筑工程建筑面积计算规范》(GB/T50353－2005)的计算规则中多用净高,后《建筑工程建筑面积计算规范》(GB/T50353－2013)在计算建筑面积时更改为结构净高,结构净高指楼面或地面至上部结构层下面之间的垂直距离。住宅楼和写字楼的净高不完全一致。

1. 住宅楼

住宅的楼层净高,指楼面或地面至上部楼板底面之间的最小垂直距离。可理解为:下层地板面或楼板上表面到上层楼板下表面之间的距离。楼层净高和层高的关系可以用公式来表示:

净高＝层高－楼板厚度

即层高和楼板厚度的差称为净高。有些建筑物无法测量出层高,例如地下室的入口处、窑洞等建筑物就测不出层高。为保证人最基本的活动空间,建筑物空间的高度应使用楼层净高这一标准取代层高标准。

商品住宅的开间、进深和层高(即住宅的宽度、长度和高度)这三大指标是确定住宅价格的重要因素。如果住宅的尺寸越大(即开间、进深、楼层净高越大),建筑工艺相应就越复杂,建造的难度就越大,同时所消耗的建材也会越多,导致建造的成本也就越高。当然人们居住的空间会有所增大,但要付出的房价就会更高。因此,购房者在购买商品住宅时,应当根据自己的实际需要和经济支付的能力来考虑,住宅的面积适宜即可。

根据住建部、国家质量监督检验检疫总局联合发布的《住宅设计规范》(GB50096－2011)的规定,住宅层高宜为2.80米。卧室、起居室(厅)的室内净高不应低于2.40米,局部净高不应低于2.10米(其面积不应大于室内使用面积的1/3)。

2. 写字楼

写字楼的楼层净高(Net Ceiling Height)是指标准层某层的地板装饰面到本层吊顶下表面的距离。通常在选购优质的甲级写字楼时,楼层净高才是我们最应该关注的指标,因为净高的概念中包含了梁板厚度、空调、消防及强弱电布线等管线占据的高度空间等不确定因素。例如,一个层高 3.5 米的写字楼,看起来很好,如果以上结构及管线空间占据了 1 米,底板找平等因素又要扣除 5 厘米,那楼层净高也就只剩余 2.45 米了,这个室内净高就显得有些压抑了。

通常,影响写字楼楼层净高的因素有以下 5 种:

(1)层高:这一因素是基础,只有较高的层高,才能尽可能提供较高的净高,如市场上一般的写字楼层高为 3.8～4.2 米,就比层高 2.6～3.8 米的较容易达到 2.6～2.8 米的净高,若层高只有 3.2～3.5 米或更低,那么要想获得理想的净高就较难了。

(2)梁板厚度:这是占用层高空间最大的因素,一般根据开间跨度为 600～1 000 毫米。

(3)水、电、空调管线占用净高:占用梁下的空间,科学合理的设计中可以合理安排多种管线的高度关系,部分可以穿过或绕过梁进行排布,这一因素一般占用 100～500 毫米。

(4)吊顶系统自身占用高度:根据吊顶系统的不同,一般在 50～100 毫米。

(5)地面找平或架空地板高度:结构找平根据结构施工水平的不同而有差异,优质的施工这一因素几乎可以忽略不计,平整度控制得不好的话,出现 30～50 毫米找平也是很常见的;当然,如果采用架空地板系统,这一高度也应扣除。

国际国内写字楼领域比较公认的甲级写字楼净高标准为不低于 2.6 米,当然香港、上海等城市一些高标准写字楼楼层净高甚至达到 2.8～3.0 米。同时,净高太高对于照明及空调的能耗也会相应提高,一般来讲,甲级写字楼 2.6～2.8 米的净高是比较理想的。

五、楼花、期房、现房

(一)楼花

“楼花”一词最早源自香港,是指尚未竣工的商品房在施工阶段(完工 25% 以上)就推向市场销售。如果把开发公司已建成的房屋看成建设完成后的果实,那么开发公司正在建设而未完成的建筑物则可看作这一果实的花。由此进一步引申出买“楼花”、卖“楼花”、炒“楼花”等。买“楼花”就是代表你有买这个房子的权利,相当于购买了购房的优先权。一般称卖“楼花”为预售房屋,买“楼花”为预购房屋。买、卖、炒“楼花”存在的风险要比现房风险大。

购买“楼花”要先签合同,但要等到楼房建成、住宅平面图注册之后,合同才能履行。买方通常先付一笔定金(或许是该单元议定价格的 10%),其余款项在楼房完工、合同“交割”(settled)的时候付清。

(二)期房

人们习惯上把在建的、尚未完成建设的、不能交付使用的房屋称为期房。即指开发商从取得商品房预售许可证开始至取得房地产权证(大产证)止,在这一期间的商品房称为期房,消费者在这一阶段购买商品房时应签预售合同。一般情况下,期房随施工进度付款,分为三次。首次付款时间为取得预售证时,一般仅付 1 万～2 万元的定金和总房款 10%左右的首期房款;第二次付款时间是工程进行到一半时,付款额约为总房款的 60%;第三次付款时间为房屋已经交工或即将投入使用时,购房者将余下的款项付完,同时开发商将房屋交付给购房者,也可选择按揭付款。如果是一次性交付全款,可获得更大的优惠。期房在价格上能给予较大的优惠,一般为 5%～10%,甚至更多。户型、位置挑选余地较大,但由于是先付款后交房,因此购房消费的过程和结果要依赖于购房合同约定的权利义务的履行,而购房合同的履行,不仅受开发商自身经营的影响,还受许多客观因素的制约。

(三)现房

现房是指消费者在购买时已经通过交付标准的各项验收(各地对交付标准没有统一规

定），可以正式入住的商品房，即开发商已办妥所售房屋的大产证的商品房，与消费者签订商品房买卖合同后，立即可以办理入住并取得产权证。

按国家销售“现房”的规定，已经盖好的房子不等于“现房”，已经有人入住的房子也不等于“现房”，而已领取房产证和土地使用证（现在只有部分房子拥有土地证，以北京为例，新建的规划到各区的现房都不拥有土地证，只有原来归市国土资源直接管理的才拥有土地证）的房子才叫“现房”。这种现房销售已不再需要“销售许可证”，而是要查看“房产证”，签合同也不是必须使用商品房买卖标准合同。现房真实直观，可以一眼看到实物，对里面的房型、朝向都能一目了然；可以即买即住，不用像期房那样要等上一两年甚至更长的时间。

第三节 房地产购买行为分析

在房地产市场上，开发商在房地产开发活动中的最终目的在于卖出房子，获得利润，而要达到这一目的，关键在于建造的物业是否能够满足消费者的需求。消费者是企业的上帝，也是房地产市场营销活动的出发点。开发商只有掌握了消费者的需求，才能赢得更多的客户，求得企业的生存和发展。

一、购买行为要素

对房地产消费者购买行为的描述，我们可以简单地概括为“5W1H”，即谁来买房地产（Who），为什么要买房地产（Why），在什么地方买房地产（Where），在什么时候买房地产（When），买什么房地产（What），如何购买房地产（How）。通过“5W1H”，我们可以简单地勾勒出消费者购买行为的轮廓。

（一）谁来买房地产

这里主要分析研究谁是主要的消费者以及各种类型的消费者。

谁是主要的消费者？从房地产商品的本身出发，分析要将房地产卖给什么样的消费对象，即解决一个消费者层次定位的问题。例如，高档商住楼，营销的对象应主要是所在地区办事处或分公司的外省市的大型企业：商住楼既可以办公，又可以解决外地工作人员的住宿问题，而高档又决定了其营销对象必须是具有一定实力的较大的企业。又如高标准的公寓，主要面向的消费对象可能是高收入阶层如外资企业的高级职员、成功的企业家等。同时，由于房地产商品所具有的价值高的特点，在购买行为的过程中还存在许多参与者，如购买的决策者可能不是最终的使用者。因此，在研究主要消费对象的同时，还要对谁参与了购买的决策进行研究和分析。谁进行购买决策，谁出资购买房地产，谁对购买决策产生影响，谁最终实际使用房地产。这里的重点是要对购买的决策者和购买决策的影响者进行研究和分析。确定主要消费者购买行为进行描述的第一步，也是最重要的一步，它为房地产项目经理进行营销策划、划分最终的目标市场提供了依据。

由于消费者所受的教育、文化修养、处事方式存在差异，即使确定了主要消费对象，这些消费对象的各个个体之间也存在很大的差异。因此，仅仅确定主要消费者还是远远不够的，还应该对消费者进行分类，以便在营销活动中，采取正确的策略来加以突破。

（二）为什么要买房地产

“为什么购房者要寻找新的房产项目”，这一问题涉及购房者的行为、动机和利益。从市场的角度分析，这一研究将直接影响项目的设计、环境及价位。用于自住的购房者一般会长期居住，同时兼有长期投资的打算，所以拥有好的生活模式是他们所要追求的；相对而言，投资购房者最为关注的是投资回报的大小和资金收回的快慢等。当然，不同类型的投资者，其追求的投资收益也不完全相同。

(三)在什么地方买房地产

什么地点、什么样的场所和气氛更有利于消费者做出购买决定，通过对这类问题的分析和研究，可以为项目策划人员在制订渠道策略和促销策略时提供参考依据。

房地产商品具有价值大和固定性的特点，在多数情况下，消费者最终会倾向于进行实地了解、查看。因此，施工现场的环境(如建材放置井井有条会使消费者感觉井然有序，对质量也就有了信心)、售楼处的布置(给消费者营造一种随和、轻松的氛围，有利于增强消费者对营销人员所介绍内容的信任程度)、样板房的设计(样板房是消费者对未来房地产商品的透视，良好的设计效果则会提高消费者购买的欲望)、现场所分发的广告宣传资料(现场资料可对一些尚且无法目睹的内容进行补充介绍)都会对消费者的购买决策起到影响作用，这些都是房地产项目策划人员需要重点研究的问题。

有些消费者则可能因为工作繁忙等原因不便亲自去每个现场挑选而委托中介代理机构。因此，通过对"Where"的研究，可以使策划人员发现哪些中介代理机构是消费者经常光顾的，以便策划人员在选择营销渠道时，可以选择那些信誉高、实力强、业绩好的中介代理机构作为中间商。随着科学技术的进步，还会出现许多新的渠道。如计算机网络技术的普及使得消费者可以足不出户地通过网络来挑选房屋，并可以通过动态效果模拟来观察环境、房型等。相信在不久的将来，网上购房，也将成为购房的一种方式。

(四)在什么时候买房地产

研究消费者在什么时候购买或者是在什么时候更愿意表示购买的愿望，有助于策划人员选择最合适的时机将楼盘推向市场。

房地产市场不像中秋节买月饼那样具有明显的时间特征，但也不是毫无规律可循。例如，夏天天气炎热，消费者不太愿意冒酷暑外出选购；每逢双休日、节假日，询问、选购房地产的消费者要较平时多。在广州，周末看楼已成为许多老百姓消闲度假的一种方式，开发商自然很看重这样的机会，因此每逢星期五，广告就在媒体上投放得铺天盖地。这些开发商能够卖出多少楼姑且不论，广告媒体肯定是最大的赢家。此外，在元旦、春节、劳动节、国庆节前后结婚的人较多，在这之前的几个月，年轻人可能购买婚房；每年的年中和年末，企业会发放奖金，消费者可能持有较多的货币，在这之后的几个月即春秋两季为房地产销售的旺期，企业可以在这个时期举行一定规模的楼盘促销活动，当然也要充分考虑竞争对手推出楼盘的时间。

(五)购买什么样的房地产

由于消费者所处的社会环境、经济条件不同以及心理因素的作用，因此，消费者所需购买的房地产也是多样的。例如，新婚夫妇需要一室一厅，三口之家需要二室二厅，孩子成年以后或者家里有三代人，那就需要三室二厅或者更多。根据经济条件的变化，购买房产的区位也会有不同的选择。再如，在商业活跃，规模迅速扩大时，市场可能对商业用房的需求上升；地区经济发展水平迅速提高时，市场可能对办公用房的需求上升；当居民生活水平迅速提高时，市场对住宅的需求上升，通过对消费者需要购买什么样的房地产的研究分析，可以使房地产企业及时正确地了解消费者的需求，适时推出合适的房地产商品。

(六)如何购买房地产

消费者购买房地产的方式,不仅会影响市场营销活动的状态,而且会影响房地产产品的设计以及营销计划的制订。例如,消费者拥有足够的支付能力,会一次性付款;当消费者支付能力不足时,将分期付款或以按揭方式付款。

二、购买行为影响因素分析

(一)住宅购买行为影响因素

根据我国目前住宅销售的情况看,大部分的购买者是为了居住(自己居住、父母居住和子女居住)。因此,购买住宅实际上是购买一种生活或者说是一种生活方式。正如住宅销售商的广告语"购买一次,享受一生"所言,住宅除了提供购买者一个居住空间之外,实际上还从很多方面对入住者的生活、工作、休闲及家庭发展等产生重要影响。可以说,住宅的购买是最理性的,其影响主要有消费者自身因素、住宅所在地的通勤能力、区域环境因素、房屋自身要素等。

1. 消费者自身因素

消费者自身因素主要包括年龄结构、家庭人口结构、家庭收入、购买动机等。

(1)年龄结构。年龄结构是消费者结构的一个重要方面。就购买力而言,可将年龄结构划分如下:26 岁以下阶段,27～35 岁阶段,36～55 岁阶段,56 岁以上阶段。

①26 岁以下阶段。这一阶段的居民可以说几乎没有住宅购买力。但这个阶段中的 5～18 岁年龄段的居民尚在上学,属未成年人或刚成年,父母必须对他们的教育、监护、安全等问题负责,因此他们对其父母的购买决策有很大影响。

②27～35 岁年龄段。这一年龄层的居民在经济能力上处于初步发展阶段,与 36～55 岁年龄层的居民相比,购买力稍弱,但由于婚姻、生育等问题,家庭独立性强,购买的欲望也特别强,可能占住房消费市场的 25%～33%。

③36～55 岁阶段。这一年龄层的居民具备经济能力,是具有最大购买力的阶层,他们在整个住房市场上所占的比重也最大。

④56 岁以上的年龄层。这一年龄层的居民多半已拥有住房,而且由于子女逐渐成年、独立谋生,原有的房子可能反而逐渐空下来,对房屋的需求大减,除少数以经营房地产为目的或出于投资保值的目的外,对房屋的兴趣较小。要有兴趣也往往是为了将现有的住房调小。在一个人口老龄化较突出的社会中,那些在设计上更多考虑到如何适应老年人生活习惯、满足老年人日常生活要求的住房会较受市场欢迎。

年龄结构对住房消费的影响,还表现在住房消费方式——租赁与购买的选择上。比如,年长者拥有自己住房的比例较大,相对而言,年轻人租住房屋的比例较大。

年龄的不同,对住房属性的要求可能也有所不同。在房屋本身的许多要素、属性方面,如外观、室内设计、房型、工程质量、水电设施、通风、采光、朝向等特征上要求不同,年轻人最重视的往往是室内设计,这与年轻人追求享受的生活观念相符。

(2)家庭人口结构。尽管大厅小室是住宅发展的方向,是进一步提高生活质量和改进生活方式的必然之路,但是在当前居民家庭收入普遍有限、住宅面积还比较紧的情况下,大厅小室并不能适应相当一部分住户的家庭人口结构和生活方式。在一个以几代人共居为民俗的社会中,市场对多居室的公寓会有更大需求。在一个有着较高离婚率的社会中,市场对单居室的住宅会有更高需求。这说明,住户家庭人口结构对住房消费选择有相当程度的影响。因此,作为开发商，要对房型、住房面积进行准确的市场定位，细致深入地对家庭人口结构进行调查统计和分析，预测其变化趋向是必不可少的，不可仅仅是跟着潮流走。

(3)家庭收入。家庭收入是影响住房消费最重要的因素。没有一定的家庭收入和家庭积累支持，住房消费不过是一句空话。例如，各种设施齐全、环境优美的别墅人人向往。但囿于经济能力的限制，即便是一些高收入阶层(如外企高级白领、经理等)，对别墅的远期需求很大，但在近期购买的可能性却很小。同时，职业的不同会直接影响消费者的收入水平与对住房的偏好。例如，在上海浦东陆家嘴金融贸易区附近对住房出租的需求比较旺盛，因为这里聚集了大量的白领职业群体，随着职业流动性的日渐加大，选择租房的大有人在，并且白领阶层的收入水平及偏好等因素又决定了他们对租住的房屋有较高标准的要求。

(4)购买动机。购买房屋的动机对住房消费选择也有一定的影响。一般情况下，首先，购买房屋的动机可以大致分为两类：一类是那些驱使人采取购买行为的因素，如没有自己的房子、现有住宅太小、现有住宅地点不好、现有住宅已破旧等，我们可以称其为"促因"；另一类是那些吸引人去购买的因素，如想住新式公寓、想要更气派的房子、想住更舒服的房子、想要有幢别墅、想投资房地产等，我们可以称之为"诱因"。当然，促因与诱因是难以截然区分的，每一个因素或多或少地同时带有驱使与吸引的双重力量。

例如"现有住宅太小"，固然是个驱使力，但未尝不带有"住大一点的住宅多舒服"的吸引力。同样，"想住新式的房子"固然是吸引，但也可以看成"旧房子住起来很难过"的驱使。概括起来，那些由于"住的基本需要不能满足"而引起的动机，可以视为促因；反之，那些由"更上一层楼的需要"而引起的动机，可以视为诱因。

此外，据国外分析，在经济高速发展阶段，两性在房屋购买动机方面没有太大的区别，唯一的差别在于男性较注意"住得舒服"，女性较注重"有一栋自己的房子"。

2. 住宅所在地的通勤能力

购房者，尤其是刚需族，都是打工一族，每天上下班是必不可少的。因此，很多购房者在购房时都非常重视住宅所在地的通勤能力，特别是在现在这个人人都需要和时间赛跑的时代，交通出行是否便利，更是成为购房者选择楼盘的一个极为重要的因素。即使现在私家车在许多城市已经普及，但交通拥堵现象日益严重，尤其是一些一、二线城市，推行了限号、限行等交通法规，导致人们离不开公交车、地铁等交通工具。社会提倡绿色出行，公交车、地铁等更是人们出行时首要的选择。一般情况下，楼盘与公交车站、地铁站的距离最好在步行 15 分钟以内。例如，某新开楼盘在广告中宣传"地铁 1 号线延长线终点站距本楼盘仅仅 5 分钟"，即使该楼盘距离市中心比较偏远，但因配套公共交通较为便利，再加上价格优惠，依然特别抢手。

3. 区域环境因素

区域环境因素包括自然因素、人文环境、基础设施等。

(1)自然因素。自然因素包括房地产所处地段的地质、地形、地势、地貌以及天气气候等。例如，地质和地形条件决定了房地产基础施工的难度，投入的成本越大，开发的房地产价格自然就会越高；区域的上风、上水方向是否有大型污染源，是否对本区空气、水质造成污染，也会影响房地产价格；气候温和适宜、空气质量优良的地域，其房地产价格也会比气候相对恶劣的地域高；依山傍水、生态环境优良的地段，如海景房、望江楼等，即使房价偏高，选择的人也颇多。随着人们生活水平的提高，对自然环境也越来重视。

(2)人文环境。人文环境主要是指居住小区的居住和文化氛围，这是购房者考察住宅环境时不得不慎重考虑的方面。所谓"物以类聚，人以群分"，如果所住小区的人们有相同或相近的素质修养水平和生活习惯，互相交流起来就比较容易，因而易于相处，形成良好的邻里关系，这些将直接或间接地影响人们的身心健康。历史故事“孟母三迁”，即孟轲（孟子）的母亲为选择良好的环境教育孩子而三迁其地，就是抛开了其他所有因素，唯独重视人文环境的典型事例。电视剧《虎妈猫爸》，男女主人公不惜卖掉精装修的房子去挤一个普通装修、面积也比以前小的房子，就是为了让女儿茜茜得到好的教育环境，不仅体现了教育资源的重要性，也体现了家周围的人文环境与居住者生活的息息相关。

（3）基础设施。房地产基础设施包括：商业服务类公共设施，如超市、医院、银行等；教育保育类公共设施，如学校、幼儿园等；管理及邻里交往类，如会所、老年活动中心等；市政公用类公共设施，如社区交通、消防设施等。这些服务于消费者的设施，对于生活、购物、休闲娱乐、子女教育等方面的方便性与舒适性，改善了消费者的居住外部环境，并且丰富了业主的生活。随着人们生活需求的提高，消费者在购房时也会着重考虑这类因素。

案例 1—2

号称世界上最昂贵的楼盘——海德公园一号，位于英国伦敦中心海德公园旁的骑士桥附近：工地围墙一侧一墙之隔是海德公园，另一侧的一米外就是骑士桥地铁口，地铁口对面是伦敦最繁华的商业区之一——肯辛顿商业区的中心地带，相邻不远是英国女王的官邸白金汉宫、大不列颠自然史博物馆、泰晤士河。这个号称超级豪宅的楼盘 2008 年每平方米售价就高达 66 万元人民币，最小的一套 93 平方米的公寓也要约6 100万元人民币，而最大的一套1 858平方米的“楼王”售价则高达 12.26 亿元人民币。而就是这么贵的楼盘，受到全球的热捧，吸引了阿拉伯王子、俄罗斯金融寡头甚至来自中国的亿万富翁的认购。

资料来源：http://baike.baidu.com/item/海德公园一号。

4. 房屋自身要素

房屋自身要素包括外观、室内设计、户型、工程质量、水电设施、采光、通风、朝向等。这些要素是房屋的内在要素，直接关系到居住者的生理和心理健康，如通风、采光不好的住宅，容易阴暗、潮湿，对居住者健康不力。所以，同等条件下，正房往往比厢房价格高；室内设计、户型的合理与否，则直接影响后期的装修成本，如“三角形户型”“刀把型户型”等，容易造成面积浪费，装修难度较大，同时，有些人购房时讲究风水，认为有些户型本身带“煞”，则比较排斥，如“手枪型户型”“有尖角户型”等。

（二）写字楼购买行为影响因素分析

1. 位置

写字楼建筑的吸引力很大程度上取决于它与另外的商业设施接近的程度，这种吸引力也会由于城市建设的发展而经常发生变化。写字楼建筑物位置还可能由于其邻近某大公司或金融机构的办公大楼而增加购买（承租）者的吸引力。良好的位置常常可以掩盖写字楼建筑的许多缺陷。

2. 交通方便性

大型写字楼里办公人数众多，有无快捷有效的道路进出写字楼，会极大地影响写字楼的租售。写字楼建筑周围若有多种交通方式可供选择（公交、地铁等），能极大地方便在写字楼工作的人。

3. 建筑形式

一栋建筑物的建筑设计形式是影响物业吸引力的重要物理因素，在建筑形式上缺乏特点以至于难以与其他建筑物相区别，肯定会大大影响写字楼建筑的吸引力。

4. 周围市政配套设施状况

写字楼作为日常办公场所，对周围的市政配套设施有较高要求。例如，对外道路交通是否便捷，是否有足够的停车位；写字楼附近是否有与商务紧密相关的机构和服务设计，如政府有关办事机构、银行、保险机构、邮电局、打字复印社、餐饮设施、宾馆、酒店等。

5. 配套设施设备的数量与质量

写字楼的电梯、卫生设施、空调设备、通信设备是否齐全有效，数量是否足够，质量是否稳定，能否确保正常运行，对发挥写字楼的功能至关重要。

垂直交通对于高层或超高层建筑非常重要，楼层越高，对快速有效的垂直交通服务的需求就越大，在影响电梯服务质量的因素中，电梯的位置是最重要的因素之一。电梯服务最重要的标准是安全和快速，但电梯乘客并不是仅仅计算电梯每分钟能上多少层，还要计算乘上电梯前的等待时间以及乘上电梯后在中间各楼层停留的次数。

6. 写字楼的空间尺寸与布局

(1)空间尺寸：大多数商贸型公司都需要空间尺寸较大的空间，楼层上最好无强制分隔，利于公司根据实际进行办公室布局安排。层高不宜过低，以免在其中的工作人员有压迫感。

(2)布局：写字楼前有适当广场或绿地。写字楼主门厅装修气派，外观齐整美观，其投资价值往往十分理想。

7. 写字楼的社会形象

良好的社会形象对于写字楼的购买者和承租者来说，是重要的决策因素。因有助衬托和提升社会地位，为其发展创造出更多的机会。

8. 物业管理服务

写字楼能否正常发挥使用价值，物业管理服务很重要。做得好，等于创造一个良好的工作环境，有利于写字楼内各单位正常营运，并帮助它们维持企业形象和提高企业的信誉。

(三)商业物业的购买行为影响因素分析

1. 区位

商业物业的购买者对于所购物业的区位最为关注。如商业物业处在或临近城市的中心商业区，或处在有商业发展潜力的地段，购得后进行经营活动往往容易获利。

购买者会注意商业物业是否临近交通枢纽。交通枢纽所在之处，往往是商业经营必争之地。交通枢纽附近的商业物业是投资者较好的投资选择对象。

此外，还需考察一些重要的相关问题。例如，十字路口是人流汇聚之地，本是理想的投资位置，但如果兴建地下通道或立交桥以后，其投资价值就会明显不如以前。

2. 所处的总体商业环境

具体包括：商业区内的人口密度、人口流量；商业区的范围及发展方向；商业区内消费者的收入水平及消费特性；营业范围及时间是否受到某种限制；商业区内的商业繁华程度，主要指商业区级别、商业服务业店铺总数(包括数目和面积)、营业类型及竞争情况、商业经营者的资历及开拓精神等。

3. 交通便捷程度

这是指顾客到达商业区的交通方便程度，包括对内和对外两个方面。

(1)对内交通便捷程度:主要考察商业区内道路类型、道路宽度、路面状况、公共交通站点总数及密度、平均车流量等。

(2)对外交通便捷程度:主要考察商业物业与火车站、港口、长途汽车轨道站等设施空间距离和对外交通的方便程度等。

4. 建筑质量

无论是购物中心还是商店,其建筑质量是影响营业额的主要因素之一。例如,两个不同的购物中心,从地段上看优劣相近,且租户经营类别和经营能力类似,市场大小也差不多,只是一家的主营业楼有电梯,且运转良好;而另一家的主营业楼没有电梯或电梯因性能不好经常停开。这两个购物中心的营业额就可能因上述差别而大不一样。装有良好电梯的购物中心营业额必然要比没装电梯或电梯不能正常运转的购物中心营业额大。内部设备不好的购物中心或商店物业必然在出租上有困难,即使有人租用,租金也低。因此,商业物业的购买(租赁)者都喜欢设计风格式样独特、新颖,外观具有吸引力,内部设备先进、技术性能良好的建筑。

5. 店面小环境

店面小环境包括店面朝向、经营范围和种类与周围店铺的经营范围和种类的异同、临街长度、采光、停车与行人步行的方便性等。一般来讲,店面朝向街道的店铺人流较多,单行道右侧的营业状况会更好,采光好、停车与行人步行方便的物业客流量会比较大。

6. 店面自身的配置

店面自身的配置一般应注意以下要点:店面以两面临街为最佳;店面在长、宽、高三个方向上最好有充足的发展余地,以利于装潢;要有放置广告招牌的醒目位置;店面的展示面和临街面应较大,以便拥有较好的营业优势;店面前不应有任何障碍物,以免顾客出入不便。

7. 位置和停车

在商业辐射区域内,各商场间位置的优劣主要取决于消费者到达该地点是否方便,即物业的易接近性或交通通达程度。由于购物者越来越多地使用小汽车等私人交通工具,所以汽车出入的方便性和有否足够的停车位对大型商场来说至关重要。邻近快速交通主干道并不一定能保证方便地进入物业,尤其是禁止左转弯或虽允许左转弯但没有信号灯控制使路口通行条件很差时。商场标志的易识别程度、进出口标志的醒目程度、物业内部交通组织的有效程度等,也影响物业的易接近性。

除以上三种房地产类型(住宅、写字楼、商业物业)之外,还有工业物业,其购买行为的影响因素与商业物业比较相似,主要包括工业建筑设计与质量、交通便捷程度、基础设施完善程度、产业积聚规模、环境质量等。

三、购房决策规则

在购买行为的决策过程中,房地产消费者往往遵循一定的规则。

(一)整体属性最佳规则

一般而言,任何消费者都希望某物业的属性是最优的,假设一物业价格最低,建筑面积最合适,得房率最高,小区物业管理好,交通方便,则消费者必定会选择购买。生活中这种情况似乎非常少见。

(二)非报酬的决策规则

在消费者购买行为的决策过程中,房地产商品的一些属性是非常重要的,其他因素再好也无法弥补和替代。如果一个楼盘距离某个消费者的工作地点太远，或者价格太高，那么无论这个楼盘建筑风格、物业管理、企业品牌等方面如何好，这个消费者也不会购买，因此说非报酬的决策规则是绝对的。

(三)补偿与权衡规则

一个楼盘在满足非报酬决策规则的基础上，楼盘的其他属性可以相互弥补，消费者可以运用加权平均的方法进行权衡，选择称心的楼盘。

案例 1—3

某消费者希望购买一套两室一厅的物业，经过信息搜集，找到了四个物业。这些物业的有关资料见表 1—1。

表 1—1　　四个不同物业的相关属性对比

物业	出行时间（分钟）	价格（元/平方米）	建筑面积（平方米）	得房率（%）	物业管理打分
A	25	5 200	85	74	100
B	40	4 500	82	73	70
C	40	4 500	82	70	90
D	60	4 200	63	65	80

从表 1—1 可以看出，由于 D 楼盘到该消费者工作地点需要 60 分钟，依据非报酬决策规则，D 楼盘首先被该消费者排除在外；根据自身的经济情况，该消费者确定了高于5 000元/平方米的楼盘不买的原则，因此，A 物业也被剔除。剩下 B、C 两个物业，采用加权平均法进行权衡。根据该消费者的态度，对 B、C 物业进行加权属性评分。他给得房率打 35 分(得房率占 35%)，物业管理打 65 分(物业管理占 65%)。则：

B 物业的综合得分是：73×35%＋70×65%＝71.05(分)

C 物业的综合得分是：70×35%＋90×65%＝83(分)

最终该消费者会选择购买 C 物业。

有时候，消费者会发现，使用全部决策规则会排除所有可能的方案，因此规则需要修改。这会导致根据它们关系的重要性来建立规则的层次。

第四节　我国房地产市场的发展历程

我国房地产市场的发展主要经历了四个阶段：萌芽阶段、探索与调整阶段、快速发展阶段和全面调整阶段。

一、萌芽阶段(1958～1991 年)

这一阶段，房地产市场还没有形成，仅处于萌芽阶段。

1958 年，房地产收归国有，中国房地产业从此消失。这一时期重点发展重工业，还不存在完全意义上的房地产市场。

1978 年，开始经济体制改革，同时商品房理论慢慢开始突破。

1980年4月，邓小平提出“出售公房，调整租金，提倡个人建房买房”的设想。同年9月，北京市成立住房办公室。

1981年，深圳开始商品房试点。

1986年1月，国务院召开城镇住房制度改革问题座谈会。

1988年4月，《中华人民共和国宪法》规定，土地使用权可以依法转让。

1990年5月，《城镇国有土地使用权出让和转让暂行条例》的出台，为土地使用权有偿出让提供了具体依据，为建立可流转的房地产和房地产市场的形成奠定了基础。

1991年11月23日，国务院发布《关于全面推进城镇住房制度改革的意见》，明确规定了房改的分阶段及总目标、基本原则、有关政策、工作部署、工作领导等。对房改的深化进行起到了重要的依据作用。

二、探索与调整阶段(1992～1999年)

1992年初，邓小平发表南方谈话，随后，中央向全国传达了《学习邓小平同志重要讲话的通知》，提出加快住房制度改革步伐。全国各地数千亿资金蜂拥扑向海南海口、广西北海等南方沿海城市，掀起了房地产开发的高潮。这是中国改革开放之后有记录的第一次房地产热，也为此后海南泡沫破灭埋下伏笔。

1993年6月23日，时任国务院副总理的朱镕基发表讲话，宣布终止房地产公司上市、全面控制银行资金进入房地产业。随着银行收缩银根，全面停放开发贷款和住房按揭贷款。6月24日，国务院发布《关于当前经济情况和加强宏观调控意见》，16条整顿措施招招致命，海南房地产热浪应声而落。

1994年，《国务院关于深化城镇住房制度改革的决定》发布并实施。此后，“房改”加入了建立住房公积金、开展国家安居工程等内容。建立住房公积金是住房分配货币化的起点、新的住房制度的雏形。

1995年，海南地产泡沫破灭。海南房地产泡沫的破灭事件成为中国局部泡沫经济的典型样本，在中国地产的发展史上占据着特殊的地位。

1998年，中国福利分房制度终止，货币化分房方案正式启动。5月9日，中国人民银行出台了《住房贷款管理办法》，房地产进入了平衡快速发展时期。

三、快速发展阶段(2000～2008年)

2001年，中国正式成为世界贸易组织(WTO)成员，北京申奥成功，此时，投资投机狂潮开始出现，如温州炒房团。

2002年，土地市场规范化政策出台，如土地招拍挂制度。

2003年，“地王”现象出现，国土资源部叫停别墅供地，低密度住宅成“抢手货”。

2004年，房价大涨，房地产热潮从北京、上海一线城市向内陆转移。

2005年，为了抑制房价上涨过快，国务院办公厅颁布了“国八条”，房价走低回落，进入短暂低迷期。

2006年，房价继续上涨，国务院“九部委”又颁布关于调控房地产市场的六条政策，通过银行加息等手段抑制需求，但密集的调控政策依然难以撼动房价高攀。

2007年，房地产疯狂暴涨，上海汤臣天价11万元/平方米；北京商品房预售均价首次突破万元。2007年下半年，此前屡屡收获甚微的宏观调控终于让这只停不下来的舞鞋放慢了节奏,市场观望情绪浓厚,房价趋于稳定。

四、全面调整阶段(2009～2018 年)

2009 年,需求释放,楼市火爆,成交量回升,全面回暖,房价普涨。

2010 年,历史上最严的调控期,出台了新“国十条”,二套房提高首付比例和贷款利率,暂停发放三套房及以上的住房贷款,楼市出现降价潮,成效锐减。

2011 年,调控深入,成交冰冻。出台了新“国八条”,有了保障房、限购令、限价令、房产税试点等。

2012 年,调控持续,市场回暖,地王频现,如保利、万科等。

2013 年,调控加强,市场反弹,房企出海。出台了新“国五条”,地产金融化,如万科入主徽商银行、恒大地产购入华夏银行股权、绿地集团入股上海农商行等。

2014 年,调控不再“一刀切”。实行了双向和分类调控:根据不同地区、不同城市的不同市场形态,实施不同的调控目标与方式;加大保障性安居工程建设力度,加强配套设施建设,提高大城市保障房比例;《不动产登记暂行条例(征求意见稿)》正式公布;政策松绑:限购退出,首套房认定标准调整,央行降息。

2015 年,政策宽松,降准降息,去库存。

2016 年,住房城乡建设部出台“九不准”,明确要对 9 种不正当经营行为依法严厉查处。

2017 年,中国房地产调控政策密集程度前所未有,管理层完成了从“调”到“控”的巨大转折,贯穿需求、供给、价格三大市场要素,楼市秩序正在重构,“限”字令当头。

2018 年,中国房地产政策在“房子是用来住的,不是用来炒的”基调下继续构建长短结合的制度体系。中央层面,注重深化基础性关键制度改革,强化金融监管和风险防控,加快住房租赁体系建设,保障居民合理自住需求;地方层面,深入推进住房制度改革,优化住房和土地供应结构。

练习题

一、思考题

1. 房地产的概念和特征是什么?
2. 房地产市场的特点有哪些?
3. 房地产市场营销的特征是什么?
4. 阐述房地产市场营销的相关概念。
5. 房地产购买行为要素包括哪些?
6. 说明不同类型的房地产购买行为的影响因素。
7. 购房决策原则是什么?
8. 介绍我国房地产市场的发展历程。

二、案例分析训练

希望·依山郡的消费者购买行为分析

希望·依山郡位于吉林市船营区理想路与昆明街交会处,项目紧邻站前商圈,是由北京信泽控股集团投资，吉林市希望房地产有限公司开发建设，总建筑面积 40 万平方米，共分三期开发。该项目背山面城，半山坡地，为了把握当地居民的需求，突出自身的优势，形成独特的卖点，在项目建设之前，他们进行了详细的消费者分析：

1. 吉林市房地产客户分析

第一，从年龄上看，21～30 周岁占购房刚性需求群体的 80%；31～40 周岁占购房舒适需求群体的 36.4%；41～50 周岁占购房投资需求的 35%。

第二，从家庭收入来看，高收入群体是住宅市场上的主要客户，但是，中低档收入群体两者合起来远超过住宅市场的 50%，是住宅市场的重要客户。

第三，从性别上看，男性更看重住宅的投资效益及非常需要，而女性则更倾向于居住及舒适目的。

第四，从置业目的上来看，婚房和改善居住条件是两项最主要的目的。客户忠诚度是影响住宅市场需求的重要因素，经调查，目前市场上，客户所表现出来的主要是刺激性忠诚度和习惯性忠诚度，然而，这两种忠诚度表现不够稳定，住宅市场上需要培养出更多的情感性的忠诚度。

2. 吉林市住宅需求分析

第一，需求面积。图 1—1 中，90～120 平方米的户型面积需求占据最高，占总需求面积的比例为 41.1%；其次是 80～90 平方米和 120～140 平方米，分别占总需求面积的 20%左右；然后是 50～80 平方米，占 13.7%，最后是 141 平方米以上的，占 5.2%。

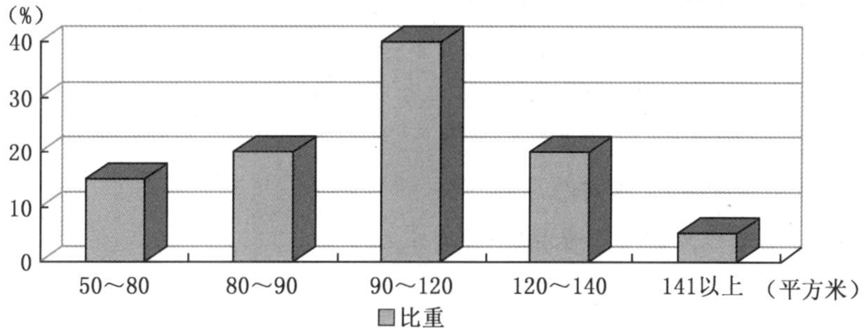

图 1—1　吉林市购房者购买意向面积统计情况

第二，意向单价。图 1—2 中从整体上看，意向购房者极限单价在5 000～6 000元的居多，能够达到 23%左右，其次，是4 000～5 000元，占 20%左右。

第三，物业类型。在意向购房者选择的物业类型中，普通小高层最受欢迎，其次为普通多层，而高层住宅也有相当的接受量。

第四，地理位置。数据显示，购房者对地理位置及区位的选择并没有形成集中偏好。其中，市区非中心地段成为购房者的首选地段占 44%；而以市中心地段以及城郊接合部作为购房理想地段的受访者比例基本相当，均在二成左右；选择近郊及远郊的购房者相对较少，其中远郊中选率仅为 2%。

第五，房屋造型。绝大多数选择了平面设计的房屋造型，其次二成左右的人选择了跃层式/复式的房屋造型。

第六，房间类型、户型结构。因一般性功能房间是满足人们起居生活最基本需要的空间。所以，受访者对一般性功能房间的提及率较高，其中对于卧室、客厅、厨房及卫生间的提及率为

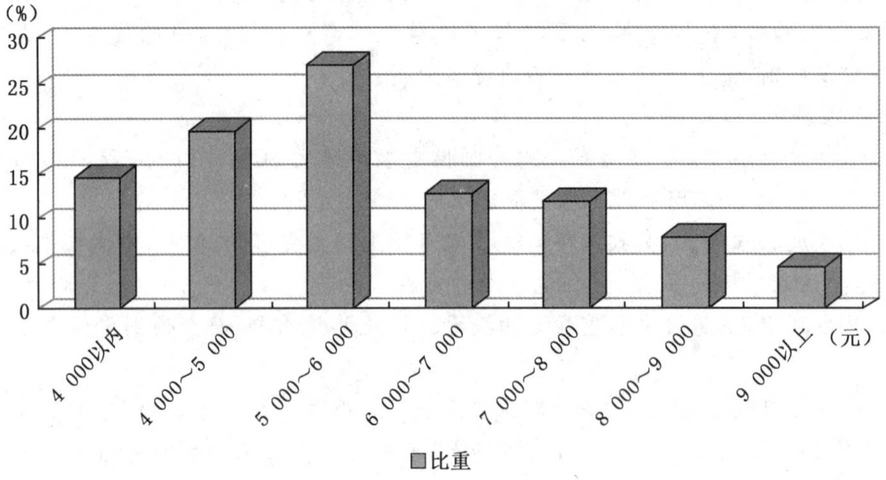

图 1—2 吉林购房极限单价统计

100%。而在特殊性功能房间中,书房和餐厅是人们关注程度较高的房间类型。

基于以上的调研和分析,希望·依山郡楼盘一期主要以多层和小高层建筑为主,设置了11种户型,以中小户型为主打户型。2012年开盘,房价均价为4 600元/平方米,最高价格为5 600元/平方米,最低价格为3 580元/平方米,一时成为许多年轻人购买的焦点。近几年,希望·依山郡又增加了多种房型,随着吉林市房价的上涨,西山生活设施的逐步完善,其房价也逐年上升,2018年,其楼盘均价已达到7 569元/平方米。

资料来源:https://www.anjuke.com/jilin 及学生调研数据整理。

问题:

1. 分析希望·依山郡楼盘热销的原因。
2. 希望·依山郡主要分析了购买者哪些因素?

第二章　房地产产品概念

第一节　房地产产品体系及其策划

在房地产营销中，产品是重要的基础，营销是一种手段和市场理念。企业的一切活动都围绕着产品而展开，房地产产品不是由单一元素构成的，而是由景观、建筑风格等多种元素构成的产品体系。

一、房地产产品体系

（一）房地产产品体系的概念

房地产产品体系是指构成房地产产品的组织元素。不论是描述还是策划一个房地产产品，都会涉及这些元素。一个好的产品，不仅是指房屋本身，还包括其所处位置、周边环境、景观、建筑风格和历史文脉等综合性的内容。研究和理解产品的概念体系，是房地产营销的重要基础。

（二）房地产产品体系的内容

从有形与无形的角度看，房地产产品体系包括可视与可感受两部分。可视部分主要包括建筑本身与建筑物所处的环境。可感受部分主要包括建筑物能为其居住者带来的各项功能，这些功能能够满足人们的生活需求。具体内容如表 2—1 所示。

表 2—1　　房地产产品体系的具体内容

可视部分		可感受部分
建筑物本身	建筑物所处环境	
建筑外立面、景观小品、入口大门、会所、房型、围墙和建筑细部（窗、檐、柱、花纹图案）等	配套设施：医疗、教育、商务办公、安全保障 位置环境：所处地段位置、所处城市区位 经济环境：周边商业设施、娱乐设施 自然环境：绿化、水景、植被等 文化环境：学校、历史文化遗迹等	居住功能、审美功能、社交功能、娱乐活动功能、入住人群等

二、房地产产品策划

（一）房地产产品策划的概念

房地产产品策划是指在项目建设的各个阶段，根据其所处环境条件、相关规定、市场现状及变化趋势，对该项目整个产品体系中各部分内容提出实施建议，为项目的设计、改动提供建议，以便进一步明确方向。

（二）房地产产品策划的内容

1. 房地产产品整体策划

房地产产品整体策划主要是对项目整体产品定位，初步确定建筑物的主要功能、形态规模和风格等内容。

2. 房地产产品空间策划

消费者对于房地产产品之一——建筑的品质和价值的认知取决于以下三个方面：第一，消费者对建筑提出的功能和使用方面的要求；第二，消费者对建筑提出的精神和审美方面的要求；第三，以何种必要的物质技术手段达到上述两方面的要求。

房地产产品空间策划主要围绕以上"两个要求、一个手段"而展开：符合于功能要求的空间称为适用空间；符合于审美要求的空间称为意境空间；按照材料性能和力学的规律性而围合起来的空间称为结构空间。这三者由于形成的根据不同，各自所受到的制约条件不同，各自所遵循的法则不同，因而它们并不天然就是吻合统一的，这就要求建筑师必须根据房地产总体策划把这三者有机地统一为一体。

(1)适用空间的策划。两千多年以前，罗马伟大的建筑家维特鲁维斯在论述建筑时，就把"适用"列在建筑三要素之一，以后各个历史时期，尽管所强调的侧重点时有不同，但是谁都不能抹杀功能在建筑中所处的地位。到了近代，随着科学技术的发展和进步，新建筑应运而生，为了适应新的社会需要，又再一次强调功能对于建筑形式的影响和作用，美国建筑师沙利文的"形式由功能而来"的看法，正是这种观点的集中表现。可见，房地产产品策划必然要从适用空间策划开始。

(2)意境空间的策划。意境空间策划的目的是满足消费者精神感受上的要求。意境空间策划的准则是形式美的多样统一，主从、对比、韵律、比例、尺度、均衡等则是多样统一在某一方面的体现。意境空间的策划就是要根据人们审美观念的发展和变化，按照韵律、比例、亮度、虚实等法则来构建消费者精神享受的空间。

(3)结构空间的策划。建筑空间都是人们凭借着一定的物质材料从自然空间中围隔出来的，但一经围隔，这种空间就改变了性质，由原来的自然空间而变成人造结构空间。结构空间必须具有确定的量(大小、容量)、确定的形(形状)和确定的质(能避风雨、御寒暑、具有适当的采光通风条件)。为了经济、有效地达到目的，人们还必须充分地发挥材料的力学性能；巧妙地把这些材料组合在一起并使之具有合理的荷载传递方式；使整体和各个部分都具有一定的刚性并符合于静力平衡条件。

现代科学技术在结构空间的策划中占据特别突出的地位。这不仅是由于它在实现对于自然空间围事中起着决定性的作用，而且还因为它直接地关系到空间的量、形、质三个方面。

第二节 建筑类型与风格

一、住宅产品的主要类型

(一)公寓

1. 多层公寓

通常情况下，多层公寓指建筑总层数在4～7层的建筑。

多层公寓的主要特点是朝向大多较好，采光、通风比较理想。一般不需要配备电梯，但目前随着房屋结构的不断改善，也有一些多层建筑配备了电梯，一般一梯两户或多户。房屋的得房率一般在80%以上。大多数项目的容积率在1～1.5，也有少数在1.7～1.8，最佳容积率应在 1.2～1.3。大多数项目的绿化率在 35%～45%。

2. 小高层公寓

一般层数在 7～12 层的建筑为小高层建筑，但在市场上，16～18 层的建筑有时也被称为小高层。小高层的结构多采用框架结构形式，得房率在 80%左右。小高层最佳容积率应小于 2.0，而在小区中，小高层一般与多层或高层混合在一起，容积率就要视具体情况而定。

3. 高层公寓

通常情况下，总层数在 13 层以上的建筑为高层建筑。目前市场上的高层建筑有一梯一户到十几户不等，与多层和小高层相比，相应增加了公共走道和门窗。高层多采用钢筋混凝土结构，25～30 层的高层大多采用框架剪力墙机构。得房率相对较低，在 70%左右。一般高层容积率都大于 2，最佳容积率应小于 3.5，而高层多数项目的绿化率在 40%以上。

（二）别墅

别墅，又称改善型住宅，在郊区或风景区建造的供休养用的园林住宅。它是用来享受生活的居所，是第一居所。

一般情况下，别墅分为以下 5 种：独栋别墅、双拼别墅、联排别墅、叠拼别墅、空中别墅[严格意义上讲：双拼、联排以及排屋（town house）等低密度住宅不属于别墅范围，而被划入高档住宅范围]。

1. 独栋别墅

即独门独院，上有独立空间，下有私家花园领地，是私密性极强的单体别墅，表现为上下左右前后都属于独立空间，一般房屋周围都有面积不等的绿地、院落。这一类型是别墅历史最悠久的一种，私密性强，市场价格较高，也是别墅建筑的终极形式。

2. 双拼别墅

这是联排别墅与独栋别墅之间的中间产品，由两个单元的别墅拼联组成的单栋别墅。在美国比较流行的 2－PAC 别墅是一种双拼别墅。由于双拼别墅降低了社区密度，增加了住宅采光面，因此，它拥有更宽阔的室外空间。双拼别墅基本是三面采光，外侧的居室通常会有两个以上的采光面，一般来说，窗户较多，通风非常好。

3. 联排别墅

联排别墅一般由几栋或者由十几栋小于 5 层的低层住宅并联组成，前后有自己的独立花园，但花园的面积一般不会超过 50 平方米，其主要特点有：低密度、低容积率、环保节能。联排别墅左右共用墙体，上下则是有天有地，可以有院落、有露台、有车库；地上层数一般 2～3 层，有的有地下室，一般而言，总体层高不超过 5 层。联排别墅有经济型和豪华型之分，经济型有 250 平方米左右的，豪华型可以达到 450 平方米或更多。

联排别墅是大多数经济型别墅采取的形式之一。

4. 叠拼别墅

它是排屋别墅的叠拼式的一种延伸，介于别墅与公寓之间，是由多层的别墅式复式住宅上下叠加在一起组合而成。一般 4～7 层，由每单元 2～3 层的别墅户型上下叠加而成。叠拼别墅比联排别墅的优势在于布局更为合理，不存在联排进深长的普遍缺陷；而且，叠下有可爱的半地下室，叠上有痛快的露台，虽然没有联排的见天见地，但是优势不减，甚至更为灵动而宜人。

5. 空中别墅

空中别墅发源于美国，即“空中阁楼”，原指位于城市中心地带，高层顶端的豪宅。一般指建在高层楼顶端具有别墅形态的跃式住宅。要求产品符合别墅全景观的基本要求、地理位置好、视野开阔、通透等。

二、建筑风格的类型

(一)欧洲风格

欧洲风格是近年来在住宅开发时使用较多的风格,当今市场上用于住宅的欧洲建筑风格以希腊风格、罗马风格、哥特式风格、巴洛克式风格为代表。

1. 希腊风格

古希腊的建筑艺术,是欧洲建筑艺术的源泉与宝库。古希腊建筑风格的特点主要是和谐、完美、崇高。古希腊的神庙建筑是这些风格特点的集中体现者,古希腊建筑固定格式称之为"柱式",追求建筑的檐部(包括额枋、檐壁、檐口)及柱子(柱础、柱身、柱头)的严格和谐的比例和以人为尺度的造型格式。如图2—1所示,其主要特征是:

(1)屋顶为低坡度的山墙或四坡顶。

(2)在三角形屋檐下及正门廊的屋顶下有宽长的上楣带。

(3)古典式门廊(有时与屋檐等高)的顶通常是平的,由若干根圆形或方形的立柱支撑。

(4)正大门上有横向装饰条,与精制的大理石装饰融于一体。

图2—1 古希腊建筑

2. 罗马风格

罗马风格源于古罗马风格,又名早期古典复兴风格,古罗马风格以其豪华、壮丽为特色,其造型为券柱式,如图2—2所示,其主要特征是:

图2—2 古罗马建筑

(1)有一个简单的三角形屋顶或三角屋脊。

(2)正立面是一个与屋檐等高的古典的门廊(它是正立面最显眼的进口)。

(3)古典门廊由四根基础为方形的柱子和一个正山墙构成。

(4)正门的门上方有一半圆形或椭圆形的气窗。

(5)窗户是按中心轴对称分布的,通常有五列(少于三列和多于七列是少见的)。

3. 哥特式风格

哥特式建筑又译作歌德式建筑,是介于罗马式建筑和文艺复兴建筑之间的,1140 年左右产生于法国的欧洲建筑风格。它由罗马式建筑发展而来,为文艺复兴建筑所继承。哥特式建筑主要用于教堂,在中世纪高峰和晚期盛行于欧洲,如图 2—3 所示。

图 2—3　哥特式建筑

哥特式建筑的特点是尖塔高耸、尖形拱门、大窗户及绘有圣经故事的花窗玻璃。在设计中利用尖肋拱顶、飞扶壁、修长的束柱,营造出轻盈修长的飞天感。新的框架结构以增加支撑顶部的力量,予以整个建筑直升线条、雄伟的外观和教堂内空阔空间,常结合镶着彩色玻璃的长窗,使教堂内产生一种浓厚的宗教气氛。哥特式建筑技术高超精致,又带有艺术性,在建筑史上占有十分重要的地位。

(1)尖肋拱顶

从罗马式建筑的圆筒拱顶普遍改为尖肋拱顶(Pointed Arch,或者干脆称为 Gothic Arch),推力作用于四个拱底石上,这样拱顶的高度和跨度不再受限制,可以建得又大又高。并且尖肋拱顶也具有“向上”的视觉暗示,如图 2—4 所示。

(2)飞扶壁

也称扶拱垛,是一种用来分担主墙压力的辅助设施,在罗马式建筑中即已得到大量运用。但哥特式建筑把原本实心的、被屋顶遮盖起来的扶壁,都露在外面,称为飞扶壁。由于对教堂的高度有了进一步的要求,扶壁的作用和外观也被大大地增强了。有的在扶拱垛上又加装了尖塔改善平衡。扶拱垛上往往有繁复的装饰雕刻,轻盈美观、高耸峭拔,如图 2—5 所示。

(3)花窗玻璃

哥特式建筑逐渐取消了台廊、楼廊,增加了侧廊窗户的面积,直至整个教堂采用大面积排窗。这些窗户既高且大,几乎承担了墙体的功能。并应用了从阿拉伯地区学得的彩色玻璃工艺,拼组成一幅幅五颜六色的宗教故事,起到了向不识字的民众宣传教义的作用,也具有很高的艺术成就。花窗玻璃以红、蓝二色为主,蓝色象征天国,红色象征基督的鲜血。窗棂的构造

图 2—4 尖肋拱顶

图 2—5 飞扶壁

工艺十分精巧繁复。细长的窗户被称为"柳叶窗",圆形的则被称为"玫瑰窗",如图 2—6 所示。

(4)门

层层往内推进,并有大量浮雕,对于即将走入大门的人,仿佛有着很强烈的吸引力,如图 2—7所示。

图 2—6 花窗玻璃

图 2—7 门

(5)束柱

柱子不再是简单的圆形,而是多根柱子合在一起,强调了垂直的线条,更加衬托了空间的高耸峻峭。哥特式教堂的内部空间高旷、单纯、统一。装饰细部如华盖、壁龛等也都用尖券作主题,建筑风格与结构手法形成一个有机的整体。整个建筑看上去线条简洁、外观宏伟,而内部又十分开阔明亮,如图 2—8 所示。

图 2—8 束柱

4. 巴洛克式风格

巴洛克建筑是17～18世纪在意大利发展起来的一种建筑和装饰风格，如图2—9所示。其特点是：

（1）大量使用贵重的材料，喜好富丽的装饰和雕刻、强烈的色彩，刻意追求烦琐。

（2）常用穿插的曲面和椭圆形空间，赋予建筑实体和空间以动态，或者波折流转，或者骚乱冲突。

（3）打破建筑、雕刻和绘画的界限，使它们互相渗透。

（4）建筑物上加上了圆拱顶、塑像、雕刻。

图 2—9 巴洛克式建筑

（二）北美风格

1. 殖民复兴风格

殖民复兴风格由美国建筑大师麦基姆（Mckim）兴起，根基于1880年复兴时期的诸建筑风格，虽然其他风格对它也有影响，但它基本保持了佐治亚和亚当风格，又因吸收了安妮女王风格而显非对称性。第二次世界大战后，因时尚的变化，该风格逐步简化。虽然如此，这种风格却是美国现代别墅风格形成的一块基石。与亚当风格相比，低层窗户演变成左右一对，大门廊纵深加长，加上冠顶形成一进口，其余特征与亚当风格接近。建筑布局合理，通风与采光性好，如图 2—10 所示，其主要特点是：非对称；四坡屋顶配全宽度门廊；侧向山墙；中央山墙。

图 2—10　殖民复兴风格建筑

2. 南加州式风格

美国南加州的建筑风格——淳朴、粗犷、自然，采用深厚的体型，增添宗教建筑厚重宁静的气质。外立面使用偏暖的中性颜色的涂料，墙基部分使用石材作装饰，留存建筑外形的粗加工线条，尽显淳朴优雅。南加州式风格通常用质朴的黏土筒瓦、彩色水泥抹灰墙面、人造文化艺术石、锻铁栏杆装饰、古朴的木质门、木花架和深褐色的窗饰，并运用大量手工工艺，屋顶坡度比较平缓，铺石板瓦或水泥瓦，常用抹灰的窗框，外观上比较质朴，没有太多的豪华装饰，如图 2—11 所示。

图 2—11　南加州式风格建筑

(三)现代主义建筑风格

现代主义建筑思潮产生于 19 世纪后期，成熟于 20 世纪 20 年代，在 50～60 年代风行全世界，其代表人物有勒·柯布西耶、瓦尔特·格罗皮乌斯、路德维希·密斯·凡·德罗、弗兰克·劳埃德·赖特。

现代主义建筑的代表人物提倡新的建筑美学原则，其中包括表现手法和建造手段的统一；建筑形体和内部功能的配合；建筑形象的逻辑性；灵活均衡的非对称构图；简洁的处理手法和纯净的体型；在建筑艺术中吸取视觉艺术的新成果。

其形式特征有：平屋顶，不对称的布局，光洁的白墙面，简单的檐部处理，大小不一的玻璃窗，很少用或完全不装饰线脚等。

阅读拓展 2—1

现代主义建筑的代表人物及其代表作品

1. 勒·柯布西耶(Le Corbusier)

勒·柯布西耶，法国人，20 世纪最著名的建筑大师、城市规划家和作家。是现代建筑运动的激进分子和主将，被称为“现代建筑的旗手”。其代表作品有萨伏伊别墅、马赛公寓、朗香教堂。

(1)萨伏伊别墅。现代主义建筑的经典作品之一，位于巴黎近郊的普瓦西(Poissy)，于 1928 年设计，1930 年建成，使用钢筋混凝土结构。这幢白房子表面看起来平淡无奇，简单的柏拉图形体和平整的白色粉刷的外墙，简单到几乎没有任何多余装饰的程度，“唯一可以称为装饰部件的是横向长窗，这是为了能最大限度地让光线射入。”

(2)马赛公寓。1952 年在法国马赛市郊建成了一座举世瞩目的超级公寓住宅——马赛公寓大楼，它像一座方便的“小城”。

(3)朗香教堂。又译为洪尚教堂，位于法国东部索恩地区距瑞士边界几英里的浮日山区，坐落于一座小山顶上，1950～1953 年由勒·柯布西耶设计建造，于 1955 年落成。

朗香教堂的设计对现代建筑的发展产生了重要影响，被誉为 20 世纪最为震撼、最具有表现力的建筑。朗香教堂的白色幻象盘旋在欧圣母院朗香村之上，从 13 世纪以来，这里就是朝圣的地方。教堂规模不大，仅能容纳 200 余人，教堂前有一可容万人的场地，供宗教节日时来此朝拜的教徒使用。

2. 瓦尔特·格罗皮乌斯(Walter Gropius)

瓦尔特·格罗皮乌斯，1883 年 5 月 18 日出生于德国柏林，是德国现代建筑师和建筑教育家，现代主义建筑学派的倡导人和奠基人之一，公立包豪斯(Bauhaus)学校的创办人。格罗皮乌斯积极提倡建筑设计与工艺的统一，艺术与技术的结合，讲究功能、技术和经济效益，其代表作品是包豪斯校舍和哈佛大学研究生中心。

3. 路德维希·密斯·凡·德罗(Ludwig Mies Van der Rohe)

路德维希·密斯·凡·德罗，德国人(1886 年 3 月 27 日—1969 年 8 月 17 日)，是 20 世纪中期世界上最著名的四位现代建筑大师之一，与赖特、勒·柯布西耶、格罗皮乌斯齐名。密斯坚持“少就是多”的建筑设计哲学，在处理手法上主张流动空间的新概念，他设计了巴塞罗那展览会德国馆、范斯沃斯住宅以及西柏林美术馆。

(1)巴塞罗那展览会德国馆，即建于 1929 年，占地 1 250 平方米的西班牙巴塞罗那国际博览会中的德国馆，由一个主厅、两间附属用房、两个水池和几道围墙组成。除少量桌椅外，没有其他展品。其目的是显示这座建筑物本身所体现的一种新的建筑空间效果和处理手法。

(2)范斯沃斯住宅，是密斯 1945 年为美国单身女医师范斯沃斯设计的一栋住宅，于 1950 年落成。住宅坐落在帕拉诺南部的福克斯河右岸，房子四周是一片平坦的牧野，夹杂着丛生茂密的树林。与其他住宅建筑不同的是，范斯沃斯住宅以大片的玻璃取代了阻隔视线的墙面，成为名副其实的“看得见风景的房间”。

4. 弗兰克·劳埃德·赖特(Frank Lloyd Wright)

弗兰克·劳埃德·赖特是美国最重要的建筑师之一，在世界上享有盛誉。他设计的许多建筑受到普遍的赞扬，是现代建筑中的瑰宝。赖特对现代建筑有很大的影响，但是他的建筑思想与欧洲新建运动的代表人物有明显的差别，他走的是一条独特的道路，他建造了流水别墅、古根海姆博物馆以及草原住宅。他的主要建筑思想如下：(1)崇尚自然的建筑观，属于美国的建筑文化；(2)活的有机的建筑，技术为艺术服务；(3)表现材料的本性，连续运动空间；(4)有特性和诗意的形式。

(四)中式风格

中式风格也是近年来开始在住宅开发中被采用的风格，其代表是海派风格、京派庭院风格和江南园林风格。

1. 海派风格

海派建筑明显的风格标志是里弄住宅、石库门老房子，具体建筑特点则是坡屋顶、清水墙，在门饰、窗套、沿口、外墙阳角等局部，加了一些西方建筑的符号。在空间组合方面，里弄住宅不同层次的空间序列，由城市街道—总弄—支弄—天井，形成公共—半公共—半私密—私密的空间分隔，为居民提供不同的活动和交往的场所，亲切、安全、方便，使之产生强烈的认同感和归属感。

采用海派风格的项目大多讲究细节、浪漫，小家碧玉和兼收并蓄，多用流畅的海派建筑立面，由毛石做基座、面砖贴面、防水涂料组成，八角窗、波形瓦、阳台柱竖线条和横线条构成细腻和精致的海派风格，如图2—12所示。

图2—12 海派风格建筑

阅读拓展 2—2

上海里弄建筑发展历史

上海里弄建筑主要经历了石库门里弄、后期石库门里弄、新式里弄、广式里弄、花园里弄、公寓里弄等阶段。

(1)石库门里弄。老式石库门里弄住宅平面布局的共同特点是大门置于房屋的中轴线上,大门内有一横向长方形或方形天井,屋正中为客堂间,左右为次间和厢房间,横向扶梯在客堂的后面通向二楼。扶梯间之后有横向长方形天井,最后排为单层灶披间(厨房)等。

(2)后期石库门里弄。规模比以前增大,平面、结构、形式和装饰都和原有的石库门弄堂有所不同。单元占地面积小了,平面更紧凑了,三开间、五开间等传统的平面形式已极少被采用,而代之以大量单开间、双开间的平面。建筑结构也多以砖墙承重代替老式石库门住宅中常用的传统立帖式,墙面多为清水的青砖或红砖,而很少像过去那样用石灰粉刷,石库门本身的装饰性更强了,但中国传统的装饰题材逐渐减少,受西式建筑影响的装饰题材越来越多。

(3)新式里弄。新式里弄脱胎于后期石库门里弄,以铜铁栅栏门代替"石库门",为争取良好的日照与通风,围墙高度被大大降低或用低矮栅栏代替,封闭的天井变成了开敞式的小花园。

(4)广式里弄。广式里弄基本上还保留着老式石库门的特征,总体呈连排行列式,单开间平面,二层砖木结构,后面有单披厨房,蝴蝶瓦屋面,正面为板墙。底层中间开两扇木板门。两侧开木板窗,二层中间开木板窗。地坪用泥土夯实,屋内无自来水管道。广式里弄住宅与老式石库门住宅最明显的区别在于它不设天井和石库门门头。

(5)花园里弄。花园式里弄这种住宅在宅前设有宽大的庭院,空地较大,环境幽静。居室多横向布置,以间半式或双间式居多,卫生设备齐全。层数有 3 层、4 层或兼有假层,注意朝向及通风采光。阳台常用细花铁栏杆,门窗用几何图形装饰。建筑外观有西班牙式平屋顶和近代立体形式等多种。

(6)公寓里弄。公寓里弄住宅是花园式里弄住宅的改进型。这类住宅居室面积一般不大,层高也有所降低。层数有 2 层、3 层和 4 层,围墙以弄口大门取代。每层有一套或数套房间,包括起居室、卧室、浴室、厨房等单元。阳台采用凹阳台,不再向室外挑出。

2. 京派传统庭院风格

京派传统民宅中的三大传统建筑元素是:围合形状、三面围合的内庭和私家花园。采用京派风格的住宅大多数建筑以院落为中心,融合山水环境特色,表达对传统街坊邻里关系的怀念。同时,在建筑内部各生活功能区实行最佳的私密性分割,在外观上采用北京四合院的灰色坡屋顶、筒子瓦及一定高度的墙院围合方式;材质上多选用地域色彩浓厚的灰砖,形成雄浑、宏大的气势;空间结构上则是尽可能多地设计庭院空间,以追求四合院的全包围形式,如图 2—13所示。

图 2—13　京派传统庭院风格建筑

3. 江南园林风格

中国的园林建筑历史悠久，在世界园林史上享有盛名。在3 000多年前的周朝，中国就有了最早的宫廷园林。此后，中国的都城和地方著名城市无不建造园林，中国城市园林丰富多彩，在世界三大园林体系中占有光辉的地位。以山水为主的中国园林风格独特，其布局灵活多变，将人工美与自然美融为一体，形成巧夺天工的奇异效果。这些园林建筑源于自然而高于自然，隐建筑物于山水之中，将自然美提升到更高的境界。

江南园林风格以其“天人合一”的造园理念、精致的景观和空间处理手法独步天下。该派建筑多以苏州园林为主要传承对象，亭、台、楼、阁、轩等也多仿造苏州园林样式。景观营造手法借鉴园林中常见的景观处理方法，如借景、漏景、对景、隔景等。坡顶、粉墙、黛瓦、高大的马头墙、飞檐是建筑中的突出特点，力求“最好的私密性，最大的私家花园”这一效果，如图 2—14 所示。

图 2—14　江南园林风格建筑

第三节　景观类型与设计

一、景观类型

景观建设楼盘建设近年来相当流行。就地取景，借景发挥，形象造景，不同的景观类型有不同的风格特点，这里就几个常见的予以介绍。

(一)水主题景观

营造以水文化为主题的景观，打造“亲水”楼盘。可以就近引入活水，将各种水景有机地、有条理地相互组织起来。也可以制造人工水景装置，如设置卵石堆、小亭、木栈桥等景观，相互承接。

1. 引入自然水

运用邻近河、湖资源，使住宅与自然景观融合，在社区内实现水景绿地和谐共生。

2. 设置人工水景小品

在小区中设置大型叠瀑群，设置重叠的怪石，错落相间，形成一种山水石声的景观图画；或者设置大型山石群，怪石嶙峋，制造出天然堆砌的效果。湖、水、石、风自成一体，是人工水景小品的很好诠释，如图 2—15 所示。

图 2—15　叠瀑群景观

(二)体育文化主题景观

通过原创性设计赋予小区景观独有的体育特色及奥林匹克精神，让人们不经意中感受到一种源于体育，又超出体育本身的美好氛围。充分考虑到主题性，将体育设施有机融入景观设计，使两者互为映衬。例如，某项目设置了社区运动主题公园：铺有大面积草坪，遍植几十种植物及花草，拥有成片的树林，两个近 1 万平方米的人工湖贯穿全小区，园内设置慢跑道、网球场等多项设施，形成一个动静相宜的空间，如图 2—16 所示。

(三)原生态主题景观

这种景观出发点是遵循自然规律，使人们有彻底的回归大自然的感受，创造出符合自然生态的植物分布。种植从原始森林挑选的树种，这些树木的共同特点是造型优美、树叶宽大，具有遮阴功能。自然园林将社区内的交通组织和休闲功能融合到景观之中，同时又可供住户观赏，如图 2—17 所示。

图 2—16　某项目社区运动主题公园

图 2—17　树影婆娑

(四)参与式主题园林景观

这种景观的初衷是实现人与环境的相互参与、互动,同时达到环境与环境之间的相互协调。

小区园林设计要层次分明,大小空间与建筑物应协调布局。水景设计在夏季装扮小区生活,到冬季的枯水季节则成为住户晒太阳的凳椅。小区的绿地草皮铺上鹅卵石,居民在夏季光脚踩踏,有益身心健康。私家花园周围设置半公共空间作为过渡,平台花园设于会所顶层之上或是住宅楼的第三层上。会所上的平台花园设有草坪和木板平台,供人们休憩之用。还可设置儿童活动天地,使社区内住户的小孩有嬉戏、玩要之处,如图 2—18 所示。

(五)综合型景观

综合运用以上各种景物设置手法中的几种,使项目景观达到多样性。例如,既运用原生植物又采用水景,既强调参与性又设置儿童玩耍天地。这类景观在房地产项目中屡见不鲜。

图 2－18　小区儿童乐园

二、景观设计

一个优秀的景观设计，来源于细节，因此，景观设计需要从入口、铺地、座椅、雕塑、喷泉、灯饰、亭、廊等方面着手，为住户打造一个舒适、和谐的居住环境。

(一)入口

入口布置得当，则建筑或住宅小区的道路流线自然而通畅。入口要明显易见。通达入口的方向要明确，同时入口的外形需要加以强调，进行艺术处理，使之醒目美观。

(二)铺地

用精心设计的图案铺装地面能够创造极有魅力的路面与场地景观，铺地材料要考虑板块尺度、颜色和质感，良好的材料运用和搭配可以加强铺地图案的艺术效果。

(三)座椅

座椅一般布置在适宜于停留、休闲的地点。可以结合桌、大树、花坛、水池设计成组合体，构成休息空间。

(四)雕塑

雕塑以三维空间的形式，创造赏心悦目的艺术气息，赋予人们联想。居住区的雕塑以居民喜闻乐见的题材为宜，尺度不宜大，要有人情味。雕塑可以布置在居住区的入口、绿地或小广场上，还要考虑雕塑与周围其他设施的协调。

(五)喷泉

喷泉是水景的一种形式，居住内设喷泉可以形成动态特色景观和活泼气氛。在南方气候炎热的地区，喷泉还能够改善局部地段气候。喷泉可结合雕塑和戏水池设计。居住区的喷泉以中小型为宜，水循环系统必须简单可靠，便于操作。

(六)灯饰

建筑环境灯饰一般选用庭院灯为多。光照度稍弱，且多为柔和的乳白色光源，给人以温馨柔美的可亲感。庭院灯应以造型美观、装饰得体、加工精致为选型原则，并充分考虑防水、防锈蚀、防爆及便于维修等问题。

(七)亭

亭在居住区既能满足居民小坐休息邻里交往的需要,又可创造景观美化环境。亭在造型风格上可中可西,或中西结合。

(八)廊

廊是一种“虚”的建筑元素,两排细细的列柱顶着一个不太厚实的廊顶。在廊子的一边可透过柱子之间的空间观赏廊子另一边的景色,像层“帘子”一样,似隔非隔、若隐若现、把廊子两边的空间有分又有合地联系起来。

第四节 户 型

一、户型的分类

户型就是住房的结构和形状,目前,户型主要有两大类:平层户型和立体户型。

(一)平层户型

平层户型在目前房地产市场上最为普遍,一般是指户内房间的地面标高相同的户型。平层户型常见户型一般以一室户、二室户和三室户为主,还有四室户等。常见的一室户有一室(没有餐厅和客厅空间)、一室一厅(餐厅和客厅在同一空间,以下同)、一室两厅(餐厅和客厅两个功能空间厅,以下同);常见的二室户有二室、二室一厅、二室二厅;常见的三室户有三室、三室一厅、三室两厅。在平层户型中,1 个卫生间的户型称为一卫,2 个卫生间的称为二卫。常见的如三室二厅一卫、三室二厅二卫等。

目前,一些地区的房地产市场上出现了大户型平层概念别墅,也就是在平层空间内,布置出别墅房间空间,出现了五室三厅三卫等户型。

(二)立体户型

立体户型是指户型内房间标高不同,立体户型常见的有复式、错层、跃层、叠加别墅户型、联排别墅户型和独立别墅户型。

1. 复式户型

复式户型室内空间分上下两层,由室内楼梯相连通,一楼为公共活动空间,设客房、客厅、餐厅和厨房,层高一般为 3 米左右。在复式户型中,房间内的楼梯除了连接上下两层作用外,更充当了一种家庭装饰,赋予居室现代生活气息。二楼为私人活动空间,设有起居室、卧室和书房,层高约为 2.8 米。楼上楼下分别有多个卫生间。有的复式采用挑空设计,有别墅户型的优势。

2. 错层户型

错层户型与复式户型相比,户内不同层面间的落差要小得多,一般在 60 厘米左右,大多不会超过 1 米。户内楼梯的梯数很少,一般常见的是 2～3 阶。错层户内空间感较丰富,功能分区由于不同平面的落差而强化,常见的错层户型是在厅与房间的空间之间,通过错层设计,实现了动与静两个空间的分离。

3. 跃层式户型

所谓跃层式户型,就是指住宅占有上下两层楼面,卧室、起居室、客厅、卫生间、厨房及其他辅助用房可以分层布置,上下层之间的交通不通过公共楼梯而采用户内独用小楼梯连接。一般在首层安排起居、厨房、餐厅、卫生间，最好有一间卧室，二层安排卧室、书房、卫生间等。跃层式户型的优点是每户都有较大的采光面，通风较好，户内居住面积和辅助面积较大，相互干扰较小。

4. 叠加别墅户型

叠加式别墅是别墅按建筑形式分类的一种。它是联排别墅的叠拼式的一种延伸，也有点像复式户型的一种改良，叠加式别墅介于别墅与公寓之间，是由多层的别墅式复式住宅上下叠加在一起组合而成的。一般 4～7 层，由每单元 2～3 层的别墅户型上下叠加而成，这种开间与联排别墅相比，独立面造型可丰富一些，同时一定程度上克服了联排别墅窄进深的缺点。

5. 联排别墅户型

联排别墅，有天有地，每户独门独院，设有 1～2 个车位，还有地下室。联排别墅又由于内部是否设置庭院而分为庭院式联排别墅和非庭院式联排别墅。在一些中式风格的联排别墅设计中，户型空间被庭院分割为前后两个空间，中间有廊相连，通过建筑围合庭院，户型更为丰富。联排别墅户型可以根据相连房屋数量而分为两联（通常称为“双拼别墅”）和多联别墅，一般情况下，联排别墅在 6 联体以内较为常见。由 3 个或 3 个以上的单元住宅组成，一排 2～4 层联结在一起，每几个单元共用外墙，有统一的平面设计和独立的门户。建筑面积一般是每户 250 平方米左右。

6. 独立别墅户型

独立别墅一般为 1～3 层建筑。独立别墅有时设地下室空间，独立别墅户型由于空间的优势，可以实现户型的最优化布局。

二、优秀户型遵循的准则

（一）空间有效分离

1. 生理分区

8 岁以上子女应该与父母分室居住，15 岁以上异性子女应分室居住，两代夫妻应分室居住。

2. 功能分区

住宅的使用功能虽然简单，但不能随意混淆。简言之，功能齐全的一套户型一般有如下几个分区：

（1）公共活动分区，供起居、交谊用，如客厅、餐厅、家庭厅、门厅等。

（2）私密休息厅，供处理私人事务、睡眠休息用，如卧室、书房、保姆房等。

（3）辅助区，供以上两个部分的辅助支持用，如厨房、卫生间、储藏间、阳台等。

这些分区各有明确的专门使用功能，有动、静的区别，有小环境的要求。绝大多数的平面设计都注意到了正确处理这三个功能区的关系，使之使用合理又互不干扰。

3. 动静分区

人来人往较多、活动频繁的区域应靠近入口设置，如客厅、餐厅、厨房等；主要为休息之用的卧室显然要有最大限度的静谧，应比较深入。两者应严格分开，确保休息的人能安心休息，要活动的人可以放心活动。

4. 公私分区

家庭业主的生活不能被打扰，这就要求不仅需要将卧室（主卧、父母房、儿童房）与客厅、餐厅进行区位分离，而且应注意各房间门的方向。户型内公私区域主要功能空间参见表 2—2。

表 2—2　户型中公私分区功能空间

公共区	入口、玄关
半公共区	客厅、餐厅、家庭娱乐场所
半私密区	厨房、保姆房、保姆洗手间、工作台
家庭成员私密区	客房、儿童房、公共洗手间
主人私密区	主人房、书房、主人洗手间

5. 主次分区

为了彰显业主的成功，也为了家庭成员之间的起居互不干扰，主人房不仅应朝向好（向南或向景观）、宽敞、大气，而且应单独设立卫生间，应与客房、子女房略有距离分隔。若设有保姆房，则应与主要家庭成员的房间有所分离。

6. 干湿分区

厨房和卫生间等带水、带脏的房间，应与精心装修、怕水怕脏的卧室等分开。

（二）户型设置多样化

户型是动态的，它随着市场的变化而变化。其特点包括以下几个方面：(1)户型需求的多样化源自市场消费层次的多样化；(2)购买群体年轻化需求的多样化；(3)不同地域群体需求的区域化差异。

（三）面积恰当、尺度适宜

户型面积大小与产品形态有着很大的关联。而一般住宅户型面积的分配如表 2—3 所示。

表 2—3　一般住宅户型面积配比

名　称	面积、开间、净宽	名　称	大　小
厅(起居室)	20～45 平方米，开间≥3.9 米	餐厅	8～12 平方米，净宽≥2.4 米
主卧室	15～25 平方米，开间≥3.6 米	卫生间	4～10 平方米
次卧室	10～15 平方米，开间≥3 米	厨房	8～12 平方米，净宽≥1.5 米
阳台	4～12 平方米，净宽 ≥1.6 米	保姆房	4～6 平方米，开间≥3.9 米
工作阳台	4～6 平方米，净宽≥1.2 米		

上述面积中，保姆房、起居室、走入式的储藏室根据商品房的目标客户而选择配置。

（四）厅、卧面积比例协调

有专家认为，目前总面积为 130～140 平方米的户型，设计 30 平方米的厅比较合适，从趋势上看，厅的面积下调，主卧室面积从 15～18 平方米调至 25 平方米。其中的原因是：

第一，客户年轻化，很少在家度过，回家时卧室是常用的空间，需要衣柜、电视、看书的位置，厅内一部分功能转移到卧室中。

第二，社区设置会所，会所改变了交友一定要在家中的观念。

第三，整个社会文明程度提高，人的隐私权要求增加。

在设计中，通常安排餐厅和起居室结合，但高标准的住宅内，可以考虑分开设置。但如果分开后，餐厅的光线、通风以及视野等条件均没有得到改善，或餐厅分离后反而更像扩大的通道，则不如不分开。特别是中小型住宅，一个大起居室的空间感、尺度感和生活氛围，便优于两个厅的分离设计。

三、户型变化新趋势

(一)户型面积趋向使用化

大厅大户的结构显得落后，中户型设计基本上以大厅小卧为主，而大户型通过增加房间数目、强化功能空间的手段也达到类似的效果。

户内实用率比以前高，公共走道、室内走道、楼宇边角等公共面积减少，户型设计较以前更讲究如何充分利用每一块空间。

(二)功能配置更趋完善

在功能配置上，体现了以下几个方面的特点：

(1)主人房带卫生间已成为中大户型的必要设计。

(2)工作阳台的设置，与以前功能重合的阳台设计(把家务操作、观景等功能集中于一个空间实现)相比，变得更为合理、方便。

(3)书房、儿童房、健身房、衣帽间等配套空间的设置，使室内活动更为舒适。

(4)玄关的设计，增加户内空间层次，也与生活水平提高的社会现实相吻合，使入室更衣换鞋等新风尚变为可能，促进居家健康化、安逸化。

(三)客厅功能重新定位

对于时尚、前卫、崇尚个性、反对约束、SOHO一族，客厅最好不要设置为过于方正的传统形式，而要有起伏变化、有错落、有曲线。

对于IT人士，为客厅赋予更多的工作功能，甚至直接将客厅当作电脑间、网上冲浪室，可以满足他们的要求。

客厅的其他社交、娱乐功能，都将成为客厅面积、大小设定的因素。

(四)阳台功能多元化区分

阳台设计应在注重其基本功能的基础上出新出彩，满足人们不断高升的品位需求。

1. 双阳台

双阳台设计有两种思路：一种是强调通风，把两个阳台分置于厅(客厅＋餐厅)的两端；另一种是注重实用，将北向阳台与厨房相连，便于放置加工的蔬菜及其他小杂物。

2. 内阳台

将阳台整体纳入室内，使其成为厅的自然延伸，因此，可以看作封闭阳台的一种升级。

3. 观景阳台

景观可分为海景、山景、湖景、江景、河景、城市夜景及天际线背景、街景、公共花园、小区中心庭园。观景阳台不仅强调人看景，而且应做到阳台与景观的交流、对话，阳台融入景观，因此不仅需要上佳的角度，而且需要较大的面积。

4. 景观装饰阳台

与观景阳台不同，景观装饰阳台是将阳台自身建造为一种景观。

(1)阳台上运用古今中外各种不同的建筑符号；

(2)阳台造型采用半圆形、弧形、扇面形、L形等；

(3)阳台材质选用镂花铁艺、不锈钢、石柱、钢化玻璃，色彩更加丰富。

5. 家政阳台

家政阳台是用于家务劳动或充当家庭服务的空间。往往在设计上备有水龙头、地漏、电插座及晾衣架等，但其面积也就在2～3平方米，这种阳台往往处于北向和设备间或者厨房相连接之处，与卧室的"静区"远离，其内可以放置洗衣机，作为洗衣、晾衣、熨衣等家务劳动的小空间，既有良好的通风采光条件，也避免了洗衣、晾衣弄湿卫生间地面及穿厅过室。

(五)厨房空间的再塑造

厨房除了放大使用面积之外，还应注意功能的开发和室内环境的保护，充分考虑冰箱、微波炉等物品的放置。

1. 位置

厨房是生活中主要污染物的产生处，应远离卧室、客厅，应尽量靠近户门。

2. 面积

多数厨房面积在5～8平方米，但由于"冰箱入橱"已是大势所趋，各种家用厨房电器的日益普及，厨房面积应进一步扩大。

3. 舒适性

L形厨房比"一字形"厨房更能减少步伐移动，节省时间，提高效率，降低劳动强度；厨房分为清洗加工区和烹饪区是流行趋势。长度和宽度方面，要考虑操作台、盥洗台的设置，考虑厨具、电器、壁柜的设置及摆放位，以及管线的安装和通风排气条件。

4. 创新性

在200平方米以上的户型中，可以设立单独早餐室，也可以厨房与餐厅之间完全畅通连接，即开放式、半开放式的厨房设计(在小户型住宅及酒店式公寓运用得比较多)，从而极大地拓宽工作面积，可以一边听音乐，一边切菜，任务繁重时，还可调动全家人一起动手。

(六)卫生间空间改革

1. 面积

目前消费者希望的面积集中于6～7平方米或10～12平方米两个区间，开发商应根据项目定位恰当选择。

2. 通风采光

卫生间应该做到宽敞明亮、通风顺畅，如能设置成明卫，就更为理想。上式窗户是最适合洗手间的。

3. 功能布局

长方形卫生间宽度不能太窄，否则将集中于一边或间隙过小，都将给使用者带来麻烦。而影响用具布局的主要因素是开门方向，因此拉门是值得考虑的设计。

(七)窗、门、间隔

在窗、门、间隔的设计上，体现出以下几个新趋势：

(1)落地窗、凸窗、角窗等打破了单纯以阳台作为居室外延空间的局面，通常采用低窗台设计，可坐可卧，既增加了使用空间，又开阔了视野。

(2)卧室门的朝向注意避免与其他房间门相对的现象。

(3)一些中小户型采用自由间隔设计，充分体现个性品位。其一，少了梁柱对空间的占用及制约，使自由空间变得灵活方便；其二，室内空间多运用薄墙、虚墙(非砖石水泥结构)，住户可重新进行间隔。

第五节 小区会所

一、会所的类型

(一)主题式会所

将运动、健康、历史文化等主题融入会所,有利于提升物业形象。例如,将会所主题定为运动概念。在会所配置健康服务设施,如大型乒乓球馆、羽毛球标准场、攀岩俱乐部、氧吧和健身房等。会所同时为每位业主建立健康档案,业主还可以享受优惠服务。

(二)综合型会所

管理一流,注重营造会所气氛。经常举办一些参与性活动,比如,定期举办少儿运动技能培训班、篮球比赛、健身操比赛、儿童绘画比赛和文艺晚会等。设置健身房、浴池、台球室、图书馆、美容美发店、网球场、儿童活动室。

(三)非营利会所

会所服务全部免费,设施普通、大众化,是一个休闲娱乐场所。设置茶座、棋牌室、健身房等。

(四)连锁型会所

有些房地产开发公司开发项目较多,故采用连锁型会所经营模式。每一个分会所有一个主题,比如,有的以健身房为主,有的以医疗保健为主,有的以商务交流为主。连锁型会所可根据各自主题设置相关设施,例如,靠近体育中心的分会可设置网球场、高尔夫球场等运动设施。

(五)多功能、全天候的新型会所

多功能、全天候的新型会所适合于占地面积较大的大型社区,小区会所内设置休闲、娱乐等项目,同时充分利用周边配套设施,与周边配套设施形成互动。此外,设置老人的缓跑径、太极运动场,以及儿童活动室、历险乐园、溜冰道、健身草坪和露天表演场等。

二、优秀会所应具备的要素

(一)准确的定位

1. 会所定位结合业主的定位

结合目标群的经济情况、生活习惯、文化层次,确定会所的规模、档次、风格、项目种类及其他相关配套设施。

2. 坚持服务至上的原则

综合型大厦、住宅小区会所的发展着眼点应放在服务上。会所从自身所应具备的各要素出发,营造出现代化的物质环境,在经营过程中形成完美的精神环境,使服务的作用充分发挥出来。

3. 达到最佳使用效果,注重会所设施和项目的配套

要求各设施项目的设计达到标准,而会所内部设施的配备应以市场为中心,既不能价格太高,让人望而却步,也不能设备陈旧而无人问津。

(二)良好的经营策略

1. 充分利用自己的资源对市场进行渗透,提高市场占有率

在现有市场的基础上,通过改善设施设备和服务等经营手段、方法,逐渐扩大会所的销售,以提高市场的占有率。具体措施是:扩大宣传,增加客户对会所的了解,增加老客户消费的次数;提高服务质量,并通过降低价格的办法来吸引新客户,刺激老客户更多的消费;会所可以尽力将竞争者的顾客吸引到自己的项目上。

2. 利用已有项目开发新市场,争取新的消费群

具体的实施方法有:在当地寻找新客户,这些客户目前尚未参与进来,但他们对项目的兴趣有可能被激发。例如,会所一直把太极拳运动作为老年人的项目,可以根据太极拳修身养性的特点,进行包装宣传,向中年人、青年人推广。

3. 开发新项目

由于人们的需求不断变化和提高,会所只有不断地改进项目,以新的外观形式、更高的服务质量满足人们的需要,巩固原有市场,并进一步扩大市场占有率。例如,会所开发新项目,可以开设室内网球俱乐部、风味小吃、日式餐厅等,也可以开辟多间兴趣室,如钢琴、芭蕾舞和插花等。

第六节 产品定位的步骤及定位报告的撰写

一、产品定位的步骤

第一步,项目整体定位研究。

第二步,项目初期建筑方案研究。

第三步,针对各组成部分提出策划建议。包括以下几个方面:

(1)景观策划(考虑因素有:绿化要求、楼盘布局、景观设置的目的。其中,景观设置的目的包括:提供生态环境、美化小区、为居者提供活动空间、植物疗养,从而根据不同目的配置不同类型的景观)。

(2)建筑风格策划(考虑因素有:地势、周边环境、项目整体定位)。

(3)户型设置策划(考虑因素有:户型配比、户型面积、各个功能区的功能策划)。

(4)入口、会所策划(考虑因素有:项目整体建筑风格和项目主题、居住人群生活习惯、居住者社交需求)。

(5)道路交通系统策划(考虑因素有:道路与景观的结合,道路是否影响居住者活动,道路形状采用直道形还是弯道)。

第四步,完成产品策划报告。

二、产品定位报告的撰写

产品定位报告通常包括项目概况研究和项目策划具体建议两部分内容。

(一)项目概况研究

1. 项目定位研究

项目定位时可参考表 2—4 中的内容。

表 2—4 **地产因子对照表**

地产因子	单身公寓	普通住宅	中高档住宅	豪宅	中高档住宅附加说明	本项目符合情况
对公共交通的依赖性	很强	强	一般	弱	不宜在闹市区、人员混杂区	是/否
对噪音、环境干扰的适应性	强	较强	弱	很弱	不宜紧临交通主(快)干道、高压线、工厂等	是/否
对小区周边市政配套要求	高	很高	高	高	—	是/否
对小区物业管理的要求	低	不高	高	很高	—	是/否
对建筑、装修质量的要求	低	一般	高	很高	精品设计	是/否
对容积率、覆盖率的要求	无	一般	低	低	—	是/否
对休闲空间、绿化的要求	无	一般	高	很高	具有品位的专用康乐、商务会所及小区环境	是/否
对景观的要求	无	一般	高	很高	最好具有天然稀缺景观资源	是/否

2. 市场流行的产品设计趋势研究

房地产产品虽然没有时装那样的季节性，但也有不同时期的流行风格。因此，在产品报告研究中，要针对目前市场流行的产品进行仔细的分析研究，了解市场上对该类产品需求的关注焦点，并根据案例分析，参照已有产品设计和市场变化预测，研究产品设计未来的发展趋势，在此基础上提出项目产品定位的合理建议。

3. 项目所处环境调研

地块周围景观调查内容如表 2—5 所示。

表 2—5 **地块周围景观调查内容表**

规　划	布局形式，绿化规模，楼盘与景观体量配比
建筑风格	主流风格及变化趋势
房　型	当地新开盘的户型结构、款式，结构是复杂还是简易，主体面积、立体户型的情况
建　材	门窗材料、环保和保温材料的使用，室内管道铺设、红外线防盗、煤气报警、紧急呼叫系统的使用等
配　套	车库、智能设施、项目附带商业、就医、教育设施的情况

对项目所处环境进行调研，应包含以下内容：(1)自然景观；(2)人文、历史景观，包括教育、历史文化遗迹、旅游目的地等；(3)环境、污染情况，包括水、空气、土地污染情况，噪声污染等；(4)社会治安状况等。

4. 周边竞争性楼盘调查

周边竞争性楼盘调查内容包括：(1)周边楼盘项目内部规划；(2)周边楼盘建筑风格；(3)周边楼盘户型配比；(4)周边楼盘现已入住的客户及目标客户的类型等。

(二)项目策划具体建议

1. 建筑策划

(1)项目整体定位研究——结合项目总体精神。项目的总体定位是建筑风格选择的一个决定因素,风格的选择必须适合整体定位。例如,“奥林匹克”运动、健康概念的小区,不适宜做雅致、静谧的古典风格,而适宜做简洁、朝气蓬勃的现代风格。

(2)项目目标客户群研究——充分考虑目标客户审美取向。考虑目标客户审美也是确定建筑风格的一个重要因素。年轻人士肯定与中老年人士的审美取向有差别,而从事不同工作的人对审美也有不同的感觉。

(3)项目所处周边环境研究——与所处环境协调。周边环境的建筑颜色、造型以及公共设施的类别也会影响项目本身建筑风格的定位,因此,在进行建筑风格策划时,要处理好与周边环境的关系,同时注意查阅有关规定中对项目所处地块的建筑物外观的要求。

(4)项目周边楼盘建筑风格——差异化产品,提升竞争力。最近几年,市场上曾流行过几种建筑风格,从“欧陆”风到“新古典建筑”,风行之处,所建住宅几乎是一种风格,这无疑使得产品同一化,失去自己的个性,同时也失去了与竞争性楼盘相区别的卖点,为了提高楼盘卖点,必须差异化自己的产品,首先应确定其建筑风格。

(5)项目所在市场流行趋势研究——把握趋势、超前策划。掌握市场需求的变化趋势,超前策划出适应未来市场变化的产品,或者使自己产品的建筑风格能够长久地经受市场的考验,就要充分了解市场曾经流行的各类建筑风格,以及世界上的种种建筑风格流派,在此基础上进行再创造,这样才能设计出经久不衰的建筑风格。

(6)在以上五步的基础上提出建筑风格策划建议。

2. 户型比配置

首先,确定各类户型在项目中的比重及项目主力户型。各类户型配比如表2—6所示。

表2—6　各类户型配比表

类　型	户型名称	面积大小	所占比例
经济型			
实用型			
成熟型			
豪华型			

此外,项目的首期户型还必须考虑以下几个因素:

(1)首期户型的市场反应对后期户型市场信心的影响。

(2)首期户型对整体户型比的包容性。

(3)突出同附近楼盘的差异,体现本楼盘的品质。

首期销售的楼盘在户型上应加大体现本项目个性的户型比重,吸引广大购房者,使首期销售顺利,也可以为后续销售造势。

3. 景观规划设计建议

结合楼盘整体的文化定位,并考虑项目本身特点,提出景观整体功能是突出美化、突出健康、突出新邻里关系、突出东方神韵还是异域特色。是否做水景观,是做人工水还是引入天然水。硬质景观(如假山、亭阁等)和软质景观(如水面、草坪等)的比重如何分配,是否设置标志性雕塑、装置，如何设置草地、花园、植被才能提升景观的共享性。

4. 道路交通体系规划

(1)是否有城市道路贯穿小区，如果有，如何解决。

(2)交通规划要避免居民绕弯路。

(3)解决好小区内机动车道与人行道的矛盾。

(4)停车位设置采用的主要方法：半地下停车场与绿化组合、全地下车库、架空平台地下车库、绿化带搭棚架停车等。

5. 社区入口

关于社区入口的项目策划建议主要包括以下几个方面：

(1)社区入口标志性建筑物的采用建议。

(2)社区入口小区名称的布置。

(3)社区入口围墙风格的设计。

6. 会所设计建议

具体包括以下几个方面：

(1)可行性分析。会所可行性分析的内容包括：该地区的经济因素、生活习惯、消费导向、文化层次；该地区同等物业市场竞争分析；地理环境、交通情况；法律法规制度、公用设施情况；拟建项目。

(2)会所经营费用的估算。这些费用主要包括：房地产成本、装饰费用、设备设施成本、物具用品费用、劳动力成本、开办费和资本成本等。

(3)会所的主要功能。

(4)会所的建筑风格。

(5)会所在小区中的位置，会所与景观的关系等。

练习题

一、思考题

1. 房地产产品空间策划包括哪几个方面？

2. 常见的建筑类型和风格特征是什么？

3. 景观类型有哪几种？

4. 优秀户型设计应考虑哪些因素？

二、案例分析训练

虹景公寓“虹景八景”策划

虹景公寓位于上海市虹口区，占地面积 6 600 平方米，建筑总面积12 000平方米，四幢多层高级公寓组成封闭式小区。小区内小品八景又称“虹景八景”。

(1)藤景墨香

此景与小区主出入口浑然一体，棚架上藤本植物或攀缘或缠绕，藤蔓叶茂，点化小区遍布垂直绿化。墙面上镌刻顾廷龙先生虹景公寓题书，金墨纵横，显示小区高雅品位。

(2)彩练倩境

此景为小区主出入口指示牌。以虹景公寓标志彩虹造型为立面,上面有小区楼号和虹景八景分布。彩练取毛泽东写虹诗句“谁持彩练当空舞”之意,倩境喻小区楼与景美好的境地。

(3)鱼红童趣

此景设在小区A楼南侧。为鱼形滑梯,惟妙惟肖,逗人喜爱。儿童游戏其间,趣味盎然。

(4)鹅儿诗兴

此景设在小区A楼南侧。为鹅形石凳,取唐朝骆宾王七岁所作诗句:“鹅鹅鹅,曲项向天歌,白毛浮绿水,红掌拨清波。”

(5)水帘流珠

此景设在小区B楼南侧。清澈的水流宛如一道水晶帘子,从古朴的太湖石上泄流而下,水石一体,水声潺潺,涤荡尘俗。

(6)花艳四季

此景设在小区B楼东南侧。花坛上艳丽多姿,四季缤纷。春牡丹,国色天香。夏玫瑰,红霞烂漫。秋黄菊,金蕊芬馥。东蜡梅,雪质琼肤。

(7)石缀太极

此景设在小区东西石径。以鹅卵石铺成太极图案,软鞋履步其上,绕圆走转,阴阳相济,按摩足心,益寿延年,赏心悦目,怡情自得。

(8)竹影清幽

此景布于小区东西石径。修竹亭亭玉立,青叶横斜疏影,清静淡雅、幽远旷达。

宋代苏轼诗:“可使食无肉,不可居无竹。”

问题:

1. 虹景公寓的景观属于哪种类型?

2. 其景观设计是从哪几个方面考虑的?

第三章 房地产营销主题定位

房地产营销主题定位的主要目标就是确定营销主线。营销主题定位的准确与否,关系到整个项目的成功与失败。良好的主题定位,能够瞄准市场,抓住客户,突出产品特质,满足潜在客户的心理需求,从而在市场上形成竞争优势。本章对房地产营销主题定位展开具体的论述,涉及主题定位的概念、内容和准则,信息资料准备,SWOT 分析,注意点以及常见的主题定位共五个方面的问题。

第一节 主题定位的概念、内容和准则

一、主题定位的概念

房地产营销主题定位,是指在一定的房地产市场环境下,面向相应的客户对象,根据企业自身情况,针对一个地块或项目确定的市场方向和主线。主题定位,不是单纯围绕产品的内涵和形象的定位,而是要针对市场,从市场上发现产品的最佳切入点,使产品在置业群体中引起共鸣,并使客户产生强烈的购买欲望,从而有效地适应竞争激烈的市场,适应客户的需求,有效地实现销售,获取项目的目标利润与品牌声誉,建立企业的知名度与美誉度。

二、主题定位的内容

房地产营销主题定位的内容一般包括市场定位、产品定位、客户定位和形象定位四个方面。主题定位是前期工作的灵魂,贴切合理的主题定位是整个项目成败的关键环节。所以,每一个定位内容都要提出以后具体工作的主要方向和总体精神。

(一)市场定位

市场定位是对国家和地区的房地产市场进行分析判断,了解市场的变化趋势,熟悉相关的经济政策环境,研究目前市场的细分情况,参与某一细分市场的走向。市场定位要结合区域特点,正确地对项目所在区域的房地产市场进行分析、预测和判断,对消费群体、消费需求、消费能力和同一细分市场的竞争对手的状况等做出必要的定性分析和定量分析,对项目环境做出必要的评价。在详细的房地产市场调研和分析的基础上,通过市场定位选定目标市场,挖掘潜在消费群体,明确项目档次,确定建筑标准。

(二)产品定位

产品定位的内容包括规划、建筑、绿化、结构、配套和物业管理等,有着不同于其他商品定位的特性和个性。相对而言,楼盘产品定位的需求面因项目的档次、价格、区域、品质等综合性因素而异。房地产的产品结构不单是指建筑本身,还需包括对消费者个性需求的了解。只有在周密的调查分析的基础上,才能对产品进行正确的定位。

房地产不同于一般商品,它的销售周期长、投资金额大、市场不确定等。要谨慎对待楼盘

的产品定位，就要求在项目开发过程中，对产品的设计有一定的超前性，不因市场的变化而使产品变得过时或滞销。在选择和确立产品潜在目标客户的基础上，通过前期营销策略的调整和深化，在相应固定的目标客户中全面发掘楼盘的亮点，全力推广或宣传最为凸显的亮点，在消费群体或买方市场中树立起楼盘的良好形象。

（三）客户定位

客户定位是研究消费者的一般结构、阶层，以及消费的行为、动机和心理特征的方法。房地产客户定位是研究房地产项目的目标消费群体和他们的特征、文化背景以及所在区域的居住和消费环境等的方法。不同的房地产项目有不同类型的消费者，每一类细分的市场都有相对应的客户范围，每一层客户都有具体的属性特征。明确目标客户定位，对引导产品消费，找到楼盘的主力户型、主力总价、主力单价甚至加快成交速度等是至关重要的。

客户就像一座金字塔，从上向下可以分为顶端客户、高端客户、中端客户、低端客户、不活跃客户、潜在客户、观望客户七层。越上层的客户，质量越高。房地产项目的开发不是面向所有类型的客户，而是面对客户金字塔上端80%的客户的。这些客户有一定的共性，就是具有较强的购买力。在客户定位时，就决定了客户群体的有限性，体现的是一个层次分明、属性各异的客户金字塔。

（四）形象定位

形象定位是研究房地产项目的市场表现方式，确定产品在销售和推广过程中的良好形象，把握和提升产品的核心价值力，在消费者中塑造知名度、认知度和美誉度，扩大房地产项目的内涵推广，推动消费者的购买意愿和购买行为的发生。

当然，除上述定位外，主题定位还需要销售目标的定位、项目产品的价格定位等工作，这些在以后的章节中会有详细的论述。科学合理的主题定位需要考虑定位过程中方方面面的问题，对于细节的处理有时候会关系到整个项目运作的成败，所以需要慎重对待主题定位的每个环节。

三、主题定位准则

房地产营销主题定位作为项目营销的开端，要保证定位的可行性，就要确立它的准则。

（一）受众导向准则

房地产营销主题定位的关键点，是要把握消费者的心理特征，使得项目的定位信息与消费者的预期相似或相近甚至吻合，这样才能在各种房地产信息的包围中突出重围，把项目的定位有效地传递到消费者的大脑中。

项目传播的信息点贴近目标客户群的心理要求，就会凸显项目人性化的特色，容易给消费者留下亲切和美好的印象。本书在客户定位中曾提到，客户层的不同就有不同的消费特征。例如，工薪阶层关心分摊的面积和物业管理费用，周边的交通公交线路情况，价格是否经济实惠；中等收入者更加关心小区的绿化和配套设施，房型格局和小区环境质量；高收入阶层则要求住宅的面积大、装修豪华、密度低、容积率低、住宅环境幽雅、景色宜人、设施配套齐全等。

所以，不同的受众对象有不同的关注焦点，只有投其所好进行定位，才能赢得客户的好感和认同。

（二）差异化准则

差异化一直是房地产营销主题定位的主要准则。所谓差异化，就是要挖掘卖点，把握产品的核心价值，找到项目产品的优势所在，突出个性，使之与同一细分市场的产品区分开来，做到“你无我有，你有我优，你优我异”。

差异化的市场定位就是通过各种媒体和渠道向目标市场传达楼盘的特定信息。把与对手楼盘的不同之处显示在消费者面前，从而引起消费者的注意。当这种暗示的信息与消费者的潜在需求吻合时，项目形象就会驻留在消费者的心中。

一般来说，定位中的差异主要来源于以下几个方面：

1. 地段差异

地段差异涉及楼宇质量、户型、建筑风格、小区设计、绿化率和周边的环境等因素。这是消费者最关心的内容，也是产品能否在竞争中取胜的关键。

2. 类型差异

类型差异是消费者关注的另一个焦点。买家的价格一般分成预计价格、心理价格和实际价格三方面。在价格因素相同的情况下，楼宇的质量越高就越有竞争力。不同的消费群的价格要求是不同的，在不同的价格面前，也会有不同的购买心理。

3. 服务差异

优良的服务比新奇的概念更加重要，在对客户关系的处理中，服务被提到一个很高的地位。服务包括销售过程中的服务、售后服务以及业主入住后的物业管理服务，良好的服务是消费者所期盼的，只有良好的服务才能树立良好的产品形象。

当然，项目的差异因素是多元化的，现在很多投资型的消费者关注楼盘的升值潜力问题，而有孩子的家庭主要考虑小区周边的人文教育因素等。在同品质的产品中，楼盘的差别越大，就越能显示定位的优势，突出楼盘的形象。

(三)全局一致性准则

在挖掘多样化卖点的同时，要注意有一个明确而统一的主题，即全局一致性。一个大主题可以分解为若干个小主题，小主题内容可以不一样，但都是为大主题而服务的。在确立主题定位的基础上，以后的宣传和推广手段必须前后连贯，突出一个主题，切忌前后矛盾。同时，还要与企业发展战略相一致，在企业发展战略的框架下进行项目的市场定位，体现企业的竞争优势，发挥企业的核心竞争力，构建企业品牌和产品品牌，使得企业的产品具有延续性和创新性，实现企业的发展目标。

(四)经济可行性准则

房地产项目的定位要考虑区域社会经济环境，区域内房地产物业的档次和品质，项目要同目标客户群的消费能力和特点相当。项目确立的原则要从企业自身的技术和管理水平出发，目的是在实现效益最大化的前提下，使产品有较高的性价比。研究房地产市场的变化趋势，考虑项目实施的可行性，要根据项目规模、地块特性和本项目的优劣势分析入市的时机。同时，要运用微观效益分析与宏观效益分析相结合、定量分析与定性分析相结合、动态分析与静态分析相结合的方法，对项目进行经济评价，分析各经济评价指标的可行性。

第二节　主题定位的信息资料准备

主题定位必须建立在大量信息资料的基础上。只有以详尽全面的资料和科学归纳分析为基础，才能进行确切的主题定位。

一、宏观市场资料收集

(一)宏观市场背景资料收集

宏观资料的收集一般来源于政府统计部门的信息发布及简报和图表化的定期分析结果，也可以参考相关网站，或者从咨询公司获取。对城市的整体经济发展、房地产发展和人均收入等的调查，通常对异地操盘较为重要。而对于当地的项目则更侧重于对区域总体市场的研究。同时，对收集的资料还需要做如下处理：

(1)根据房地产发展和人均 GDP 的关系，判断房地产市场发育的状况。

(2)收集户均年收入同当年楼房价格变化趋势，判断居民的实际购买力。

(3)对金融政策与银行利率、人口状况及政策、城市社会经济发展规划、税收政策及股市情况等资料收集，并且做出评判。

(二)总体市场供求资料

总体市场供求资料一般包括以下五个方面：

(1)该区域近几年市场销售分布情况。

(2)新一年总供应量预测。

(3)经济适用房、微利房、福利房上市对供应量的影响。

(4)户型结构供应量的变化。

(5)价格走势(总供应量、总销售量与价格走势)。

在总体市场供求资料整理分析中，可以运用各种形象化的图表表示，如图 3－1、图 3－2 所示，便于直接得出分析结论。通过图 3－1 可以看出，山东省泰安市 2017 年楼市成交量整体

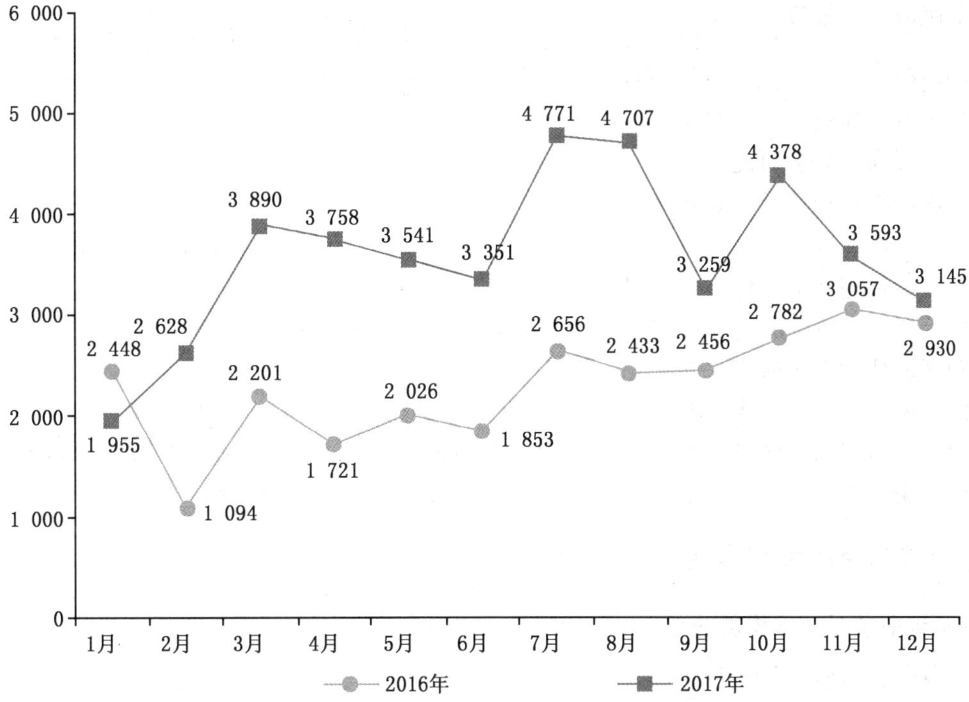

图 3－1　泰安市 2016 年与 2017 年商品房成交套数对比

呈上涨趋势，从2017年楼市月度成交走势来看，曲线基本呈现“四高”态势，分别出现在3月、7月、8月和10月，其中下半年楼市销售增长明显。图3—2显示，长春市2017年总体上房价呈上升趋势，没有任何回落，到12月达到全年最高点。

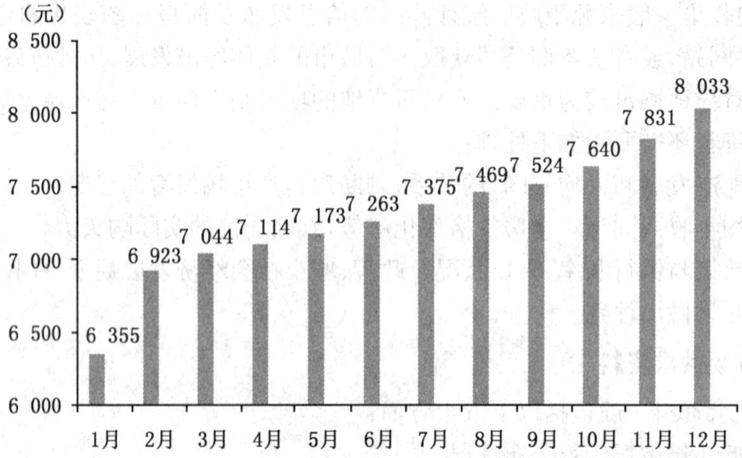

图3—2 长春市2017年1～12月房价走势

(三)市场热点和发展趋势

近期市场热点主要指近期同一供需圈内相关项目的市场供给情况。市场发展趋势主要从规模化、竞争情况、行业规章、新型建材、消费者的特征变化及国家的金融和税收方面进行分析。综合各类信息，做出市场分析的预测，判断主题定位的大致方向。

二、区域资料收集

区域资料收集应包括以下内容：

(1)区域总体规划及公共设施。

(2)区域商业配套研究。

(3)区域交通现状及规划研究。

(4)区域产业发展研究。

(5)区域住宅市场总体发展趋势。

(6)区域住宅供给研究。

(7)区域住宅需求研究。

(8)区域住宅消费群体研究。

(9)通过对当前区域开发结构、物业供应状况、总体价格水平、物业租售总体状况等的调查，判断未来物业的基本开发走向。

三、竞争项目基本信息调查

(一)竞争项目基本资料分析

竞争项目的基本资料包括：

(1)项目名称、项目位置、项目总体规划、项目规模、开盘时间、开发周期、入住时间。

(2)开发商的基本资料。

(3)项目目前交通状况、周边交通规划情况。

(4)项目配套(本身及周边)。

(二)产品研究

产品研究应包括以下内容:

(1)产品类型及类别。

(2)户型及配比,即主力户型、次主力户型、非主力户型等配比。

(3)产品设计及建筑特色。

(4)项目规划及景观特色。

(三)销售/广告/促销研究

销售/广告/促销研究包括以下内容:

(1)销售策略分析。

(2)销售速度。

(3)畅销及滞销户型。

(4)广告策略及投放研究。

(5)促销策略研究。

四、项目自身资料

(一)项目基地现状

项目基地现状包括:基地地理环境(方向、风向、地质、景观方向、地形、排水方向),基地地上物状况(地上物、特殊状况),邻地状况(基地与邻地情况、防火设施、邻地建筑、邻地地下室深度),道路及给排水状况(市级道路、主要出入道、基地给排水),附近公共设施及交通状况(公共设施即公园、学校,交通状况即市场与基地远近、基地的可达性)。

(二)项目交通状况

交通状况中,最重要的指标是交通流量,包括:机动车流量、小客车流量、大客车流量、货车流量、双向人行道流量以及这些流量的路线及其可到达的区域。

(三)项目周边景观

消费者对景观的关注度在不断增强,因此,有必要了解项目周边自然景观、人文景观、遮挡物以及可能对景观造成的破坏等情况。

(四)商务圈和商圈

商务圈考察周边写字楼的数量、等级、租住公司的规模、行业分布等,商圈资料要考虑周边的家庭户数、人口特性、生活形态、消费行为等。

(五)项目运行的条件

项目运行的条件包括:项目拟投入的资金、开发项目的资质凭证、建筑商的情况、项目设计师的情况、项目经济规划师的情况、开发商的情况、代理商的情况和项目开发操作小组的情况等。

五、消费者资料

项目产品是为了满足客户的需求,要展开对消费者的仔细分析,把握消费者现在消费的总体态势，各类消费者对本项目的消费特性。

（一）对现有消费者的分析

对现有消费者进行分析，为项目提供实际的参考资料，其中主要包括以下几个方面：

（1）现有消费群体的构成：现有消费者的总量、年龄、收入、职业、受教育程度、分布。

（2）现有消费者的消费行为：购买楼盘的动机、购买的时间、购买的频率和购买的数量。

（3）现有消费者的态度：对楼盘的喜爱程度、对本品牌的偏好程度和认知程度、对本品牌的指名购买程度、居住后的满足程度以及未满足的需求。

（4）对现有消费者的总结分析，区分项目拥有现有消费者所面临的优势与劣势、机会和威胁，分析可能产生的重要问题。

（二）对潜在消费者的分析

潜在消费者提供项目进一步发展的可能性，对他们的分析涉及很多方面，一般包括以下几个方面的内容：

（1）潜在消费者的特性：数量、年龄、职业、收入、受教育程度。

（2）潜在消费者现在的购买行为：现在购买哪些品牌的楼盘，对这些楼盘的态度，有无新的购买计划，有无可能改变计划购买的楼盘。

（3）潜在消费者被本品牌吸引的可能性：潜在消费者对本品牌的态度、需求的满足程度。

（4）对潜在消费者的分析总结，项目赢得新的消费者的机会与威胁，项目自身的优势与劣势，以及在吸引消费者时可能面临的主要问题。

（三）对目标消费者的分析

目标消费群是主题定位最终的客户。对目标消费者的分析，可以引导项目的定位方向，这方面的内容涉及：目标消费群体的特性、目标消费群的共同需求、如何满足他们的需求、消费者认为楼盘定位得如何、消费者认知的定位与企业设定的定位是否相符、消费者对楼盘定位的预期如何、楼盘定位在消费者认知方面有无问题。消费者对产品需求具体涉及住宅类型的偏好、户型布局的偏好、楼盘档次的偏好、楼盘建筑风格的偏好、楼盘配套设施的偏好、楼盘停车位的偏好、楼盘景观的偏好、装修标准的偏好、楼盘面积的偏好等。例如，某项目目标消费者期望购买的户型及面积的资料如图 3—3、图 3—4 所示。

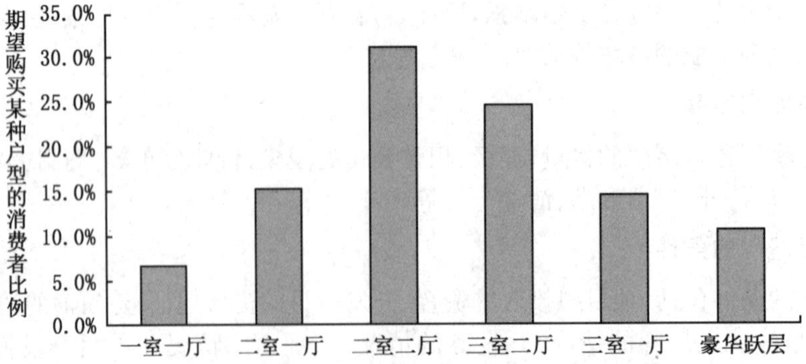

图 3—3 消费者期望购买的户型图例

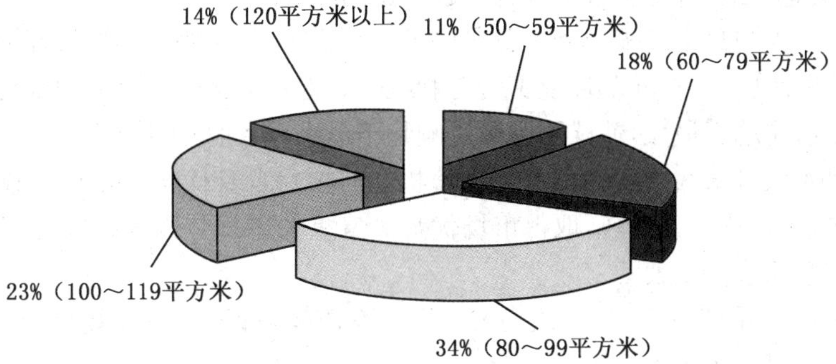

注：图中的百分比为期望购买相应户型面积的人数比。

图 3—4　消费者预期购买面积图例

第三节　主题定位 SWOT 分析

一、主题定位 SWOT 分析法

(一)SWOT 分析法图解

主题定位 SWOT 分析矩阵如图 3—5 所示。

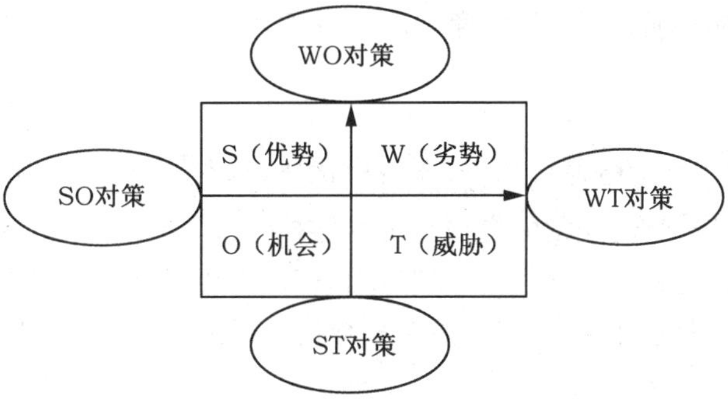

图 3—5　主题定位 SWOT 分析矩阵

SWOT 为优势（Strength）、劣势（Weakness）、机会（Opportunity ）和威胁（Threat）的总称。它是对主题定位内外部条件各方面内容进行综合和概括，进而分析主题定位的优势和劣势、机会和威胁的一种方法。其中，优势和劣势分析主要着眼于具体项目自身的实力及竞争对手的比较，如果两个房地产项目处于同一竞争市场，那么其中具有更大市场潜力的项目就可以认为具有竞争优势；反之则处于竞争劣势。而机会和威胁主要是指外部环境的变化及对项目的可能影响。在排列矩阵图中，根据对项目的影响力来排列因素。

WT 对策，即最小与最小对策。当主题定位处于劣势，而且面临的不利因素又比较多时，只能考虑“避短”战略，考虑劣势因素和威胁因素，在环境中寻找其他定位的可能。

WO 对策，即最小与最大对策。当企业本身缺少内部实力来利用这种机会时，主题定位将面临“避短”和“补短”两种战略选择。要着重考虑劣势因素和机会因素，目的是努力使劣势影响趋于最小,机会趋于最大,使劣势不成为主题定位的障碍。

ST 对策,即极大与最小对策。当主题定位虽然有优势,但是面临的外部环境不利时,主题定位应该避开这种威胁,寻找外部环境中的有利机会。着重考虑优势因素和威胁因素,目的是努力使优势因素影响趋于最大,使威胁因素影响趋于最小,用优势抵消威胁。

SO 对策,即最大和最大对策。当外部环境机会与项目自身优势正好相一致时,可以制定最有利的主题定位,发挥项目优势,取得市场优势。着重考虑优势因素和机会因素,目的在于努力使这两种因素都趋于最大。

在实际情况中,一般都采取 WO 决策和 ST 对策,SO 对策是一种理想的对策,而 WT 决策只有在最困难的时候才予以采用。

(二)SWOT 分析考虑因素

1. 优势(S)

优势是指位置较好(地段知名度、市场热点区域等)、相对独特的物业类型、地段特点的优势、自然或人文景观的环境资源、生活氛围(成熟、安静)、周边配套设施、交通(公交设施与车行便捷)、地块形状、小区规模及有关指标、建筑及规划设计特点、开发商、承建商、物业管理品牌效应、项目品牌效应、开发商资金实力或金融优势、小区的成熟度和具有投资价值等。

2. 劣势(W)

劣势是指位置较偏(市场冷区域),特定物业类型,地段特点相对不足,环境资源缺陷(噪音、景观差等),周边配套设施不全,交通不便(公交设施少,车行不便捷),地块形状,小区有关设计指标(规模、密度)不理想,建筑及规划设计问题(户型、朝向、商住结构等),开发商、承建商、物业管理者等的知名度不高,开发商定价不够理性,小区开发周期长,土地成本或开发成本等。

3. 机会(O)

机会是指区域特定功能物业稀缺、总体市场环境趋好(大势良好、股市投资不景气)、对周边区域同质项目有比较优势、开发的户型是市场稀缺的(设计完成的项目)、新出台政策支持发展(如购房入户、房改、税收)、市政规划的利好因素(如中心区、地铁、滨江大道)、社区发展潜力(如国际大社区)、消费者心理变化(接受更多成数按揭)等。

4. 威胁(T)

威胁是指物业供应积压、总体市场情况下降(价格战等)、周边区域同质物业竞争(规划、价格、配套等细节)、开发的户型是市场积压的(设计完成项目)、不利政策出台(法定合同的修改、预售规定、土地成本加快回收、利率上调)、市政规划的不利因素(如邻近立交桥)、社区发展停滞(中心区西移)、社区不安定因素(战争)、消费者心理变化(趋向于选择其他区域)等。

二、主题定位 SWOT 分析实训

下面通过对实例的分析,详细阐述主题定位 SWOT 分析法。

(一)主题定位策略

主题定位主要建立在多因素分析基础之上,依托该分析工具,对将来主题定位的各种选择做出综合分析。主题定位 SWOT 分析主要包括前面介绍的四个方面的分析:优势、劣势、机会与威胁。具体多因素的分析方法是:依据项目本身产品特点、周边状态以及已有的资源,对其优劣势进行评估;依据外部市场环境及客户群体等特征,对机会、威胁加以分析研究;最后制定楼盘定位的策略。该项目的主题定位 SWOT 分析见图 3－6。

优势 地处古镇，人文环境好 属于本区域的大盘，有规模效应 附近规划了大面积绿化，有助于提升区域价值 地块方正，容易规划	**威胁** 周边项目可比性不高，因此，风险与机会共存 紧邻湖区，但自然条件目前看不尽如人意，有待改进。如果能够得到整治，将有可能转化为有利资源
劣势 处于城郊接合处，虽然附近有大的物流市场，但是人流过杂 目前，区域内项目档次不高，区域价值在无形中打了折扣 经济上相比之下不发达，该区域居民收入水平不高，承受能力有限 该区域交通不是很便利，有待进一步改善	**机会** 周边楼盘的规模较小，客户分流程度不高 区域市场供给与客户需求存在一定差异，即市场存在空白，存在产品差异化竞争的机会 周边产品推广方面缺乏个性 市政交通便捷规划 住宅郊区化明显

图 3－6　项目 SWOT 分析

(二)项目总体定位

对项目整体的分布提出建议，确定户型总量的配比，确定各种户型的面积和套数，以及在不同区位的数量分配(见表 3－1)。

表 3－1　项目部分总体定位内容列表

组团	北区			西区			东区	
户型								
建筑面积								
占地比例								
建筑面积比例								
总建筑面积(平方米)								
预计套数								

(三)产品定位

根据对宏观市场和区域市场的分析，结合实例中各方面具体的优劣势，确认项目的总体产品定位为：高层住宅、小高层住宅、全装修酒店式公寓和商铺。

1. 高层住宅

高层住宅分布于地块外围，通过提高建筑高度，节省更多的空地，建设配套设施和绿化，力求将项目建设成为都市中的田园，充分满足客户亲近自然的要求，迎合当地的文化氛围。高层住宅满足一般性客户的需求，这也是市场的主体。

2. 小高层住宅

小高层住宅规划于社区内部以及沿湖周边，与高层形成视觉感官以及居住习惯的良好过渡。户型设计在面积、功能上与周边产品形成错位销售，并借助区位成熟优势，带来良好的销售。

3. 全装修酒店式公寓

周边多为技术密集型企业，存在相当大的一个白领阶层。这部分客户年纪较轻，经济承受能力有限，事业处于一个过渡阶段，没有过多的精力进行装修，这就为全装修小户型酒店式公寓开辟了市场。同时，全装修的小户型也是一种非常好的投资产品，在市场的初期发展阶段，产品投资是一个很好的炒作概念。

4. 商铺

通过对地块周边配套设施的调查，可以看出生活性设施不足，尤其是休闲、娱乐场所缺乏，会影响业主的生活质量。但地块的地理位置较好，人流量较大，作为商铺开发和投资都具有潜力。

(四)客户群体定位

通过对区域房地产市场整体客户的研究，同时，基于避免与周边楼盘客源完全同化的考虑，细分客户市场。该项目实例的客源群体具有以下特征：

(1)年龄：25～45岁，初次置业客户群体以及二次置业改善型客户群体。

(2)阶层：大学教师、政府机关公务员、铁路系统等较高收入员工。这一阶层客户工作压力较小，业余有较多时间休闲。由于这一阶层的文化水平较高，因此，追求优雅精致的生活，同时拥有一定的经济承受能力，但在总价问题上依然显示出较强的敏感性。中等偏高总价、高享受的舒适型社区产品是其寻找的目标。

(3)生活方式：以享受高绿地率的生态休闲小区来提高生活品质的人群。

(4)购房需求：自住为主，投资较少。

(五)房型定位

该项目周边项目房型过大，在区域规划过程中形成一定的障碍。建议本项目的面积分割控制在90～120平方米，适当增加120平方米以上的跃层房型，以提升产品档次，满足不同消费者的需求。

目前房型的功能已经受到关注。因此，建议绝大多数户型设计为二厅，摒弃一厅户型，提升功能性，适当引入干湿分离区，试探市场反应。注重在设计细节上给消费者以关怀。

各种建筑形态均设计为板式，以做到户户朝南，强化当地朝向概念。

适当引入错层和复式的概念。

配合项目主题，建议户户配书房功能。

(六)其他建议

其他建议包括规划设计目标、总平面规划设计建议、景观设计建议、建筑风格建议、道路及交通规划建议、配套设施建议、庭院造型设计建议和智能化建议等。

1. 主题风格

通过庭院、景观要素的使用体现社区的主题，体现现代、简洁的风格，营造一种温馨、轻松的新邻里气氛。

2. 软件配套

该项目建成后将成为该区域的一个经典楼盘，因此要紧随时代的步伐，引入智能化设置，但同时要注意智能化的程度，在不提高房价的基础上尽量强化智能化功能。

3. 规划设计

规划设计应充分满足公共空间规划、环境设计、景观朝向的需求。并注意以下几个方面：

(1)完善路网,减少交通死角,扩大空间使用,增加道路层次,加强邻里沟通。

(2)在不与地形、地貌冲突的同时,显示楼盘个性。

(3)细节处理更具人性化。

第四节　主题定位的注意事项

房地产营销主题定位是一项系统的工作。要注意避免误区的产生,发挥项目的优势,力争实现主题定位的成功。主题定位时,通常关注以下六个方面:

一、区分市场定位和目标市场

明确市场定位和目标市场是市场营销的基础。市场定位和目标市场在概念上和功能上都明显不同。目标市场是指企业对市场经过细分后,确定自己的产品所要进入的细分领域。而市场定位则是指企业要把产品留在顾客心目中的位置和印象。如广州某著名楼盘,市场定位是度假和休闲,目标市场是香港的中低收入居民和广州的部分富裕家庭。另外,市场定位还体现在档次、情感、个性、文化以及与竞争对手的比较上,或者其中几种的混合上等。两者是互相扶持的,市场定位为目标市场服务,目标市场是市场定位的前提。

在实际工作中,也会由于某些原因而造成目标市场选择错位。例如,市场调查方法不得当,调查范围和掌握资料不全面,对房地产市场细分化认识不够,过高或者过低地估计了开发公司的开发能力和项目影响力,没有准确把握目标客户群动态变化,对在一定经济条件下社会的消费趋势和消费能力的分析预测发生偏差,对项目所在地的区域环境分析不透,没有充分估计房地产市场的"同质化"产品可能带来的影响等,这些在营销主题定位中要尽量避免。

二、避免选择不适当的市场定位主体

目前,我国的房地产咨询事业还处于起步阶段。虽然其主体有房地产企业、中介咨询企业、高校和研究机构及个体业主等,但是在实际情况中,这项工作有一部分是由个人或少数与委托方有关联的咨询机构完成的,而且参加工作的人员的素质也参差不齐。很多时候,定位研究在调查还没有展开或者资料不全的情况下就开始,报告也仅根据以往的经验或者在各处找到的二手数据进行所谓的分析。因此造成房地产的定位工作形式有余,而公正性和科学性不足,内容也仅涉及对产品户型的选择、价格预测、常见的几种销售流程等,市场分析的偏差给营销主题定位带来误导。

三、避免以差异化和概念化的不合理运用

有的房地产开发商忽视产品真正的内涵,不按照正常的市场定位程序展开工作,有的是对项目做空虚的概念炒作。地铁的规划方案还没有确定,就提前打出交通便利的概念;装了有线网络,就大打虚拟的生活方式;挖几个水塘、堆几块假石、造一座亭子,就宣扬园林风格;几座外国雕塑小品,就是欧陆式风格,等等。

差异化包括产品差异化、形象差异化和市场差异化等。有的开发商过分强调个性化和差异化,在市场定位时,常常会出现这两种情况:一种是脱离地块条件和区域环境,忽视区域房地产市场的消费环境和物业特点等,片面强调差异化,结果多是导致滞销;另一种情况是依葫芦画瓢,翻样房地产市场上以往的一些热销楼盘,缺乏新意。从建筑立面、道路规划、景观设计、

外围包装，到营销策略、广告推广，都如出一辙，不同的仅仅是项目名称、建筑色彩、地段等。

差异化和概念化的错误理解和不合理运用，对房地产的营销不仅不能起到促进作用，反而会使客户对楼盘宣传的真实性产生怀疑，从而影响销售业绩。

四、避免出现空架子定位和摇摆不定的现象

有的房地产开发商在讨论、研究、筛选后，为楼盘找到一个漂亮的概念口号，而没有仔细研究定位是否正确。有的即使设计了一个定位，也只是把所设计的定位作为广告或广告的一部分出现，而不是以此为策划的依据，在整个策划和营销中坚定不移地执行，出现空架子定位现象。

有的开发商为了挖掘多个卖点，突出产品的优势，就把所有的概念都放到一个楼盘。先是宣扬项目的目标客户是成功人士，然后又宣称是孩童和老人的乐园，最后又定义为豪宅销售。一年过后，楼盘没有推出多少，销售处于停滞状态。尽管营销方式不断翻新，销售业绩也难以提升，最后只好打折促销。这就是典型的定位摇摆不定。项目的定位摇摆不定势必会影响楼盘形象，影响销售业绩。

鉴于主题定位的重要性，开发上应避免出现空架子定位和定位摇摆不定的现象，而应用定位这一主线贯穿于整个房地产全程策划的始终。从规划、平面、立面、环境、绿化、雕塑小品到室内外建筑和装饰材料、配套功能、包装和识别系统，再到营销策划和物业管理，让买家真正感受到所听到的和所见到的东西都是来自一个项目，都是一脉相承的。比如定位在生态住宅，就要考虑建筑的用材、对周边环境的保护，在做广告时所宣传的理念，即使在售楼处也不用一次性杯子，保持定位的明确性和统一性。

五、考虑项目的热点和卖点

分析近年来项目的热点和卖点的变化，可以了解主题定位的发展趋势，对于确定合适的主题定位无疑是大有裨益的。一般来说，要考虑如下几个方面：

（一）地段

一般来说，大城市的房地产价格要比中、小城市的高，城区内的房地产价格要比郊区的高。但凡地理位置比较优越的楼盘，总是尽量突出其地段优势，即使地理位置不太突出的楼盘，也要想方设法显现其地段优势。所以，地段是房地产定位中要考虑的一个重要因素。

（二）配套

房地产开发项目规模的逐步扩大和小区成片开发的兴起，配套项目的完善程度成为影响房地产项目的又一重要因素。

（三）环境

随着消费者环保意识的提高，对小区的环境提出了更高的要求。不少房地产项目都在绿化率上下足功夫，尽量依山傍水，对先天不足的后天补足。任何忽视小区环境的片面追求容积率的行为，都可能导致房地产项目的致命失误。

（四）品牌

品牌是影响楼盘的软件因素，源于消费者对楼盘和开发商的认可，是房地产开发过程中新近形成的热点，一个楼盘具有良好的品牌形象有助于该楼的顺利销售。

(五)区域观念

近年来在城市布局调整和房地产业发展过程中出现了区域成片开发的房地产开发新形式,在上海闵行地区比较典型。这些大面积区域开发的房地产项目,有助于实现完善的配套,保持良好的环境,创造和谐的生活氛围。

(六)社区概念

社区的构造能够增强购买者对楼盘的认同感和归属感,已有开发商形成了自己各具特色的社区开发模式,开发有明显特色的住宅小区。

(七)智能化

有些房地产项目把网络概念用得淋漓尽致,开发智能化项目,构成项目的新卖点。

六、充分发挥项目自身的优势

项目自身的优势分为项目自有的自然、社会、人文环境优势,房地产企业本身的开发优势,项目营销过程中的销售优势等。在项目的硬性、软性各项指标都很明确的情况下,开发企业自身优势是必不可少的,尤其是高端产品的开发,更需要开发企业综合考虑自身的条件。

正确的营销主题定位能把优势发挥到最大,为营销创造良机;反之,则有可能使优势变为劣势。例如,在北京有一个项目,地块中间有一个较大的天然湖泊。为了增加开发面积,发展商进行大规模的填湖。在增加面积的同时,造成自然景观条件的下降,造成项目产品品质下降,给营销带来了极为不利的负面影响。在众多开发商人工造湖的今天,该地块的湖泊应该是不可多得的优势。开发商完全可以用这个天然的湖泊,大做水景的文章,打响项目营销的第一炮。

第五节 常见的房地产项目主题定位

一、以项目自身的特点进行的主题定位

(一)功能

房地产是具有多功能的产品,从功能划分来看,一般以写字楼、商铺酒店、公寓居多。就住宅的发展趋势而言,住宅不仅要满足消费者居住和休息的基本需求,还要求能提供在家办公条件,或者把居住、办公、投资等多项功能叠加。现在房地产市场上出现的新产品,酒店式商务公寓、度假式产权酒店、产权商务酒店等多数采用这种定位。

例如,上海陆家嘴已经成为亚太国际级“资本聚集极”和上海国际金融中心的核心载体之一,所以很多商务人士来到此地。其中有些是因为工作关系,需要停留一段时间。如果长期居住酒店,付出的成本比较高。另外,由于经常性地出差在外,这些工作人员非常希望有家庭的氛围,而现在的酒店式商务公寓在很大程度上能够满足他们的需求。

(二)自然环境

项目周边有丰富的水资源、先天的山景风光、优良的海岸线等自然条件的,可采用海景房、望江楼等定位。目标客户群追求休闲的生活,讲究品质,强调自然情趣。

(三)性能

房地产开发商把为目标群提供性价比更高的物业作为自己楼盘的定位。这类项目的特点

是市场细分明确，项目通常是在多数人看来已经没有什么新意的传统型产品。

如某主题定位是突出产品中户型特色，实现对传统户型的突破。目标客户群是追求时尚，喜欢标新立异，用于观念新潮的人群。以主力户型为主打，推出错层的特色，主导精神就是“一错再错”。

现在房地产的整体价格高涨，品质优越而价格适中的项目，在市场上具有很大的冲击力。某开发公司管理优良，能有效控制项目开发成本，目标客户是工薪阶层。所开发的住宅小区以6 600元/平方米的销售价格入市，而周边楼盘均价都在7 000元/平方米以上，同时此小区规划设计水准和工程质量也明显高于同类产品，这样就为目标市场的客户群体提供了更多的让渡价值。

（四）教育

这类项目的特点是，周边有一所或几所全国知名的重点大学、市级重点中学，小学和幼儿园教育质量也比较好。在这个地区形成了一个良好的文化氛围，书店比较多，原来的居民中老师也较多。目标客户定位于有处于升学年龄段孩子的家庭。

主题定位以文化教育为中心，突出项目浓郁的文化气息。全国各大高校周边的房产项目较多走这样的路线。

（五）轨道交通

城市圈在逐渐扩大，市政交通规划一般都作为居民区规划的配套工程。城郊的楼盘具有明显依赖轨道交通的特点。

项目的特点是附近有地铁或轻轨通过，而且步行的距离在15分钟左右。这样就形成未来小区出行便捷，但是又有一段距离，不会受到噪音的过多干扰。

目标客户群是以上班族为主导的工薪阶层。

主题定位以便捷交通为导向，虽然地处城市郊区，但是有地铁即将开通，到中心城区和主要交通枢纽站能够在半个小时内实现。形成价格上比城区低，但是比其他郊区项目有交通上的优势，从而吸引目标客户群。上海闵行区近几年的城郊住宅就是典型的轨道交通效应。

（六）成熟的住区

这一类型的项目生活圈已经相当成熟，生活配套设施齐全，居民居住的档次比较协调。项目多数是旧区的改造，或已经发展了一段时间的新区。

目标客户群是原来动迁的居民、二次或多次置业者、新区周边工作的人群等。

例如，上海外贸区——虹桥开发区。随着越来越多的外商入驻办公，邻近的古北新区自然成为外商购买或租赁住宅的主要目标。区内大多是豪华住宅，住户大部分是港、台同胞及外国人，成为上海唯一一个名副其实的境外人士居住区。这使古北新区享有很高的知名度，并自然形成了一个独特的社交圈及生活社区，区内生活设施齐全，品位较高。因此，该区域内项目楼盘大多走高档路线。

二、以项目附加值进行的主题定位

（一）全程服务

服务定位策略类型有：最大限度地满足消费者各层次需要的全方位服务定位；特色服务、便利服务、快捷服务和人情味服务定位；一诺千金的承诺服务定位；等等。无论房地产企业选择哪种服务定位策略，都必须以顾客的需求、市场的声音为出发点，提供切合实际、能赢得顾客青睐的服务。现在，酒店式服务公寓就打出服务管理的招牌，在广告宣传中引进知名的物业管理公司，从侧面提升项目的价值，赢得消费者更多的信赖。

（二）品牌

品牌定位包括概念定位和形象定位。概念定位和形象定位均从产品的使用价值出发，但又不局限于其使用价值。例如，奥林匹克花园的开发商提出了“运动就在家门口”的体育复合概念，并以各种体育明星形象丰富和诠释了这一主题，形成楼盘“健康住宅”的形象。又如，广州美林海岸花园定位于挣脱城市的牢笼、喧闹的气氛，将业主带到了一个充满阳光、沙滩、清新空气和绿色的大型园林社区。

有些房地产企业突出品牌的服务、产品特性等，一般会将价格定得较高，这样一方面可以抵销其较高的成本，另一方面也可以宣传其较高的质量。例如，“四季花城”是万科产品系列中范围最广、销量最大的一个系列，在深圳、广州、上海等城市都有建设的项目。该项目在城乡接合部开发有文化、有品位的社区，目标客户群定位是白领阶层。

（三）象征性

许多广告用文化象征来差别化其品牌，其基本任务就是要发现某种对人们很有意义的内容。这些内容具有象征性而不容易被其他竞争者使用。例如，某高尔夫项目宣称是“寻常人家的高尔夫生态家园”，丽江某花园则提出“一方水土一方人，美善相随丽江人”的口号。

由于消费水平的不同，通过价值取向的自然选择，很多物业无形中形成了高尚住区、“贵族”住区、普通住区等。房地产开发商可以用形成物业档次的方法，对居住在小区的阶层给予一定的身份特征——象征性定位，将产品与使用者或某一类使用者联系起来，在开发上营造象征性群体，使消费者通过购买、居住实现归属感和自豪感。

三、以企业项目经营进行的主题定位

（一）追随型

针对竞争对手，进行追随型的定位策略。在大多数定位战略中，竞争者的定位都被直接或间接地作为参考。在某些场合，参考竞争者可能是确定定位战略的主要方面。通过开发同竞争对手相似的产品，可以激励自身奋发图强。但是这种定位方法一般风险较大，而且要建立在了解竞争对手的前提下，同时必须清楚这一细分市场还有充分的增长空间，清楚自身的实力。所以，项目一旦能够与竞争者平分秋色，就可以认为定位得当。

例如，上海浦东黄浦江边先后出现了两个高档外销物业。两者的目标客户群明确，地段相近，属于同类型产品，后期出现的物业，以前者为参照对象，从各个角度规划产品，突出项目的优势。

（二）市场空白点

寻找尚未被占据并为消费者所重视的市场位置，并争取抓住这种机会占领市场。这种定位方法又称为“寻找漏洞”的方法，即发现市场上的空隙并迅速将其填补。这种定位的前提是必须了解客户需求，抓住市场空白点，将产品置于某个特定的细分市场中，针对目标客源，设计规划出符合消费者需求的产品。

案例 3—1

某个项目的定位

区域房地产市场分析：由于历史、地理等原因，项目所在地房地产开发比较滞后，从现有土地资源分布和开发商实力情况来看，近两年会出现大量的小区，但不会出现大型成规模的小区。

目标客户的特点：随着社会生活水平的不断提高，人们对生活居住的质量要求也随之提高。小区绿化、配套、物业管理等逐渐成为一些收入稳定的公务员和高收入经商人士（如电信、银行、政府部门和一部分拥有黄金铺位的工商户、私营企业主等）二次置业的必要条件。

综合以上特点，项目楼盘定位于大规模高档小区，针对年收入 30 万元、积蓄 200 万元以上的目标客户群，以超越项目所在地现有小区和竞争对手的环境景观、小区配置和物业管理等方面来体现楼盘个性，突出楼盘品质。

（三）目标客户需求

房地产开发商在物业产品定位时，根据所选定的目标市场的实际需求，开发建设出能满足客户个性化需求的产品。例如，大连某项目了解到近两年大连市小型民营企业发展迅速，对于新成立的小型民营企业来说，为了节约成本，往往选择可办公、可居住的商住两用物业作为办公场所。他们推出了商住楼，取得了良好的销售业绩。

练习题

一、思考题

1. 房地产市场营销中项目定位的内涵、内容和准则是什么？
2. 房地产市场营销中项目定位应注意哪些方面？
3. 常见的房地产项目营销主题定位有哪些？

二、案例分析训练

吉林市鸿博颐景花园主题定位的信息资料准备

一、项目概述

（一）项目区位

鸿博颐景花园项目位于吉林市西山板块，吉林市繁华地段——雾凇中路与铁西路交汇处，紧邻吉林大街，距吉林站、松花江边只有五分钟的车程。项目周边兰天国际商贸中心、吉林市第二实验小学、BBC 外语学校、吉林四中、吉林市人民医院等众多的医疗、教育机构环绕，小区附近商业发达，临近超大商业圈，大润发、中东新生活综合购物中心和吉林日杂批发市场，小区设有会所、敬老院、幼儿园、小型超市、地上车库、地下停车位、商铺等配套设施，是吉林市绝版的智能景观绿色生态小区。鸿博物业积累了一套科学的物业服务管理模式，为住户提供五星级的物业服务，在城市的沉淀中必将历久弥香。鸿博集团多年来本着精诚服务的理念，将产品售出去不是最后一步，完善优质的售后服务和物业服务才是他们最终的目标。

(二)经济指标

1. 规划占地面积:13 公顷。

2. 总建筑面积:250 000 平方米。

3. 居住总户数:800 户。

4. 绿化率:35%。

5. 容积率:1.90。

6. 产权年限:70 年。

7. 平均房价:4 600 元/平方米。

二、市场分析

吉林省房地产开发投资实现较快增长,房屋成交量趋于稳定,商品房价格平稳增长。

1. 与区域经济协同发展,开发投资呈下降趋势。

2. 商品房销售旺盛,预收占比较大。

3. 商品房售价逐年上涨,上涨速度回落。

4. 土地成交价格上涨,是推动商品房价格上涨的主要因素。

三、SWOT 分析

(一)优势(S)

1. 周边自然环境良好,空气环境佳。

2. 交通位置好,出行方便。

3. 靠近商圈,配套设施完善。

(二)劣势(W)

1. 市民对本地缺乏认同感。

2. 车流量大,噪音大。

3. 楼间距较近。

4. 物业缺乏特色服务。

(三)机会(O)

1. 政府规划开发利用。

2. 吉林市房地产市场不成熟。

3. 客户资源充足。

4. 工业开发区聚集。

(四)威胁(T)

1. 小区竞争同质化严重。

2. 小区聚集,竞争激烈。

3. 没有很好控制品牌战略。

四、主题定位

近几年,随着可持续发展观念的深入人心,很多国家的政府都在大力提倡发展生态住宅(或称绿色住宅)。作为一种崭新的居住观念,绿色生态智能化住宅逐渐走进人们的视野。鸿博颐景花园将产品定位在"绿色、空气、空间"为主题的生态型住宅小区。

问题:

1. 案例中都进行了哪些信息资料准备?

2. 鸿博颐景花园的定位有什么特点?

第四章 房地产企划创意

在房地产营销过程中，企划创意是对营销主题定位抽象渲染的过程，以达到让目标客户更好地认识、认同项目，并产生购买冲动。企划创意在房地产营销中具有不可或缺的重要地位。本章首先从企划创意的概念进行阐述，然后逐层叙述企划创意的要素、企划创意的思维方法、企划创意的设计、经典企划创意介绍等内容。

第一节 企划创意的概念、特点和作用

一、企划创意的概念

企划是企业的策略规划，是企业整体性与未来性的策略，包括从构思、分析、归纳、判断，一直到拟定策略、方案实施、事后追踪与评估的过程。如果把企划比喻成一部戏剧，那么企划人是导演，而企划案就是一部剧本。

创意用英语表示为“creative”，其意思是创造、创建和发明。从字面上理解，创意就是创造想象的意思。从更深的层面讲，创意是介于策划与表现制作之间的艺术构思活动。任何艺术活动必须具备两个方面的要素：一是客观事物本身，是艺术表现的对象；二是以表现客观事物的形象，它是艺术表现的手段。而将这两者有机地联系在一起的构思活动，就是创意。

企划创意，就是企业通过精心思考和策划，根据项目的主题定位，运用艺术手段，把所掌握的材料进行创造性的组合，以塑造一个意象的过程。

二、企划创意的特点

企划创意的生命力就在于它具有鲜明的特点，具体有以下五个特点：

(一)新颖性

企划创意的内容必须新颖、奇特，有创造力和形象力，使人产生新鲜、有趣的感觉。企划创意可以汲取别人的经验，但不可全部套用别人的思想。企划创意人应该有自己崭新的见解，要善于将各种信息符号元素进行最佳组合，给人耳目一新的感觉。

(二)独创性

独创性是指企划创意要具有独特的个性，不能因循守旧、墨守成规，而要善于标新立异、独辟蹊径。独创性的企划创意具有极大强度的心理突破效果。鲜明的个性会引发人们强烈的兴趣，能够在受众脑海中留下深刻的印象，这样才能长久地被记住。

(三)目标性

无论多么好的创意，如果缺乏明确的方向，势必与目标脱节，就不能成为企划创意了。所以，企划创意必须有一定的主要目标。地产企划创意必须以地产营销为目标，明确方向才能做出最好的企划创意。

(四)操作性

企划创意要以现有的人力、财力和物力为基础进行设计，具有现实操作性；否则，再好的创意也是空中楼阁。做企划创意，在现实可行性的前提下，还要有一定的前瞻性。根据实际情况，制定出操作性强并有适当超前性的企划创意，不仅有利于推销项目，也是对企划人员的最好评价。

(五)理解性

理解性是指企划创意简单明了，容易为受众所理解。创意解决问题的方法容易为受众所接受，制定的策略在推广过程中能够为广大受众所理解，并能使受众在策略推广中接受创意者所要表达的意思。

三、企划创意的作用

(一)吸引目标客户的注意力

好的企划创意通过广告形式表现出来，能迅速吸引目标客户的注意力，起到先声夺人的效果，同时也培育了忠诚的客户群。客户会因为创意符合他们的要求而感到满足，并向亲朋好友宣传项目的优点，这种信誉是金钱无法换取的。开发商会因此而吸引更多的目标客户群的注意力。

(二)树立楼盘形象

虽然我国房地产行业还处于初级阶段，但越来越多的开发商认识到，树立良好的楼盘形象对项目营销乃至公司形象都很重要。企划创意是树立楼盘形象的开端。良好的开端是成功的一半。一个好的企划创意，从一开始就能迅速提升项目的知名度，树立良好的楼盘形象，营造品牌效应。

(三)为营销打基础

房地产从本质上讲是一种商品，开发商的目的就是要尽快销售楼盘，赚取利润。一个出色的创意能烘托气氛，营造声势，吸引更多的消费者，为项目的营销打下良好的基础，起到事半功倍的作用。同时，通过现有客户的购买和宣传扩大项目的知名度，开发商就能赢得更多的客户，取得更好的营销业绩。

第二节　企划创意的要素、原则和思考方法

一个完整的企划创意应由五个基本要素构成，即注意力、识别性、可信性、愉悦性和需求性。企划创意仅有这五个要素是不够的，还需要根据独创性、实效性、理解性、新颖性和相关性等原则，运用相关思考方法，才能形成一个真正意义上的企划创意。

一、企划创意的基本要素

(一)注意力

注意力就是企划创意吸引受众的能力。在今天的信息社会中，各种创意层出不穷。项目的企划创意如果能从众多的创意中脱颖而出、引人注目，那就能取得事半功倍的效果。在现实中，有一些开发商盲目注重花钱做广告，而忽视了能吸引注意力的企划创意。事实上，缺乏创

意的宣传只能增加成本，难以取得预期效果。所以在宣传战略中，能吸引受众注意力的企划创意，日益为大家所重视。

（二）识别性

企划创意应该具有识别性，能使消费者快速、有效地识别出创意中所宣传的楼盘形象，并且能很好地与其他楼盘区别开来。如果一个企划创意只是华丽的辞藻所堆砌的，让人觉得眼花缭乱，却不能让客户真正了解创意中楼盘的规划、品质和特征，甚至连最起码的楼盘名称也没有被记住，那这个企划创意就缺乏识别性，是一个失败的企划创意。

（三）可信性

企划创意中的可信性是指企划人员通过创意宣传，让客户对项目产生一定的认同感和信任感。由于我国房地产市场尚处于初级阶段，现实中的确有一些开发商不讲诚信，欺骗消费者，但这并不能代表整体和将来。事实上，信任和获得信任的能力已经越来越成为一项重要的竞争力。越来越多的优秀楼盘，正是通过可信赖的企划创意走向千家万户的。让消费者相信你，而且能够持久地相信你，这才是成功的企划创意。

（四）愉悦性

企划创意的愉悦性并不是指让受众高兴，而是指企划人员通过巧妙的构思，使营销的表现手法和技巧机智地迎合受众的喜好和品位，使他们获得心理上的满足感和愉悦感。好的创意应该具有愉悦性，并能根据受众的层次、喜好和习惯的不同，采用大体统一但又相对有别的手法，迎合不同的口味，巧妙地推销项目，最大限度地争取客户。

（五）需求性

企划创意最关心的问题之一就是预测目标客户的需求。著名的“4C”理论就要求制造者优先考虑消费者真正的需求和动机。不仅要重视受众的需求，而且要满足它、引导它、超越它。消费者的需求是多样而又善变的，企划人员要筛选和预测出主流，在这基础之上制作的企划创意才能更好地贴近客户的需求。当一个企划创意满足并超越了客户的需求时，就取得了营销的成功。

二、企划创意的金字塔

企划创意的金字塔（见图4－1）形象化地表达了企划创意的行为基础和过程。具体分解如下：

（一）信息

信息，顾名思义，就是各种资料和情报，包括企业情况资料、商业情报、市场调研数据、客户目录和联系方式等。信息的内容丰富而繁杂，在企划创意的过程中，信息的选用应根据具体情况而定，不能千篇一律。只有选择精确而有效的内容，才能最大化地发挥信息的作用。

（二）分析

分析是指企划人员在掌握了丰富而翔实的信息的基础上，运用统计学、社会学和心理学等知识，仔细而谨慎地对信息进行综合运用。分析的过程，也就是企划人员筛选信息、运用信息、并透过信息洞察消费的流行趋势、消费者的心理需求、市场的变化情况、竞争对手的发展状况等情况的过程。

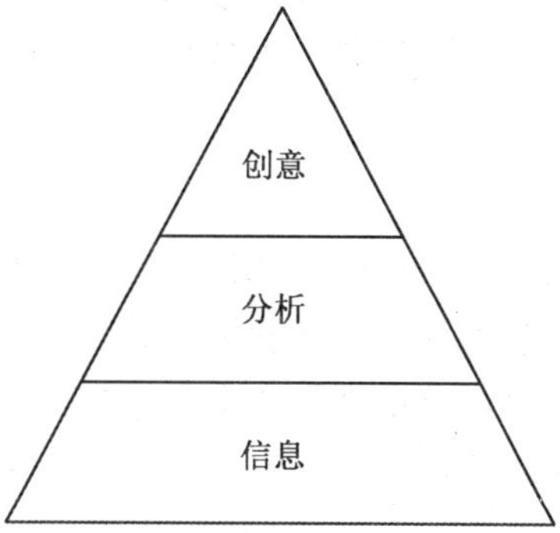

图 4—1 企划创意的金字塔

(三)创意

企划人员在掌握充分的信息资料的基础上,运用综合分析手段,通过独特的视角和深入的思考,才能形成最切实有效、最能打动消费者的企划创意。信息是金字塔的底盘,分析是中间手段,创意则是金字塔的顶端。每一个创意都是建立在大量的信息资料和审慎分析的基础上的。

三、企业创意的原则

没有规矩,不成方圆。企划创意的设计同样必须遵循一定的原则,房产企划创意必须遵循以下五大原则:

(一)科学性与艺术性相结合的原则

企划创意是一门具有科学性和艺术性特点的学科,要树立以科学为经、以艺术为纬的思想观念。以科学为经,是指营销目标的确定、企划策略的制定、消费群的选择以及企划概念的得出都是依据科学的市场调查和分析得出的。以艺术为纬,是指企划创意的诉求要通过艺术化的方式进行表达,这样才能吸引受众。在这两条经纬线的制约下,形成的企划创意既切合实际,又具有美感,能在受众心中留下深刻而美好的印象。

(二)贴近消费者原则

在进行企划创意的过程中,企划人必须深入社会,了解消费者的心理和思想,从一个普通消费者的视角去确立创意的概念,使企划创意贴近消费者,真正实现企划创意与消费者之间的零距离。在实际生活中,消费者是通过对创意的满意度、对房产的选择性来实施购买行为的。贴近消费者的创意作品,不仅能得到好评,而且能提升销售业绩。

(三)思想与物质的独创性相结合的原则

企划创意是企划人员经过充分思考后的智力成果,集中体现了企划人员对项目的理解、想象和灵感,具有独创性。企划创意也是地产营销的众多要素中最具魅力、最吸引人的部分之一。企划创意还只是一种想象,最终要借助于物质载体来表达。具有独创性的创意只有与独创性的制作方式、表现手法、传播途径相结合,才能最大限度地发挥作用。

(四)实效性原则

实效性原则是指企划创意能取得的实际效果。企划创意能否达到解决问题的目的,很大程度上取决于企划信息的执行效率。一个好的企划创意必须讲究效率，讲究可行性。如果一个企划创意的执行范围广，执行效率高，在最短的时间取得最大的执行效果，这样的企划创意就符合了实效性原则。

(五)围绕主题定位原则

创意活动是对不同事物之间、现实与虚幻之间、具体与抽象之间的交错、融合和转化过程，需要发挥企划人员的想象力和创造力。但这种发挥不是异想天开的，而是要围绕主题定位这一中心开展的。围绕主题定位原则要求企划创意中的意象组合和项目的主题定位紧密联系，意象组合为主题定位服务，并围绕其运行。

四、企划创意的思考方法

美国广告学教授詹姆斯·扬曾说，创意不仅是靠灵感而发生的，纵使有了灵感，也是由于思考而获得的结果。企划创意是企划人员从现有的信息资料中经过大脑思考和分析，重新组合而成的新的智力成果。在企划创意过程中，思维方法是十分重要的。下面介绍四种较为有效的思维方法。

(一)垂直思考法

垂直思考法又称纵向思考法，是按照直线型的思考路线进行的向上或者向下的垂直式思考方法，有利于思维的拉伸和递进，也有利于增强企划创意的逻辑性和层次性。垂直思考法被评价为最佳思考方法。其优点是方向明确；缺点是偏重于以往的经验和模式，缺乏创新。

(二)水平思考法

水平思考法又称横向思考法，在思考问题时向着多方位、多角度的水平方向发展。这种思维方法有利于产生新的创意，但是逻辑性和层次性不强，所以不能取代垂直思考法，而只能弥补其不足。如果把这两种方法配合运用，可以收到良好的效果。

(三)中心思考法

中心思考法是指企划人员先确定创意的中心思想——主题定位，然后以此为球心、从纵向和横向的三维角度，在脑海中构成一系列虚拟的圆球，从中选出最佳的组合。这种思考方法可以避免简单的直线型思维模式，形成的企划创意也更加立体和直观。

(四)集脑会商法

集脑会商法是指企划人员运用座谈会、茶话会等方式，把所有与会人员对企划创意的构想、见解和灵感汇总起来，经过分析筛选，形成最终的集体创意。对同一问题，每个企划人员的看法和角度是不同的。集中集体的智慧而形成的创意，会更加完善。应该说，集脑会商法是一种极有价值的创意思考方法。

第三节　企划创意设计

一、企划创意设计的要点

成功的企划创意设计通常具有以下要点：

(1)企划人员注重实践经验的积累，并能够有效地发挥天赋。

(2)企划人员摆脱旧观念的束缚,运用联想思维,善于捕捉片刻的灵感,营造全新的意境。
(3)主题新颖、鲜明,品位高尚,意境深厚,平面表现及文字表达优美。
(4)表现形式新颖独特,概念、构想、意象、形象等要有时代气息。
(5)注重概念、感觉和情感的视觉化。
(6)针对目标消费群体,注意科技更新等社会大环境的发展趋势。

二、企划创意设计的阶段

企划创意要经过五个阶段,即准备期、酝酿期、启迪期、求证期和形成期,如图 4—2 所示。

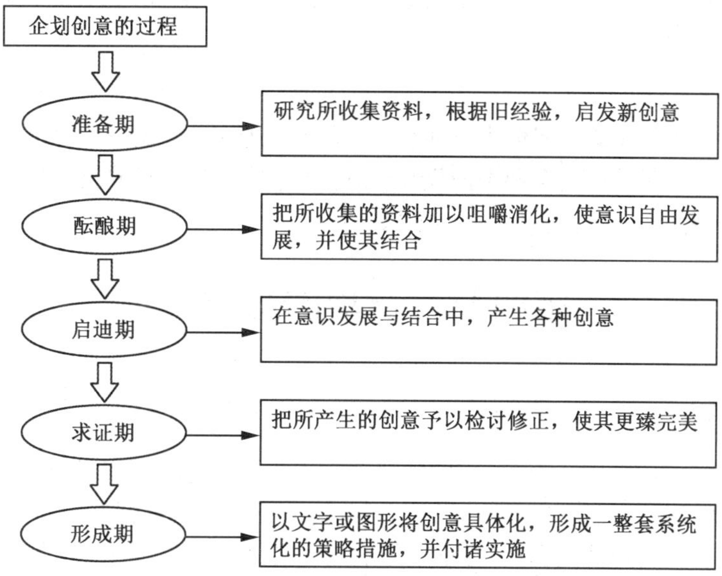

图 4—2　企划创意流程

(一)准备期

准备期要收集大量的资料,包括专门人员收集的市场调查分析等特殊资料和图书杂志上公开的一般资料。特殊资料由策划专员、研展部人员组织收集,其质量通常比较高,往往作为制定新策略、启发新创意的基本资料。一般资料有时也能启发、诱导出一些新的思想火花。通过全面的资料收集,企划人员才能从中发现问题、筛选问题,并确立需要优先解决的问题。只有选准了问题,才能避免企划创意的盲目性。

(二)酝酿期

酝酿期是把所收集的资料加以咀嚼消化,使心理状态从紧张的动态到解脱式的静态,使意识自由地发展、舒展地活动,并重新组合。企划人员研究时要对收集来的各种资料、数据进行详细的分析、梳理和研判,找出具有关键性的价值点。这需要企划人员组织协同合作、共同讨论,对每个新的想法进行虚拟推广,设想各种各样的结果。然后根据企划人员的经验,决定想法的操作性和可行性,确定总体方向,进一步酝酿具体的实施细节。

(三)启迪期

大多数心理学家认为,印象是启示的源泉。启迪阶段是在意识的发展与结合中,孕育灵感，激发想象力和创造力，从而产生创意。创意靠灵感，而灵感来源于大量的现实资料。企划人员将已有的数据材料在分析、研究、酝酿的基础上获得启迪，使思路在资料中获得延伸，完成从量变到质变的飞跃，即从信息"量"的积累到创意"质"的产生，使企划创意进入一个更高的层次。

(四)求证期

求证期是对创造成果及其价值的鉴定时期，这个阶段包括逻辑上的论证和实践价值的论证。企划人员把所产生的创意运用逻辑推理等方法进行修正，使其臻于完美。这一阶段要对最初闪现的出色的思想、崭新的观念、奇异的构思进行评价和推理，进一步深化、细化。并不是每个新产生的创意都能获得成功。企划创意要想上升到另一阶段，还要靠企划人员的不断求证，确立创意的基本框架。

(五)形成期

形成期就是用文字或图形将创意具体化、形象化、物质化，形成一整套系统化的策略措施，并付诸实施。这个时期需要文案和平面设计师的共同参与制作，斟酌创意的文字表达，制定具体的执行步骤，最终形成一套完整的企划创意。

第四节 企划创意方法

一、USP 创意

所谓 USP(Unique Selling Point)，即独特销售主张的意思。楼盘的推出与产品卖点的制定有着密不可分的关系。可以说，没有好的卖点，就不可能吸引目标客户群，更不可能有楼盘的成功销售。建立产品的最佳卖点，寻求市场的最大突破点，才能赢得楼盘销售的成功。

建立 USP，可从以下几个角度来考虑：

(一)切合实际

产品的创意要符合实际，切忌过于夸张。那种不负责任、欺骗客户的企划创意，不仅会给客户带来危害，而且最终会使开发商蒙受损失。如北京某城市广场开发商因为承诺未兑现而遭到客户砸售楼处，造成恶劣的社会影响。同样的事件也在苏州观前街的某商城发生过。开发商利用独特的企划创意促进销售本来是无可厚非的，但是必须本着实事求是和认真负责的精神，才可以赢得客户的信任与支持。

(二)针对市场需求

产品的创意要符合市场需求。企划人员要详细考察市场，了解市场所需和消费者的心理。知道消费者想要什么样的楼盘，需要这种楼盘的原因和动机。然后从消费者的实际需求出发，建立相应的卖点。符合市场需求的卖点，一定是成功的卖点。

(三)符合长远利益

开发商开发楼盘，除了谋求经济利益以外，也要树立品牌信誉。从长远利益考虑，好的楼盘形象，有助于开发商建立品牌，树立良好的信誉，从而为以后的楼盘开发赢得更大的发展空间。

二、比较创意

比较创意就是运用一种差异化的模式来展示楼盘的独特优势，提高本楼盘的价值点。这类创意主要运用在同类产品的竞争中，同类产品在各项市场条件、自身条件相似或者相近的情形下，要战胜对手，就要做出差异化比较，寻找自身的差异化优势，以差异化特色来吸引消费者对本楼盘的注意和青睐。

三、悬疑创意

悬疑创意，即留下悬念，让客户去猜想。一句话，就是引发消费者的好奇心。利用消费者的好奇心做文章，逐步引导，步步深入，最终让消费者明白本楼盘的独特之处，然后产生信心来购买。例如，中国台湾的一则洗涤用品广告就是很好的悬疑创意的例子。广告中产品的样子像月亮，所以产品名字中也带一个“月”字。在产品推出之前，没人知道产品到底是什么，吊足了消费者的胃口。产品真正上市后立即引起轰动，被抢购一空。楼盘销售同样可以借鉴这种方式，但要融会贯通，巧妙运用。

案例 4—1

青岛为什么这样红

自 2015 年 5 月中旬以来，岛城大街小巷出现了一则这样的宣传：青岛为什么这样红？包括超过 20 块户外广告牌、铺天盖地的微信朋友圈轰炸等。

广告画面极为简洁，未留下任何商家信息等。该广告迅速引发市民好奇和猜想热潮。有市民表示，虽然始终不知道这个广告的意思，但是每次看到都会驻足停留，并且希望尽快揭晓答案。

据了解，这也正是悬疑广告的魅力，即引发猜测，刺激知名度，积聚后期的爆发效应。很多案例也对此有明确印证。

针对当前市场上这则红主题的广告悬案，半岛网也走上街头对市民进行调查了解：“你认为这里的红是什么？”。

市民陈先生对此表示完全摸不着头脑，“猜不出来，所以很希望这个广告画面来个真正的露脸”；高先生认为这是一则针对景区的宣传，“这个红可能是说青岛旅游产业发达”。王小姐则告诉半岛网，“红可能是红岛的意思，区域指向”。

同时，调查中发现，虽不能辨别到底是哪个商家，但市民普遍认可是某区域大盘起势的苗头。纵观过往多个案例，也不难发现，悬疑广告背后多为生面孔，区域新秀的属性明显，而且大多背景雄厚，实力强大。

从“青岛为什么这样红”的户外到“千杯咖啡免费喝”引爆楼市，紧随其后，6 月 26 日，一场声势浩大的“红人合唱快闪”持续引爆青岛，这一系列动作充满红色元素，其背后真义是方兴中欧国际城亮相青岛的醒目标签。“红了”不仅仅是单一词汇的灌输，是让更多人在思考“红了”的主角——中欧国际城。

中欧国际城位于青岛国家高新区，即青岛北岸主城核心区，是青岛市三城联动的主轴。地处青岛市几何中心位置，面朝胶州湾，地域辐射性良好。1 小时车程可达青岛市所有县级市。30 分钟可达市南、市北、崂山 CBD。

有关胶州湾三岛鼎立的设想与规划，其实是"大青岛"梦想的老生常谈，自从"环湾保护，拥湾发展"以来，有关"红岛"这一三岛之中的地理核心岛，早已吹过几轮集结号。空港过去，新区设立了，大牌名企纷纷入驻，现在中欧国际城的出现，为红岛找到了生长与发展的合理的模式和科学的形态，红岛的集结号，是时候改调"冲锋号"了。

官方报道显示，中欧国际城是自胶州湾三岛鼎立规划以来红岛最重的一个砝码，6 水环绕5 000亩湿地，融汇海河大观，平整的红岛湾底镶嵌沃土上的明珠。于此，方兴斥资 400 亿元，在2 500亩土地上打造的推动北岸新城发展的"城市运营"级产品。

在这一目标的指引下，中欧国际城用 400 万平方米的万园城邦，汇聚中欧文明的生活形态，360°生活配套解读国际社区的零压力，规划出高端人居、产业园区、生态研发、超五星级酒店、甲级写字楼、大型购物中心、国际酒店公寓等顶级业态地标集群，同时该项目以智慧城市发展为策略，实现智慧化楼宇、智慧化设施、智慧化酒店 、智慧化学校的构建；最终实现一站式多元生活的全产业链条，解决城市人居一公里问题，创造大青岛新型增长极。

方兴中欧国际城刮起的"红色飓风"席卷岛城，让我们拭目以待"青岛这次该红了！"

资料来源：http://news.bandao.cn/news_html/201505/20150531/news_20150531_2537073.shtml。

四、反诉求创意

从反向进行诉求宣传，是现在较为流行的创意手法。反向诉求创意手法，就是从反方向诉求突出产品卖点，起到强调产品优越性的作用，是一种比较新的创意手法。例如，沈阳市一城市楼盘的创意是："假如到目前为止，你还没听说过它的名字……""假如到目前为止，还没有一个朋友向你提起过它，那你显然不在恰当的社交圈里活动"，"假如第一眼你还不能认出这是哪里，假如你还需要看到更多的图片和文字说明"，画面简洁、现代，诉求不随流俗，是出奇制胜的"奇葩"。

五、情景创意

情境创意是指从场景、活动、楼盘等角度，创造一种全新的营销情境，将场景、活动与楼盘销售结合起来，带动销售进程。具体来说，可以有以下情境：

(一)售楼处情境

售楼处设计的好坏与楼盘营销直接相关，客户对售楼处的满意度可以影响其对楼盘形象的概念描述。售楼处情境设计应从以下几个角度来考虑创意效果：

1. 销售大厅

销售大厅是客户对整个楼盘的第一印象，不能等同于一般售楼处设计，要突出自身优势，让客户在咨询过程中就被整个销售大厅的布局吸引住，对楼盘产生良好的第一印象。

2. 样板房

样板房的设计要大方，布置精致，多花心思，多下功夫，做住宅的就要有住宅的温馨，做商务楼的就要营造一种商业氛围。其最终目的是为吸引住客户的眼球，让客户产生心仪的感觉。

(二)活动情境

活动情境是指楼盘销售过程中的一系列有助于拉动销售的 SP(Sales Promotion)活动。活动不一定要多，但一定要能够吸引住客户，能够在现场营造一种火爆的销售氛围，吸引的客户越多，证明楼盘的人气越旺，这也是房展会上各大楼盘竞相呐喊的目的。

(三)物业情境

营造好的物业管理氛围，主要是指售楼环境的维护。许多开发商在售楼处的厕所里面放上熏香，音乐缭绕，让客户觉得开发商为他们着想，从而对楼盘的物业管理有一个很好的印象。

六、证言创意

证言创意是运用消费者现身说法，从而带动楼盘销售。通过老业主向新客户来解说开发商所开发楼盘的可信度。这种创意形式多运用于同一开发商对楼盘的再开发，让老业主现身说法，既可以提高开发商的信誉，又是一种经验传授，让潜在客户做出购买的正确意向。在这方面最显著的例子是日本一家著名公司，让员工到广大消费者中收集意见，然后根据意见，产生创意，而不是让几个企划人员关起门来冥思苦想点子。其主要做法有以下几种：

(一)茶话会交流

举办茶话会，邀请老业主当场讲解，诉说楼盘的优点，讲述开发商前期楼盘、小区等设施、配套等方面的成熟之处，让潜在客户感受开发商以往楼盘建设的成功之处。

(二)网上论坛

开辟网上论坛，搜索各方意见，让消费者说给消费者听，让消费者打动消费者。

(三)解答困惑

收集潜在客户对楼盘的困惑，然后请老业主有针对性地对潜在客户进行讲解，从而消除困惑。

七、名人推荐创意

顾名思义，名人推荐创意，就是邀请名人做形象代言人，利用名人的知名度为楼盘造势，提高楼盘的知名度，让客户感觉到与名人做邻居的自豪感。现在越来越多有实力的开发商邀请名人给自己的楼盘做形象代言人，不惜重金邀请明星出场。这种创意是一种成本较高的楼盘推广形式，也是目前运用相当多的创意形式。具体做法包括：

(1)直接邀请名人做形象代言，明星现身说法，提高楼盘的知名度。

(2)与歌星演唱会建立联系，买下冠名权。

(3)冠名其他有名人参加的活动，或者以名人故居为背景进行开发。

八、宣告创意

宣告创意，就是将楼盘的详细情况、优点、缺点等一一罗列，告知消费者“人无完人”。同样的道理，楼盘也不可能是尽善尽美的。只有忠实地向消费者交代具体情况，才能得到消费者的最大支持。这种方式一般比较适用于普通楼盘销售，如经济适用房等。用实实在在的宣告来打动消费者，未尝不是一种好创意。

九、示范创意

示范创意，源于一些产品营销手段。地产营销领域内的示范创意是证言创意和宣告创意的结合，即将楼盘特征展示给客户。具体做法如下：

(一)现场讲解

现场销售人员实际操作、讲解,将楼盘整体形象娓娓道来。

(二)业主互动

由老业主向潜在客户群进行解释,说明特点、优势。这种创意方法也适用于同一开发商对同一系列楼盘的营销。

十、诉求创意

诉求创意,就是根据诉求对象、诉求区域的特点,通过真实、准确、公正地传达开发商或楼盘的有关信息或其带给客户的利益,让受众理智地做出决定;也可向受众传达某种情感或感受,从而唤起受众的认同感和购买欲;还可以用理性诉求传达信息,以感性诉求激发受众的情感,从而达到最佳的宣传效果。常见的诉求方式包括:

(一)景观诉求

景观主要包括自然景观和人文景观。楼盘周边的自然景观,是指山水融合、自然质朴、风光秀丽、活水设施等。人文景观,是指社会人文环境、高校文化环境、当地历史源远流长等。企划人员将景观优势诉求于众,宣扬自身产品景观优势,达到最佳诉求效果。如南京奥体中心周边某开发商就利用这种创意,取得了销售的成功。

(二)交通诉求

交通诉求主要表现在地铁、飞机、公交线等方面,以交通优势拉动销售。在北京、上海等大城市,很多开发商在交通上大做文章。这种创意的诉求对象一般比较适合于上班族、白领阶层。

十一、贯通创意

所谓贯通,就是将多种优势融合为一体,融会贯通、巧妙运用。用最佳点子包装楼盘,多方运用,而不是单一地只就一个方面去动脑筋。

十二、把握消费者心理创意

把握消费者心理,以人为本,这是现在许多国外公司越来越注重的一种创意手法。具体做法是:

(一)采撷

散发一些无关痛痒的调查报告,或者靠几个企划人员关起门来冥思苦想,不可能想出切合实际、有效可行、能解决问题的创意。所以,派出专业业务员到消费者群体中去采撷第一手资料,取得消费者最真实的意见是十分重要的。

(二)加工

对采撷来的数据进行整理、加工,制定相关策略。

(三)实践

将符合消费者心理需求的点子付诸实施,只有可行的、运用到实践中会起作用的点子才是好的点子,也才是好的创意。

十三、情感创意

情感创意包括爱情、友情、亲情等方面的创意。开发商可以根据楼盘的具体定位，采用相关的定位策略，运用相关创意，可以是爱情、友情和亲情中的一个方面，也可以是几个方面的叠加，只要能打动消费者，就是好的情感创意。

十四、爱心创意

爱心创意，即以爱心为题材，开展爱心活动，从而感动消费者，并且提高了楼盘的知名度，是一种变相的软体广告模式。具体做法包括捐助失学儿童、兴建希望小学等爱心活动。

十五、文化典故创意

这一类创意不多，人文背景要求相对较高，往往需要依托一定的历史和一些传统典故，但一旦创意成功，就会因其本身内含的深厚的民族思想理念和文化气息而自有其独特的品位和不可替代的吸引力。如北京某经典楼盘的文案是："500 年前，它还是一株年轻的龙柏，站在树边的中国人姓朱，号永乐。"中华民族的传统建筑文化内涵能够吸引高层客户群，实践中以文化做背景的创意，是一种比较出色的创意。

十六、心灵境界创意

心灵境界创意，就是发掘心灵深处的内涵，将心灵、思考、哲理孕育于房产创意中。以沟通为桥梁、以情感为纽带，开拓思想境界，唤发起心灵最深处的某些渴求，利用亲和力做文章，将生活、生命、激情和寻求融合在一起，开发具有生命感召意义的项目。

（一）以沟通为桥梁

在构思创意时，企划人员与想象客户群进行思想沟通，讲述人生意蕴，宣扬朴实无华的人生意境，共同探讨人生哲理，然后与客户达成思想共识，成功地将产品概念植入客户心中。如中国台湾一个系列楼盘，借助于细腻的构图，向客户群宣传一种平静恬淡的生活方式，"到巴拉卡公路上就着晨光阅读，在大屯山芒草房写生，与湖山村的种兰老农搏一盘围棋"，从而唤起消费者对这种远离尘嚣生活的向往。

（二）开拓思想境界

建筑是人类居住的灵魂。提升思想境界，在建筑里融入思想内涵，以思想作为创意，将策划人的思想、项目的思想带给客户群，进而促成项目营销成功，也是一种成功的创意。如深圳某楼盘提出"大隐隐于市，小隐隐于野""一栋别墅不足以改变世界，却能改变你对世界的看法"等宣传概念，看似平凡的话语却蕴涵了很高的思想境界，打开了消费者的思路，为他们展示了一种新的视野。

（三）利用亲和力做文章

查看历史资料，可以发现"亲和力"被运用在许多方面。如今，将"亲和力"运用到项目营销上，同样是绝佳的创意。如广州一家楼盘，营销文案十分精彩："每天，都会遇到邻居，遇到朋友，遇到小孩"；"呼吸是每个人的权利，而选择呼吸则是你的专利"；"人总需一些时间去享受，但你借享受花时间"；"街道上，没有喧哗，没有烦嚣，亦没有陌生人"。亲近的意味扑面而来，消费者在阅读广告的时候，就会有一种回家的感觉，自然地要到楼盘实地去看看。

十七、生活形态创意

房子本身与生活息息相关，我们可以把握这一最基本的概念，从中发掘出最有价值的创意。景观配套、生活趣味、生活细节、生活方式等方面的考究，都可以作为创意的源头。优秀的企划者善于抓住生活的细节，激发灵感思维，抓住最小的细节，展现最大的优越。

（一）生活情调

精神文化丰富了，生活情调也需要提升。以生活情调作为创意，宣扬产品的环境、配套等，是一个具有代表性的创意。如深圳某楼盘这样宣扬："极品的生活就是挥霍得起阳光与空气的亲水生活，阳光、沙滩、椰树、吊床、遮阳伞，全有热烈浪漫的元素。"这让人一看就觉得很浪漫、很有生活情调。

（二）生活细节

如今，生活细节越来越被人们所关注，一扇窗、一点灯光、一个微笑、一抹斜阳等，都是生活中很好的细节。利用生活中各个角落的细节构思创意，例如，"总有一盏灯，为晚归的人守候。灯盏在夜色里，点亮一种温暖，一种只有家才有的温暖。才有了对家的思念。留一盏灯，给晚归的人，在夜色初降时，悄悄亮起。像孩子的等待，像家人的惦念。"这样细节化的创意使远方回来的人，突然被一种情感击中，备感温馨。

（三）生活方式

现在一部分年轻人，学历比较高，日常收入也比较高，在生活上追求品位和时尚，在思维上也更容易接受创新和突破。所以，一些项目就以这一批人为主要目标客户，推出别具特色和内涵的项目产品。如某楼盘宣扬："我的收藏室是临水的居所，可以在窗边眺望小船浅浅划过……我的视听室左岸依水而筑，清溪从门前漫过，涟漪随脚印迭起，人文与自然得以完美结合，满溢自由和飞扬气度。"这样的创意，很能抓住年轻白领的心。

十八、另类手法创意

顾名思义，另类就是产生想法的手法、途径不同于别人，不流俗于大众，夸张自我，个性张扬，不遵循于常理的思维逻辑，突破一般的思维框架，勇敢大胆地去假设构想，或者采取同别人相反的思考方式。如一般印象中，社会成功人士的作风应该是比较低调的，但是深圳某豪宅楼盘在宣传时，一句"您还选择住在上个世纪的深圳吗"，一副姿态高昂的样子。对这样的创意，本书不做评述。但是要提醒一点，另类的创意也必须以实际作为基点，离现实太远会让客户觉得虚假，反而达不到预期效果。

练习题

一、思考题

1. 房地产企划创意要素有哪些？
2. 常见的房地产企划创意方法有哪些？

二、案例分析训练

碧桂园房地产的经典创意与策划

1992年下半年以来，中国南部的房地产空前火热。在这场空前的商战中，“碧桂园”后来居上，依靠巧妙的创意与独特的策划，创造了辉煌奇迹。

一、案例背景

碧桂园，以位于广东省佛山市顺德区陈村水道的碧江之畔、桂山之侧而得名。但因其坐落在顺德与番禺的交界处，“前不着村，后不靠镇”，受地理位置因素影响，其先天条件并不是十分优越。另外，在1993年6月，碧桂园开始破土动工的时候，中国的房地市场就已经开始大势转弱，向低谷发展。因此，碧桂园房产想要在竞争中脱颖而出，其阻力是相当大的。

为了生存和发展，碧桂园的经营者们可谓是绞尽了脑汁。一方面，开发商们广泛宣传、反复强调此地为“金三角的交汇点”；另一方面，又借助名人效应，邀请颇得民心的广东省前省长叶选平为其题写“园”名。尽管如此，前来看楼买房的人仍是零星可数。

在经历了无数次的挫折与失败之后，碧桂园的决策者们似乎觉察到了什么。他们逐渐开始意识到“就房地产搞地产肯定火，要跳出房地产才能开发房地产”。由此，碧桂园开始了其对新的发展思路与经营模式的探索。

二、兴办碧桂园学校

兴办碧桂园学校的设想，来源于碧桂园老板一次不经意的遭遇。1993年8月的某一天，当碧桂园的老板在给他的孩子看学校时，突然有了灵感。他所见到的那所学校，地处偏乡僻壤，建在水田鱼塘之上，但却有众多“大款”争先恐后地把子女往那里送，尽管每个学生要交教育储备金15万元。

为什么不在自己的楼盘也建一所学校？别墅区本来就要教育配套的，虽然惯例是先建房再办学，可是能不能先办学，再建房呢？逆向思考使碧桂园的老板找到了一条新的发展思路：“山路不通走水路，楼盘不活办学带。”

有了这种想法之后，碧桂园成立了一个筹办学校的小组，专门负责办学事宜。为了使碧桂园学校有一流的教学质量和办学水平，碧桂园积极与北京景山学校合作，共同创建办学新模式。由此，北京景山学校在北京以外的第一所分校——碧桂园学校在广东省佛山市顺德区北窖镇诞生了。同时，碧桂园还以兴办碧桂园学校为切入点，策划了一系列新闻炒作，从而使碧桂园声名大振。

1994年10月中旬，事隔一年的碧桂园大变样，广东碧桂园学校已经开学月余，首批1 300多名学生已经入校就读，给碧桂园带来了无限生机。尤其是碧桂园学校开学的那一天，校门口车水马龙，人头涌动，从公路边蜿蜒而来的两公里内，排列着“奔驰”“宝马”“丰田”“凌志”等各种名车上千辆，简直成了世界名车大展。而此时，碧桂园几百幢别墅也已经竣工，碧桂园会所(俱乐部)正在兴起，一个大型的高档住宅区呼之欲出。

三、倡导“碧桂园生活新方式”

随着碧桂园的发展，碧桂园的决策者们越来越感到以往的经营理念定位和品牌形象已经不能适应碧桂园的发展需求，而只有通过开发和利用能够反映全新生活品位的概念与方式来引导消费者，碧桂园后期的营运效益才会有所保障。碧桂园的决策者与公司的顾问们在经过了数次思想火花的碰撞以后，深刻地得出了这样一个结论：

今天的社会以“激烈化”“多样化”“专精化”三轴为中心，不断实现突变，人们的思维方式和生活要求也有了很大改变。过去，国家建房单位分房，能分到一套房子就是一种满足，这种“温饱型”的生活方式在那个年代着实起到了它特有的作用；改革开放后，中国经济高速发展，房地产开发形成全新的市场，成片成片生活社区的出现，布局统一，周边生活设施综合配套，讲求实用与舒适的结合，将人们的居住由“温饱型”推向了“小康型”。但是，无论是“温饱型”还是“小康型”，都只是传统概念的延续，都只是注重人的基本生活需求，而忽略了现代人对生活品位和质量的更高要求。尤其是那些先富裕起来的人们，他们期盼着“理想型”的现代居家方式。

正如著名的策划人王志刚所说：“碧桂园的策划，一定要跳出房地产概念，加大文化内涵，上升到‘全新的生活方式’的高度，才能令人耳目一新。”碧桂园，就是要与新时代的节奏合拍，要体现人们对现代理想生活方式的追求。它绝不单单是一个屋村、一个俱乐部、一个学校的建设，而应该是一个实现现代生活方式的系统工程，一个文化存在，一项高品位的创造性实践。

碧桂园的策划者们，在认识到这一切之后，开始将现代CI理论与实践经验进行巧妙结合，将社区形象与理想生活方式的概念结合起来，致力于创造“高尚型”和“理想型”相结合的中国一流社区，推广全新的生活方式，提高中国人的生活质量，完善人生的价值和生存观念，锁定于碧桂园物业发展有限公司的经营理念，并提出了规划和方案。

四、“给您一个五星级的家”

“给您一个五星级的家”，这是碧桂园的定位和承诺。碧桂园所倡导的全新的生活方式与概念，在“给您一个五星级的家”的理念和创意方案中得到了充分的体现。

若论管理的水平、管理的层次，毫无疑问，“五星级”管理当属第一。那么，怎样才能把传统上用于旅游业酒店称谓的星级管理引申到这块1 000多亩有几百幢别墅的土地上来呢？人的生活方式是建立在构筑自己的家庭基础之上的，建立属于自己的理想的家是人类一直以来共同追求的理想。“在外千日好，不如在家一日亲”，五星级的酒店虽好，但那毕竟不是自己的家。于是，策划者们把碧桂园的定位锁定在了“五星级”与“家”上。

1. 碧桂园学校是孩子们“五星级的家”

来自珠江三角洲各地，甚至更远的外地的孩子，离开自己充满亲情、充满爱的家，来到碧桂园学校，在那里接受科学文化教育。要让这些孩子认识、熟悉和适应这个陌生的环境，习惯“离家”的独立生活，好好学习，成长为社会未来的栋梁，碧桂园学校就必须给孩子营造出“家”的感觉，而且是要比他们自己的家更具吸引力。只有这样，才能让孩子们安心，让家长们放心。

2. 碧桂园会所是商旅者的“五星级的家”

商海搏击，犹如战场上的“厮杀”，胜利的喜悦，失败的创伤，都令商家大款们身感疲惫，他们需要有一块属于自己的理想净土，一片港湾。在碧桂园会所，商旅们可以舒展自己的心，或者计划未来，运筹帷幄；或者邀朋唤友，分享果实的甘甜；或者彰显彪炳的成就，显示成功者的尊贵。传统意义上的家的概念在这里得到了升华，获得了心灵满足和小憩的商旅们，将能够以更加充足的自信和精力去开创他们美好的明天。

3. 碧桂园别墅是业主们“五星级的家”

“日求三餐，但求一宿”是多少年来中国百姓苦苦追求的人生目标。国家的富民政策使更多的人终于实现了拥有属于自己的家的梦想，走出狭隘的古老空间，开辟自由自在的生活天地。碧桂园，不仅为业主们提供了设计一流的住房，而且也为业主们提供了一流的物业服务。在碧桂园购置楼宇，业主们将会感受到五星级客人般的尊贵，感受到一种全新的理想生活方式——高效、便捷、舒适、自然。家在这里，是何等的乐事。

碧桂园在创意规划基础确认后，便开始了具体的运作与宣传。值得一提的是，在碧桂园宣传的过程中,实景拍摄的手法被引入并得到了广泛的应用。碧桂园别墅、俱乐部、学校的实景被制作成照片,同时,企业的形象定位也被注入设计中。这样的宣传,既增强了消费者的信心,为碧桂园房地产的销售带来了极大的效益,同时也开创了在售楼书上标注实景拍摄的销售策略先河。

通过这些极富创造性和开拓性的策划与创意,碧桂园得以起死回生,并获得了快速的发展和极大的效益。当碧桂园通过全新的形象而取得楼盘旺销战绩的时候,一位房地产大亨颇为感慨地说:"此次大胜,关键在于启动定位,'给您一个五星级的家',这句话,是无价之宝,起码值2 000万元!"

二十余年来,碧桂园不断创新,多次刷新销售纪录,创造了一次又一次的辉煌。例如:2015年,碧桂园契合国家"一带一路"发展战略,联合马来西亚开发森林城市项目,形成了绿色、低碳、智慧、生态的创意,带来了销售又一波峰。2016 年实现年销售3 088亿元,进入福布斯排行榜世界 500 强行列。2018 年,确定每年 7 月 26 日为"碧桂园安全生产日"。

问题:

1. 碧桂园的企划创意采用了什么思维方法?
2. 碧桂园的企划创意有什么特点?

第五章　房地产广告策划

广告策划在房地产的整个营销过程中占据了不可替代的地位，它在产品和营销之间建立起一座联系的桥梁，使产品走向市场，走向消费者。如何通过最佳的广告创新、科学的媒体选择、适度的时机掌握，把房地产的产品信息准确、高效且经济地传递给每个目标客户群，是房地产广告策划工作所承担的"责任"，同时也是房地产管理人员和营销策划人员所要关注的课题。

第一节　房地产广告的类型

当前，房地产市场的成熟度和竞争性不断提升，房地产广告的类型也呈现出多样化的趋势，大致可以从以下几个方面对其进行分类。

一、根据房地产广告性质的不同进行分类

依据房地产广告的性质，可以将房地产广告分为以下两种类型：

（一）楼盘广告

楼盘广告是指围绕楼盘本身的情况，如位置、卖点、小区情况等展开宣传，而对于开发商、代理商、设计商、承建商等相关单位只作简单罗列，不做具体介绍。

（二）综合广告

综合广告是指在广告中详细介绍开发商与楼盘等的情况，使开发商与楼盘彼此映衬，通过形象的树立来促进销售。这类广告多在开盘前或初期使用，给人以实力和信心的印象。在开发商对旗下在售的所有楼盘进行宣传时，这种广告也是常用的一种手法。

二、依靠房地产广告目的

依据房地产广告的目的，可以将房地产广告分为以下六种类型：

（一）告知型广告

告知型广告出现在开盘前期和初期，一般采用简介形式配以效果图，意在提高楼盘的知名度和潜在客户的认知感。比如，为了使消费者购买即将推出的楼盘，企业首先要向目标消费者介绍新楼盘的有关信息，向消费者介绍楼盘何时开盘、有哪些特点、开盘优惠价等信息。

（二）提示型广告

提示型广告贯穿于整个销售周期，主要对销售期间的种种事件，诸如工程进度、样板房制作情况、房展会展台位置通知、调价说明、新户型问世和 SP 活动等进行提示，提请消费者注意，也给消费者一个最新的信息，例如，万科水晶城楼盘发布的提示型广告（见图 5—1）。

图 5—1 提示型广告

(三)观念型广告

观念型广告以倡导全新生活方式和居住时尚为广告目的。例如，先前出现在广告中的“SOHO”和“COSMO”的概念，就是为了改变现代城市中过于紧张和高强度的工作状况而提出的一种自由、休闲的居家办公理念。又如，温州市的万科中梁·金域中央楼盘在其发布的广告中就提出了大洋房的概念(见图 5—2)。

图 5—2 观念型广告

(四)形象型广告

形象型广告往往配合楼盘或开发商获奖情况而制作。此类广告的目的是,树立开发商、楼盘的品牌形象,并期望给人留下整体、长久的印象。

(五)促销型广告

大多数房地产广告属于促销型广告,此类广告的主要目的是宣传所销售楼盘的有关促销信息,吸引消费者前来购买。此类广告通常出现在节假日、喜庆活动之时,采用的手段是以价格为主,也有推出保留户型、赠送礼品等多种形式。例如,宁波市鄞州区中海·寰宇天下楼盘在进入尾盘销售阶段时,就发布了以“特价、特惠、清盘”为主题的促销型广告(见图5—3)。

图5—3 促销型广告

(六)公关型广告

公关型广告是以软性广告的形式出现的,例如,在大众媒体上发布的入伙、联谊通知,各类祝贺词、答谢词等。

三、依据房地产广告框架模式的区别进行分类

依据房地产广告框架模式的区别,可以将房地产广告分为以下三种类型:

(一)常规型房地产广告模式

常规型房地产广告模式包括楼盘效果图、楼盘总体介绍文案和开发商的信息等单项内容,一般作为单项发布,适用于报纸、杂志、户外POP、展板、灯箱、邮寄广告、业主通信等。常规模式是房地产广告中最为早期的模式,也是最典型的模式。它的优点在于适用广泛,能够全面地传达楼盘信息,便于消费者比较和研究,并能让更多潜在的消费者了解楼盘的概况。它的缺点在于过于形式化,趋于平常,难以最大限度地表现楼盘的特色,特别是在楼盘的形象培养方面,这种广告模式作用不是很大。此类广告形式适用于实用性比较强的楼盘。

(二)自由型房地产广告模式

自由型房地产广告模式包括楼盘的系列特色、现实图景、楼盘总体介绍文案和开发商的信息这些单项内容。这类广告一般作为系列发布,适用于报刊、楼书、宣传单张等。它是由常规型广告发展而来的,在保留了房地产广告三大要素的同时,将广告的形式系列化了,弥补了常规型广告模式在创意上的不足。它的优点在于通过连续的创意使楼盘的特色得以充分展现,从而在客户心中留下一个比较固定的楼盘形象。它的缺点在于如果对楼盘的特色列举把握不当，容易使客户产生认知偏差。比如，所宣传的楼盘形象特色并非楼盘潜在消费者所期望的，就会影响楼盘的整体销售状况。此类广告较适合中型楼盘的推广。例如，北京市朝阳区内的某楼盘发布的广告就是一则典型的自由型广告，提出了该项目的一大特色："森林寓所"——绿化率高。

（三）个性型房地产广告模式

个性型房地产广告模式包括楼盘的全新概念、象征性图景、楼盘总体介绍文案和开发商的信息这些单项内容。这类广告一般也作为系列发布，适用于报刊、楼书、宣传单张等。它在形式上与系列模式一样，都是在常规基础上的一种发展，但它较自由型广告模式又进了一层。

随着房地产开发的日趋成熟，开发商开始注重楼盘文化内涵的较量。谁能给冷漠的建筑物赋予一种全新的文化生命，谁就能在销售市场中占据上风，获得更多消费者的青睐。这种广告模式的优点在于满足房地产广告的三大要素的同时，提出了全新的现代建筑理念，运用创意充分主张了个性化的居住、商务新概念，是引领当今楼盘消费的前沿模式。它的缺点在于广告容易失去控制，严重的可能脱离楼盘的本质，跳过消费者的实际需求，塑造出一个看似"完美"但不符合市场实际需求的楼盘形象，使楼盘在实际销售过程中出现一定难度，从而影响楼盘的销售业绩和速度。此类广告模式较适合大型楼盘的推广。例如，北京市朝阳区内的某楼盘就在其推出的广告中，除了介绍项目的基本情况之外，还提出了亚奥板块、地铁沿线多功能写字楼的全新概念（见图5—4）。

图5—4　个性型广告

四、依据房地产广告风格进行分类

依据房地产广告风格，可以将房地产广告分为以下三种类型：

（一）规则式风格的房地产广告

规则式风格的房地产广告有点近乎公式化，在格调上比较正规、刻板。前几年国内大多数的房地产广告就是采用此种创作方式。这种广告对房地产名称、地段、类型、价格、付款方式等做平铺直叙的介绍。比如，"××小区由××房地产公司开发，地处××中心地段，邻××商业街，设施齐全，配套完善，户型一室一厅至三室两厅，多种款式，精心设计，实惠价位每平方米××元起，现场售楼处地址××，电话××”，再加上一张区域位置图和一张户型图，这就是规则式房地产广告的基本格调。它的优点在于内容具体，介绍比较全面直白。它的缺点在于平淡枯燥，缺乏特色，吸引力较低。

(二)理性感化式风格的房地产广告

理性感化式风格的房地产广告在现今的业界内广泛地被使用，其特点是广告从文字表现方面打动消费者的情感，通过理性的感情诉求去改变消费者的态度。这要求广告创作者充分发挥语言文字才能，巧妙地述说，戏剧性地展示，绘声绘色地描写其所售楼盘的优点、可能给消费者带来的利益和好处，促使市场潜在的需求变为立即购买的行动。目前国内许多优秀的房地产广告都属于此类，根据其表现手法的不同，又可归结为以下几类：

1. 情景式广告

情景式广告常以房地产的真实情景进行创作，使消费者有身临其境的感觉。例如，某城市花园的电视广告，通过对住宅区内各项方便的生活设施的现场拍摄，突出其硬件环境出众的优点。又如，北京市朝阳区内的某楼盘，在其广告中就将其房屋室内的真实情况展示给消费者看，是一则典型的情景式广告。

2. 诱导式广告

诱导式广告又称劝说性(或说服性)广告，一般出现在销售中期，随着工程的推进，为了加强消费者对楼盘的认知深度，直接从满足消费、需求和购买的心理来表达广告语言文字，列举楼盘的种种优点或卖点，劝说消费者接受，以提高市场占有率。这类广告的目的在于满足消费者的选择性需求，使目标消费者的偏好从竞争对手的楼盘转移到本楼盘上。例如，南京市某别墅的广告：“是名流，就该懂得别墅生活；是华侨，就能了解别墅尊容；是商贸，就会把握投资契机。”短短几句广告语就激发起目标客户对尊容和荣誉的追求，购买欲望也随之而生。

3. 证言式广告

证言式广告的特点是把广告诉求的语言文字直接以已购买者推荐的口气来表述，使广告的诉求意愿恰好同消费者的心理相一致。例如，在一些项目的尾盘销售中采用这种方式，“只有您还没有来了”“他们都是您的好邻居”等广告都达到了良好的宣传效果。

4. 启发式广告

启发式广告从不同角度摆事实、讲道理，而不是仅仅从正面来宣传楼盘的优点。此类广告充满了对消费者负责的情感，指导他们如何购买适合自身的房屋，向消费者宣传崭新的消费观念，从而达到含蓄地推荐自己所售楼盘的目的。这种广告的代表作是上海市某房地产营销公司为某办公大厦设计的“用租房的钱买房”的广告，通过计算，告诉消费者一个明白的道理：租房是一种浪费，一次买断也是一种负担，用租房的钱来买房是由开发商承担资金的压力，真正的“让利”行为。此广告一经发布，在上海市便掀起了一股“以租代售”的热潮。又如，北京市东城区内的某楼盘在其广告中通过描述该项目的设计者史蒂芬·锐对于该项目的规划构想，启发消费者购买楼盘(见图5—5)，从而达到广告宣传的效果。

理性感化式房地产广告除了以上几种分类外，常见的为房地产广告业者所使用的还有宣告式、示范式、幽默式、悬疑式等多种具体形式。

图 5—5　启发式广告

(三)论证式风格的房地产广告

论证式风格的房地产广告采用正面论证、正反论证和比较论证三种方法,突出与楼盘相关的信息。

1. 正面论证式

正面论证式是指广告只就房地产本身固有的优点来述说,引用的信息和资料都是有利于证明楼盘优势的事实依据。广告的立足点是站在房地产企业一方的。大多数房地产广告都能归于此类。但在实际操作中应该注意的是不能过于夸大楼盘的优点,避免无中生有、天马行空的述说,从而引起消费者的质疑而反感。

2. 正反论证式

正反论证式是指客观地向消费者介绍房地产的商品,既讲楼盘的优点,也毫不掩饰其缺点。这种广告提高了内容的可信度,也易使消费者对广告主——房地产企业产生好感和信任感,广告效果比仅仅从正面论证要好一些。如上海市某生活广场发布的“缺点”广告,定期向消费者披露楼盘当时还存在的缺点,这样反而使消费者对其产生了深刻的印象。此类广告制作的重点在于,不能过于渲染楼盘的缺点,以至于优点与缺点之间本末倒置,使消费者非但没对开发商和楼盘产生信任感,反而造成厌恶的心理。

3. 比较论证式

比较论证式是就楼盘本身的质量、价格、地段、户型、服务等特点与竞争对手进行比较,通过比较来证明它的优势。用这种风格撰写广告文案必须实事求是,不能言过其实或故意贬低竞争楼盘。因此,多数此类广告通常采用较为模糊的比较方式,如香格里拉花园——绿色水岸名邸在广告中突出了“我家就在岸边住”,表现了其临水的特质。以及湘湖人家广告中“露台上,从朋友的谈话中听出羡慕语气”(见图 5—6)。

图 5—6　比较论证式广告

五、依据房地产表现形式的差异进行分类

依据房地产广告表现形式的差异，可以将房地产广告分为以下两种类型：

(一)直接表达式广告

直接表达式广告是以实景照片(包括小区照片、楼盘照片、户型照片、物业照片等)、计算机效果图或者模型照片为广告的大背景，将项目真实的一面直接展现给广大消费者。这类广告的优点在于使消费者有身临其境的感觉，引起他们与广告诉求点的共鸣，并且通过“事实胜于雄辩”的介绍方式，有效地在较短时间内增强消费者对项目和开发商的信赖程度。

由于一些广告上的照片是计算机效果图或模型照片，有的即使是实景照片，开发商为了追求良好的广告视觉效果，通常也会进行一定的计算机后期加工处理，因此导致广告中的项目照片效果与消费者实际所看到的真实情况有一定的差距。这也是此类广告的最大缺陷，需引起注意。

(二)间接表达式广告

间接表达式广告通常不正面地对项目进行直接的介绍和宣传，而是配以一些与房地产间接有关甚至是无关的画面和文字作为广告的主基调——可能是一堆精心制作的家具，也可能是一群天真烂漫的儿童——但其实这些照片与项目的诉求点有着紧密的关联度。这类广告的优点在于它能够跳出对项目平铺直叙的俗套格式，引人遐想，诱人看盘。因为每个人对于同一画面和文字的想象结果都是不同的，这样也使得此类广告的效果显示出更大的灵活性和延展性。它的缺点在于，如果所选取的画面和文字与广告所宣传的主题或楼盘的特性不相符合，容易使消费者不能理解广告所想表达的真正意图，从而影响销售业绩。

六、依据房地产广告发布形式的不同进行分类

依据房地产广告发布形式的不同，可以将房地产广告分为以下两种类型：

(一)单则型广告

单则型广告是仅制作成一则广告的形式，定期或不定期地在各类媒体上反复发布的广告

类型。其所包含的信息通常较为丰富，涵盖了地段、价格、户型、周边配套、服务以及卖点等多种信息。它的优点在于广告策划和制作较为简单、成本较低、广告推出的速度较快。它的缺点在于宣传效果的延时性较差，而且通常难以全方位地表述楼盘的所有特性。因此，此类广告较适合于实力较弱或者规模较小的房地产项目。

(二)系列型广告

系列型广告类似于连续剧的形式，把整个广告分割成多个部分，制作成一个广告组，在一定时间内有次序地将各部分连贯性地发布。系列型广告的优点在于广告效果的延时性较强，易于引起消费者的关注，能较为全面地宣传楼盘的卖点和概念，同时有利于塑造开发商的品牌形象。它的缺点在于制作和发布时，每篇广告既要相对独立，又要前后照应，贯穿同一条主线，有一定的制作难度。所以，此类广告往往适合于开发商实力雄厚、开发时间较长且规模较庞大的房地产项目。例如，西安市某公寓为了达到宣传其20××年4月8日开盘的信息，开发商从4月2日起在《西安晚报》上便推出系列广告。4月2日之"公元20××年4月8日，西部××社区上演IT火爆大片"，4月3日之"公元20××年4月8日不到西部××社区，您将痛失良机"，4月5日之"公元20××年4月8日IT精英会聚，西部××社区××公寓开盘将有意外惊喜"，4月6日之"孵化创业，成就梦想，西部××社区××公寓4月8日正式开盘"，4月9日之"××公寓开盘采风"。开发商通过上述系列广告，有力地向市民传达了关注4月8日，关注××社区××公寓的开盘消息。

第二节 房地产广告制作

房地产广告制作在整个项目的广告策划过程中占据核心地位，广告制作如何进行以及制作的成功与否，都直接影响预算控制、媒体选择和效果测定等多个策划因素，并将最终体现为广告所宣传项目的销售利润的多少、去化速度的快慢、品牌形象的强弱等实际情况。

一、房地产广告文案的组成要素

房地产广告中的各种组成要素通常可以分为两大类：图形元素与文字元素。

(一)图形元素

1. 主题画面

主题画面通常占据房地产广告最大的版面，与项目的诉求点紧密相连。一个好的主题画面，是广告制作者经过缜密思考和细致修改后的产物，能比较强烈地反映项目的特色。

主题画面通常包括清晰醒目的图片、大字号的标题以及简洁的文字说明，有时会配以物业标志，它们共同构成房地产广告的主题(或称为诉求点)。但不论诉求点如何选择，目的都是为了吸引消费者的注意力。

2. 区位示意图

房地产广告区别于其他广告的一个重要特色，就是一定会有区位示意图。区位示意图主要是为了把项目所处的具体地理位置及其周边的主要环境(包括主要道路、大型购物中心、医院、公园、临近楼盘等)告诉消费者。

但是，有些开发商为了拉近自己的物业与市中心其他著名物业的距离，故意缩小或放大区域比例。因此，看楼盘位置不能仅根据广告中的示意图来判断，而是要找一张项目所在区域的地图进行对照，这样很容易找出其中的差别。

图 5－7 就是贵阳市中天未来方舟楼盘的区位示意图。

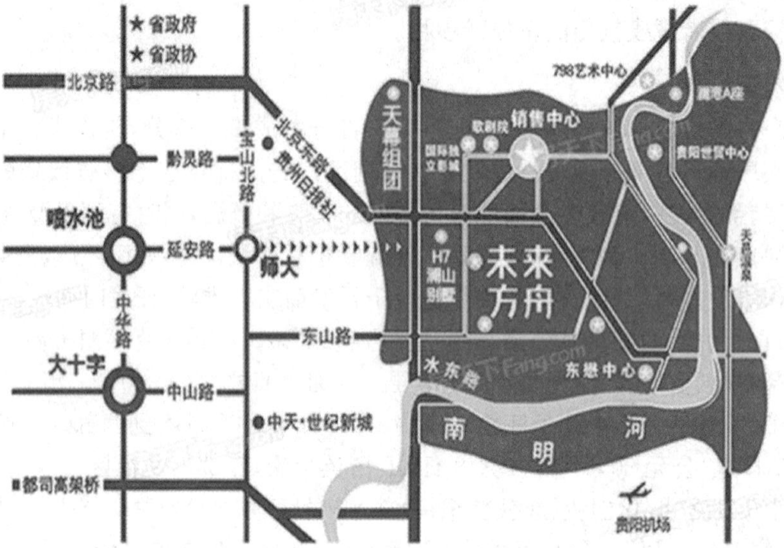

资料来源：房天下网站 http://weilaifangzhouzt. fang. com。

图 5－7　中天未来方舟楼盘的区位示意图

3. 物业外观

在房地产广告中，物业外观通常是以建筑效果图或照片的形式来表现的。如果项目是现房或准现房，开发商通常将最佳的实景照片展示给消费者。效果图的建筑部分一般利用计算机按比例画出，而绿化、休闲设施等一般配景，开发商会尽量制作美观。图 5－8 是西安市万科 · 幸福臻园楼盘的建筑效果图。

资料来源：万科官网 https://life. vanke. com/estate/20414。

图 5－8　西安市万科 · 幸福臻园楼盘的建筑效果图

4. 户型图

户型图是综合反映房屋各方面信息的图片，包括房间户型、功能分区结构、承重墙位置、门窗朝向、走道设置，以及各功能分区的面宽和进深尺度等。有些立体的户型图中还会加入一些家具、摆设作为修饰。总之，户型图的目的是使消费者能尽快了解产品的基本信息。

为了满足不同消费者的个性化需求，户型图的表现手法也呈现出多样化，主要包括平面户型图、立体户型图、强调特定分区的户型图等。但在实际制作时，主要还是以平面户型图为主，一方面便于消费者看懂，另一方面节约了广告的成本。

由于户型图是消费者最关心的内容之一，所以开发商会在广告中，主推较好的或当前主销的户型图，以吸引主流消费者。但广告中的户型图只是示意图，而不是实测图，它与房间的实际情况会出现一定的误差，当然这种误差是可控制的。

图 5—9 是中海地产宁波市九唐・酌月别墅楼盘 B2 一层户型图，三房两厅两卫，面积为 135 平方米。

资料来源：中海地产—宁波九唐・酌月 http://www.coli688.com/project/37261.html。

图 5—9　宁波市九唐・酌月别墅楼盘 B2 一层户型

5. 规划平面图

规划平面图是从规划设计的角度说明项目整体的内部构成（道路系统、电力系统、安防系统、绿化情况、组团设置等）和外部环境状况的图例。由于规划平面图涉及较多的专业性较强的知识，因此广告中较少出现标准的项目规划平面图，取而代之的一般是平面示意图，通常只保留项目楼宇布局、绿化情况、组团结构、共建设施等常见情况，这样易于消费者对项目的整体理解。图 5—10 就是长春市万科金色里程楼盘的规划平面图。

资料来源:万科官网 https://cc.life.vanke.com/estate/666。

图5—10 长春市万科金色里程楼盘的规划平面

6. 物业标志

每个房地产项目都会有一个小标志,这是项目整体方案设计的一部分。与项目名称一样,物业标志会影响住区本身的品质,在一定程度上反映主题定位与个性。经过专门精心设计的标志,具有一定的美学价值。

图形元素相比文字元素更能吸引消费者的注意力。因此,房地产广告通常会把一些需要突出的内容或楼盘独有的特征进行图标化。

(二)文字元素

1. 主题说明

房地产广告的主题说明(标题文字)与主题画面互相呼应,共同构成开发商对于项目的诉求点,其目的都是为了吸引消费者的注意力。

2. 物业名称

为了与其他房地产项目相区别,每一个房地产项目通常都有自己的物业名称,而且是以房地产主管行政部门备案的名称为准。一个好的物业名称能为一个品质一般的房地产项目增色不少,甚至获得一个不错的卖点。而对于一个本身品质优良的项目来说,响亮的物业名称更是有画龙点睛的功效。当然,物业名称要避免取得过于离奇,以免消费者看了不知所云而产生厌恶和反感的心理。

3. 售价与金融贷款承诺

售价是消费者关注的主要热点之一。房地产广告中出现的起价是指销售最低价,由于楼层、朝向、户型、工期等系数不同,通常都会在起价上加上相应的差价,从而形成同一项目下的不同售价。一些房地产广告中还有“本价格×月内有效”的小字,这表明了该价格的有效期。

开发商会根据项目的总体销售情况，上下浮动价格。当然，对于某些销售不畅的项目，广告中的价格也有可能是虚定的原价，实际成交价或许远远低于此标注价格。

同时有的广告中还会有首付比例、按揭时间长短、利息计算等与金融贷款承诺相关的详细内容说明。

4. 物业情况的文字描述

物业情况的文字描述主要包括楼盘位置、周边环境、项目配置(如电梯、大堂装修等)、配套设施(如会所、停车位等)、装修程度等，通常与主题画面、区位示意图、建筑效果图、平面规划图等互相配合使用，是对这些图片的介绍和补充说明。

5. 参与项目开发的公司名称

参与项目开发的公司名称主要包括发展商、开发商、建筑设计、建筑施工、园林设计工程监理、中介代理公司和物业管理公司的名称，尤其是当这些参与公司中有比较知名的企业时，更应该详细列明，这样能间接地在消费者的心目中树立起项目良好的品牌形象，

6. 预售资质证号

有预售资质证号表明项目具有上市条件，这样可以在很大程度上打消消费者购房的顾虑，增强他们对项目和开发商的信赖度。

7. 咨询方式

咨询方式包括售楼处地址及联系电话。一方面，开发商大多是以接到的电话数来评价广告的效果；另一方面，如果消费者想进一步了解该项目的信息，就可以打电话询问详细情况，或者在网上与客服沟通。基于这两方面的考虑，咨询方式在广告中是十分必要的。

二、房地产广告文案的撰写步骤

(一)查看与观察楼盘现场

各类房地产广告出售的都是同一种商品——房屋，但其坐落地点与规划内涵则呈现多样化的差异。文案人员首先须到工地现场，对附近的环境、相关设施(如市场、公园、学校、交通状况、街道景观等)进行深度的观察与思考，以取得第一手的资料，产生创作灵感。有些文案人员马马虎虎地看看，有些则以为某个地点以前已经看过，仅凭经验了事，这些做法都是错误的。撰写房地产广告文案，首先就是要“动脚”，只有脚踏实地、认真观察待写楼盘的现场情况，才能为以后的正式撰写打下一个牢固的基础。

(二)收集楼盘的相关资料

凡与楼盘个案有关的资料，都要广泛地进行收集。文案人员可以请市场调查人员提供竞争者或同区域内已推出的个案资料(如楼书、海报等)作为参照。此外，也可以直接咨询相关人员，听取意见和建议。

(三)过滤资料

文案人员将所有资料进行综合观察、整理后，以材料的重要性为顺序进行排列，按价值与可利用程度分类存放。在资料整理与思考的过程中，文案人员会产生一些创意，可以作为初步的选择。

(四)深入了解项目的优劣势，找出销售点

文案人员要对房屋产品的内涵进行深入的了解与分析，遇到含糊的地方就要请教公司的相关人员。要点应涵盖以下内容：与市场上竞争项目做全面比较，找出其优劣点，总结项目自

身特色;分析价格与项目本身的关联性;抓住与众不同的特色,即最具有竞争力的特点;探寻项目与当前消费者心理状况的关联性。

(五)了解消费者

房屋产品有价位和坐落区域环境等差异,每一个项目的目标市场皆有其独有的特质。文案人员只有了解消费者的背景与心理趋向(主要包括消费者的收入、职业、教育程度、年龄、购屋习惯与偏好等),才能撰写出充分吸引他们的广告文案。

只有经过上述五个阶段,房地产广告的文案人员才能进入最后的文案写作阶段,最终撰写出比较成功的广告文案。

三、房地产广告文案创作的要点

广告是信息传达的通道,是与目标消费群进行良性沟通的途径。在不同时期,随着客户消费心态的变化,房地产项目广告创作的要点也应随之变化。

(一)不成熟市场中的广告创作要点

不成熟市场的主要特征有:物业类型少,高素质物业少,信息量少,购房经验少,购房欲望强,等等。不成熟时期的买家往往具有一定的盲目性和冲动性,项目也往往会因为某个原因而受到市场吹捧,如地理位置好、户型独特等。

相应地,这个阶段的广告创作也就比较简单,最简单的就是口号式广告,往往只需要通过一两个比较明显的特点,配上一些华丽、动人的辞藻,就进入了销售。这时候的广告创作往往以叫卖为主,注重广告的标题和广告口号,直截了当地喊出项目的最主要特色。

(二)成熟市场中的广告创作要点

成熟市场主要有五个特征:高素质物业迅速增多,楼盘挑选的余地大,售价逐渐滑落,买家经验增多,广告催化成熟。

在成熟的市场中,消费者购房趋于理性,他们更倾向于选择有品牌、有口碑的企业和项目。他们会等到项目比较成熟、配套比较完善甚至接近现房时才会购买。这个阶段的广告创作,不仅要表达项目的实际价值,还要塑造项目的附加价值。

值得注意的是,广告创作要根据成熟市场中项目在不同阶段的推广主题和核心概念,选择富有创意和感染力的视觉形式来传情达意,力求创造鲜明的项目印象,并在表现风格和语言上实现与目标群体的充分共鸣。

四、楼书的设计和制作

楼书是楼盘销售信息的集合,是销售信息的重要载体,是沟通开发商与消费者的桥梁。它与其他广告媒体相比,最大的特点是便于携带、保存,信息更详细、具体。通过楼书,开发商可以全面、详细地宣传自己的项目,尽量满足客户了解楼盘与社区各种情况的需求。所以,楼书在房地产广告制作中的重要性是不言而喻的。

(一)楼书设计和制作的原则

1. 真实可信,全面详细

作为开发商,首先应对自己的项目、客户群体和信誉负责。所以,楼书的内容必须真实可靠。有的消费者就是因为楼书的失真而放弃了对该项目楼盘的选择。另一方面,如今的消费者日渐成熟,他们对楼盘的各种构成要素的细节包括开发商的实力与信誉等都有较高的要求。

所以，楼书的内容除了真实之外，还必须全面详细。

从法律角度看，楼书是开发商对客户的要约邀请，开发商希望通过楼书邀请消费者与他们订立购房合同。根据法律规定，内容翔实、足以促使消费者购买房屋的楼书，可以视为房屋合同的组成部分，约束合同双方。所以，楼书的内容、数据都应该是严肃认真的，任何夸张、伪造都是不被法律允许的。比如开发商在楼书中承诺采用名牌进口电梯，但最终安装的是名牌合资企业的电梯，引起客户投诉，开发商最终要做出赔偿。楼书设计完成后，开发商应请自己的律师先审查一遍，以防出现法律问题，产生不必要的纠纷。

2. 设计独特

楼书的设计要精美、有个性、有特色，这样才能吸引客户。成功楼书的语言应该是优美而朴实、简洁而深刻的，切忌广告色彩过浓。楼书的插图、照片要精致而真实，切忌张冠李戴、过分夸张。楼书的开本要大小适中，字体要清晰醒目，便于阅读。有的楼书底色很深，并采用很小的暗色字体，给消费者阅读带来不便，这样的楼书往往起不到宣传效果，还会打消消费者进一步了解楼盘的念头，起到相反的作用。

3. 携带方便

很多开发商花了很多的资金来制作楼书，楼书也的确精美，可是有一点被忽视了，楼书开本做得很大，公文包装不下，客户携带不方便。有的开发商选择超大的单页铜版纸来印制楼书，很像广告画，不仅增加了成本，而且会因为携带不便而被消费者束之高阁。因此，楼书的大小、尺寸也是开发商在制作时需要考虑的重要因素。

(二)楼书的内容

楼书大致应包含以下内容：

1. 楼盘的地理位置

楼盘的地理位置是客户关心的主要问题之一，楼书应在显要处予以标明。位置图应尽量准确，表现交通条件、周边商业、教育与物业环境等。

2. 物业楼盘的景观

最好有一张体现小区物业特色的视点图，表现建筑物外立面、环境绿化、小区景观、交通组织等内容。在楼书的其他位置，可以补充提供建筑物局部立面，表现阳台、飘窗等最具特色的细部处理。如果是现房，采用现场照片来表现物业楼盘的实际景观，这对销售会有较好的促进作用。

3. 平面图

平面图主要是指户型平面图和楼盘平面图。户型平面图是楼书必不可少的内容，最好给出每一户型中各房间的面积指标，并注明是销售面积还是使用面积。为了方便客户比较和了解同一平面内各户型的相互关系、电梯与楼梯的位置，有必要在楼书中提供标明各个户型的楼盘平面图。

4. 楼盘的结构特点

建筑的结构体系（剪力墙、框架剪力墙、现浇混凝土、钢结构等）、结构抗震特点、层高（结构层高、楼层净高）等楼盘结构特点都是客户关心的内容，应予以阐明。

5. 项目相关合作单位

楼书应注明项目相关合作单位的名称或简要介绍，主要包括项目开发商、代理商、施工单位、景观设计单位和物业管理公司等。

6. 价格表

鉴于各销售阶段房价的调整与变化，价格表可作为楼书的附件。付款方式和物业管理收费标准也应清楚说明。

7. 楼盘各种设备的说明

开发商应对楼盘和小区的采暖、通风、空调、电梯、给水、安防、智能化、供电、通信、热水、燃气等各种设备的形式与标准给予明确的承诺。

8. 楼盘的装修标准

(1)说明楼盘的室内装修标准，包括：户内装修的内容，具体部位的装修标准(如户内门窗的材质、品牌，外窗玻璃的层数、颜色与隔音性能等)，洁具品牌，上水管线材质，厨房设备等；如是精装修，应给予具体说明。

(2)说明楼盘的外装修及公共部位装修标准，包括：外墙材质，饰面材料，入口大堂、每层公共走廊、电梯前室、楼梯的装修标准等。

9. 小区的配套内容

这一部分往往是开发商突出强调的内容，如小区会所、购物条件、健身设施(游泳馆、网球场、健身房等)、教育设施(幼儿园、中小学校等)、娱乐设施和车库等。

(三)楼书的功能分类

不是所有的楼书都要包括全部的细节内容，根据项目营销阶段以及所要完成宣传功能的不同，楼书的内容选择要有所侧重。

这里按楼书不同的功能配置对楼书做了大致分类，在实际销售过程中，可以根据不同情况对楼书的内容以及形式进行适当调整(见表5—1)。

表5—1　楼书功能分类表

楼书功能配置	标准版	增强版	豪华版	白金版
开发商简介	•	•	•	•
项目介绍(价格、销售期数等)	•	•	•	•
销售热线	•	•	•	•
地理位置	•	•	•	•
地理位置示意图		•	•	•
交通路线			•	•
开发商介绍				•
周边设备介绍			•	•
项目沙盘图		•	•	•
小区平面图		•	•	•
车位情况			•	•
物业管理公司介绍				•
物业规模介绍			•	•
建材设备专区			•	•

续表

楼书功能配置	标准版	增强版	豪华版	白金版
开发计划	•	•	•	•
户型介绍	•	•	•	•
户型平面图		•	•	•
样板间效果图				•
样板间三维动态效果图				•
项目证照档案电子版				•
购房贷款计算器			•	•
楼盘户型检索系统				•
厨房设计方案及效果图				•
卫生间设计方案及效果图				•
项目动态新闻更新		•	•	•
项目网站链接		•	•	•
开发商动态新闻更新				•
平面广告图文集			•	•

五、房地产广告创作的质量评定

一个房地产广告作品，只有符合下述五项标准，才能呈交到客户的手中。

（一）视觉的瞩目性

制作人要把完成的报纸广告事先贴在报纸上，与其他的房地产广告一起看，通过这种比较，才能知道所制作广告的视觉效果是否突出。如果广告放在报纸上是一则被淹没的广告，那就必须重新创作。

除了广播广告等极少的媒体以外，主流广告（如网络、报纸、电视、户外等）都是要通过视觉来吸引人的，不抢眼、不夺目、不吸引人的广告不是一则成功的广告。

（二）内容清晰易懂

大多数消费者在报纸、电视、网络等媒体上浏览广告，或者在街道上看到广告牌，都比较随意，只有当遇到视觉上有足够吸引力且信息适合自身的广告时，才会详细阅读。所以，广告内容的清晰易懂非常重要。但在实际创作中，清晰易懂常常因为过于平淡而被否决。广告公司有一种倾向，即用比喻的手法来对项目加以宣传。这种方式运用恰当，可以锦上添花，使消费者对项目的好感陡增。运用不好，轻则使消费者对项目产生误解和隔阂心理，重则会丧失大量潜在的目标客户，影响整个房地产广告的策划。因此，采用清晰简朴的方式来创作广告是一种明智的选择。当然，清晰简朴并不等于索然无味，要在简单中发现和创造出灵感与新意。

（三）楼盘现实的购买理由

有些房地产广告做得很不错，使人看完之后对项目有一定的好感，但最终却无法促成消费者的购买行为，甚至连简单的咨询行为也无法促成。这种广告创作是一种严重的浪费。同一个市场，由于同时推出很多项目，信息的遗忘率也是很高的。所以，广告必须能够为销售带来现实的收益。最常用的方法是增加一些限制措施，如仅限本次展销会的特价单位；或者采用一些促销方法，如送礼和让利等。通过广告大力宣传这些优惠措施，让消费者感到此项目正处在物超所值的最佳购买阶段，给消费者最充分的购买理由，这样才能打动购房者，增加销售业绩。

(四)整体的美感

美感不仅有助于提高视觉的吸引力，还有助于提升项目的第一印象，甚至可能影响市场和消费者对该项目的评价。美是广告设计的重要标准。一则没有美感的广告，即便其宣传的项目很有优势、有竞争力，也不能吸引足够多的消费者。相反，因为广告缺乏美感，很可能还会削弱项目原本的卖点。

(五)一致的风格

在信息社会中，风格的形成主要依靠广告，保持广告风格的一致性也是相当重要的。广告风格主要体现在色彩的选择和搭配、版式的协调和创新、图片的挑选和编排以及总体呈现效果的把握上。一则成功的广告，其风格应该是稳定的、连续的，多以系列广告的形式出现。但这种风格的一致性又是动态的、相对的。

在不同的销售阶段，根据市场的实际情况，可以适当进行调整，因此具有阶段性特点。

作为开发商，除了能运用以上五个层面来衡量广告公司所创作的广告之外，还可以在广告发出后，通过到现场看楼的人流量、来电话咨询的人数和楼盘的实际成交情况等直观的信息做出综合评价。

第三节　房地产广告媒体的类型及特点

房地产广告媒体是用来传播房地产广告信息的工具。房地产广告如何以最低的成本，通过最优的途径，向目标消费群传达最多的房地产信息，是房地产广告能否达到预期效果的关键之一，也是房地产广告媒体选择所要研究的内容。

一、主要媒体的类型及特点

(一)报刊媒体

报刊媒体主要是指报纸和杂志。

1. 报纸广告

目前楼盘销售中的最主要、最有效、最简洁的广告形式就是报纸广告。报纸发行量最大，覆盖面广。作为现代生活的必需品，报纸与公众的生活联系十分密切，而且报纸的信息传播速度快，广告见效迅速。但报纸广告也有它的局限性，版面价格高、篇幅有限，在广告安排上不可能随心所欲，对楼盘的具体内容只能点到为止，难以详细说明。

报纸对楼盘的推广形式有三类：

(1)通常的广告(俗称硬体广告)。一般是按版面大小付费制作，它的主题简洁明了，诉求力强，但在竞争激烈、产品相差无几、广告铺天盖地的时候，效果并不一定理想。

(2)纯新闻报道。通常是在楼盘开盘之前，召开记者招待会，以新闻报道的形式向社会告知，但它的行文短小枯燥，缺乏直接的销售效果。

(3)半新闻半推广的专题报道(俗称软体广告)。这种形式介于前二者之间，是让产品的卖点转变为报道的新闻点而加以推广，在不经意的客观评述中，把项目作为典型介绍给读者。这样的广告对客户的说服力较强，但也较隐蔽，效果范围有限，通常仅作为硬广告的点缀来使用。

2. 杂志广告

房地产广告通常出现在一些专业性杂志上。由于杂志印刷精美，制作水平高，且以某一行业为读者群，能发挥明确而感性的诉求。与报纸广告相比，杂志广告力量不够，瞬间效果不佳，但持续时间长，社会形象好。

（二）电视广播媒体

电视广播广告的听觉与视觉的冲击力是相当强烈的，能使产品瞬间打入观众心里，但因为制作成本昂贵，大多是在房地产企业做形象宣传时配合选用。这种广告的缺点是人们在看电视、听广播的同时，很少会将一晃而过的楼盘广告用笔记下地点和咨询电话，难以促成购买行为。而报纸杂志广告正好弥补了这方面的不足，让消费者有确切的地址和电话去了解产品、购买产品。

不同的媒体有其相对应的客户层，因此，要针对产品的客源定位来选择相应的报刊广告。此外，不同时间段的电视广播广告，也有不同的广告效果，开发商在广告制作和发布过程中，需要不断地调整。

（三）印刷媒体

1. 售楼海报

标准的售楼海报所包含的内容有下列五项：一是楼盘效果图，如果是现房销售，就要有现场实景图片；二是楼盘所在地点的交通位置图；三是销售单元的平面图或家具配置图；四是建材装潢和配套设备的简要介绍；五是联系电话、售楼地址、发展商名称等一些基本信息的简要说明。

虽然内容较多，但一份好的售楼海报往往以图文并茂、艺术化的手法，通过一两个主题的展开，将诸多内容串联起来。实际运用中的售楼海报大多是单张，18 开大小，正反两面。售楼海报的制作成本低，实用性强，还可根据不同的销售阶段随时量身定做，它是房地产销售的主力工具。

2. 邮寄、派发海报

邮寄、派发海报的篇幅小，因此被称为小海报。小海报在内容诉求上往往比较简洁，实质性说明则不多。在简洁的主题下，通过简单的渲染、直接的功利诱导，让客户产生兴趣，进而到现场进一步询问。有的开发商把小海报做成系列，通过持续的、引导渐进的广告主题告知客户。小海报主要采用在街头派发、上门递送、邮寄或夹报散发等形式，虽然数量有限，但针对性强，与其他媒体搭配，可以造成局部的楼盘热销景象。

3. 售楼书

售楼书是有关楼盘情况说明极详尽的宣传资料，也是在现场由售楼人员给客户讲解并且让客户带回家仔细研究的售楼资料。因为制作成本高，售楼书一般只送给有希望购买的准客户。售楼说明书往往是十几页一本，印刷精美，它与销售海报一样包括五个方面，但在说明上更为详细。虽然一份销售海报基本上可以满足简单销售的需要，但对于单价比较高、品质出众的楼盘，好的售楼书不仅会使客户进一步了解产品，而且还会产生一种身份和价位的认同感，从而促进销售。

4. 平面图册

当某一楼盘的户型种类特别多或者产品定位特别高时，开发商应将平面图从海报和售楼书中脱离出来，制作成一本单独的平面图册。平面图册在总的平面规划图下，包括每一栋楼的标准层平面图和每一套单元的家具配置图，以便消费者了解每一套单元楼寓中的确切位置面积和形状格局。

(四)户外媒体

房地产的户外广告主要包括看板、道旗、指示牌、霓虹灯、招贴、灯箱、宣传条幅、车身广告等。房地产户外广告常位于主要交通路口、人群汇聚的地方。下面详细介绍其中四种最为常见的户外广告类型。

1. 看板

看板通常是设置在主要路口或人流集中的公共场所，或者设置在楼盘的所在地。除了联系电话和楼盘地址外，其他的内容都可以视具体情况自由安排。可以是产品特色的简短文字口号，也可以是楼盘鸟瞰、俯视效果图或单元配置图。其设计原则除了与整体广告基调相一致外，主要的要求是引人注目。看板一般是按半年、一年收费的，路口位置好的看板，其价格更为昂贵，但它的广告效果可持续相当长的一段时间，是户外媒体的主要形式之一。

2. 道旗

道旗是古代"酒招"等旗幌广告的延续和发展，通常布置在楼盘所在的工地周围至附近热闹地段的道路两侧。图案简洁、方案精炼的旗帜成排招展开时，迎风起舞、艳色夺目，在促销过程中起到预热销售气氛的重要作用。但道旗广告的持续时间比较短，一般为两个星期或一个月左右，且容易污损，还涉及悬挂的准许等问题，总成本也不低。所以，一般仅在楼盘开张或促销活动时，配合其他媒体一起使用。

3. 交通广告

交通广告主要是指在流动性很大的公共交通工具上所做的广告。交通广告由于其流动性强，因此被注意的程度相对来说比较高，触及面也比较广。对于销售周期比较长的房地产来说，交通广告是一种有效的宣传途径，而且费用比较低。但交通广告对设计要求较高，内容应简短，标题要醒目，使人们能在车辆行驶过去的几秒内就能获得有效的楼盘信息。

4. 指示牌

指示牌是放置在楼盘附近的路口，引导客户参观的路牌。指示牌一方面能够使前来参观的客户知晓楼盘所处的具体地理位置，为其参观楼盘带来方便，对楼盘留下深刻的印象；另一方面也能让大家知道该区域内有楼盘正在销售，吸引更多潜在客户，间接地提高楼盘的销售业绩。

(五)售点广告

房地产售点广告主要是指房地产销售处或楼盘销售现场的广告，可分为室外售点广告和室内售点广告两类。

1. 室外售点广告

室外售点广告包括广告牌、灯箱，以及售楼处和楼盘上拉的横幅、条幅等。

2. 室内售点广告

室内售点广告包括售楼处内的楼盘、小区模型、照片及一些房地产交易中心内介绍房源的电子显示屏等。

售点广告易引导和诱发消费者对售点的差别化认识，树立售点的形象，加深消费者的印象，有利于提醒消费者进入销售点或与销售点联系。

(六)互联网媒体

互联网媒体是指通过发送电子邮件以及在计算机网络上设立网站主页等方式来发布房地产的相关信息的广告形式。互联网传媒广告的最大优点是时效性强，每时每刻、每分每秒都可以发送最新的信息。这种广告不受地域限制，可到达地球的任意有网络的角落。而且广告成本低，表现手段灵活多样，具有数字化、多媒体和交互性等特点，针对性也较强，如电子邮件可只发给想要传达的目标客户。

(七)自媒体

自媒体(We Media)又称“公民媒体”或“个人媒体”，是指私人化、平民化、普泛化、自主化的传播者，以现代化、电子化的手段，向不特定的大多数或者特定的单个人传递规范性及非规范性信息的新媒体的总称。自媒体平台包括：博客、微博、微信、百度官方贴吧、论坛/BBS 等网络社区。自媒体主要有以下特点：

1. 低门槛易操作

在像新浪博客、优酷播客等所有提供自媒体的网站上，用户只需要通过简单的注册申请，根据服务商提供的网络空间和可选的模板，就可以利用版面管理工具，在网络上发布文字、音乐、图片、视频等信息，创建属于自己的“媒体”。其进入门槛低，操作运作简单，让自媒体大受欢迎，发展迅速。

2. 互动性强

自媒体能够迅速地将信息传播到受众中，受众也可以迅速地对信息传播的效果进行反馈。自媒体与受众的距离是为零的，其交互性的强大是任何传统媒介望尘莫及的。

3. 传播具有裂变性

一条房地产广告通过一个公众号发出，它可以传达给所有它的粉丝，而粉丝当中的一部分人又会传达给他们的粉丝，形成了一个循环的裂变式的传播过程。

(八)空中飞行物媒体

空中飞行媒体是指通过空中飞艇、热气球飞行物、降落伞等的飞行吸引消费者的注意，从而达到宣传的效果。这种广告手法在目前的房地产广告的运用中是比较有新意的一种。这种手法的特点是通过飞行物的飞行，带动不同地域内消费者的注意，具有流动性强、影响范围广的特点。但是，它要求所到地域的人流量较大，否则不但增加广告成本，而且收不到预期的广告效果。目前，这种广告手法尚未被广泛运用到房地产广告中去。

二、选择媒体的技巧

房地产广告的媒体选择技巧主要有开发商的实力、项目的规模和开发持续时间、主题定位以及目标客户的区域集中度四个层面。

(一)从开发商的实力角度来考虑媒体的选择

开发商的资金实力是开展主题广告攻势的先决条件。如果实力雄厚，项目的规模又比较大，则可以采用大面积的广告，如报纸、电视、路牌等多管齐下，并结合开展主题广告攻势，形成一种声势浩大的广告效应，以达到吸引最大多数潜在客户的效果。如果资金有限，项目规模也不是很大，那就应选择一两项阅读或视听最广的媒体发布广告，有重点地面向楼盘目标客户发布针对性较强的广告，在尽量节省费用的前提下求得最佳的效果。

(二)从项目的规模和开发持续时间角度来考虑媒体的选择

如果项目的规模较大，开发的时间较长，则可以在公共站点、主要交通位置等地方设立大型固定的广告位。在市区高大建筑物、公交车等载体发布广告，会长期被人认知，这有利于保持项目的长久宣传效应。但是，如果是规模较小、开发时间短的项目，就不需要选择固定广告，而应以流动性较强的广告手法为主，如发放宣传资料等，有利于节约成本，使项目尽快进入强销期。

(三)从主题定位角度来考虑媒体的选择

楼盘的档次决定目标客户的身份层次。大众化楼盘的消费者显然是工薪阶层，而高档次楼盘的消费者均为非富则贵的一族。这样，在媒体选择上，前者只需要选择大众媒体，而后者不仅要选择大众媒体，还有必要选择一些富贵一族肯定会涉猎的专业性较强的媒体。

(四)从目标客户的区域集中度角度来考虑媒体的选择

如果楼盘的目标客户居住分布比较分散，如别墅、高级度假村等项目，可以采用邮政信函形式，这既可以节省费用，又能将广告诉求直达潜在客户。如果目标客户居住分布较为集中，如住宅小区，则可以运用该区域内影响力较强的报纸、电视广告的形式加以宣传，这样不但可以使广告区域针对性增强，也可以让该楼盘区域内的广告受众成为潜在的信息再传播媒体，从而延长和扩大楼盘广告的时效性。

三、媒体组合策略的运用

各种各样的户外媒体、印刷媒体和报纸杂志、广播电视等媒体在信息传播的功能方面各有长短，它们在广告活动中也扮演着各自不同的角色。为了更好地发挥媒体的效率，应该对不同类型的媒体在综合比较的基础上，加以合理的筛选综合，互相组合使用，以达到取长补短、以优补拙的成效，从而促使销售目标的完成。

(一)广告媒体组合的作用

1. 弥补了单一媒体在接触范围上的不足

任何一种媒体都不可能百分之百地达到目标消费者，而组合媒体则可以弥补这一缺陷，使广告的影响范围扩大到单一媒体所遗漏的目标消费者。

2. 弥补单一媒体在发布频率程度上的不足

有的媒体接触范围较大，但由于费用过高而难以多次重复使用；有的媒体对目标的影响周期太长，无法保证广告的重复效应。而媒体的优势互补可以保证在较低的费用情况下有较高的频率出现。

3. 有利于开发商量力而行，节省广告费用

许多中小开发商由于资金缺乏，无法使用效果好但成本高的媒体。这时可将多种费用低、效果较为一般的媒体合理加以组合使用，同样能保证楼盘的良好宣传效果。

(二)广告媒体组合策略的运用

1. 基本策略

房地产的常用广告媒体有户外媒体、印刷媒体和报刊媒体及网络媒体等。其中，户外媒体的位置固定，比较偏重于楼盘周边的区域性客户源；印刷媒体可以定向派发，针对性和灵活性

都较强;报刊媒体和广播电视媒体的覆盖面广,客户源的层次较多;网络媒体的宣传面广。几种方式取长补短,综合运用,构成了房地产广告媒体组合的基本策略。

2. 阶段性策略

广告媒体的阶段性策略主要是依据广告周期分为纵向和横向两个层面。

就纵向方面而言,一个完整的广告周期由筹备期、公开期、强销期和持续期四个部分组成。在广告的筹备期,广告媒体的安排主要以户外媒体、印刷媒体和售点媒体为主,售楼处的搭建,样板房的建设,看板的制作,沙盘的设计以及大量的海报、楼书、说明刊物的定稿印刷等占据了此阶段中的工作主要内容。报刊媒体的安排主要是记者招待会。进入广告的公开期和强销期,广告媒体的安排则逐渐转向以报刊媒体为主。户外媒体和印刷媒体此时已经基本制作完成,因为相对的固定性,除非有特殊情况或者配合一些促销活动,一般改变不大,工作量也较小。而报刊媒体则开始在变化多端的竞争环境下,加快节奏,以灵活多变的特点发挥其自身独有的宣传功效。到了广告的持续期,各类广告媒体的投放开始偃旗息鼓,销售上的广告宣传也只是依靠前期一些剩余的户外媒体和印刷媒体来继续维持,广告媒体组合策略的运用也接近尾声。

广告媒体在横向方面的安排是指在一个特定的广告宣传阶段内,利用各类媒体的合理组合,给予目标消费者轮番的楼盘信息宣传。其实此种策略也贯穿于广告周期的纵向的四个阶段之中,且对于项目的强销期的策略要求更高。我们可以用下面一个例子加以说明。某开发商一处均价为50 000元/平方米的楼盘,其媒体组合的理想三维广告空间的设计是:客户坐飞机回上海,在座位上看到《东航杂志》中此楼盘的广告宣传页面;下了飞机后坐汽车回市区,在路上又看到了同样内容的户外看板;晚上翻开《新民晚报》,该楼盘的广告再一次赫然在目;第二天早上听广播新闻,同样的楼盘信息又悄然而入……视觉、听觉和感觉的同步多重刺激,将在最大限度上挖掘和引导目标客源,以配合业务人员的推广行为,创造特定销售期内的最佳销售业绩。

第四节　房地产广告的预算

房地产广告预算是指房地产企业在一定时期为了实现广告目标而投入广告活动的费用计划。它规定广告活动期间从事广告活动所需的费用总额以及使用范围。房地产企业可以根据以往的经验并且参照竞争对手的费用投入,进行广告费用的估算。

有些开发商认为,房地产广告只要大笔资金投入,项目就一定能卖好,而有些则情愿把更多的资金投到项目建造、设施配备等实体工作中去,认为只要楼盘素质好,不怕没人买。但是,最后这两类开发商的楼盘实际销售结果往往都不尽如人意。问题是没有合理地看待广告,做好广告的预算控制。有良性的计划和控制的广告预算,能防止广告无效成本的增多,有利于降低项目的整体营销成本,避免把过多开支以提高房价的形式转嫁到客户身上,从而既保证了广告能以最经济的费用而获得最佳的宣传效果,又提升了项目的市场竞争力。

一、房地产广告预算控制

(一)房地产广告预算的控制要素

通过表5—2,可以清楚地看出房地产广告预算的主要组成要素。

表 5－2 房地产广告预算内容表

预算要素	分项内容
广告调查费用	广告前期市场研究、广告效果调查、广告咨询费用、媒体调查费用
广告制作费用	包括照相、制版、印刷、录音、摄影、录像、文案创作、美术设计、广告礼品等直接制作费用
广告媒体费用	购买报纸和杂志版面、电视和电台播出频道和时段、租用户外看板等其他媒体的费用
其他相关费用	是与广告活动有关的公共活动、SP 活动、直效营销等费用

(二)房地产广告预算的影响因素

在确定房地产广告预算前，要考虑以下因素：

1. 竞争程度

竞争程度主要指房地产市场的竞争状况，竞争越发激烈、竞争数量越多时，需要的广告费用投入就越多。因为只有这样，才能使潜在顾客有机会在众多广告中注意并熟悉本企业的房地产产品，以提高房地产产品在市场中的占有率。

2. 房地产的销售进度

对房地产企业要销售的某一特定楼盘来说，销售总量一般是固定的，卖一套就少一套，销售刚开始时，往往广告预算费用较高；当销售进度达到近一半时，许多开发商会投入最多的广告支出；而当楼盘销售接近尾声的时候，广告预算就会直线下降，趋近于零。

3. 楼盘的替代性

房地产具有一定的替代性，对于在使用功能、质量等方面缺乏卖点的楼盘来说，一般要求做更多的广告，广告预算也相应较多。

4. 开发商的品牌

一个知名的开发商品牌所需投入的广告费用可以远远少于一个普通的开发商。既然是知名的品牌，就无须再为提高企业的知名度而花费巨额的广告费用，而只需将开发商有楼在售的信息告知消费者，购房者就可能会争先恐后地去购买。

5. 广告频率

把本企业的房地产产品信息传达到目标顾客那里所需要的重复次数，也会决定广告促销预算的大小。国外学者研究发现，目标沟通对象在一个购买周期内需要接触 3 次广告信息才能产生对该广告的记忆；接触次数达到 6 次，一般被认为是最佳频率；当广告频率超过一定限度，一般认为 8 次以后，将会产生负面影响。但有时也不一定受这些具体数字的约束，有些房地产企业通过这些广告频率的负面影响来提高楼盘的知名度。因此，房地产企业在进行广告宣传时，要针对广告的有效传递情况确定适当的频率，以控制广告预算。

(三)房地产广告预算的具体制定方法

如果开发商对外寻找广告公司，会在楼盘出来后根据整个项目的大小和性质来初步确定广告推广的预算，广告预算的制定还会受其他一些因素的影响，如房地产市场竞争的激烈程度、广告投放频率的选择、楼盘销售速度的制定、开发商品牌的知名程度等。通常测定广告预算会采取以下几种方式：

1. 量入为出法

量入为出法又称收入支出法，即企业在确定房地产广告预算时，是根据企业自身的承受能力，根据企业收入多少资金确定投入广告量。房地产企业由于项目开发所需投入的资金量大，在进行广告以前，资金状况往往比较拮据，于是多采用此种方法。但这种安排预算的方法完全忽视了广告对销售量的影响，所以严格地说，量入为出法在某种程度上存在一定的片面性。

2. 销售百分比法

销售百分比法，即企业根据目前的或预测的销售额百分比决定广告费用的多少。销售百分比法主要包括以下三点好处：

(1)广告费用将随着企业所能提供的资金量的大小而变化，这样可以促使那些注重财务的管理人员认识到企业所有类型的费用支出都与总收入的变动密切相关。

(2)可以促使企业管理人员根据单位广告成本、房地产售价和利润之间的关系去考虑企业的经营管理问题。

(3)有利于保持竞争的相对稳定性。因为只要各房地产竞争企业都默契地同意让其广告预算随着销售额的某一百分比而变动，就可以避免广告促销战。

销售百分比法也有其缺陷，一方面，它将销售看成广告的原因，而没将它看成广告的结果，这会导致进取性较强的广告策略没有受到应有的重视；另一方面，百分比的选定通常不是依据历史的一贯做法，就是仿效竞争对手的做法，逻辑性较差。

案例 5—1

湖南某房地产项目的广告费用预算

该项目营销总金额 5.3 亿元，广告费用占 1.6%，因此，其广告费用预算为 5.3 亿×1.6%＝848(万元)。具体预算分配如表 5—3 所示：

表 5—3　某项目广告费用预算分配表

媒体	占全部广告媒体费用百分比	实际费用(万元)	备注
户外	20%	169.6	8 块(一年时间)
道旗	4%	33.9	三条路线
报纸	2%	16.9	14 版
宣传单页	4%	33.9	主要在开盘前期散发
互联网	7%	59.4	权威房产网及高点击民生网站
电视	5%	42.4	销售周期段、重要节点前后
广播	3%	25.4	为有车一族、出租车司机等提供房产信息
自媒体	5%	42.4	利用公众号等传播
展销活动	30%	254.4	含前期、开盘以及持续销售期活动
3D 宣传片	5%	42.4	VIP 区、客户品鉴
沙盘模型	6%	50.9	项目沙盘、区域沙盘、单体模型等
看房车	7%	59.4	不同销售阶段使用
礼品	1%	8.5	雨伞、茶杯或者其他

续表

媒体	占全部广告媒体费用百分比	实际费用（万元）	备　注
其他(机动费)	1%	8.5	根据实际情况定
合　计	100%	848	

3. 竞争对等法

竞争对等法是指按竞争对手的大致广告费用来决定本企业的广告费用支出。这也是房地产企业较为普遍的使用方法，它有助于保持楼盘间的竞争平衡。采用竞争对等法的前提是：

(1)房地产企业必须能够获悉竞争者确定广告预算的可靠而精准的信息，只有这样，才能随着竞争者广告预算的升降调整自己的预算。

(2)竞争者的广告预算要能代表房地产行业的集体经验和智慧。

(3)维持竞争均势能避免各房地产企业间的广告战。

但是，这个方法的以上前提条件很难具备。同行业竞争的市场环境、市场机会、促销目标各不相同，企业间的声誉、实力也大不一样，因此要找到一个可作为某次广告预算的标准是该方法操作中的最大难点。

4. 目标任务法

目标任务法又称单位累积法，即开发商首先确定促销目标，根据所要完成的促销目标决定必须执行的工作任务，然后估算每项任务所需要的促销支出，这些促销支出的总和就是计划促销预算。这个方法的好处在于能够克服预算费用确定的盲目性，减少预算浪费，提高促销效果，所以这种方法受到一部分房地产企业的欢迎。其不足之处是房地产企业不容易检验促销费用所能达到的具体效果。

以上四种方法是房地产企业在编制广告预算时常用的方法，另外还有一些辅助的方法有时也会用到，主要包括：

(1)销售单位法，即以一套住宅或数套住宅为单位，来确定每一套住宅所需支出的广告费用。

(2)投资利润法，即将广告费用视为一种投资，在广告促进销售、提高利润的同时，相应地从这部分利润中拿出一部分作为广告费用。

(3)预期购买者法，即先预定为每位消费者支出的一定数量的广告费用，然后乘以预期的消费者数量，推算出相应的广告费用。

(4)计量法，即利用数学模型计算广告费用，它通过运用运筹学和数量统计学的知识，借助于计算机汇总资料和处理数据，找出相关因素，编制出数学模型，以此反映与广告费用有关的各影响因素或时间的变化对广告费用的影响，从而编制广告预算。

总之，在决定广告预算时，不同的房地产企业应根据自身的特点、本企业的实际营销战略与营销目标，选择合适的广告预算决定方法，作为企业比较理想的预算形式。通常，大的房地产开发商会把销售百分比法与竞争对等法相结合来确定广告预算，一般广告预算大致控制在楼盘销售总金额的1%～3%；小的开发商则会根据销售状况阶段性地滚动执行，销售结果一旦不如意，广告预算便会停止。

在初步确定了广告预算后，开发商也会在找到广告公司后与其再次协商，根据广告公司方面对楼盘的定义和见解做出相应的调整。预算费用的编排最后会由广告公司与开发商一起协商制定。

(四)房地产广告预算的基本流程设计

1. 了解楼盘的营销计划

广告预算是根据营销组合决策来制定的，因此在做广告预算之前，首先必须了解开发商在预算期间的营销计划。其内容大致包括：

(1)营销目标。包括楼盘目标销售总量、楼盘平均月度销售量、目标市场占有率。

(2)市场分析。包括广告所要触及的房地产市场规模、目标房地产市场的特征、主要竞争者及其广告开支、整个项目类别所投入的总体广告费用。

(3)营销策略。包括在市场营销组合策略中广告所负任务、前一年度企业的广告费用占楼盘销售金额的百分比。

2. 分配广告预算

在确定广告预算总额之后，就要针对广告目标，将预算总额分摊到各个可能利用的广告活动中去，包括广告调研、广告计划、广告制作、广告发布等各个环节。这是通过广告预算对广告活动进行组织、协调和控制的手段。在此阶段，将从以下几个方面去考虑预算的分配问题：

(1)媒体间的分配。它包括普通大众媒体、数字化媒体、SP活动、公关活动、直效营销等。综合考虑楼盘品牌特性和目标消费者的媒体接触习惯，从中选择最能充分反映楼盘个性，能最有效地传达给目标消费者，并能最大限度地实现广告目标的传播媒体组合。

(2)时间的分配。根据楼盘不同的销售期和目标消费者接触媒体的阶段性，具体分配广告费用。

(3)地域间的分配。根据开发商在不同市场区域的营销目标以及各地区不同的房地产市场环境等因素，有所侧重地在不同区域间进行广告预算分配。

(4)项目间的分配(适用于同时销售多处楼盘的房产商)。根据不同项目在企业经营中的地位，项目所处的生命周期阶段或项目的潜在购买力等因素，采取重点项目重点投入的方法来分配广告预算。

(5)额外费用的预留。广告预算中除去绝大部分的固定开支外，总会存在一些我们不可预见的因素存在。因此，为了避免广告预算的捉襟见肘，通常还需要预留一部分机动费用，以备不时之需。

在这个阶段所进行的预算分配还只是一个大致的分配方案，只有在确定了具体的广告计划之后，才能真正确定具体的楼盘各项目的预算情况。此外，也可将此阶段的大致预算分配以广告预算表的形式罗列出来。

3. 编写广告预算书

广告预算书的内容，是对广告预算的列支、计划和分配进行详尽的说明。一般而言，广告预算书应该以图表的形式列明广告预算的项目列支、分配和项目内费用的分配等内容。

(1)楼盘预算项目列支。广告预算中的预算项目一般包括：房地产市场调研费用、广告设计费用、广告制作费用、广告媒体传播费用、广告机构办公费或管理费、促销与公关活动费和其他杂费开支。在广告预算书中，应分别列明以上各项广告预算费用的列支分配和使用情况。

(2)楼盘预算项目的费用分配。项目的费用分配主要是指与楼盘相关的广告预算列支项目下的细分子项目的分配列支，或不同楼盘销售阶段的广告费分配列支。这是为了保证广告工作的顺利进行并实施对广告费使用的阶段性控制的重要手段。

(3)文字说明。在广告预算书后，一般还会附加一段与该楼盘广告预算相关的文字说明，对预算书的内容进行适当的解释和补充。

(五)房地产广告预算的阶段性控制策略

在销售的筹备期，由于包括接待中心、样品屋在内的大量的户外媒体，印刷媒体的设计制作的工作是相当大的，再加上其他的准备工作，因此，广告费的支出是比较大的，一般占总预算的30%～50%。到了公开期，报刊媒体的费用开始上升，其他的销售道具因为已全部制作完成，则很少再产生费用。进入广告强销期，报纸杂志、广播电视、互联网、自媒体的广告密度显著增加，广告费用又陡然上升；另一方面，为了推动销售上台阶，穿插其中的各项促销活动又免不了，因此大额度的广告预算是必不可少的。这个时候的广告预算约占总量的40%。接近持续期，广告预算则慢慢趋近于零，销售也开始结束。

在所有的广告支出中，从相对节约、比较常规的角度进行分析，销售前期的接待中心、样品屋等的设计和建设费用，加上持续性的报纸杂志的发布费用，这两大部分预算项目占总的广告预算的70%～80%。

二、房地产广告效果的评估

(一)房地产广告效果的评估内容

在房地产广告的沟通过程中，广告代言人、广告信息、广告媒体等对广告效果起着重大的影响作用，而这些因素又是发展商可以控制和操纵的。编者认为，有必要对其中每一环节的变更进行检验，以便及时纠正其中的不利因素。

1. 广告代言人

广告代言人作为一种广告信息的来源，对广告效果有重大影响。广告代言人的形象与楼盘形象是否一致，对广告的效果有直接的影响，必须加以测评。例如，一个楼盘推广时启用某位明星，如果市场测试的结果并不十分理想，广告主就应该及时进行撤换和调整。因此，随时检验广告代言人对广告的效果是必要的。

2. 广告信息

广告信息的内容及信息的诉求方式是影响广告效果的又一重要因素，也成为广告评估的关键内容之一。在广告前测中，可以从消费者的角度来考虑该则广告信息表述的效果，是否提供给了消费者最为关心的内容。如果一个楼盘的广告没有提供任何能引起消费者购买行为的理由，这个广告无疑是失败的。广告发布后，广告推广结束测量从广告的受众对楼盘信息的记忆程度和他们对广告信息的相信程度等方面，检测广告信息被了解的程度，从而正确评价广告效果。

3. 广告媒体

对广告媒体的评估主要包括以下几个方面的内容：

(1)检验不同媒体或媒体工具的广告效果，以决定哪一个媒体最为有效。

(2)检验不同广告频次的广告效果，以确定最佳的广告频次，减少不必要的广告费用。

(3)检验不同媒体在不同时段对广告效果的影响。随着媒体时段购买费用的不断增长，这个问题亟待引起开发商的重视。

4. 整体效果

检验广告的整体效果以评价广告是否达到了预期的目标，可根据事先确定的广告目标，以消费者的反应变量为指标检验广告效果。根据这个结果，可以决定如何进一步做广告、下一个广告的推广目标定位变化以及目标市场的调整改变等。

(二)房地产广告效果的测定途径

房地产广告效果的测评一般可以从广告促销效果和广告传播效果两个方面来分析。

1. 广告促销效果的测定

广告促销效果是指广告对企业产品销售产生的影响，但广告促销的一般效果难以准确测定。这是因为销售除了受广告的影响外，还受其他许多因素如楼盘特征、价格、购买难易程度和竞争者行为策略等的影响。测定广告促销效果的方法主要有以下两种：

(1)广告效果比率法。根据做广告后销售额增加幅度与广告费用增加幅度之比测定广告的效果。其表达式为：

$$\text{广告效果比率}=\frac{\text{销售额增加率}}{\text{广告费用增加率}}\times 100\%$$

该比率越高，说明销售额的增加幅度越快于广告费用的增加幅度，从而反映出该广告的促销效果较好。

(2)单位广告受益测定法。根据一定时期内单位广告费用的经济效益来测定广告效果。其表达式为：

$$\text{单位广告受益}=\frac{\text{广告后的平均销售额}-\text{广告前平均销售额}}{\text{广告费用额}}\times 100\%$$

该比率越高，说明每一单位的广告费用支出所获取的销售额越多，同样也反映该广告获得了较好的促销效果。

2. 广告传播效果的测定

广告传播效果测定是指广告信息传播的广度、深度及影响，表现为顾客对广告信息的注意、理解、记忆程度，一般称为广告本身效果的测定，它可以在广告前或广告后测定。测定广告传播效果的方法主要有以下几种：

(1)阅读率、视听率、记忆率测定法。阅读率是通过阅读报纸杂志广告人数与报纸杂志的发行量的比率所构成的。其表达式为：

$$\text{阅读率}=\frac{\text{阅读广告人数}}{\text{发行量}}\times 100\%$$

视听率是指通过电视机、移动媒体收看和收听广告的人数，与电视机、移动媒体拥有量的比率。

记忆率是指记住广告重点内容(如开发商名称、楼盘名称、楼盘特点、周边配套、交通状况等)与阅读视听广告人数之比。

以上三个比率越高，说明广告到达受众的成功率越高，从而反映出该广告的传播效果较为明显。

(2)回忆测试法。回忆测试法是找一些看过或听过有该楼盘广告出现在内的报纸、杂志、电视以及广播的人，让他们回忆广告的内容，来判断其对广告的注意度和记忆率。

(3)理解度测试法。理解度测试法是在刊登楼盘广告的报纸和杂志的读者中进行抽样调查，看有多少人阅读过该广告，有多少人记得广告的中心内容，又有多少人记得一半以上的内容，并分别计算出各自的百分比，从而判定消费者对于该则广告的认识和理解程度，进而分析其传播效果。

(三)房地产广告效果的得力测评工具——来电数量

当今大部分房地产项目都已经能通过客户的第一次来电建立广告效果的跟踪制度，来电数量也成为广告投放效果的重要指标。在不同项目的反复实践中发现,来电数量的确能在一定程度上反映广告的投放效果,但是,过分强调来电数量也是不可取的,会陷入房地产广告效果评价的误区。

1. 来电数量是广告销售力的直接体现

按照广告规律来评判一个广告是否优秀,其标准是单一的,即具有视觉冲击力、能够在众多的信息量中脱颖而出,通过语言和画面准确传达所需要表达的信息,这样的广告就是一则成功的广告。这两点也构成了广告销售力的基础。房地产广告中通常所说的促销广告和形象广告,其区分点就在于广告表达中关于项目的表达是通过直接信息还是项目带来的功能、感受等隐性信息进行的。这种信息的不同主要源自客户群的不同,看他们更容易被哪一种信息所打动。有的客户可能会对项目的具体细节如地理位置、价格、户型等感兴趣,有的客户则更容易与项目中所蕴含的理念、文化等形成共鸣。无论被哪种方式打动的客户,其最终结果都是促使客户拿起电话进一步询问项目的细节,或者直接到售楼中心咨询。

从这个角度来说,广告效果的体现有三种层次:一是直接到访,二是电话询问,三是留下印象。对于大部分并不了解项目周边区域的客户来说,直接到访的可能性并不大,因此电话询问的数量就成为广告销售力的直接体现。

2. 不同楼盘项目之间的来电数量不具备可比性

同时监测若干个项目,可以发现,不同项目广告的正常来电数量通常会在一定时期内稳定在一个固定的水平区域内。同样是优秀的表现,同样是合理的媒体选择,甚至是同样档次的项目,两者在推出广告后,来电数量明显也是有差异的。我们不得不承认,影响来电数量的因素是多样性的。相对于广告表现来说,与项目本身有关的因素显得十分重要,其中最为重要的是项目的地理位置、价格、销售时间段等。

通常认为,城市的主要交通干道周边的项目来电率较低,因为容易描述、容易到达,客户往往选择直接到访的方式进一步了解楼盘的详情。市场非主流项目(如别墅、郊区项目等)的来电率也比较低,因为目标客户群的总量相对较少。进入销售后期的老项目,其来电率也较低,因为项目在市场中已经存在一定时间段,市场对其认知度也比较高,电话询问便不再成为主要的了解手段。

3. 来电数量受多方面客观因素的影响

在同一个项目的广告投放中,来电数量也受除广告表现之外的很多因素的影响。不同的媒体具有不同的阅读群体和阅读习惯,即使在同一个媒体上,版面大小以及版面位置也是影响广告效果的重要因素。外版和内版的区别很大,而头版与其他版面的区别更明显。相比之下,处于同等版面位置上的整版和半版的效果区别相对小些。

不可否认,对来电数量影响最大的因素是广告表现。一个别具特色的创意,言简意赅、富于说服力的文案,会极大地影响来电数量。作为房地产的第一属性,地理位置的描述方式也会影响与客户的信息对接程度。这些因素不仅影响来电数量,更影响来电客户的质量。

4. 来电数量的考评标准适用于任何带有电话的房地产广告

电话作为大部分客户的第一接触渠道,决定了来电数量这一考评标准适用于任何带有电话的广告,如报纸广告、杂志广告、电视广告、户外广告等。根据各个广告的特性不同,来电的有效时间、考评标准也各不一样。

因此,来电数量的统计可以说是广告效果测评的关键,同时也是测评中的难点。

有相当多的客户是通过多渠道的信息刺激来了解项目的,难以准确地说出是通过何种单一媒体渠道了解项目的。尤其是当开发商运用多渠道策略投放广告时，这点尤为突出。来电数量的统计通常是在业务员与客户第一时间接触时就完成了，很难按照市场专业调查人员的要求来规范楼盘现场的业务员。因此，测评者与被测评者之间的人为误差也成为当前房地产广告效果测评准确性不高的一个重要原因。

（四）房地产广告的分阶段评估策略

1. 广告前测

广告前测就是在制订了广告草案之后，在广告实际展开之前对广告进行检验。这种检测主要是发生在特定的模拟环境之中的。主要的目的有两个：一是诊断广告文案中现存的问题，避免推出时对楼盘的销售产生不良效果，甚至偏离目标消费者的实际需求；二是比较候选方案，从中挑选最为有效的广告文案。

广告前测的主要优点是：能以相对低的费用（与广告后测相比）获得反馈。此时，开发商还未花大量的经费来刊登广告，事前检测可以帮助开发商及时诊断并消除广告所要宣传的内容与消费者理解之间的障碍，有助于提高广告的有效性。其主要缺点在于：广告前测多数是在受测者看了一则广告后就进行的，无法测出他们接触多次广告之后，或在其他公关活动配合情况下的反应。因此，所测的是个别广告的效果，而不是整体广告推广的效果。此外，事前检测会延误整个楼盘销售的时间。许多开发商认为，第一个占领市场会给其压倒竞争者的独特优势。他们常常为了节省时间，确保这种地位而放弃前测。另外，事前检测效果与实际广告效果并不一定完全一致，甚至会产生相反的结果。例如，某楼盘诉求广告在事前检测中往往不能获得很好的评价，但是在实际推广中却能获取颇好的效果。与之相反，楼盘形象、品位的广告的事前测评结果往往要比实际效果好。因此，对于广告前测的结果应该加以筛选和分析，这样才能得出正确的评测结果。

2. 广告中测

广告中测就是在广告推广的过程中对广告效果进行测量，主要目的是检测出广告前测中未能被发现或确定的问题，以便在这一环节中尽早发现，加以及时解决。这种检测通常是在楼盘销售的实际环境中加以实施的。

由于如今的房地产市场竞争激烈，在广告的推广过程中难免会发生与事前预想不同的情况，影响原定的广告文案的推广计划，因此，越来越多的开发商开始重视在广告推广的过程中对广告效果进行测助、评估，以便及时调整广告策略，对整个楼市的变化尽早做出反应。

广告中测的主要优点在于：与广告后测相比，能及时地收集到反馈信息，依据这些信息能发现广告诉求中存在的问题，并能迅速加以纠正；与广告前测相比，它又是在实际的楼盘销售中同步进行的，因而所得的数据更为准确和真实，对开发商来说，它更有参考的实际价值。

3. 广告后测

广告后测就是在整个广告推广结束后对广告效果进行测量和评估。它是根据既定的广告目标测量广告效果。因此，检测内容视广告目标而定，包括楼盘的知名度、品牌的认知度、楼盘的建筑风格、楼盘的园林及其物业管理、消费者户型偏好及购买欲望等。

广告后测如同广告前测一般是在人为的情景中进行的，主要是为了评价广告推广是否达到了预定的目标，并为今后的广告推广提供借鉴的作用。

练习题

一、思考题

1. 常见的房地产广告有哪些类型？
2. 如何选择房地产广告媒体？
3. 房地产广告制作应考虑哪些方面？
4. 常见的房地产广告预算方法有哪些？

二、案例分析训练

吉林市昌邑万达广场的广告策划

大连万达集团创立于1988年，形成商业、文化、网络、金融四大产业集团，2017年位列《财富》世界500强企业第380名。截至2017年6月30日，企业总资产为8 826.4亿元，2017年上半年收入为1 348.5亿元，目标是，到2020年，企业资产达2 000亿美元，市值为2 000亿美元，收入为1 000亿美元，净利为100亿美元，成为世界一流跨国企业。万达商业是全球最大的不动产企业，持有物业面积3 387万平方米，在北京CBD、上海五角场、成都金牛、昆明西山等地已有212座万达广场。万达文化集团是中国最大的文化企型平台公司，拥有飞凡信息、快钱支付、征信、网络信贷、大数据等公司，运用大数据、云计算、人工智能、场景应用等技术为实体产业实现数字化升级，为消费者提供生活圈的全新消费服务。万达金融集团重点发力传统金融，未来将实现金融多牌照运营。

吉林昌邑万达广场由万达集团开发，项目总占地面积27万平方米，总建筑面积98万平方米，位于吉林市吉林大街与林荫路交会处，近昌邑区政府，属城市中央商业、政治中心。项目涵盖金街旺铺、华宅、大型商业中心、五星级酒店、高级写字楼、非毛坯SOHO等，是集购物、休闲、娱乐、餐饮等多种功能为一体的大型城市综合体。

吉林昌邑万达广场是哈达湾引进的第一个现代服务业项目。作为吉林市政府的重点招商引资项目，吉林昌邑万达广场将打造成吉林市首条“互联网+”智慧街区、旅游文化聚集地、旗满文化传承地，同时它也将成为吉林新金融中心和国际一流教育理念输出地，并改变城市生活方式，创新旅游目的地，打造吉林市旅游文化标杆，成为吉林具有特色的城市新名片。

一、案名、CI设计

营造鲜明、独特的统一对外企业形象，在消费者心目中树立不可替代的印象，为后期宣传炒作、强化形象打下坚实基础，如图5—11所示。

图5—11　万达集团Logo

二、广告策划

该楼盘主要销售人群类型是改善性住宅和刚需性住宅，所以大多是靠口碑宣传，朋友介绍，但也借助一些媒体进行了广告宣传。

1. 网站宣传

图 5—12　万达广场网站宣传

2. 道旗、展板宣传

图 5—13　昌邑万达广场营销中心外侧街道道旗、展板宣传

3. 现场宣传

图 5－14　活动日楼盘售楼处场景

4. 报刊宣传

图 5－15　万达广场在《亚洲商业旗舰》杂志上投放的广告

问题：

1. 万达集团的 LOGO 设计有什么特点？
2. 吉林昌邑万达广场采用了哪几种广告宣传方式？

第六章　销售案场的设计与包装

在房地产的整个营销体系中，销售案场是集中展现楼盘项目特征、进行买卖交易和管理办公等所有功能的整合体。案场主要职能是对公司营销业务的执行，实现既定的营销目标。一个完整的案场，除了销售处的硬件布置，如售楼处内部功能分区、销售模型、样板房等，更重要的是软件布置，即人员和制度的组织设计。只有把两者有机地结合，才能有效地促进销售，完成营销任务。

第一节　销售案场设计的作用与原则

案场是所开发、销售的房地产项目的形象的集中代表，是房地产产品给客户的第一印象。案场设计的好坏不仅影响产品在客户心目中的品质和客户的购买信心，还影响项目的后期销售乃至整个项目的成败，因而在房地产营销中备受关注。

一、案场设计的作用

（一）展示楼盘品质

案场的外部造型和内部装饰布置是对整个待售项目风格的浓缩，是对所崇尚的居住意义的诠释。创新的售楼处设计，能很好地传递楼盘的品质。

（二）宣传推广

案场的设计要满足广告和销售的双重要求，特别是在广告业发达的今天，尤其要重视广告效应。案场一般设在交通便利、人流量大的地段，处于与消费者接触的第一线。它是楼盘与客户联系的重要窗口，其自身就是一个很好的广告宣传阵地。案场应该给前来参观的客户和经过的人群留下深刻的印象，因为客户良好的口碑是最有效的宣传工具。

（三）提高客户购买欲望和信心

消费者到案场购买预售房，房产还处在施工阶段，无法完整地展示项目的整体形象、设计理念、产品类型和项目优势等。口头介绍一般不能给客户直观的感受，销售人员可以利用售楼处的一些设施、模型、资料来展现楼盘的品质和所倡导的生活理念。客户看到美观大方、风格显著的售楼处，会眼前一亮，从而产生购买的冲动和欲望。

（四）树立公司及项目形象

项目的大部分销售都在案场完成，项目的特征在案场得到全面的体现。除了销售之外，案场还肩负着另外一个重大责任，即树立公司及项目的品牌形象。在购房者面前，案场代表着楼盘的形象以及开发商的形象，代表着项目的品牌和公司的实力，因此，案场人员的素质和形象、案场管理的规范化都十分重要。

（五）推动项目的销售

案场的设计和包装、销售计划和相关决策，是案场能够按照营销计划完成各个阶段指标的有力保障。广告、定价、促销、销控等手段都是围绕这些而制作的。有的开发商为了突出楼盘的品质，塑造良好的销售形象，不惜代价进行案场建设。各个楼盘在案场的设置上也展开了激烈竞争，其目的就是为了得到消费者的认同，进而促进销售。

二、案场的设计的原则

(一)与楼盘整体定位和谐统一

案场的设计思想应该充分展示项目的设计理念，体现开发项目的品质，与项目的定位相协调。比如，一个普通住宅项目，如果其售楼处的设计按照高档住宅或别墅的标准去做，反而不利于项目的销售。

(二)设计的整体风格

售楼处风格应新颖别致、美观大方、色彩分明，具有文化和艺术的内涵。在整体结构与楼盘风格相匹配的基础上，应体现简洁明快、敞亮通透的视觉美感，体现个性设计与精细施工的完美结合，使售楼处从各方面趋于风格化、个性化，吸引更多的目光和关注。某楼盘售楼处建筑风格如图 6－1 所示。

图 6－1　售楼处整体风格效果

(三)内部空间功能分区合理，设计便捷、高效

案场内部空间的逻辑层次是以购房者购房行为的介入深度而设定的，功能分区必须按照销售动线划分，符合销售流程。比如，沙盘模型、图纸展示区域直接面向来观者，洽谈区位于两侧，签约区则布置于相对封闭的内部空间。

(四)把握好案场设计建设的度

为了体现其营销理念和市场意识，表现楼盘特色，给顾客营造一种舒适的购房环境，并给客户留下公司实力雄厚、管理规范的印象，不少开发商斥巨资建设售楼处。这些对树立企业形象、推介产品确实有促进作用。

但是，售楼处毕竟不是商品房，售楼处的建设也要把握好一定的度。有的开发商单纯把建设售楼处作为招徕客户的幌子，认为售楼处设计越奢华，造价越昂贵，就越能吸引客户。这种想法是不科学的。售楼处的主要功能是“售楼”，它的基本要求是实用。过分追求奢华会大幅增加成本，这些成本会计入住宅价格，最终会增加消费者的负担。理性的消费者对此十分清楚。过于豪华的售楼处反而会失去一部分潜在客户。另外，业主看重的是住宅的质量、环境、物业管理等直接要素，这些只靠售楼处的展示是不够的。开发商应当把主要精力放在项目的建设上，保证质量，创新设计。

（五）增强客户体验

尽管许多案场仍然摆脱不了基本的模式，但有创新意识的开发商应该注重加强案场的“亲切感”“真实性”，采取多种方法丰富案场里的内容，让客户在选择的过程中，体验到亲切、真实、温馨，不知不觉之中接受产品。绿意盎然的盆栽，供来访者坐下休息的沙发，设计精巧、舒适的样板间，这些都可以使客户有家的感觉，如图 6—2 所示。

图 6—2　增强客户体验的售楼处空间布场示例

（六）后续功能利用的长远规划

售楼处的后续功能利用应该有长远的规划，最好的方式就是将售楼处与小区服务性设施结合在一起，既能完成案场的销售“使命”，又让“短命”的售楼处转化功能、延长“寿命”。这样，开发商不仅可以节约开支，降低成本，而且能体现成熟的设计理念，客户也可以从中获益。

第二节　售楼处的设计与包装

售楼处的位置选择和内部布置是销售工作重要的一环。有初步购买意向的客户在接收到楼盘的销售信息后，一般会到售楼处查看。售楼处也是项目的形象代表之一，其设计的好坏直接影响客户的购买行为。楼盘的设计理念、风格、档次以及实用性能，都要在这个建筑面积只占整个项目极小比例的实体中体现，大多数开发商在售楼处上花的精力在整个项目中占很大比例。

一、售楼处选址时考虑的因素

(一)项目自身的特点

项目自身的特点包括项目的性质、规模和位置等内容。项目性质是指项目是属于公寓、别墅还是商铺等,以及其所属的档次。项目规模主要是项目可销售的建筑面积、套数等。项目位置是指项目位于城市中心区、郊区或者外地,包括所在区域的交通状况、周边基础设施完善程度等。

如果项目的档次较低、规模较小,售楼处选址一般在楼盘所在地即可。如果项目的档次较高、规模较大,售楼处除了楼盘所在地外,还可以考虑在市中心繁华地段、人流量大的区域再设一个售楼处。地处城市郊区、外地或者交通不便的项目,最好在人流量大并且能方便到达楼盘的地方设置一个接待中心,以方便客户咨询、看房。

(二)市场营销环境

市场营销环境主要是指行业发展趋势、需求的大小、竞争的激烈程度等。售楼处的设置可以根据项目销售阶段的市场景气状况、竞争程度以及由此制定的推广策略进行调整。如果在市场繁荣、需求量大、销售速度快的情况下,可以只保留楼盘所在地的售楼处,或者某交通方便、人流量大地段的售楼处。相反,如果市场需求不旺,或者竞争十分激烈,应该多设置销售接待的地点,包括多参加一些房地产展销会等。

(三)目标客户来源

目标客户是主题定位时所确定的主要购买群体。对某些楼盘来说,特别是别墅和高档住宅,目标客户的来源可能不仅仅局限于楼盘所在地区。如果目标客户或者潜在客户较难了解项目的情况,应该考虑在目标客户相对集中的区域设立一个接待中心甚至售楼处,扩大宣传,方便客户咨询。同时,增加销售成功的概率,缩短销售周期。比如,北京市某楼盘地处著名的三里屯酒吧街附近,开发商将其楼盘模型设置在酒吧内,以吸引经常光顾酒吧的年轻白领阶层的目光。

(四)各阶段营销策略的变化

楼盘的整个营销过程大致可分为预热期、开盘期、强销期、尾盘期四个阶段,每个阶段的目标和策略都是有所差异的。根据营销策略的不同,售楼处的设置可以相应调整,在预热期、开盘期和强销期,为了扩大影响,增加营销力度,除了在楼盘所在地设立售楼处之外,还可以在市区繁华地段设置售楼处。而在尾盘阶段,一般只保留楼盘所在地的售楼处。

(五)广告宣传的实施

售楼处的地点选择是广告行为的一种考量。从这个角度来讲,售楼处应该设在人流量比较大的临街位置,起到类似固定的广告看板的作用,可以持续吸引过往行人前来咨询洽谈。对于位置偏僻、人流量不大的楼盘,不能为了节省部分资金,将售楼处设置在人流少、比较冷僻的地方;否则,不仅失去了售楼处本身的广告效应,而且不易为客户所搜寻,也削弱了其他广告媒体的实施力度。

二、售楼处位置选择的一般要求

(一)楼盘所在地的售楼处

对于物业所在地的售楼处,选择位置时应满足以下要求:

(1)楼盘所在地应建立售楼处。顾客如果有买房的意向,肯定会亲自到现场考察。所以,楼盘所在地的售楼处一般选在小区交通最发达一侧,以方便客户的往来。

(2)设在与施工现场容易隔离、现场安全性较高的位置。

(3)设在环境和光线、视线较好的位置。

(二)非楼盘所在地的售楼处

对于不是物业所在地的售楼处,选择位置时应满足以下要求:

(1)设在市区的售楼处尽量在人流量较大的繁华地段,可以扩大楼盘的影响力和知名度,起到广告作用,方便顾客签约等。

(2)最好朝向主干道或主要人流的方向,设在人、车都能方便到达,且有一定停车位的地段。

(3)尽量设在方便到达样板房的地方。

(4)设置在周围环境较好、阳光充足的地方。

一般来说,售楼处分两种,一种是设在楼盘的厅堂内,另一种是设在户外。户外售楼处又有两种,一种紧靠楼盘搭建的售楼处,与楼盘连为一体,空间上比较广阔;另一种是在主要干道旁、市中心商场建造、设立独立的销售中心,一般不会离楼盘太远,如果比较远则要配置看房班车。譬如,我国香港地区的楼盘包装比较特别的地方,就是有一些售楼处不设在楼盘工地,而是设在人流车流都比较集中的闹市地带。其楼盘工地基本上是封闭式的,因为香港人不喜欢跑很远到楼盘所在地看楼,也不愿走进安全系数较低的施工现场。同时也可以保证施工建造不受外界干扰,尽量弥补示范单位局部细节如朝向、通风采光条件等的缺陷。

另外,把售楼处和样品房设在市中心的一些大商场,这里人流量大且商场内气氛热烈,容易吸引客户前来参观。客户在现场看过说明及介绍资料后,便可坐上看楼专车直接到达楼盘现场。在行驶途中,销售人员可以向客户介绍周边环境与楼盘状况。

三、售楼处形式的确定

(一)二合一型售楼处

二合一型售楼处是多层建筑利用其首层的一种较为典型的户型作为样板房,同时利用样板房的各个房间充当各功能分区,实现售楼处的基本功能。这种布局方式可以加强客户对户型空间的直观感受,而且没有路线组织上的混乱,亲切感强,但缺乏豪气。由于缺少家具的摆放,其家居的温馨气氛较弱。

(二)联体型售楼处

联体型售楼处是将售楼接待区在待售项目的四周单独设置,而样板房又紧邻其侧,通过看楼通道连接,布置在待售的小区中,二者既独立又相连,从而形成一个整体,令客户不知不觉地完成了看楼的全过程。它的特点是完整紧凑,既可保持独立接待区的气势,又可体验家居的温馨气氛。

(三)分散独立型售楼处

分散独立型售楼处多体现在具有多种户型的小区内,为展示某一户型,选取与接待中心稍有一段距离的项目的实例做样板房。

(四)立体式售楼处

立体式售楼处一般是指售楼接待区与样板房不在同一平面上的布置方式。这种布置方式多用于高层建筑中。

四、售楼处包装设计

(一)售楼处包装设计的原则

售楼处设计总的原则是要有实用性、观赏性、参与性,营造一种增强客户体验的休闲式购房氛围和环境。

1. 功能多样型原则

售楼处除了在销售期间兼顾接待、销售和办公功能外,在后期还可能作为配套设施等。在室内装修设计的过程中,要以接待、销售功能为主,后期可持续利用功能为辅。比如北京市某房地产项目,其售楼处没有先用来卖房子,却先成了美术展的作品展览场馆,充分体现其功能的多样性和利用的可持续性。

2. 体现现代精神原则

售楼处的室内装修设计风格上力争简洁、明快、自然、大气,并且要使人有明亮、活力和冲劲的感觉。售楼处的装潢不要片面追求高档,在用材上应注重实用和实惠,给人以现代气息,体现时代精神。

3. 全方位展示原则

售楼处作为项目展示的第一窗口,要利用多种手段全面展示本案的开发理念、建筑规划、建筑风格、户型设计、环保建筑建材、生态环境、配套、物业管理智能化、工程形象、员工素质和生活氛围等各个方面,并借此巩固本案的品牌形象和公司的品牌形象。

4. 以客户为中心原则

售楼处的主要功能是将本案的信息传递给客户,并进一步刺激客户的购买欲。售楼中心的布局设计须以信息最直接地传递给客户为原则,又要给客户创造舒适的参观和购买环境。同时需精心设计客户的行走路线,为客户在了解项目的过程中不断创造新的"引力点",尽量延长客户在售楼处的停留时间。

5. 融合周围景观原则

售楼处作为项目核心启动区和核心景观区的一部分,其整体风格要与项目的大环境一致,并且与周边的景观密切地结合起来,相互搭配,相互衬托,使在售楼中心大厅内的客户就能感受到项目的环境景观,同时又能让在室外的客户看到售楼中心的全景。

6. 个性化原则

个性设计是售楼处设计的更高层面的要求。为了吸引客户,有的开发商将售楼处设计成一个酒吧或咖啡屋,有的写字楼的售楼处本身就设计成所销售写字楼的一个标准间。但是所有个性的表达,除了标新立异外,结合楼盘的卖点依旧是其核心的内涵。

例如,深圳市某最高的住宅楼,为了方便看楼客户感受全感官触动式体验,打破传统售楼的固定形式,创新地将售楼处迁至第48层,开启了深圳首例"168平方米空中售楼处",让每一个看楼客户站在168平方米的空中售楼处去亲身体验那种与众不同、傲视全城的感受。

(二)售楼处的功能分区

售楼处的功能分区,要考虑与销售的空间动线相配合。空间动线主要是动线是否流畅,是否具有层次感,是否有利于对客户的引导,是否能保证公共区域的开放性和私密区域的隐秘性,另外还要考虑各个分区的面积比例等。

一般而言，售楼处主要由四个区域组成：模型区，接待区，洽谈区，辅助功能区（建材展示、环境示意图、休闲等）。此外，还可根据情况设置其他功能分区。

1. 模型区

模型区一般设置在进门的区域，容易给客户留下深刻的第一印象。模型区可依据小区规模、产品特色、营销策略，通过小区总体模型来展示小区的总体规划，给客户形象地再现小区的总体风格、小区景观、规划栋数等小区技术经济指标，以及小区所在地区的交通等大环境。根据需要，在模型区可用单体模型表达单体的立面风格、色彩，或者利用剖面模型展示房型内部格局，还可以适当地布置一些灯箱和看板作为辅助。

另外，在模型区的周边，可以布置一些展板，根据不同的阶段分别展示购房流程图、银行按揭流程图、购房装修知识图、房型配置图、物业管理图、单体效果图、景观效果图、鸟瞰图和环境平面规划图等。

2. 接待区

接待区是置业顾问等候、接待客户、临时休息和摆放楼盘资料的场所，同时也是营销中心的“门户”。接待台要有亲和力，建议以曲线条为主。Logo 墙简洁明了，不宜复杂化，使客户能很清晰地看到、感受到本案以人为本的设计及人性化的服务，以便很快地接受本案。接待台建议设计为长度大于 3.0 米、宽度为 65～85 厘米、高度为 68～75 厘米的弧形，并考虑能摆放 3～4台计算机。接待台可分两层，一层为接待销控台，二层为主控台。两层式建造可以通过台阶的方式将接待区适当抬高，易于销售控制，并在心理上给客户造成购买的紧迫感，有利于业务员的销售。

3. 洽谈区

洽谈区是置业顾问向客户详细介绍本案情况和购房程序的区域，是接待客户和派送资料的场所。洽谈区的风格要简约，设计以线条为主，但要不失高贵，体现出品质感，洽谈区配备洽谈桌椅，色彩应比较柔和。根据洽谈区面积大小，建议以摆放 10～15 张直径 0.8 米左右的圆桌和 40～60 把椅子为宜。洽谈区为全开放布局，建议设置在能近距离接触项目景观的部位。

接待区和洽谈区一般布置在相邻的区域内，便于销售人员随时掌控现场的销售动态。

4. 辅助功能区

辅助功能区主要包括小型会议室、资料室、签约室、员工休息室、卫生间、储藏室和更衣室等。一般设置在比较隐秘的区域，尽量减少对售楼处内人员走动的影响。

5. 其他功能分区

在营销需要且有条件的情况下，为了让客户体验到高品质的购房感受和服务，还可设置门前广场、停车场、贵宾室、放映区、客户休息区等区域。这些功能区相对封闭但彼此相连且无碍视觉。放映区播放与本案有关的影音资料，客户休息区是供前来办理手续的客户等待、休息的区域，应摆放桌椅、饮水机等，可以考虑和放映区融为一体，但是应与洽谈区保持距离，以免影响正在进行洽谈的客户。

(三)售楼处的规模

售楼处的规模大小，应与所销售的项目相匹配。如果待售项目是大型社区，楼盘的总销售量较大，那么售楼处的设计布置要体现发展商的实力，体现本项目的规模与品质，其面积应稍大一些。如果待售项目比较小，那么售楼处的规模也可以相应缩小，这样可以节约成本，给客户以经济简约的感觉。但是，通常情况下，售楼处的总面积不宜小于 200 平方米。

（四）售楼处布置要点

售楼处的布置应注意以下几点：

（1）售楼处前要有明确的导示，如挂旗、灯杆旗、彩旗、指示牌等。

（2）入口广场上要有渲染气氛的彩旗、花篮、气球、绿植等，如果空间允许，还可以布置水体、假山石、花架、休闲椅等。售楼大厅内可布置景观小品或景观廊，如图 6－3 所示。

资料来源：视觉中国网站 https://www.vcg.com/creative/812291299。

图 6－3 售楼处内部景观小品

（3）售楼处的内外空间要尽可能通透，内部空间净高度一般不低于 3.6 米。

（4）售楼处临街的一面墙通常以大面积的透明玻璃来取代，而且越宽阔越好，并配合灯箱、工地围墙和其他室外装饰，使之成为区域地段中的一个闪亮点。

（5）接待区要布置在离入口较近处，放置资料取阅架，以便业务人员看到来往客户的位置和客户阅取项目宣传资料。

（6）在接待区的背景板应设置在视觉焦点区域，背景板可以展示楼盘的 Logo、名称，也可以用图片展示一种氛围，如图 6－4 所示。

（7）室内的灯光要明亮柔和，重点的地方要有灯光照射，如展板、灯箱、背景板等，如图 6－5所示。

（8）根据楼盘的性质、档次营造售楼处氛围，如普通住宅的温馨、高端住宅的尊贵豪华、写字楼的庄重等，如图 6－6 所体现的尊贵、庄重。

资料来源：视觉中国网站 https://www.vcg.com/creative/810905954。

图 6—4　接待区的布置效果

资料来源：A963 网站 http://sz.a963.com/works/2009—04/9506.htm? &page=1。

图 6—5　售楼处灯光运用示例

资料来源：快咨询网站 http://sh.qihoo.com/pc/91e62debdd82a0573? sign=360_e39369d1。

图 6—6　售楼处的装修要体现项目特点

(9)展示区要与洽谈区相邻或融为一体，主卖点要用展板、图片及实体等手段予以明确的展示。

(10)充分运用灯光、水、玻璃、绿色植物，使售楼处内外通透，并具有现代气息，避免呆板、生硬的感觉，如图 6—7 所示。

资料来源：房天下网站 http://weilanhaianwx.fang.com/photo/d_other_166738513.htm。

图 6—7　售楼处内部植被点缀示例

(11)巧妙地使用冷暖色调搭配，以暖色为主，既有商业气氛，又不失活泼。

(12)售楼处的布线系统，确保整齐统一，各种管线尽量隐蔽，以免影响营销中心的整体空间效果。

(13)售楼处的音响系统能够消除传播盲区，并保证其环绕立体声效果；灯光系统能够在不同的区域营造活泼、温馨、浪漫等气氛。

五、售楼处的后续利用

售楼处后续利用的最好方式就是将售楼处与小区服务性设施结合，比如，有的可作为未来小区会所、物业公司的办公地点，有的可作为商铺进行销售。要注意的是，后续利用期的售楼处要与整个小区风格和谐，并且不能侵害业主利益。如现在广州市许多楼盘的售楼处设在小区会所里面，既让客户感受到实实在在的配套设施和开发商的务实，也可做到可持续利用，节约了成本。

对于仅仅作为“售楼”功能的售楼处来说，要注重设计的朴实、合理、实用。由于这种售楼处多是临时建筑，因此，售楼处一般采用的是钢、玻璃等建材。使用这些材料不仅可以在短时间内拆建，如拆下来的钢管，还可以在其他工程上继续使用，节约成本。同时，上述材料搭建的建筑外观看起来比较现代化，给人们一种“高档”的感觉。

第三节 沙盘模型的制作和展示

从整体概念来讲，沙盘模型是将实地地形的地貌和地物（建筑物、道路、江河等）按照一定的比例关系，微缩到沙盘上的一种模型。它是实地地形状态和建筑物的真实微缩体现。经过仔细规划，可以成为客户进入售楼处的首要视觉冲击要素。

在房地产营销的许多环节中，沙盘模型是一个不可或缺的道具，是销售氛围中很能闪光的部分。特别是在期房的销售中，它是销售人员手中很有用的工具。所以，沙盘模型的设计制作竞争十分激烈，在制作工艺、用材等方面，经常辅助使用机械、电、光、声、水流等手段，日常维护保养的费用也非常高昂。

由于现在房地产营销大多是在工程开工不久就进行的期房销售，楼盘的整体形象要经过一段时间才能呈现，销售中无法展现楼盘的实际效果。而沙盘模型正好弥补了这个缺陷，其主要作用在于向客户展示楼盘竣工后的完整的立体形象，给客户良好的视觉印象。同时，也方便业务员给客户讲解时指明具体户型的位置、方位，方便与客户的交流。沙盘模型区别于一般效果图之处，就是它的立体造型和真实性。在两种品质相同的房地产产品中，模型的包装更到位、更能表现产品的韵味以及消费者的期望，能在销售中胜出一步。

一、沙盘模型的分类

沙盘模型一般有社区整体规划模型、分户模型、局部模型、环境模型、区域模型几种。

（一）社区整体规划模型

社区整体规划模型用于表现项目的具体位置、周边的景观、配套和小区整体布局及中心庭院等。这类模型除了要求做工精细、能表现的建筑细部都要表现出来以外，色彩和规模配置是它最为重要的部分，模型应具有整体色彩关系的艺术调整，要具有艺术性和视觉效果，如图 6—8所示。

（二）分户模型

除了社区整体规划模型外，应设立标准单位的户型模型。分户模型主要用在实体样板房和交楼标准不能全部展示户型时，方便客户对户型的实际布局和户内空间大小进行了解。这种模型的比例尺度较小，一般在 1∶30 左右，尽可能使其显得清楚、淡雅，不必要求什么都与实

图 6—8　社区整体规划模型示例

际一样，特别是在颜色方面，颜色越浅则空间显得越大。另外，反映空间功能的家具、厨具、洁具等，切不可大于正常的比例，如图 6—9 和图 6—10 所示。

资料来源：重庆乐居网 http://cq.leju.com/scan/2013—06—25/09593280780.shtml? wt_source=data_xgzx_02_cq。

图 6—9　分户模型示例(一)

(三)局部模型

局部模型主要用在楼盘现场及其他模型不能充分展现的局部，可以是建筑物的阳台、空中花园、屋顶、屋顶会所，也可以是建筑物的一段外墙、建筑内墙、小区或户外环境的局部、会所的局部等楼盘的主卖点或需要展示的地方，也可以根据实际任意确定。

(四)区域模型

区域模型主要用于所在区域为规划中或建设中，而实际看到的现状相对零乱时，是表现大

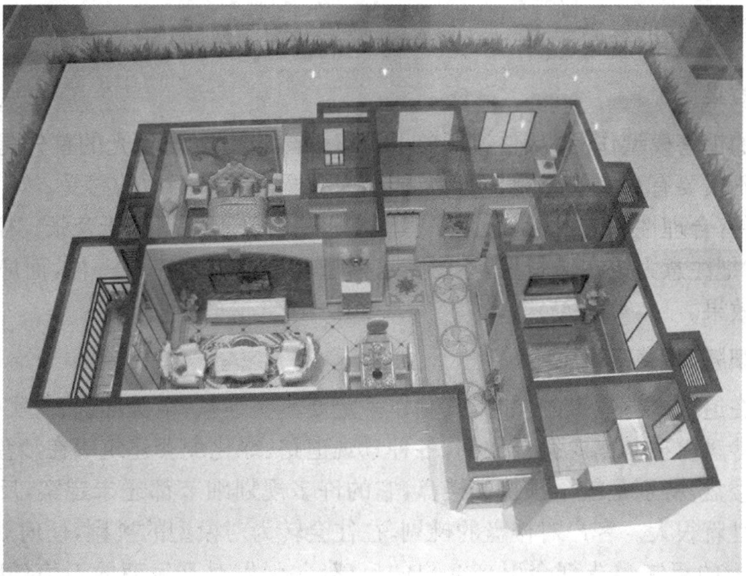

图 6—10　分户模型示例(二)

地理环境的。一般情况下,其比例为 1∶50 或 1∶100 即可表现区域环境。如果楼盘的面积较大,远离配套服务设施,这时可以选择 1∶2 000 甚至更小的比例。区域模型往往在色彩和表现手法上加以突出,例如,将楼盘的高度适当加高。要用文字在模型中标出对销售有利的服务设施、道路名称,以增加客户对模型形象的识别能力,如图 6—11 所示。

图 6—11　区域模型示例

二、沙盘模型制作的要点

(一)整体效果

一个出色的销售模型作品,从整体形象上可以立刻吸引客户目光的首先是它的颜色。整体的色彩搭配不仅要有真实的感觉,而且要能给人视觉上带来舒适的感受。环境的配置、树木的"种植",都要有合理性和艺术性,让客户感到赏心悦目又不觉得过于夸张。模型的制作不同于装修,不需要把注意力放在选材上,不要苛求模型和产品材料一模一样,而应更多地考虑如何达到最好的效果。

(二)真实细腻,精美准确

沙盘模型在追求视觉效果的同时,其制作一定要真实细腻、精美准确、与实际相符,不要有虚假的成分。沙盘模型制作要符合比例,各种景观道路、绿化配套建筑等在沙盘模型中要有真实反映。有些楼盘,特别是较早预售的楼盘,它的许多规划细节都还未定案,反映在沙盘模型制作上的随意性就很大。客户对楼盘的挑剔,往往会转为对模型的挑剔,任何规划上的随意增减或工艺制作上的粗制滥造都会引来客户的反感,并引发对开发商的不信任感。例如,配电室、垃圾箱、地下车库的出口等影响业主居住生活的设施一定要逐一精心规划,事先确定位置。如果把楼盘后期的工程用地或市政工程未来的规划用地建成花园绿化,或者模型中有正在规划的购物商场、地铁站、道路等情况,要详细地向客户介绍。

(三)适当大的比例

模型通常的制作是按 1∶150 或者 1∶200 的比例来进行的。按这个比例计算,高度为 100 米的建筑,其模型的高度只有 50～66 厘米,虽说基本上可以满足销售的需要,但是震撼力不够。适当大的比例,可以在新、奇、特方面有所突破,以区别于同类项目,达到吸引客户的目的。如安装各种各样的闪烁霓虹灯,放置可以自行活动的小人或汽车模型,设计可以将特定楼面像抽屉一样拉出来观看平面布局,等等。甚至可以将声控、光控技术运用到模型上,会取得意想不到的效果。

(四)结合楼盘的卖点,创造性地表现楼盘的特色

通常提到的房地产产品模型就是指楼盘的模型,楼盘是模型中的主要部分,但楼盘并不是模型的全部。例如,某楼盘恰好位于一座公园旁边,模型制作中可扬长避短,近 2/3 的面积设为公园绿地。又如,上海市长宁区有一个楼盘,位于上海市最具现代化景观的虹桥开发区的边缘,发展商为了提升它的价值,在模型制作中便将虹桥开发区一起放置在模型中。

第四节　样板房的设计与装修

样板房又称为装修示范单位、实品屋,可以说,样板房是市场竞争直接产生的结果。当前,在中国的一些大城市,由于市场竞争激烈,设计制造一个能扬长避短的样板房,已是很多开发商在营销策划时不可缺少的一部分。出于加快销售的考虑,开发商会加大此项的投入,不惜重金聘请著名设计师,选用优质物材,精心制作。

一、样板房的主要作用

样板房是市场竞争的产物,具有不可替代的地位。在现代房地产市场,准业主已逐步走向成熟，尤其是二次置业者对户型结构设计十分挑剔，他们不易受策划概念的感召，而是更看重实实在在的样板房。

(一)修饰户型

样板房的作用不仅在于多展示一种实物产品，更在于通过设计师的匠心，使原本单调甚至是有缺陷的空间变成一个充满生机、实在而又温馨的“家”。开发商在开发项目时，如果由于种种原因造成设计不合理，可以通过样板房的装修来弥补这些缺陷。

(二)提高客户的购买欲望

由于现在房地产广告千篇一律，诉求点脱离实际，已经很难打动消费者。特别是有很多的客户对期房的信心不够，只靠销售人员拿着平面图竭力讲解是不够的。样板房能给客户三维形象的直观感受，让客户对所要购买的物业有一个直观的感觉和印象，避免客户因为看不到完整的房屋状况而产生犹豫最终放弃购买。而设计精致、得体的样板房还能给客户温馨的感受，得到顾客的喜爱，进而使其产生购买欲。

(三)展现开发商的实力

在样板房的设计和建造过程中，能充分体现开发商的开发理念和专业的居住设计思路。通过对每一个细节的处理展示开发商的实力和管理潜力，表现开发商富有特色的经营理念。

二、样板房的选择

(一)宜精不宜多

户型较多的住宅楼盘不必每种户型都搞一个样板房。从成本上考虑，选择几套在朝向、户型或其他方面有差异，又具有典型性的主力户型做样板房就可以了。特别要注意的是，不要把不同户型的样板房如大面积户型与小户型的样板房放在一起，否则显得楼盘档次定位不明。

(二)选择适当的户型

样板房应选择朝向、视野和环境较好的户型，给客户良好的视觉效果。如果小区的环境已经建设好，或者楼盘周边的景观很好，可以把样板房布置在尽可能高的楼层，高层现房一般设在比较高的楼层，高层期房一般应设置在4～6层。这样可以开阔视野，增强客户的购买欲。

(三)选择方便的位置

样板房应选择在方便由售楼处到达的位置，有电梯的楼盘，应该选择直接通到样板房所在的楼层。多层楼盘尽可能把样板房设在一楼或者低楼层，以方便客户观看。

(四)不要选最佳户型

作为样板房的户型，一般不要选择最好的户型。因为最好的户型本身就有优势，不需要样板房的装潢来促销。而一般的户型或者是有一定缺陷的户型，通过设计装潢，可以促进销售。

三、样板房的设计定位与分类

样板房的设计应该是观念第一，装修第二。设计的观念应鲜明、风格崭新，充满个性。但要注意设计概念应与开发项目时所处阶段的设计理念相吻合或者适当超前，不能落后，也不能太过前卫。

(一)样板房的风格定位

样板房的风格定位一般有以下几种方式：

1. 开发商自己策划

开发商作为项目开发者，自策自划，然后交给普通的装修公司实施。其结果是材料堆砌式的装修，缺乏新颖性，存在问题较多，效果往往不太理想。这种做法在房地产初级阶段用得比较多。

2. 代理公司进行定位

不少楼盘聘请专业的代理公司全程进行策划销售，由代理公司提出明确的风格走向，然后交给施工的建筑公司去做。由于代理公司不具备专业装修经验，往往会使得样板房往往大走其样。但从销售角度看，这种做法有时也会有一定的效果。

3. 设计公司最终负责

开发商把设计意图传达给代理公司，代理公司根据横向经验总结归纳，然后委托有专业设计经验的设计公司。这是一种最新、最“昂贵”的方式，也是最有效的方式，这种做法已被大型的品牌房地产公司普遍采用。

(二)样板房的分类

样板房作为一种销售道具，最终会随着销售的完结而被处理。按样板房最后处理结果的不同，可将其分为三类：

1. 全拆型样板房

全拆型样板房不考虑实际接收程度和后期利用，只注重全方位的“作秀”，现在很少被采用，只有个别有实力的开发商为了加大营销力度，在远离楼盘的售楼处设立这种样板房。

2. 半拆型样板房

半拆型样板房在布局上是合理的，总体设计上也是比较成熟的。但它过于营造视觉效果，家具布置等可能不尽实用，业主要进行适当的修改才能使用。这种样板房可能会传出不良的口碑，影响后期销售。

3. 完整销售型样板房

完整销售型样板房是指样板房完全符合实际生活要求，客户购买后即可入住。由于样板房的成本比较高，是仅次于售楼处的重要开支，不少开发商会采取在待售楼宇中制作的方式，让样板房和其他房型一起销售。样板房推出后，开发商仍享有其形象展示权，直到销售结束。

四、样板房的装修

(一)风格统一

样板房要有统一的标志系统，例如，门前户型说明，所送家具、电器的标志。家具、电器以及装修器材等的整体风格要统一，不能显得凌乱。

(二)引导说明

针对空间的使用要对客户进行引导，特别是难点户型和大面积户型。在走道、门口、转角、电梯、家具等地方，广泛使用指示牌、说明书、注意事项等引导客户看房的标志和字样，说明方向、用途、材料、面积以及注意事项等。样板房参观过程设计周到，可以大大增加客户的好感。

(三)定位明确

样板房的装修风格和档次要符合主题定位和目标客户定位。内部展示的家具、电器、饰物等都应该协调，以墙色、艺术雕像、浮雕、吊灯、壁灯、雕栏等营造艺术品位，突出与产品匹配的风格。样板房从外到内，大到厅堂，小到每一个建筑局部，都要力图体现产品追求的效果。例如，经济型住宅要着力展示空间的实用性，小户型可从空间的经济性和生活情调方面展示，高档物业则表现其尊贵和突出的品位，如图 6—12 和图 6—13 所示。

图 6—12　样板房示例——书房

图 6—13　样板房示例——卧室

（四）注重色彩

色彩明快温馨，光线充足，色调应强化促销氛围。色彩过于鲜艳，五彩缤纷，容易分散客户的注意力，如图 6—14 所示。

图 6－14 样板房示例——客厅

(五)温馨如家

样板房不是简单的展示单位,要给客户真正的“家”的感觉,要营造一个真实的居家环境。各个房间的布置、摆设,各局部的细节处理,都应给人一种马上就能舒舒服服住下来的感觉。这就要求样板房做工要精细,注重细节,充分利用每一个空间、角落,充分展示户型空间的优势。例如,衣架上挂有衣物,壁橱摆满酒具,厨房里摆设冰箱、厨具、水果蔬菜和碗盆碟杯等,这样,客户在参观中就会不自觉地融入居家的角色,容易产生认同感,如图 6－15 和图 6－16 所示。样板房的核心是主卧室,其位置所在、床位摆放等都值得慎重考虑。

图 6－15 样板房示例——厨房

(六)保留间隔

对于周边有安全网的样板房,其窗户、阳台与围板间应保留 30 厘米的间隔,可考虑用于绿化。

图 6－16　样板房示例——卫生间

(七)注意入口

样板房门前要设置鞋架或发放鞋套,最好可以让客户直接进入。在样板房入口的上两层阳台等处应设挡板,以防施工掉物,使客户产生安全性不高的印象。

第五节　案场的细节布置与形象包装

一、看楼通道

看楼通道是连接售楼处和样板房之间的通道。看楼通道在设计布置时要注意以下几个方面:

(1)看楼通道的选择以保证线路尽可能短和安全通畅为原则,要保证通道充足的采光或照明,清洁卫生。

(2)看楼通道的路线设计最好要有利于现场的施工组织,尽量不要形成地盘分割,影响施工的进度。

(3)要保证看楼通道的路况良好,对于有转弯的地方或不符合人的行为功能的地方应该有提示,如高低不平、顶梁过低等地方。

(4)在通道比较长的情况下,通道路线设计最好让客户看见沿途的已经形成的小区、周边配套,让客户感觉到居住的人气和氛围。同时可以布置丰富的各类景观,例如,可布置一些小展板、镜画、文字标志等,把通道也变成广告看板。

(5)看楼通道的一般构成方式有平列式、下走式、架空式,可根据实际情况采用不同的方式。

二、室内展板

展板可以系统地介绍本项目的基本情况及销售情况,其重要内容之一是了解项目优点,并设计统一的艺术形式加以布置,使个性形象突出,内容丰富、简明,缩短客户了解项目的时间,甚至可以使其迅速做出购买决定。展板的主要内容有:项目各户型透视图、主要交通及建筑物相片、地理规划图、住宅单位平面图、住宅单位室内布置、发展商的背景、别墅或洋房的真实效果图、价目表及付款方法等。

三、示范环境和小品景观

有条件的楼盘,可以在售楼处前面的室外空间根据需要进行专项环境设计,选择绿植和花草类。在住宅开盘时最好多选择些时令花卉,以渲染气氛。另外,根据空间的大小、布局,可设置水体造型,如喷泉、叠泉等,也可以考虑假山石、雕塑、休闲座椅、花架等。或者把售楼处设在小区内,利用小区内的景观环境,也可以达到同样的效果。景观小品能为生硬的案场环境注入活力,表现开发商的细心体贴,增加亲和力和温馨感,特别适合于住宅楼盘。

四、形象墙和户外看板

在设计形象墙和户外看板时,应注意以下几个方面:

(1)形象墙因为面积大、范围广,称得上是最大的户外看板,是一种很好的广告包装位置,房地产开发商应该在这个方面多花些脑筋,认真研究一下如何利用。其位置要求是分割施工场地,保证客户看楼的安全和视线,还必须整洁,一般可用普通的砖墙或者围板。

(2)在客户视线可及的地方,墙上要进行美化和装饰,可以裱喷绘,也可以用色彩直接上绘,给以大面积的色彩图案和简要文字。墙饰的风格和色彩应与整体推广方案相统一,具有可识别性。配上迎风招展的各色彩旗,会使行人在几百米外都能为其所吸引。

(3)墙上的内容可以是楼盘名、标志、售楼电话、投资商、开发商、代理商、承建单位、设计单位的名称,也可根据墙所在的位置通过组合灯箱、广告牌来展示楼盘的形象和卖点。

(4)户外看板立在案场顶部或者两侧、外墙及主要道路等吸引人们注意力的地方,内容一般是楼盘的效果图、名称、电话、广告语、交通图等。画面不要过于复杂,简洁的看板更容易吸引人们的视线。

(5)形象墙、围墙、看板的文字和图绘等内容的大小尺寸,要考虑所经过人流的视线、观察角度、运动速度(步速和车速)等。

五、Logo

Logo 即楼盘标态,楼盘独有的标志,一般表现为图案、美术字、字母等,体现楼盘的品位档次以及精神内涵。除了案场,常见于看板、形象墙、广告幅、旗等。有实力、有多个项目的大型开发商和代理公司,宜强化公司的品牌,在各个项目中采用统一的 Logo。

六、施工现场环境

工地作为买家切身关注的地方,是宣传最经济和有效的场所。施工现场的组织与管理,不仅代表了建设公司的水平与实力,而且直接影响着房地产产品的质量,对施工现场的维护和有序的管理,将会提升项目的形象和在市场中的口碑,营造销售氛围,增强消费者的购买信心。

利用工地路牌表明物业的名称和位置,可以塑造良好的工程形象。通过工地围板表明开发商和地产建造的专业性,借助彩旗、气球等宣传物品吸引人们的注意力,营造人气旺、整洁、有序的施工现场。

七、路旗、导示牌、广告牌、灯箱

路旗是在楼盘旁边的主要道路两旁设置的宣传旗帜，其内容主要为楼盘名称及楼盘标志，设置在围墙上及售楼处周边的旗帜也属于路旗。指示牌的形状灵活多样，有箭头形指示牌、指示板、三角指示牌、平面指示牌、多面指示牌等。指示牌与路旗一样，起引导作用。设置指示牌，可以方便客户参观看楼，提醒他们注意某些事项，展示开发商的细心与诚意。客户的购买决定，有可能就取决于一些极细微的行为，正是“于细微处见精神”。

灯箱分为室内灯箱和室外灯箱。室外灯箱一般安放在售楼处大门的顶端，大而耀眼是其最基本的特点。至于灯箱上的内容，效果最佳的是体现楼盘主要特色的短语式的直接诉求，如“月收入三千元，艺术庭院安个家”，或是楼盘的名称和售楼处的电话。室内灯箱的内容比较宽松，可以放置效果图、交通位置图、各种促销文字等，它主要依据现场的需要来定，但风格和大小应与售楼处内部的布局和装潢相一致。

对于处于非主干道、有一定纵深或者案场位置偏僻、不易于被发现的项目，路旗、导示牌、广告牌、灯箱等的作用就非常明显。一方面，它们可以将项目的重要信息（如楼盘名称、位置、标志、咨询电话等）在更广阔的地域向外发布；另一方面，它们可以将客户从主干道或其他人流量大的区域引导至项目现场，对项目现场气氛起到烘托的作用。

八、辅助设施

辅助设施的设计应注意以下几点：

（1）桌椅、文件柜、计算机、电话、打印机等办公用品，尽量做到各自的颜色、型号统一。

（2）服务指南看板、公告板、分区功能标牌置于对应区域的，明确功能，突出专业性。

（3）大屏幕彩电及触摸显示屏。大屏幕彩电主要播放项目的基本情况，在展厅内播放高质素短片，在显示屏上能方便快捷地查询资料，包括当地情况，以及开发商、合作商的背景、基本情况等，使买家对项目所在地有更深入的了解和认识。同时，也增加营销中心的热闹气氛，加快销售人员的讲解速度。

（4）其他销售道具，如海报、楼书、告示牌、装饰品、影视资料、手袋、赠品等，放置要整齐合理，无损坏。

（5）背景音乐系统，要根据所处的销售阶段播放不同风格的背景音乐，音量要合适。

（6）摆放杂志刊物（经济类、建材类、装修类和房产类刊物），配置挂衣架、长柄鞋刷、针线包、移动电源、雨伞、雨伞桶、老花镜和客户建议簿等。

练习题

一、思考题

1. 售楼处设计与包装应考虑哪些方面？

2. 房地产市场营销中，样板房的设计应考虑哪些因素？

3. 售楼处选址应考虑哪些方面？

第七章　房地产销售管理

房地产销售管理是房地产营销中的重要环节之一，本章从房地产销售流程、房地产销售前的准备、房地产销售控制三个方面，详细阐述房地产销售管理的内容，为营销工作的开展提供具有可操作性的指导。

第一节　房地产销售流程

房地产销售中最常用、最重要的12个程序是：客户接待流程、客户分派流程、认购书开具流程、客户签约流程、客户退订流程、客户退房流程、客户换房流程、更名流程、优惠流程、权证办理流程、结算流程和成功销售确认流程。

销售过程总体流程是指销售整个过程的流程，包括销售实施、销售管理和销售合同执行监控，其具体的过程如图7－1所示。

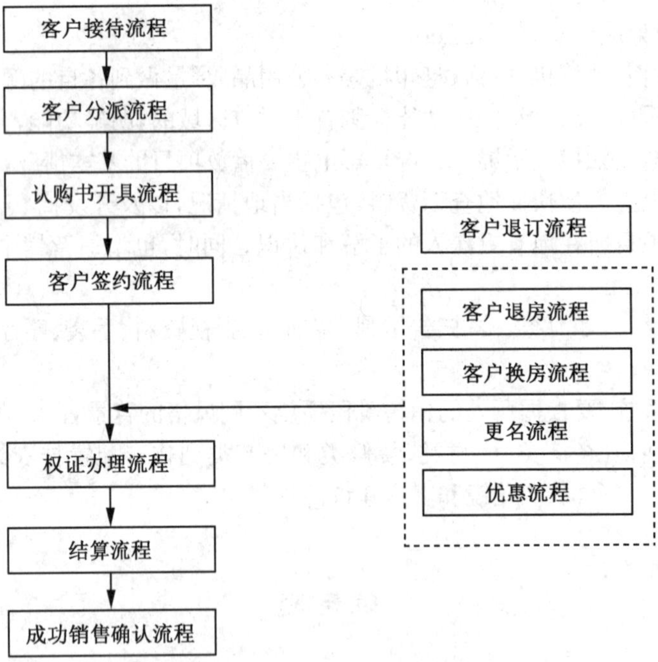

图7－1　房地产销售总体流程

一、客户接待流程

客户进入案场，销售人员带领客户参观模型、看板、样板房，向客户介绍产品信息，并回答客户的提问。销售人员在判定客户有购买意向后，要抓住时机促使成交，可以与其签订商品房认购合同书(见本章附录一),并告知签约须知(见本章附录二)。若客户无预定的意向,销售人员可以放弃,并要总结原因;若客户意向不明,销售人员需跟踪,与客户继续保持联系。最后,无论成交与否,每接待一位客户后,立刻填写客户资料表。填写重点为客户的联系方式和个人信息、客户对产品的要求条件和成交或未成交的真正原因。根据成交的可能性,将其分为很有希望、有希望、一般、希望渺茫四个等级认真填写,以便日后跟踪客户。客户接待流程如图7—2所示。

负责人/协作人	流　程	相关文件或表单
1.销售人员 2.案场助理	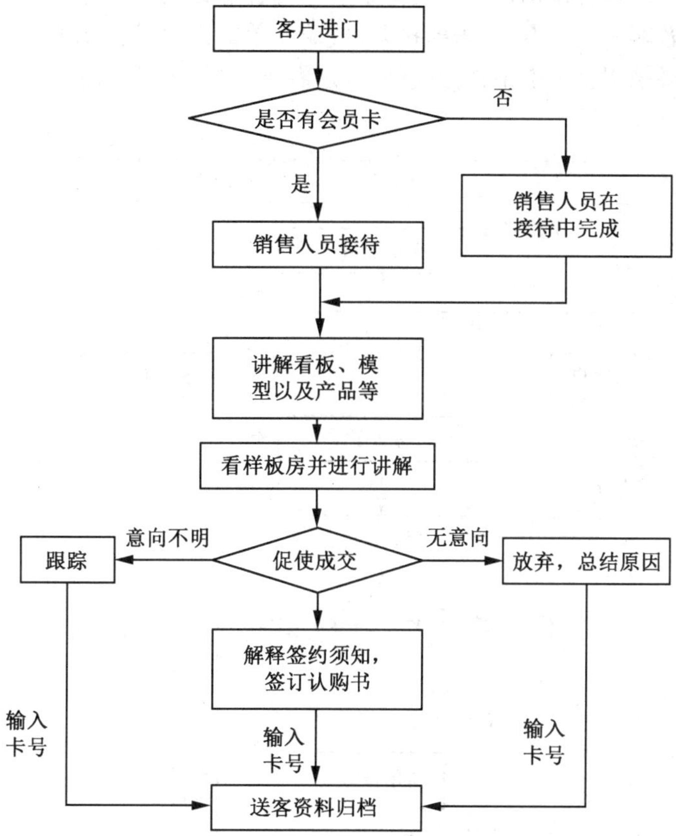	1.办理会员卡须知 2.楼书 3.客户资料征询表 4.购房认购书 5.签约须知

图7—2　客户接待流程

在实施该流程时,需注意以下几点:

(1)客户进入案场后,由案场助理安排销售人员接待,若客户以前来过案场,最好由原先的销售人员接待。

(2)销售人员在接待客户过程中,为客户办理会员卡,应在客户下定之前或未下定离开案场前,凭客户资料征询单及工号牌换取客户会员卡,并送至客户手中。

(3)对未成交客户,销售人员必须分析、总结原因,并随客户资料归档。

(4)促使成交要讲求销售技巧、注意时机,把握好消费者心理,投其所好,不能过急,也不能过于生硬。

如果采取会员卡方式销售的,客户进入案场后,由案场助理接待,询问客户是否有会员卡,然后分三种情况处理:

第一,若客户有会员卡且是本案场办理的,案场助理可直接安排销售人员接待;

第二，若客户有会员卡，但会员卡不是本案场办理的，案场助理需要核对信息的真实性和完整性，无误后安排销售人员接待；

第三，若客户无会员卡，可安排销售人员接待并办理会员卡。

完成上述步骤后，再由销售人员正式开始业务接待。

二、客户分派流程

由案场助理签发派单，安排销售人员接待客户。若客户是老客户，无须排队，直接由原接待的销售人员接待；若客户是新客户，需要排队，按照派单的次序等待销售人员过来接待。销售人员接待完后，如果采用会员卡销售方式的，客户需要重新排队领取会员卡。客户分派流程如图 7—3 所示。

负责人/协作人	流　程	相关文件或表单
1.销售人员 2.案场助理	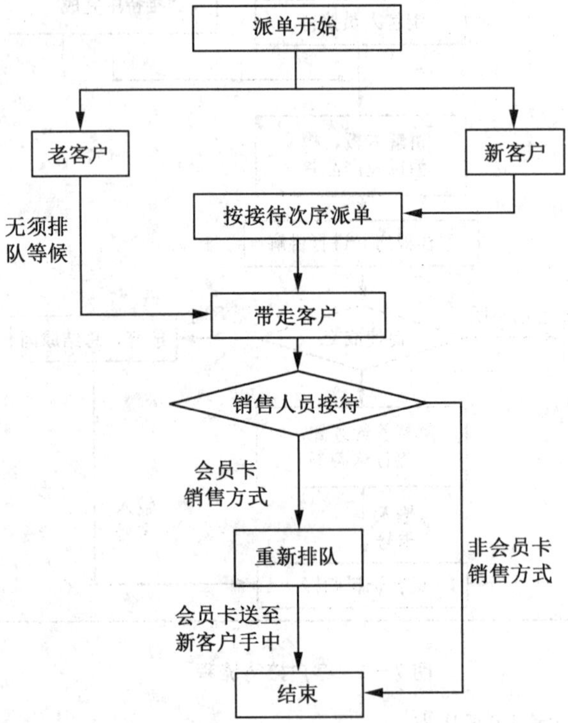	1.客户资料征询单 2.会员卡

图 7—3　客户分派流程

在实施该流程时，需注意以下几点：

(1)老客户最好由原来接待的销售人员接待，只有在原销售人员不在或者没时间应暇时，才能由新的销售人员接待。

(2)为了培训经验不足的销售人员，可考虑在分派新客户时，首先由其接待。

(3)一般一个销售人员在同一时间只服务一个客户，在服务完一个客户后，可以重新循环服务下一个客户。

(4)销售人员在接待中，主要是帮助客户填写客户资料征询单，帮助办理相关事宜。

三、议购书开具流程

认购活动开始，先由客户挑选房源，然后根据其选中的房源打印认购单，并由销售人员给客户解释签约须知。客户需认真审核认购单内容和签约须知，确认无误后在认购单上签字。客户根据销售人员或案场助理开具的解款单，到案场结算处付款。结算员将信息输入计算机，收取款项，并出具单据，由客户确认无误后完成。认购书开具流程如图 7—4 所示。

在实施该流程时，需注意以下几点：

(1)付款：如果是代理项目，则由开发商收款；如果是包销项目，则由包销商收款。

(2)全过程销售人员必须陪同。

负责人/协作人	流程图	相关文件或表单
1.销售人员 2.案场助理 3.结算员	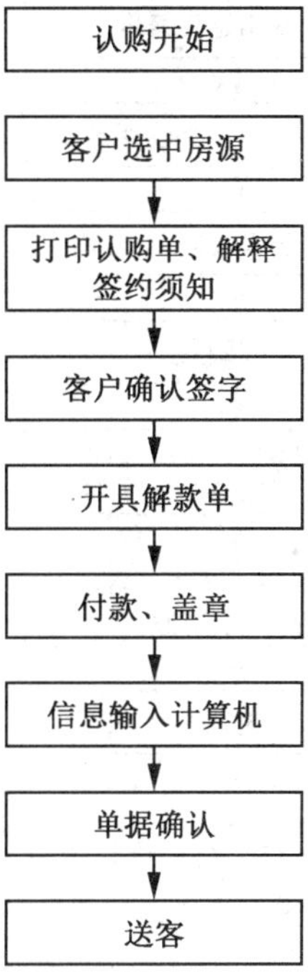	1.认购书 2.签约须知 3.解款通知书 4.定金收据

图 7—4　认购书开具流程

(3)认购书一式三份，一份留客户，一份留公司，一份留开发商，三联必须同时盖章确认。

(4)解款通知单一式两联，一联留结算员，一联留收银处。每天销售结束，案场助理必须凭结算单对账，做到日日平账。

(5)结算员将每天的签约须知汇总，交办证员归档。

四、客户退订流程

该流程可能由于下列原因发生：

(1)客户自身的原因，如客户的资金问题、客户改变购买意向等。

(2)开发商的原因，如房型设计的更改、原先规划的变更等。开发商应当及时通知客户，由客户决定是否变更购房意向或者重新选择房源。

(3)代理商的原因。如代理商的虚假承诺，造成对客户的情感伤害，导致客户改变购买决定等。

这一类事情应尽量避免，在了解客户提出退订的原因后，销售人员应该尽量解决客户可能因为误解而发生的困惑，努力挽留客户，并且对发生退订的行为进行总结。

客户提出退订，销售人员先要征询原因，然后由客户填写退订申请(见本章附录三)，并注明理由。销售人员陪同客户办理相关事宜。项目部副总经理和开发商负责人要对退订申请审核确认，然后出具退款通知书(见本章附录四)，收回认购书并加盖作废章，收回原定金收据等相关资料。然后马上通知销控人员或案场助理，重新打开该房源，调整价格，予以出售。客户退订流程如图 7—5 所示。

负责人/协作人	流　程	相关文件或表单
1.销售人员 2.案场助理 3.结算员 4.项目部副总经理 5.开发商	客户提出退订意向 ↓ 客户填写申请，并注明理由 ↓ 销售人员陪同 ↓ 退订确认 ↓ 收回原认购书，开具退款通知，信息输入计算机 ↓ 即时通知，调整价格，打开该房源 ↓ 送客	1.退订申请 2.退款通知书 3.认购书 4.定金收据

图 7—5　客户退订流程

在实施该流程时，需注意以下几点：

(1)申请退订的客户，必须是原认购书的当事人，并须其本人携带身份证和相关资料亲自到场办理，不允许委托办理。

(2)销售人员全过程陪同，应该以退订客户为先，在案场经理和办证员的帮助下，尽力挽回，但不允许采取给客户退款而设置种种障碍的手段。

(3)如签约须知上已明确不允许退订，而客户已在签约须知上签字确认，应告知客户不予退款，并阐述不予退订的理由。

(4)作废的认购书必须交回公司，不得遗失。

(5)退订申请、退款通知书须经开发商或其代理人签字盖章确认。

(6)如果是代理盘，退款款项则在开发商约定地点领取；如果是包销盘，则在公司本部领取。

五、客户签约流程

由案场助理安排销售人员接待签约客户，客户应当出示认购书及签约须知中提到的所有文件及物件。销售人员须认真审核客户提供的资料，若资料不齐全，应告知客户补足，然后凭认购书领取认购合同。如果超过原先约定的签约时间，则应告知案场助理，并由其签字后，转入下一步。办证员派发预售合同，销售人员领取并在派单上签字。销售人员向客户解释合同，客户确认合同并签字。销售人员审核客户签字的预售合同和客户登记资料，确认无误后收回，并在派单上签字，将合同代号和内容输入计算机，并告知结算处。结算处开具解款通知单，告知客户在规定的时间和地点付款。客户按规定付款，由公司加盖公章、骑缝章并开具发票。根据预售资料缺省情况，分别归档或留存。客户签约流程如图7—6所示。

负责人/协作人	流　程	相关文件或表单
1.销售人员 2.案场助理 3.开发商财务 4.办证员	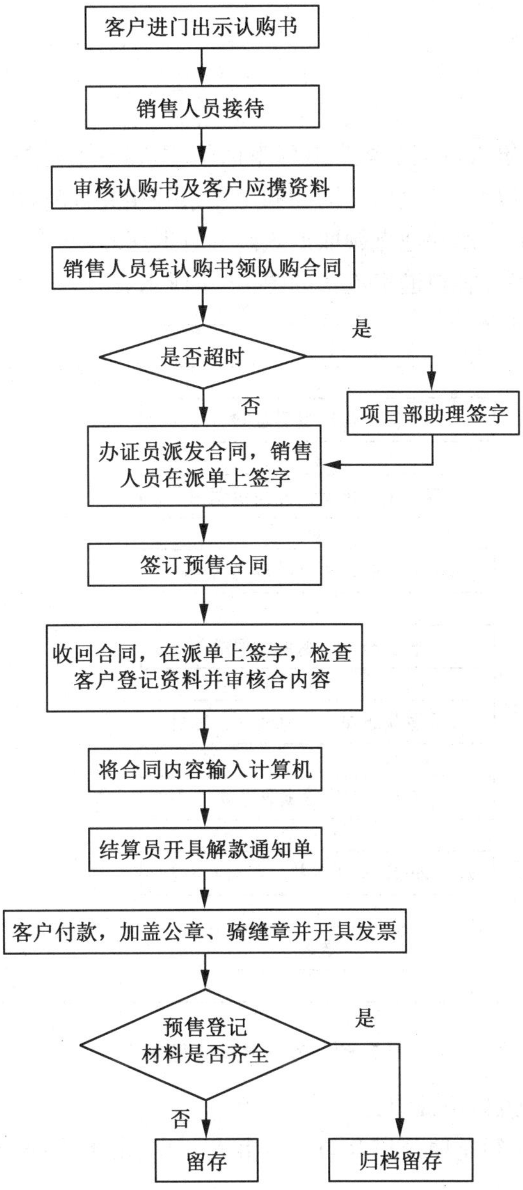	1.认购书 2.签约须知 3.现金解款单

图7—6　客户签约流程

在实施该流程时，需注意以下几点：

(1)签约前先审核客户应签约日，若超时，报请各项目事业分部助理处理。

(2)签预(出)售合同的同时，签订按揭合同(按揭银行要求参见本章附录五)。

(3)客户签约时，必须携带签约须知并由办证员收回；办证员和销售人员在签约情况登记表上签字。

(4)办证员每日必须与结算员核对，做到签约明细，日日平账。

(5)客户档案袋必须制作目录清册贴在档案袋的正面。

(6)所有的合同及各种材料的移交行为必须进行书面确认，所有的合同及各种材料必须下班前锁入柜中。

(7)预售合同一式六份。

六、客户退房流程

客户提出退房意向，销售人员交给客户退房申请单，由客户填写并写明理由。开发商和项目经理共同审核，确认并予以批准，收回合同和购房发票等相关资料，出具退款通知书，将信息输入计算机。客户在规定的日期和地点领取退款。一旦退房，应马上通知销控人员，打开该房源，调整价格，重新包装销售。客户退房流程如图7—7所示。

负责人/协作人	流　程	相关文件或表单
1.销售人员 2.案场助理 3.结算员 4.办证员	客户提出退房意向 ↓ 客户填写申请，并注明理由 ↓ 开发商、项目经理确认 ↓ 收回合同、购房发票等 ↓ 开具退款通知，信息输入计算机 ↓ 5个工作日后领取退款 ↓ 即时通知，调整价格，打开该房源 ↓ 送客	1.退房申请 2.原合同 3.原发票 4.原认购书 5.退款通知书

图7—7　客户退房流程

在实施该流程时，需注意以下几点：

(1)申请退房的客户，必须是原预售合同的当事人，必须由本人携带身份证和相关资料亲自到场办理，不允许委托办理。

(2)已办理登记的预售合同需到交易中心办理注销手续后，才能办理退款手续。

(3)作废原认购书、预售合同及购房发票必须交回公司存档，不得遗失。

(4)退房申请、退款通知书须经开发商或其代理人签字盖章确认。

七、客户换房流程

客户提出换房意向，销售人员交给客户换房申请单，客户填写申请并注明理由。由案场经理审核确认，收回原认购书(已签预售合同的，收回签订的预售合同)，打印新认购书(已签预售合同的，重新签订预售合同)。根据两个房源的差价补齐，新房价值大的由客户补足，否则退还差价。之后需办理换房的相关手续，及时通知销控人员，打开旧房源，调整价格，重新上市销售。客户换房流程如图7—8所示。

负责人/协作人	流　程	相关文件或表单
1.销售人员 2.案场助理 3.办证员 4.结算员	客户提出换房意向 ↓ 客户填写申请，并注明理由 ↓ 经理确认 ↓ 打印新认购书，收回旧认购书 ↓ 差价处理 ↓ 办理换房手续 ↓ 回复确认，调整价格，打开旧房源 ↓ 送客	1.换房申请 2.原合同 3.原发票 4.原认购书

图7—8　客户换房流程

在实施该流程时，需注意以下几点：

(1)申请换房的客户，必须是原认购书或预售合同的当事人，并须其本人携带身份证和相关资料亲自到场办理，不允许委托办理。

(2)已办理登记的预售合同、出售合同须到交易中心办理注销手续后，才能办理换房手续。

(3)作废的原认购书、预售合同、出售合同及购房发票必须交回公司存档，不得遗失。

(4)换房申请须经开发商或其代理人签字盖章确认。

八、更名流程

客户提出更名意向，销售人员交给客户更名申请单，由客户填写更名申请并注明理由。案场经理审核确认后，交开发商或者项目总监予以确认后，收回原合同，并由客户在合同上签字。合同一旦作废，应马上通知办证员备案，停止正在进行的办证工作。然后由开发商或代理商重新与客户签订预售合同，新合同的当事人更改为新的客户名。更名流程如图7—9所示。

负责人/协作人	流　程	相关文件或表单
1.销售人员 2.案场助理 3.开发商 4.项目总监 5.办证员	客户提出更名意向 ↓ 客户填写申请，并注明理由 ↓ 经理确认 ↓ 开发商、项目总监确认 ↓ 收回原合同 ↓ 交办证员备案，输入计算机 ↓ 签约	1.更名申请 2.原合同 3.原发票

图 7—9　更名流程

在实施该流程时，需注意以下几点：

(1)要对申请人的身份予以确认，明确其是原合同的当事人。

(2)为确保安全，更名的双方应该都到现场。

(3)原合同一定要收回，然后加盖作废章，并由申请人签字。

(4)如果客户的产权证已经办理或者正在办理过程中，客户就不能提出更名的申请，销售商或者开发商也不能办理；只有客户拿到产证后，自己到房地产登记管理部门办理。

九、优惠流程

客户提出优惠要求，销售人员向客户出具优惠申请单(见本章附录六)，由客户填写提交。客户可能是开发商的关系户，也可能是销售商的关系户。分两种情况处理，前者直接由开发商确认同意；后者先由销售商予以确认，再交由开发商确认同意。开发商同意后，要制作备忘录并签字确认，再转交销售经理。案场经理根据项目销售经理的指示，在客户认购书上签字，案场经理填写优惠单，由客户和案场经理分别签字后，交开发商和销售商处备案。优惠流程如图 7—10 所示。

在实施该流程时，需注意以下几点：

(1)无论是开发商的关系还是销售商的关系(如果项目是通过代理销售的)，最终都要通过开发商同意并出具同意书后，才能为客户办理优惠手续。

(2)销售公司连同优惠单和开发商的同意书一同备案，开发商处备案优惠单。

(3)销售公司必须经过销售经理和案场经理共同确认。

负责人/协作人	流　程	相关文件或表单
1.销售人员 2.案场助理 3.开发商 4.销售商	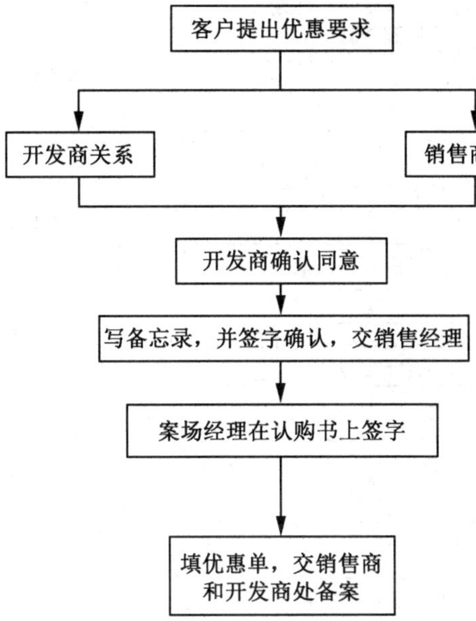	1.优惠申请单

图 7—10　优惠流程

十、权证办理流程

客户须带齐购房合同、登记资料、贷款资料等到贷款中心，填写相关资料，提交相关证明文件。银行办证人员、公证人员到场，客户签署贷款合同，并支付保险费用和其他相关的费用，开发商在贷款合同上盖担保章。预售合同需交银行一份，银行也需交一份贷款合同给开发商。开发商代理人员带齐客户的资料，到交易中心办理交易，并到房地产管理部门办理住房贷款抵押登记，再带交易、抵押登记等资料到银行申请放款，款项可直接转入开发商的账户。开发商需将相关的资料存档，通知客户领取预售合同、贷款合同等。权证办理流程如图 7—11 所示。

在实施该流程时，需注意以下几点：

(1)签约须知详细列出办理按揭时需要客户提供的详细材料清单、开盘前将此材料清单加入销控内容中。

(2)签约日前，再次与客户联系确认需携带的资料和须到场的共有人。

(3)办证员需每日做工作进度表，统计缺件的客户名单，由销售人员催促收齐和领取还款资料。

(4)办证员与开发商进行合同交接，需由开发商签字确认；需妥善协调银行与交易中心的合作关系。

(5)与结算员核对贷款发放金额。

负责人/协作人	流　程	相关文件或表单
1.销售人员 2.案场助理 3.发展商	客户带齐登记、贷款资料到贷款中心 ↓ 签贷款合同 ↓ 银行鉴证，付保险费 ↓ 开发商盖担保章 ↓ 一份预售合同交银行，银行交一套贷款合同给开发商 ↓ 交易中心登记 ↓ 办理贷款抵押登记 ↓ 交收件收据，到银行申请放款 ↓ 移交合同，开发商存档 ↓ 通知客户领取预售合同和贷款合同	1.客户办理预售登记：预售合同、身份证、首付款发票复印件、登记申请书及委托书 2.客户办理贷款：预售合同、身份证、首付款发票复印件、贷款申请书、婚姻状况证明、收入证明、提供公积金账号、贷款合同 3.客户办理贷款抵押登记：预售合同、贷款合同、抵押登记申请书及委托书、客户身份证复印件 4.移交开发商：预售合同、贷款合同及开发商需要的其他资料 5.客户领取资料：贷款合同、还款信用卡及其他相关资料

图 7—11　权证办理交接流程

十一、结算流程

结算需按约定日进行，主要分两大块工作：预定结算和签约结算。预定结算由案场助理提供每日预定数据表并附认购书复印件，签约结算需由案场助理统计签约数据表。案场助理将上述资料交由销售经理签字确认，案场助理再与出纳人员对账（包括付款通知和退款通知）。对平后，由销售经理和开发商共同签字确认，交开发商处备案，复印件交代理公司备案。结算流程如图 7—12 所示。

在实施该流程时，需注意以下几点：

(1)每日销售结束后由案场助理做出报表，报销售经理确认。

(2)必须由销售经理确认无误后，与开发商共同签字确认。

(3)公司备案的复印件，必须有销售经理和开发商共同的签字。

负责人/协作人	流　程	相关文件或表单
1.案场助理 2.开发商 3.案场助理 4.结算员	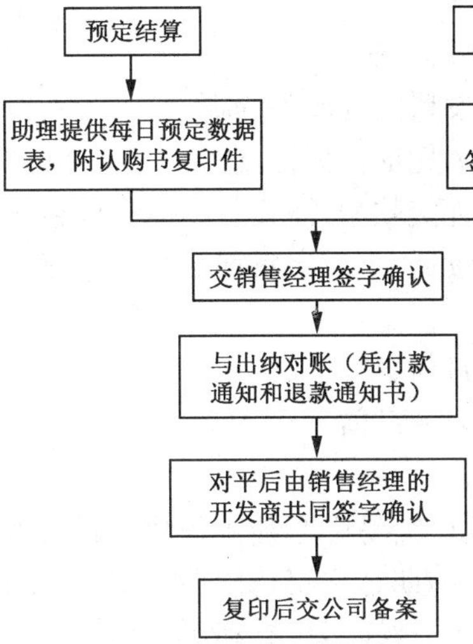	

图 7—12　结算流程

十二、成功销售确认流程

首先需要在成功销售节点收集证据，并整理收集到的成功销售证据。由签约办证中心助理将这些证据定期上报给案场经理，由案场经理制作汇总表，上报代理公司，公司处理后发还各案场，计算机备案存档。销售部助理签收后，据此制作佣金发放表，并在上面签字。成功销售确认流程如图 7—13 所示。

负责人/协作人	流　程	相关文件或表单
1.案场助理 2.办证员 3.签约办证中心助理 4.销售人员	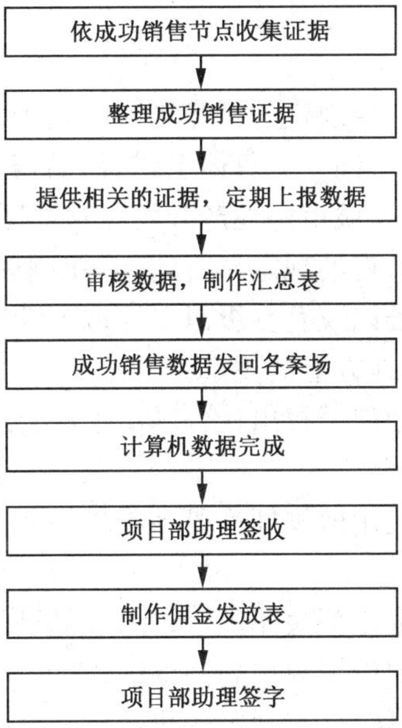	

图 7—13　成功销售确认流程

在实施该流程时，需注意以下几点：

1. 成功销售节点的证据

(1)签预售合同：以预售合同复印件为据。

(2)首付款到账：以到账后收据或发票的复印件为据。

(3)预售登记：复印预售登记的有关凭证作为证据。

(4)他项权利证书：如果是办理抵押贷款的，需要复印他项权利证书作为证据。

(5)移交房产商：完成房产交易手续后，全部资料移交给房产商时，需要房产商签字回执。

2. 完成时限

(1)审核成功销售数据：每月××日前。

(2)成功销售数据发回案场：每月××日前。

(3)制作请佣表：每月××日前。

在销售业务流程中，目前各地房地产交易中心陆续使用了网上签约系统。技术的应用对于销售业务流程有一定的影响，尤其是前期客户接待阶段。但是，不论业务流程如何改变，了解房地产销售业务的上述内容是必要的，这样不仅有利于全面了解房地产销售业务的环节和内容，而且对于新技术应用后的房地产销售业务更加容易熟悉后台的原理和方法。

第二节　房地产销售前的准备

在房地产项目进入销售阶段时，要明确销售实施前的准备工作。一般来说，销售前的准备工作主要包括以下六方面：销售现场准备、销售人员准备、销售必要法律文件的准备、宣传资料的准备、销售文件的准备和答客问的准备。销售现场准备已在第六章阐述，销售人员准备将在第八章做详细的阐述，以下主要就其他四个方面的内容进行详尽阐述。

一、必要法律文件的准备

(一)期房销售

期房进入市场销售，必须符合法律规定的预售条件。目前，全国各地根据区域实际情况，对房地产项目销售的具体规定有所不同。但总体上讲，商品房预售条件及预售许可证的办理程序，都是按照《城市房地产管理法》《城市房地产开发经营管理条例》《城市商品房预售管理办法》及地方有关房地产转让及预(销)售的规定执行的。一般来讲，商品房预售需要有国有土地使用权出让证、建设工程规划许可证以及有县级以上房地产管理部门办理的预售许可证；地方法规、规章有特别规定的，还要执行地方上的规定。

(1)土地使用权出让合同。土地使用权出让合同由土地管理部门与土地使用者签订，使用者缴纳土地使用权出让金。

(2)建设用地规划许可证。建设用地规划许可证是城市规划区内经城市规划行政主管部门审定，许可用地的法律凭证。

(3)建设工程规划许可证。根据相关法律规定，在城市规划区新建、扩建、改建建筑工程和市政工程，应向规划主管部门领取建设工程规划许可证，方可办理开工手续。建设工程规划许可证的附图和附件是该证的配套文件，具有同等法律效力。建设工程竣工后，建设单位或个人持建筑工程竣工测绘报告向原审批部门申请规划验收，未经验收或验收不合格的，不予发放规划验收合格证，不予房地产产权登记，建设工程不得投入使用。

(4)商品房预(销)售许可证。符合规定预(销)售条件的，经县级以上房地产主管部门核准后，发给商品房预(销)售许可证。

(5)商品房买卖合同。使用建设部和国家工商管理局联合制定的商品房买卖合同示范文本，或参照商品房买卖合同示范文本自行制定商品房买卖合同文本。

(二)现房销售

根据建设部颁布的《商品房销售管理办法》的规定，现房项目进入市场销售需要符合以下条件：

(1)现售商品房的房地产开发企业应当具有企业法人营业执照和房地产开发企业资质证书。

(2)取得土地使用权证书或者使用土地的批准文件。

(3)持有建设工程规划许可证和施工许可证。

(4)通过竣工验收。

(5)拆迁安置已经落实。

(6)供水、供电、供热、燃气、通信等配套基础设施具备交付使用条件，其他配套基础设施和公共设施具备交付使用条件或者已确定施工进度和交付日期。

(7)物业管理方案已经落实。

二、宣传资料的准备

(一)宣传资料制作的原则

制作宣传资料应坚持下列原则：

(1)卖点突出：彰显楼盘主打卖点，并提前予以着重表现。

(2)内容鲜明：从买家的立场和视野出发，充分强调售案的核心竞争力。

(3)定位清晰：充分考虑目标消费群的关注点、信息接收渠道等因素，使楼书制作的形式与内容和项目本身的定位紧密联系。

(4)感观真切：标题醒目，文字精练，主题突出；以楼盘主要特质即主色调或主标志物为主打，配以特色户型平面图等，具有一定的视觉冲击力。

(二)常用宣传资料的形式

房地产销售的宣传资料一般有形象楼书、功能楼书、折页、置业锦囊、宣传单等形式。在准备销售宣传资料时，一般要根据项目的规模、档次、目标客户群等选择其中一种或多种组合使用。

1. 形象楼书

形象楼书是用于向消费者介绍楼盘产品特征的书面资料，内容包括楼盘的地理位置、总体规划、楼体形象、周边配套、小区配套、户型资料、交楼标准、物业管理等信息。

在项目确定产品定位及形象定位后，形象楼书的风格及色调也同步基本确定。在形象楼书中，一般要用较抽象的手法将项目的品牌、档次、给目标客户的生活和工作(写字楼、商用楼)带来什么影响、对未来生活的憧憬和事业的发展(写字楼、商用楼)等表现出来。在展现项目卖点的过程中，多采用图片及较易产生联想的语言来表达。

2. 功能楼书

一般来说，功能楼书是对房地产项目各方面较全面的说明，可以理解为一本简单的“产品说明书”。它将楼盘的开发商、整体规划、交通、特色建筑、内部规划、各层功能分区、各种户型介绍等展现在客户面前，让客户看到后能对楼盘整体素质有一个较全面的了解。

3. 折页

折页主要是形象楼书和功能楼书的一种简要版本和补充。在折页上，外表用来表现形象包装的内容，而里页配以各种户型或楼盘的介绍。其他方面内容的介绍也可以采用插页夹在其中。

4. 置业锦囊

置业锦囊主要侧重于生活配套及目标客户关注问题的说明，它补充了楼书没有介绍的有关产品和配套方面更为详细的内容。

5. 宣传单张

宣传单张一般用于大量派发，如展销会或街头派送等，其关键在于视觉上的冲击力。

在实际销售中，对上述资料形式可以根据实际需要搭配使用，使其既能达到房地产项目的宣传效果，又能控制成本，通常有以下几种常用的搭配方案：

(1)功能楼书＋形象楼书＋宣传单张。

(2)形象楼书＋置业锦囊＋折页。

(3)形象楼书＋功能楼书。

(4)功能楼书＋置业锦囊＋宣传单张。

三、销售文件的准备

(一)客户置业计划和价目表

项目推向市场时，不同的面积单位、不同的楼层、不同的朝向，总价都不会相同。应事先制定出完善的客户置业计划和价目表，这样可以明确地告诉客户不同付款方式和金额。价目表可以按每套房的单价，也可以按每套房的总价，或单价和总价同时编制。

(二)认购合同

在房地产销售过程中，购房者选中了自己喜欢的房源后，往往需要交纳一定数量的订金或定金来确定其对该房号的认购权，如果此时还不能签订正式房地产买卖合同，就需要以签订认购合同的方式来明确买卖双方的权利与义务。

(三)认购须知

房地产消费不同于一般的简单商品，其购买过程相对复杂，手续和环节较多，为了让消费者充分了解购买程序、付款事宜，应事前制定书面的购房须知。购房须知的内容可包括物业介绍、认购程序、权证的办理事宜、付款方式和按揭事项等。

(四)销售数据类报表

销售数据类报表主要包括：

(1)销售统计表。它主要包括三部分，即按销售套数和销售面积统计、按房款统计、按应缴款统计。

(2)案场周报表。

(3)销售明细表。统计各单元的销售状况，明细到单元、客户等方面，是销售统计表的展开形式。

(4)销售面积、套数统计表。通常按功能项目来统计销售面积和套数。

(5)单元客户花名册。用来统计成交客户的详细资料。

(6)按揭统计表。用来统计客户办理按揭的详细情况。

(五)销控类表

销售控制类的表格主要包括:

(1)销控表。它主要反映销售情况,分成两种:一种是手绘表,张贴于售楼厅;另一种是计算机销控表,用于从计算机中查阅。

(2)项目房源成交跟踪表。通过跟踪统计,以获取项目房源的成交数据。

(六)财务类报表

财务类报表主要包括:

(1)楼盘收款统计表:分楼阁统计收款情况,统计楼款、税费及其他收款情况。

(2)销售收入统计表:统计某一时段的收入情况,如客户缴费款、银行按揭已放款等。

(3)功能方式销售统计表:按功能项目统计预计收款额和实收款额,并计算出比例。

(4)客户缴款汇总表:按成交客户的成交总价、按揭款及实收款统计。

(5)客户缴款明细表:统计客户的总缴款、总欠款、到期应缴款和未到期应缴款。

(6)按揭已放款明细表:统计办理银行按揭的放款情况。

(7)按揭未放款明细表:统计办理银行按揭的未放款情况。

(8)契税统计表:统计客户应缴的契税情况。

(七)申请或通知用表单

申请或通知用表单主要包括:

(1)催款通知书。

(2)付款通知单。

(3)退款通知书。

(4)退订申请书。

(5)换房申请书。

(6)优惠申请单。

(7)购房合同付款方式变更申请。

四、答客问的准备

答客问是销售中非常重要的资料。之所以将这一问题单列,是因为答客问不仅应用于房地产销售中的每个阶段,而且也是培训销售人员的重要资料。

目前的房地产销售中,对于客户的提问,一般采用电话征询、展会咨询、现场介绍等形式,涉及的时间段可以是购房意向了解性的咨询、预定期间的咨询、认购销售时期的咨询、交房事项的咨询等。在不同的场所和时期,客户的问题各有偏重,案场人员的回答则应该根据实际的情况,或简明扼要或详细具体地回答客户的提问。

对于了解式的电话咨询,销售人员应视情况简单介绍楼盘的名称、物业所处的地段、楼盘的组成、房型、楼盘的价格、绿化率、容积率、开发商、物业管理和代理商的身份、开盘、楼盘竣工和交房的时间等。原则上以给客户留下总体印象,吸引再次询问或者亲临现场为目的。

对于楼盘展会上的咨询或售楼案场的现场了解,销售人员则应借助楼书和楼盘的模型,根据客户的关注点和兴趣所在选择重点予以解说,给客户留下深刻的直观印象。一般此时的客户会对房产知识有所了解，也会有的放矢地提问，销售人员的解答则应详细具体，突出重点和优势，抓住兴趣点，乘势深入，同时也要把握分寸，详略得当。

(一)楼盘的总体情况介绍

主要可介绍楼盘的地段即地理优势(例如，处于闹市区，可以强调它是时尚生活领地，且小区氛围幽静；处于比较偏远的地区，可介绍主要交通要道、轨道交通，同时突出生活圈概念等)、周边设施(如超市、菜场、银行、医院、学校、娱乐设施的分布情况)、景观(概念要突出，显示小区的品质)。此外，车程路线、区域的近期和远期规划及其影响等应作选择性的介绍。

(二)开发商、建筑商、代理商概况介绍

主要介绍的内容有：

(1)开发商的实力等基本概况及其以往开发的项目。

(2)建筑商概况及其以往承建的项目。

(3)代理商概况及其以往代理的项目。

(三)楼盘品质情况介绍

主要介绍的内容有：

(1)楼盘名称的特殊含义。

(2)项目总占地面积、建筑面积。

(3)物业的类型(一般住宅、公寓、别墅、酒店、酒店式公寓、商铺)和定位。

(4)建筑风格、建筑材料(包括门窗等)的应用和建筑组合情况(多层、小高层、高层的组合情况，建筑面积的多少，建筑之间的栋距、层高、楼高、楼层数、房屋的套数、房屋的朝向分布、日照情况、阳台的设置等)。

(5)配套设施(每户的宽带、电话、电视的插口以及空调机位设置)、抗震强度、供水方式、智能化系统类型、特点、应用、装修情况及列表等。

(6)小区总户数、房型设置配比、得房率。

(7)绿化率、物业绿化的布置情况、容积率。

(8)会所及服务内容。

(9)车位数量、租售情况、车位获取的方式(租或售)、价格等。

(四)价格内容介绍

主要介绍的内容有：楼盘的价格、价格的范围、价格的变动。对于价格的问题，可以突出楼盘的性价比及升值潜力的介绍。

(五)物业管理内容介绍

主要介绍的内容有：

(1)物业管理公司以及以往承管的项目。

(2)物业管理费用的收取及构成。

(3)物业管理包括的内容、提供服务的标准等。

(4)物业对于空调和晒衣架的位置有何规定，垃圾箱、变电箱如何处理。

(5)阳台可否封闭，晾衣架可否搭建。

(6)套内墙体可否变动，可否自己装防盗窗。

(六)房地产相关法律法规及政策介绍

主要介绍的内容有：

(1)销售和交房的条件和标准等。
(2)贷款银行及需要提供的资料。
(3)贷款成数、利率、期限及还款方式。
(4)定金的收取和权利义务。
(5)付款方式、折扣及其他优惠的内容和方式。
(6)产权、合同上的签署。
(7)购房附加费用等。

(七)其他事宜

除以上内容外,还需要解答以下问题:
(1)房屋的租赁和出售情况。
(2)付款事宜、流程、交房事宜等。
(3)楼盘进程、竣工和交房情况等。

第三节　房地产销售控制

控制是管理的重要职能之一。如果把市场营销管理看作计划、实施、控制的周而复始的过程,那么市场营销控制则是对前一次循环的终结和后一次循环的孕育。控制的目标是要确保企业经营按照预期的目标运行。通常来讲,计划是建立在有较多不确定因素的情况下的,当计划实施过程中遇到与事先假设不一致的现实问题时,就需要通过营销控制,及早发现问题,并调整步骤,以实现最终目标。

一、房地产销售控制的意义

在房地产销售过程中,控制的范围主要包括两部分:销售进度控制和销售成本控制。销售进度控制就是平时人们常说的售控,它是当前控制在房地产销售领域中最常见、最重要的应用。

一个项目开盘即一抢而空并不意味着销售的成功,它也许表明定价偏低,从而没有得到最大的销售收入。因此,控制好销售节拍,在预热期、强销期、持续销售期、尾盘期各安排合理的供给比例,每个阶段内供应的销售量在面积、朝向、楼层方面,保持一定大小、好坏、高低的比例,是实现均衡销售控制的关键所在。如果一个项目本身的市场需求把握不准或规划设计不够科学,此时恰如其分的销售控制就是挽回颓势的最好途径。房地产项目由于受人为因素的影响较大,项目开发初期,市场需求把握不准的概率很大,同时建筑结果的不可调整性,无疑使得房地产销售策划和销售进度控制成为项目成功与否的核心因素之一。

此外,随着房地产市场的不断发展,在产品推广、销售通路、媒介购买、客户联系、合同登记、按揭办理、产证办理等各个销售环节的成本费用呈现日趋上升的态势,销售成本占整个房地产项目开发总成本的比例逐步增大。销售成本的管理与控制也逐步成为房地产开发项目销售管理的重要组成部分。

二、房地产销售控制的模式

房地产销售控制方法主要有:计划控制、盈利能力控制、效率和效益控制、战略控制。

(一)计划控制

计划控制是房地产企业所采用的主要控制方法之一。一般以年度计划的设定和控制为重点,其目的是确保企业达到年度计划规定的销售额、利润指标及其他指标。它是一种短期的及时控制模式。

计划控制主要有以下四种形式:

1. 销售额分析

销售额分析由统计分析与年度销售目标有关的销售额组成,具体可分为总量差额分析和个别销售分析。后者注重于个别产品或地区销售额未能达到预期份额的分析。

2. 市场占有率分析

销售额的绝对值并不能说明企业与竞争对手相比的市场地位如何。有时一家企业销售额上升并不能说明它的经营就是成功的,因为这有可能是一个正在迅速成长的市场,企业的销售额上升但市场占有率反而下降。只有企业的市场占有率提高时,才说明它的竞争地位在上升。

3. 费用、销售额比例分析

年度计划控制要确保企业的利润水平,关键是要对市场费用、销售额比率进行分析。

4. 客户满意度跟踪分析

前面的方法主要以财务和数量化分析为特征,但从市场角度出发,具有远见和警惕性的公司还应建立客户满意度跟踪系统。建立完善的客户满意度跟踪系统,能够提高企业在客户心目中的形象,促进企业的新房销售,并为企业开发新项目提供有益的建议。一般而言,房地产企业的客户数量并不会很多,因此,建立客户满意度跟踪系统不仅是必要的,而且是可能的。

(二)盈利能力控制

企业可以利用盈利能力控制来预测不同项目在不同地区和客户群体中的盈利能力。由盈利能力控制所获取的信息,有助于决定各个项目或各种营销活动所应选择的对象及营销活动的扩展、减少和取消。

盈利能力控制的主要内容是销售成本控制和财务指标控制。销售成本直接影响企业的利润,包括推销费用、促销(广告)费用、代理费用和营销管理费用等。企业在控制营销活动的盈利能力时,主要考察的财务指标是销售利润率、资产收益率、净资产收益率和资产管理效率等。

(三)效率、效益控制

效率控制主要通过对销售活动的投入产出比及行为的反应度的控制,从而决定具体销售行为是否继续和改进与否。主要内容包括:推销访问效益、广告效率、管理效率、经济代理效率等多项销售控制。其目的在于提高人员推销、广告销售促销和代理等各项营销活动的效率,降低营销成本,提高企业整体的利润率。

(四)战略控制

营销战略控制是指市场营销管理者采取一系列行动,使实际的营销工作与原计划尽可能一致,在控制过程中通过不断评审和信息反馈,对营销战略做出修改。战略控制更关注企业的未来,具有整体性和全局性的特点,因此其难度比较大。进行战略控制通常需要运用营销审计的方法。

房地产营销审计是对房地产企业的市场营销环境、目标、战略、组织、方法、程序和业务等做出综合的、系统的、独立的和定期的核查,以便确定企业的困难所在和各种机会,并提出行动计划的建议,改进企业营销管理的效果。营销审计内容一般包括:营销环境审计、营销战略审计、营销组织审计、营销系统审计、盈利能力审计和营销职能审计等。

三、房地产销售控制的基本步骤

在房地产企业的营销组织中，有效的营销控制应遵循科学、严格的控制程序，如图 7－14 所示。

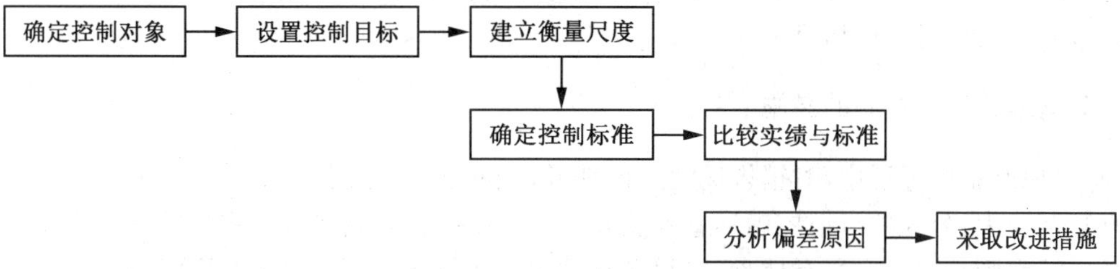

图 7－14　销售控制步骤

根据图 7－14 所示，房地产销售控制的基本步骤是：

第一步，确定应对哪些市场活动进行控制。虽然控制的内容多、范围广，可获得较多的信息，但任何控制活动都会有费用支出。因此，在确定控制内容的范围、额度时，管理者应使控制成本小于控制活动所能带来的效益或可避免的损失。常见的控制内容是销售收入、销售成本和销售利润，但对市场调查、推销人员工作、消费者服务、新产品开发、广告等营销活动，也应通过控制加以评价。

第二步，设置控制目标。这是将控制与计划联系起来的主要环节。如果在计划中已经认真地设立了目标，那这里只要借用即可。

第三步，建立一套能测量结果的衡量尺度。在很多情况下，企业的营销目标决定着它的控制衡量尺度，如销售收入、利润率、市场占有率和销售增长率等。但有一些情况则比较复杂，如销售人员的工作效率可用一年内新增加的客户数量及平均访问频率来衡量，广告效果可用记住广告内容的读者（观众）占全部读者（观众）的百分率来衡量。由于大多数企业都有若干管理目标，所以在一般情况下，营销控制的衡量尺度也会有多种。

第四步，确立控制标准。控制标准是指以某种衡量尺度来表示控制对象的预期或可接受的范围，即对衡量尺度加以量化。如规定每个推销人员全年应增加 30 个新客户；某种商品房的市场占有率达到 3%；市场调查访问每个用户费用每次不超过 10 元；等等。控制标准一般应允许有一个浮动范围，如上述商品房市场占有率在 2.8%也是可以接受的，访问费用最高不超过 12 元。确定标准可参考外部其他企业的标准，并尽可能吸收企业内多方面的管理者和被管理者的意见，以使其更切合实际，受到各方面承认。为使标准具有刺激作用，可采用两个标准：一个是按现在可接受的水平设立；另一个是以激励营销人员的工作达到更高的目标。确定标准还应考虑项目、地区、竞争情况不同所造成的差异，使标准有所不同。例如，考虑销售人员工作效率时，需考虑以下因素的影响：(1)所辖区内的市场潜力；(2)所辖区内新房的竞争力；(3)广告强度；(4)商品房的具体情况。因此，不可能要求每个人都创造同样的销售额和利润。

第五步，比较实绩与标准。在将控制标准与实际执行结果进行比较时，需要确定比较的频率。如果比较的结果是实绩与控制标准一致，则控制过程到此为止；如果不一致，则需进行下一步。

第六步，分析偏差原因。产生偏差可能有两种情况：一是实施过程中的问题，这种偏差比较容易分析；二是计划本身的问题，确认这种偏差比较困难。况且两种情况往往交织在一起，使分析偏差的工作成为控制过程中的一大难题。

第七步，采取改进措施。如果在制订计划时，同时也制订了应急计划，改进就能更快。例如，计划中规定了“一季度利润如果下降5%，就要削减该部门预算费用的5%”的条款，届时就可以自动启动。但在多数情况下并没有这类预订措施，这就必须根据实际情况，迅速制订补救措施，或调整某些营销计划目标。

四、房地产销售控制的措施

在房地产销售过程中，对销售进度的控制可以通过以下方式实施：

(1)销控表：分为项目销控表和总销控表。项目销控表应直观显示单个楼盘的销售进展情况；总销控表则直观显示所有楼盘的销售进展情况。两表相结合，便于点面形势的全局把握。

(2)销售登记：管理和登记房间销售的情况，包括认购资料、合同资料、产权资料和付款资料等，在合同资料录入完成后，就可以通过网上申报的“上送合同资料”将合同资料传送到国土资源行政管理部门进行合同登记，并取得预售合同，在取得预售合同号后，就可以利用本模块的合同打印来打印预售合同，而不需要再到国土资源行政管理部门的网上进行预售合同打印。

(3)换退房管理：管理销售过程中换退房处理及查询。

(4)催交欠款：处理销售过程中的楼款催交及欠款催交处理，并可以打印清单。

(5)成交客户管理：登记和管理成交客户的详细资料，方便公司对成交客户进行分析和了解，从而最大限度地提高对成交客户的服务。

(6)销售统计：将公司的销售情况进行统计，以图形方式直观显示。

(7)销售统计报表：查看和打印销售过程中需要的各种报表，房地产公司可以根据自己的需要来制定各种报表。

(8)此外，还有一个不容忽视的问题是销售折扣。企业定价须着眼于核心客户群，并保持一个诚信的价格政策，制定定价机制系统化：

①低定价，低折扣。这种定价较为接近实际价格，给人的第一感觉是较为实际，即“价格能够体现价值”，所含水分较少，容易给客户留下好印象。这个策略为后期销售留下较大的变化余地，当需要价格上调时，可直接标高定价，当原定价过高销售不利时，可不用直接调低定价，而只需加大折扣幅度就可以了。这种方式符合“明升暗降”的调价原则。

②高定价，低折扣。定价过高容易吓跑一部分客户，购买“物美价廉”的物业是人们的普遍心理，但这种价格和折扣组合不易处理，当价格上扬时拉高原有的价格，显然会增加销售阻力，而销售不畅时，加大折扣幅度，效果并不明显，而且还会带来众多的负面影响，且违背“明升暗降”的原则。

③中定价，中折扣。这是一种折中的销售控制组合，优点和缺点兼而有之。因此，通常情况下采用“低定价，低折扣”的方式比较适宜。

五、销售成本控制的实施

(一)房地产开发项目销售成本的构成

通常而言，房地产开发项目的销售成本主要包括以下内容：

(1)广告费用，如NP、CF等制作及媒体投放费用。

(2)销售资料成本,如售楼书设计及印刷费用等。

(3)销售道具成本,如接待中心的设计装修费用、模型设计及制作费用等。

(4)销售环境成本,如现场环境设计及施工费用。

(5)销售活动成本,如SP活动、PR活动费用等。

(6)销售人员工资及佣金。

(7)交易费用,如按揭保证金的利息及可能的坏账损失,以及合同登记及产权交易费用等。

(8)其他费用,如必要的交际应酬费用、指令性或非指令性赞助费等。

上述销售成本构成并未包括销售过程中产生的所有费用,同时也未考虑销售过程中不可预见的因素,如退房损失等的影响,所以只是就一般正常销售而言的。

应当注意的是,在上述销售成本中,并非每一个项目均是必须发生的,这依赖于开发商或销售商的组织方式、主题定位、客户的成熟度等基本层面的条件和判断。在不同的状况下,往往会发生较大的销售成本构成变化,这也是销售成本波动性强的原因之一。从另一方面讲,销售目标能否最终达成,亦与上述成本构成无直接联系。市场竞争形势的变化往往会使销售成本出现大幅节省或大量追加的情况。但并不能据此认为上述销售成本构成已失去现实意义,其理由有三方面:首先,销售成本的编制,有助于房地产项目总成本的控制,是编制房地产项目预算的重要依据;其次,销售成本的编制,将有助于销售利润目标的确定和完成;最后,销售成本的编制是销售成本控制的基础。

在上述销售成本构成中,第(1)(3)(4)(6)项所占比例最大,是销售成本的主体;而第(5)项存在极大变数,往往会成为销售成本上升的主要原因;第(7)项主要依据政府部门、金融等相关行业的政策执行,较为死板,变动较小;而第(2)项相对比例较小,其变化对销售成本不会有较大的影响。

(二)销售成本控制的原则

销售成本控制的原则主要有:

(1)总量控制原则。它是指将销售成本控制在总销售金额的某一比例之内。

(2)重点保证、集中使用原则。它是指重要的销售道具、主力媒体费用、销售人员工资及佣金等重点支出项应优先考虑,保证其资金,同时要避免成本分流。

(3)及时检查原则。应在各销售阶段之前和之后进行较为深入的成本分析,在销售阶段进行成本检查,并进行效费比分析。

(4)计划使用原则。应编列分阶段销售预算,列出明确开支项目,并作为总体预算的一部分,由投资管理人员进行控制。

(三)销售成本控制方法

1. 关于销售道具

销售道具成本的控制主要在于设计方案的选择以及工程造价的管理。前面已对此项费用做过分析,这里重点讨论对设计方案的选择。其设计方案选择须适合下列标准:

(1)一次性投入少。

(2)建设进度快。

(3)切合主题定位,避免盲目追求高档、豪华。

(4)材料可由本地获得。

(5)维修保养容易,成本低。

2. 关于广告成本

广告成本的主要控制方法有：

(1)确定主力媒体，切忌全面开花。

(2)重视媒体组合，形成多媒体叠加效应。

(3)重点销售阶段集中使用，切忌平均分配。

3. 关于销售环境成本

销售环境成本的主要控制方法有：

(1)采用先定成本，后设计施工的方式。

(2)不急于一次到位，可分阶段实施。

(3)基于功能体现的前提下追求品质提升。

4. 关于销售活动成本

销售活动成本的主要控制方法有：

(1)活动具有明确的目的性，而非乱造气氛。

(2)以客户参与式活动为主，少用明星效应。

(3)结合销售广告、DM直邮等销售活动进行，提高投资回报率。

附录一

商品房认购合同书

<table>
<tr><td>甲方(卖方)</td><td colspan="2"></td><td colspan="2">销售代理</td><td colspan="2"></td></tr>
<tr><td>售楼处地址</td><td colspan="2"></td><td>邮编</td><td></td><td>电话</td><td></td></tr>
<tr><td>乙方(认购方)</td><td colspan="2"></td><td colspan="2">身份证/护照
营业执照号码</td><td colspan="2"></td></tr>
<tr><td>共有人</td><td colspan="6"></td></tr>
<tr><td>联系地址</td><td colspan="2"></td><td>邮编</td><td></td><td>电话</td><td></td></tr>
<tr><td rowspan="2">认购房屋</td><td colspan="4" rowspan="2"></td><td>建筑面积</td><td></td></tr>
<tr><td>套内面积</td><td></td></tr>
<tr><td>认购房价
(按套计价)</td><td colspan="4">__佰__拾__万__仟__佰__拾__元 ¥:_______</td><td>定 金</td><td></td></tr>
<tr><td rowspan="4">付款方式
(人民币)</td><td rowspan="2">□ 一次性付款</td><td colspan="5">签署预售合同之日支付房价款__佰__拾__万__仟__佰__拾__元(含定金)</td></tr>
<tr><td colspan="5">签署预售合同后5日内支付房价款__拾__万__仟__佰__拾__元</td></tr>
<tr><td rowspan="2">□ 按揭付款</td><td colspan="5">签署预售合同之日支付房价款__佰__拾__万__仟__佰__拾__元(含定金)</td></tr>
<tr><td colspan="5">房价款__拾__万__仟__佰__拾__元于签订预售合同之日向银行申请按揭贷款</td></tr>
</table>

续表

<table>
<tr><td>合同条款</td><td colspan="3"></td></tr>
<tr><td>甲方/销售代理</td><td>盖章</td><td>定金收取情况</td><td></td></tr>
<tr><td>销售代理</td><td>业务员(签名)：</td><td rowspan="2">乙方</td><td></td></tr>
<tr><td>销售经理</td><td></td><td></td></tr>
<tr><td>签署日期</td><td></td><td>签署日期</td><td></td></tr>
</table>

附录二　签约须知

上海某商品房的签约须知

感谢您有意购买由____________________公司建造的商品房，为了维护您的合法权益，避免、减少购房时产生不必要的麻烦，请您在签署____________________商品房认购合同（以下简称“认购合同”）前仔细阅读本须知。

一、贷款须知

如果您认购房屋的部分房款将通过银行按揭的形式支付，您在支付定金并取得认购合同后，务必到设在销售现场的权证代办处咨询贷款事宜。并在签订预售合同时，携带申请按揭贷款所需的以下材料：

1. 夫妻双方身份证、户口本/外地人需暂住证和户口本。
2. 结婚证/离婚证或法院判决书/单身证明 2 份。
3. 收入证明（银行指定格式）。
4. 所在单位的营业执照副本复印件（加盖公章）。
5. 资信证明：包括学历证，其他房产，银行流水，大额存单等。
6. 如果借款人为企业法人的还必须提供经年检的营业执照、税务登记证、组织机构代码证、企业章程、财务报表。

二、签订预售合同注意事项

1. 您（们）作为认购合同的乙方（认购方）应在认购合同第二条约定的截止时间前亲自到销售现场的签约处签署上海市商品房预售合同，到达销售现场后，先到签约处办理签到手续。签约时应携带认购合同、所有购房人身份证明（身份证、户口簿、护照、回乡证、出生证）；委托他人代签合同的，受托人应持有经公证处公证的委托书。
2. 单位购房的，签约时经办人应出具加盖单位公章的委托书。
3. 未成年人作为产权人购房的，应由他的法定监护人代为签订合同。
4. 本签约须知一式二份，请您在确认后签字，将作为认购合同的附件。

认购人：

日期：　　　年　　　月　　　日

附录三

退订申请

<table>
<tr><td>申请日期</td><td></td><td>申请人</td><td></td><td>置业顾问</td><td></td></tr>
<tr><td>房　号</td><td></td><td>已收房款数</td><td></td><td>认购合同编号</td><td></td></tr>
<tr><td rowspan="3">退房理由</td><td colspan="5">原因：</td></tr>
<tr><td colspan="5">客户签字：</td></tr>
<tr><td colspan="5">置业顾问签字：</td></tr>
<tr><td rowspan="2">案场意见</td><td colspan="3"></td><td colspan="2" rowspan="2">案场经理签字：</td></tr>
<tr><td colspan="3">退房金额：</td></tr>
<tr><td>开发商
批　示</td><td colspan="5"></td></tr>
<tr><td rowspan="5">内部处理
流　　程</td><td colspan="3">收回合同</td><td>操作人签字</td><td></td></tr>
<tr><td colspan="3">输入计算机</td><td>操作人签字</td><td></td></tr>
<tr><td colspan="3">打开房源调整价格</td><td>操作人签字</td><td></td></tr>
<tr><td colspan="3">完成财务处理</td><td>操作人签字</td><td></td></tr>
<tr><td colspan="3">原合同作废、归档</td><td>操作人签字</td><td></td></tr>
<tr><td>备　注</td><td colspan="5"></td></tr>
</table>

附录四　退款通知书

退款通知书

客户____________________于____年____月____日与我公司签订了____室的商品房认购书，并支付了________元的定金。现我公司同意该客户的退款申请，请协助办理该客户的退款手续。

领取地址：____

领取日期：____

客户领回退款后签字确认：

附录五 按揭银行要求

按揭银行要求

1. 银行贷款利率表
2. 贷款人所需资料
3. 贷款年限、首付
4. 他证或收联收据到银行,银行放款日期为次日(纯商业贷款)
5. 他证或收联收据到银行,放款日期为不超过3个工作日(组和贷款)
6. 他证或收联收据到银行,放款日期为不超过5个工作日(纯公积金贷款)
7. 保险费利率表
8. 收入证明(格式)
9. 公证处人员到位
10. 保险公司人员到位(现场办公)
11. 按揭人员到位(至少2人,现场办公)
12. 贷款合同由银行人员签订
13. 每日出签约明细表
14. 每日出缺件明细表
15. 办理抵押登记

附录六 优惠申请单

<table>
<tr><td rowspan="4">基本资料</td><td>项目名称</td><td></td><td>楼栋名称</td><td></td><td>室　号</td><td></td></tr>
<tr><td>面　积</td><td>平方米</td><td>户　型</td><td></td><td>朝　向</td><td></td></tr>
<tr><td>客户姓名</td><td></td><td>大定日期</td><td></td><td>大定金额</td><td>元</td></tr>
<tr><td>房　价</td><td>元</td><td>单　价</td><td>元</td><td>已付定金</td><td>元</td></tr>
<tr><td rowspan="2">优惠申请</td><td>优惠额度</td><td>元</td><td>优惠说明</td><td colspan="3"></td></tr>
<tr><td>申请人
(签字)</td><td colspan="2"></td><td>申请日期</td><td colspan="2"></td></tr>
<tr><td rowspan="2">审批结果</td><td>审核意见</td><td colspan="5"></td></tr>
<tr><td>审核人
(签字)</td><td colspan="2"></td><td>审核日期</td><td colspan="2"></td></tr>
</table>

练习题

一、思考题

1. 简述房地产销售流程。
2. 房地产销售前应该做好哪些准备工作?
3. 房地产销售控制分哪几个阶段? 有哪些方法?

二、案例分析训练

万科地产销售管理细则

一、销售准备

1. 项目公司营销(策划)部负责销售准备工作的组织,各项销售准备工作必须按公司《销售准备工作控制指引》的规定要求进行。

2. 所有销售宣传资料、媒体广告及对外报道等都必须经过公司相关部门会签,并经总经理或公司分管副总(根据总经理授权)批准后,方可对外发布。

3. 所有项目在开始现场销售前(内部认购或正式预售),必须由公司总经理组织相关部门经理进行现场检查确认,由营销(策划)部公司形成现场检查记录存档备查。

4. 在项目开盘时举办大型推广活动的,营销公司必须制订详细的活动方案,并报公司经理研究,总经理审批后执行。

二、销售准备工作控制指引

1. 销售基础工作要点

(1)销售合同的审批确定

(2)销售面积的确定

(3)银行按揭事宜的确定及办理程序的确定

(4)申领预售许可证

2. 销售相关文件

(1)订购单

(2)订购书

(3)价格表

(4)内外销商品房销售合同

(5)附加条款的标准内容、格式

(6)签订相关文件的注意事项

(7)前期物业管理协议

(8)销售提成制度的拟订

三、销售管理程序

(一)销售流程引导

(1)特惠权放号

(2)签订认购书

(3)正式签署买卖合同

(4)收取房款

(5)办理银行按揭

(6)成交情况汇总

(7)相关法律、法规咨询帮助

(8)销售合同的执行监控

(9)与物业管理的交接

(二)商品房销售合同拟定细则

1. 销售合同范围

2. 合同内容及拟定原则

四、房款收取管理细则

1. 收款工作基本要求

2. 收款方式:现金、信用卡、借记卡、银行支票、银行电汇

3. 收款程序

4. 票据管理

五、按揭购房手续代办程序

1. 基本要求

营销公司应协助申请商品房按揭贷款的顾客办理按揭手续,协调好客户与按揭银行之间的配合,并纳入服务范畴,注重为顾客提供方便,提高客户的满意度。

2. 寻求按揭银行

3. 客户按揭代办程序

六、销售价格折扣管理细则

1. 一般性折扣

2. 特例折扣

七、业主更名程序管理细则

1. 更名原则

2. 更名办理程序

八、退(换)房操作管理细则

在销售管理过程中,因客户原因而提出退、换房要求,对单个退房客户,置业顾问要了解客户的真实意图,并做好说服工作,尽量避免客户退换房,同时根据退、换房条件和合同条款,对有违约行为的客户,实行先按违约条款处罚后退房。对超过3户以上的集体退房,营销公司应会同公司法律顾问仔细审查合同条款,研究对策,并将处理意见报公司审批。

九、档案资料管理细则

1. 客户资料管理要求:准确、完整、及时

2. 存放与归档操作原则

3. 文档存放方式

为了使客户资料更加便于查阅,防止丢失或破损;使出借,返还的管理变得容易;同时也便于保存、保密,营销公司将整理好的档案按照项目和房号的顺序,存放于档案室并建立资料库。

4. 档案收存基本要素

一份完整的客户文档,必须具备以下资料(按顺序装袋存放或创建电脑储存档案):

(1)认购书或认购登记表

(2)房屋买卖合同及补充协议

(3)银行按揭合同

(4)合同外的补充协议

(5)特殊折扣审批表

(6)客户身份证明文件(复印件)

(7)其他(更名、退换房资料)

5. 档案管理制度

(1)建立查阅、借阅登记制度。

(2)严格遵守保密制度,档案资料非特殊批准,不允许外借和公开。

(3)确保档案资料安全,档案室除客户文档管理员外,禁止他人入内。

(4)客户文档由营销公司设兼职客户文档管理员一名,实行专人负责制。

问题:

1. 万科地产的销售准备是否充分?你觉得还需增加哪些项目?

2. 万科地产的销售流程制定得是否科学、合理?如何进一步完善?

第八章　销售人员的培训与管理

房地产销售案场作为一个相对独立的整体，应该有其完善的自身运作机制。为了达到营销目标，先要对所从事的各项工作或活动进行分类组合，划分出若干部门。再根据工作的性质，划分出若干管理层次和职位，确定各个岗位人员的数量、职责和素质要求，并把每一类工作或活动所必需的职权授予各个层次、各部门的人员。在此基础上，制定案场工作所必需的具体管理制度，促使案场各项工作达到规范、专业、高效的标准。

第一节　销售人员的素质、培训与选聘

销售现场工作人员一般由案场销售经理、案场助理、销售人员（售楼员）及其他辅助人员（财务人员、保安人员、保洁人员）等组成，其中售楼员是与客户接触最多的，是销售成功的核心力量，为了使案场每个销售人员都具备相应的素质，提高队伍的工作效率，促进销售的进度，实现利润的最大化，在招聘人员之后，必须进行专业的培训。

一、销售人员的素质

销售成功与否很大程度上取决于销售人员的素质，销售人员不仅能推动项目的销售进程，而且销售人员的素质往往能直接同项目的形象挂钩。近年来房地产企业越来越重视销售人员的素质培养，一改以往随便找几个销售人员组成销售队伍的做法，十分强调销售队伍的团队建设，注重每位销售人员的技能培训。一般来讲，销售人员须具备以下素质：

（一）职业道德素质

1. 合法原则

房地产销售人员以房地产交易作为自己的服务内容，涉及复杂的法律程序，因而必须遵守相关的法律、法规，确保服务的合法性、有效性。

2. 诚信原则

诚信原则要求“以客户为中心”，对客户诚实守信。一方面，要言行合一，信誉至上；另一方面，要注意不随意许诺，避免因失信而损害公司的信誉、品牌。

3. 保密原则

要遵守公司各项规章制度及部门管理条例，遵守公司的保密原则，不得直接或间接透露公司策略、销售情况和其他业务秘密，不得直接或间接透露公司客户资料，如客户登记卡上的有关信息，不得直接或间接透露公司员工资料。

4. 合作原则

合作原则要求销售人员要以积极的心态，公平的方式参与竞争，与同事团结合作，不采取不正当竞争手段。

（二）职业技能素质

销售人员应该具备的职业技能素质主要有：

(1)综合判断能力。这是营销人员的首要技能。包括社交沟通能力、语言表达能力和洞察能力。

(2)吃苦耐劳能力和勤奋执着的精神。

(3)收集信息的技能。即灵活运用各种方法收集日常得到的信息,并对信息进行鉴别、分析、整理,进而得到有用信息的能力。

(4)市场分析技能。即根据掌握的信息,进而对市场供给、需求、价格的现状及变化趋势做出判断的能力。

(5)沟通技能。它包括了解对方心理活动和基本想法的技能、适当运用传达自我意思的方式(语言、表情、身体动作等)的技能、把握向对方传达关键想法的时间的技能。

(6)把握时机的技能。销售人员应该能准确判断客户犹豫的真正原因和成交条件是否成熟,能灵活运用各种方法消除客户的疑虑,促使交易达成。

(三)礼仪修养

1. 来电接听要求

接听来电时要用亲切、礼貌、自然的接听方式和用语,回答问题时尽量避免使用"也许""大概""可能"等模糊用词。如果碰到自己不清楚并且需较长的时间查询资料的问题,应回答:"正在查找,请您稍等一会儿。"通话完毕后,要礼貌道别,说"再见,欢迎您到×××来"。通话时,手边必须准备好纸和笔,并记录下客户的姓名、电话及其关心的问题和要求等详细信息。

2. 来访接待要求

(1)接待人员的行为举止要符合规范,得体自然,面带微笑,注意与客户的目光交流。不得流露出厌恶、冷淡、愤怒、紧张或僵硬的表情。

(2)当客户到访时,应该立即放下手中事情起来相迎,为客户摆好座位,当客户坐下后,销售人员最好坐在客户的侧边,上身略向前倾,便于与客户交流。

(3)注意"三轻",即说话轻、走路轻、操作轻。

(4)向客户介绍楼盘资料时,尽可能了解客户的需求和爱好,有针对性地进行推销。引领客户看房或房屋模型时,应走在客户侧前方半步左右,用手势指引前进方向。

(5)不管客户是否有意购买房子,都要将客户送至销售中心的门口,为客户开门,双手重叠在身前并略微欠身,并微笑说"请慢走"或"欢迎下次光临",向客户道别。

(6)将客户详细资料记录在案,包括姓名、电话、关心的问题或要求等。

3. 顾客回访要求

(1)确定回访对象,主要是对有购买欲望的客户进行回访。

(2)有目的地进行回访,在回访之前,要先与客户联系并预约时间。

(3)进入顾客的房间或办公室之前,要先敲门,征得主人的同意,方可进入。未经主人同意,不得随便翻阅房内任何东西。

(4)回访结束后,要及时做好登记。

4. 仪容仪表要求

案场人员应给人整洁、庄重和易于接近的感觉。首先,要保持个人的清洁,注重头发、指甲、皮鞋等细节方面的清洁。其次,工作时的着装应端庄,并有助于树立自己的专业形象,应尽量穿职业装。最后,案场人员的个人妆饰既要大方、得体,也要避免给人保守、过时的感觉。

(四)专业知识素质

售楼人员的专业知识素质包括以下四个方面:

1. 全面了解公司

对公司要有全面的了解，包括开发商的历史状况、公司理念、曾获荣誉、房产开发与质量管理、售后服务的内容及公司的发展方向等。

2. 熟悉常用术语

售楼人员应对当地的房产发展方向有所认知，同时还能准确把握房产动态、竞争对手的楼盘优劣势及卖点等信息。另外还必须熟悉房地产营销知识、银行按揭知识、物业管理知识、工程建筑知识、房地产法律知识及一些专业术语(如绿化率、建筑密度、使用面积)等。

3. 了解顾客心理

销售人员要了解顾客在购买过程中存在的求实、求新、求美、求名、求利的心理，以及偏好、自尊、仿效、隐秘、疑虑、安全等心理。

4. 掌握营销策略

售楼人员应该学习并掌握房地产的产品策略、营销价格策略、营销渠道策略、促销组合策略等知识，了解房地产的市场营销常识。

(五)心理素质

销售人员应该充满自信，有较强的应变能力，为人真诚，乐观大方，有坚忍不拔的毅力，能承受各种困难的打击，有较强的责任感和自制力。

案例 8—1

售楼部人员做错了什么?

一个周末，繁忙的售楼部，销售员正在接待一对带着孩子看楼的年轻夫妇。这是他们第三次来，此前售楼高手已对口接待和深入沟通过 2 次。就在他们沟通到如何成交的细节问题时，一旁玩耍的 2 岁多的孩子蹦跳着朝门口跑，结果一头撞在了玻璃门上，孩子大哭。夫妻俩赶紧上前。就在门边的迎宾小姐忙于接待顾客，门外的保安在维护停车秩序，都没上前扶起孩子。年轻妈妈抱着孩子安慰时，旁边的迎宾小姐和门口的保安可能觉得孩子撞上玻璃门的动作滑稽，相视捂嘴一笑。年轻女士看见了，生气地说："有什么好笑？我的孩子撞了，你们就在旁边也不扶一下，还觉得好笑！什么素质！如果我的孩子受伤了，找你们赔！这房子我们不买了。"说完拉起丈夫，抱着孩子气冲冲地走了。后来，他们在邻近的一个楼盘买了房子。

二、销售人员的培训

(一)培训的必要性

房地产产品的销售过程中，销售人员须面对客户进行讲解。销售人员的素质和对产品的熟悉、理解程度，将会直接影响销售的成功率，在正式上岗前对案场人员进行培训，对于达到销售目标是十分必要的，同时在销售过程中也要不断结合出现的新问题进行后续培训。

从卖方的立场看，中国房地产业经过这些年的发展，市场竞争不断纵深发展，其结果之一便是产品的"同质化"程度越来越高，同时需要企业灵敏地应对市场的变化。因此，处于与客户接触第一线的销售人员，在整个营销体系中的作用也日益重要，其身份日趋复杂。他们是现场劝服客户、促成最终购买的重要因素。他们的服务态度、服务精神折射着公司的经营理念、价值取向；他们是市场最新动态、客户实际需求、客户对广告和促销等营销手段反应的第一感知者;他们是客户资料信息的最佳收集者和整理者。

从买方的角度看,房地产项目的"同质化"虽然使消费者有了从容决策、理性选购的机会,但是要在几个价格、素质等方面都比较接近的楼盘中做出最佳购买选择,对于建筑结构、建筑材料、建筑规划等方面知识有限的消费者来说,并不是一件轻而易举的事。这时消费者更需要一位专业的售楼员,以客观、专业的知识,为其提供从地段发展趋势、建筑规划理念、户型到小区共享空间设置等方面理性而又中肯的分析意见。这种专业的销售人员无疑是很受欢迎的。

所以,对于销售人员的培训是十分必要的。首先,经过培训的销售人员,不是简单的营业员,而是能成为客户购房投资服务的"物业顾问"。其次,经过专业训练,他们能成为开发商反馈市场信息、提供营销决策参考意见的前线营销人士。最后,培训能把他们培养成开发商经营理念和经营思想的自觉传播者。

(二)培训的方法

1. 讲授法

讲授法是一种传统方法,可以提供明确的资料,并作为以后培训的基础,其主要内容包括:房地产政策法规、税费的规定;房地产基础术语、建筑常识;心理学基础知识;银行按揭知识;区域经济和房地产市场走势;公司组织制度和目标等。培训者可以是公司的资深人员、精英代表,也可以是聘请的有关专家。在讲授时,要注意以下几点:

(1)讲师课前应有充分准备,如纲要及各种图表等。

(2)以互动式授课方法加强直观感受,注重与受训人交换意见,鼓励他们发言。

(3)讲授时能利用各种视觉器材加深印象,如幻灯片等。

2. 演练训练法

利用项目的售楼处和样板房为实例,指定一个受训人充当销售人员,其他受训人扮演客户,让受训人完成销售过程中的一切步骤,并模拟可能遇到的特殊情况,锻炼受训人的应变能力。当演练结束后,各参加者、观察者对受训人的表现加以评判和总结。

3. 自我培训法

自我培训法主要是让销售员通过项目的投资环境、地理位置、房型设计、绿化、配套以及客源等仔细分析和调查。然后,根据调查资料,针对本案由每位销售员写出优点和缺点,并逐一分析、汇总。归纳出其中的主要优劣势。

采取让人员自我培训的方法,根据以上总结的优劣势提纲,由销售员按照自己的理解列出参考内容,由培训教师或上级领导归纳分析后再返回给销售员。同时,针对劣势部分,作为问题,写出回答方案,以便在接待客户时,扬长避短,以智取胜。经过"自己培训自己"的销售培训方式,销售员迅速掌握销售要点和技巧,在以后的销售实战中,面对千变万化的销售对象和环境,仍能应付自如。

4. 例会法

结合案场的实际情况,以定期例会的形式对销售过程中出现的某个或某些突发问题,让受训人互相交换思想、经验,同时也可由销售业绩优秀的人员介绍经验,做到优势互补。

5. 紧急培训

针对某一项目销售过程中出现的意外情况、突发事件等,由案场经理临时组织案场销售人员进行针对性的培训,提高处理突发事件的能力,防止意外打乱营销计划而造成不必要的损失。

(三)培训计划的制订

如图 8—1 所示,案场销售人员培训计划的制订一般按照以下四个步骤来进行:

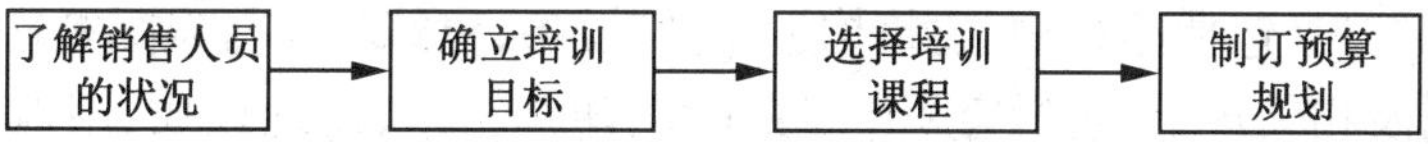

图 8—1　培训计划制订步骤

1. 了解对象

只有充分了解被培训对象的状况,才能对症下药,有的放矢。因此,事先的调查工作是必不可少的。通过调查,全面了解员工是否具备完成任务所需的知识、技能和素质,然后会同有关的主要管理人员研究项目的营销计划,通过分析每一项业务的流程和目标以及人员的素质状况,找到需要改进的不足之处,确定培训方向,制订相应的培训计划。

2. 确立目标

通过对案场销售人员培训需求的调查分析,将培训的一般需求转变为公司培训的总体目标,如通过培训而达到的营销目标和提高公司的管理水平。通过对以前培训计划的总结及分析培训的特殊需要,确立需要通过培训而改善的项目,使其成为目前和以后培训的重点项目。案场销售人员培训的目标主要有如下几个方面:

(1)为公司培训出一支职业化的房地产销售团队。

(2)实现楼盘更快、更高价的销售,提高房地产销售业绩。

(3)有助于建立一整套完整的销售管理制度。

(4)提升销售人员的个人素质及服务观念。

(5)强化销售人员对房地产及公司预备销售楼盘的理解。

(6)提高公司客户服务水平,提高公司的客户满意度。

(7)提高公司市场美誉度,建立良好的公司服务品牌。

3. 选择课程

课程是培训的主题,培训计划中,要对各类培训活动的课程进行安排,主要是列出培训活动的细目。培训课程通常包括培训科目、培训方法、培训时间和培训地点等内容。培训课程的范围不宜过大,以免在各项目的训练课程之间发生过多的重叠现象;但也不宜过狭,以免学员不能真正掌握该项目的知识和技能。课程要以熟悉该训练项目所必需的内容为尺度进行设定。

4. 制订预算

培训预算是公司在制订培训计划时,对各项培训方案的总费用的估算。预算是根据方案中各项培训活动所需的讲课费、教材、教具和设备的成本以及专业活动的费用等估算出来的。培训计划的制订,应结合企业规划、各类培训需求,根据课程内容、需解决问题的重要性和轻重缓急,对费用按比例分配,做到既满足企业长期发展战略规划所必须进行的培训,又突出了当前的培训重点。

(四)培训的内容

1. 基础知识培训(培训的重点)

(1)培训的目的

了解房地产的基础知识及相关规定政策，培养“顾问式”的售楼员。

(2)基础知识培训的内容

包括：

①建筑基础知识(包括建筑物、建筑构造、建筑设备、建筑材料与识图等)。

②规划术语及相关规定(包括容积率、绿化率、建筑密度、用地性质、用地面积、用地红线、道路红线、日照间距系数、建筑间距、日照标准、居住区用地、配套设施、建筑小品等)。

③房地产基础知识及常用名词[包括土地的所有权种类、土地使用权的获取方式、土地出让金、土地的使用年限、生地与熟地、拆迁补偿的方式、土地成本的构成、产权及房产种类、房地产价格、房屋面积、“五证两书”(“五证”为建设用地规划许可证、建设工程规划许可证、国有土地使用证、建筑工程施工许可证、商品房销售(预售)许可证，“两证”为住宅质量保证书、住宅使用保证书)、预售的条件、按揭的含义、房地产税收等]。

④房地产市场知识(主要有宏观/区域房地产市场发展走向、供给需求特点、市场竞争程度、竞争对手情况、房地产金融、中介、买卖法律法规等)。

⑤物业管理(物业管理服务的内容、收费标准；管理规则；公共契约等)。

⑥其他相关知识，主要有心理学、统计学知识、法律知识，另外，还有人居历史及最新人居理念、现代生活方式的演变对建筑的影响、室内外空间协调等知识，掌握了这些知识，才能更好地为客户解疑答难，提供真正的顾问服务。

2. 物业知识培训

(1)培训的目的：熟悉物业项目的各项数据、指标，整体风格及定位，项目的优势与劣势等。

(2)培训的主要内容：项目规模、定位、配套设施等；项目周边环境、公共设施、交通条件；所在区域的城市发展规划、宏观和微观经济因素对物业的影响情况；项目规划设计，如外立面、建筑组团、景观、容积率等；平面设计内容，包括总建筑面积、总户数、总单元数、单套面积以及户型优点、缺点、面宽、进深、层高等；项目优势与劣势分析及对策。

3. 销售工作流程和规范培训

(1)培训的目的：促使销售工作规范、有序、高效，提升销售的专业化水平。

(2)培训的主要内容：客户接待跟踪、客户资料收集与整理、产品介绍、客户认购、客户签约、客户退换、权证办理交接、交房等流程及其操作规范。

4. 销售成交技巧培训

(1)培训的目的：提高成交的概率，实现楼盘更快、更高价的销售，提升房地产销售业绩，提高客户满意度。

(2)培训的主要内容：销售成交技巧，包括销售过程中的客户接待洽谈技巧，如通过探问客户需求、经济状况、期望等来掌握购买的心理；处理客户抱怨和突发事件的技巧；如何运用语言技巧、身体语言技巧等。

可以使用的成交方法技巧主要包括：

①直接发问法。一般在以下几种情况中使用：客户相对比较熟悉；对销售建议未发表异议的；通过语言、身体发出了成交的信号的；已有购买意向，但不愿提议成交的，等等。

②假定成交法。假设客户接受了产品而将洽谈直接转化为购买提示，减轻顾客购买的压力。这一方法适用于以下几种情况：客户属于依赖型或者性格温和的；明确发出了购买信号，但是在价格、质量、房型上有疑虑的；客户对销售人员的建议无异议的；客户对某种房型明显露出浓厚兴趣的；等等。

③异议探讨法。这是对销售人员提出成交请求后仍犹豫不决的客户所采取的一种异议排除方法，适合于成交阶段的以下客户：时间异议，如“我还要考虑考虑”；价格异议，如“价格再便宜点就好了”；权利异议，如“我自己做不了主，还要商量一下”；服务异议，如“万一有什么问题就麻烦了”；等等。这种方法一般配合其他方法使用，使用时应正确分析客户异议，有针对性地解答。

④选择成交法。选择成交法又称避重就轻成交法，是指根据客户的心理，先在次要问题上达成一致的意见，进而促成买卖的方法，适用于以下几种情况：较大数量的交易；次要问题在购买决定中占突出地位时；客户不愿直接涉及购买决策。

⑤激将成交法。激将成交法是指销售人员用一定的语言技巧刺激客户的自尊心，使客户在逆反心理作用下完成购买的技巧。

⑥从众交易法。从众交易法是指利用客户的从众心理，通过客户之间的影响力促成买卖的方法，使用此方法时出示的数据、文件必须真实可信；否则，反而会破坏销售，影响公司信誉。

⑦机会交易法。机会交易法是指销售人员利用客户的机会心理，通过向客户提示最后的成交机会，向客户施压，促使客户尽快购买。

⑧优惠交易法。优惠交易法是指利用客户的求利心理为客户提供一定的优惠，从而吸引客户购买的方法，该方法经常使用会助长客户的进一步优惠要求，使用时要留有余地，同时要结合经济核算。

5. 案场日常管理制度培训

(1)培训的目的：遵守案场管理制度，树立案场整洁的形象、严谨的工作作风，给客户良好的第一印象。

(2)培训的主要内容：案场的环境管理标准、案场人员的行政管理制度、奖惩制度、形象规定和行为准则、客户管理制度、正式销售过程管理规范等。

6. 忠诚度培训

(1)培训的目的：让员工了解、认同公司的经营理念，树立正确的营销观念，提高服务意识，建立良好的公司形象和服务品牌。

(2)培训的主要内容：公司背景介绍、公司经营理念及企业文化、公司目标(项目推广目标及公司发展目标)、岗位职责、部门协调和团队协作等。

(五)人员培训计划进程

人员培训计划的进程如表8－1所示。

表8－1　人员培训计划进程表

培训项目	培训及考核方法	培训时间
基础知识培训	讲解＋自我培训＋口试＋笔试＋案例分析	1～2周
物业详细资料培训	讲解＋自我培训＋口试＋笔试	2～3天
销售工作流程和规范培训	讲解＋互动训练＋紧急培训＋口试＋笔试＋案例分析	1～2周
销售技巧培训	讲解＋互动训练＋自我培训＋紧急培训＋口试＋笔试＋案例分析	1周
案场日常管理制度培训	讲解＋例会＋自我培训＋笔试	1周
忠诚度培训	讲解＋例会＋口试＋笔试	1天

三、销售人员的选聘

(一)销售人员数量确定

销售人员数量一般根据如下因素确定：

(1)项目销售量。根据人均可能实现的销售额去除总销售量得到人员数。

(2)销售目标。根据不同阶段的销售指标的高低，确定合理的人数。

(3)市场状况。根据不同产品在不同时期的需求量大小配置案场人员，满足服务要求。

(4)难易程度。根据楼盘营销的难易程度确定人数。项目销售难度大，人员配备多些；反之，则少些。

(5)其他因素。根据开盘时间、广告投放、促销活动等其他因素决定销售人员的数量，然后根据销售情况进行动态调整。

(二)销售人员选聘的程序

案场销售人员选聘的详细流程如图 8－2 所示。

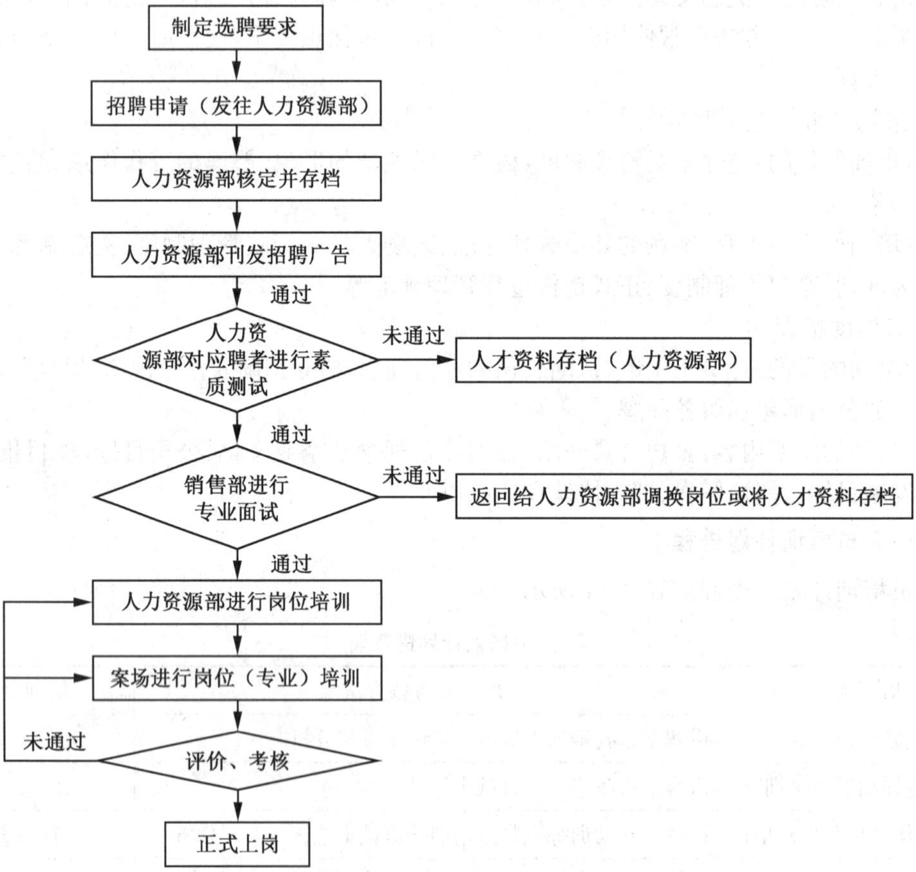

图 8—2　案场销售人员选聘程序

第二节　案场的日常管理制度

一、现场行政管理制度

(一)考勤制度

案场考勤制度如表 8－2 所示。由于销售案场的特殊性和多变性,客户往来是不可预测的。因此,销售人员除了遵守一般的考勤制度外,还需要保证案场随时有销售人员接待客户。

表 8－2　案场考勤制度

案场人员上下班制度	案场员工实行每周 7 天工作日,由案场助理安排员工每周轮休 2 天,展销期间提前 30 分钟到位
	迟到、早退或擅自离开工作岗位者应给予相应的处罚
	不得在接待场所进行休息或者处理私人事务
	上班时间因业务需要外出者,提前向案场助理和经理申请。未经批准擅自离开岗位的,应予以相应的处罚
	无故迟到、早退的,应予以处罚
	每天签到后,应仔细查阅留言本,并签名
	带客户参观工地或样板房后,应及时回到案场并整理好仪容仪表
假期申请制度	应提前申请事假,半天以内报案场经理口头批准。超过 1 天(含 1 天)需提交报告,由案场经理审批同意后执行。若事前未请假、事后又未补假者,按旷工处理
	公司刊登广告日、展销会期间,应注意协调搭配,保障出勤率

(二)文件档案管理

案场的文件档案是重要的信息源,可以形象地反映日常的工作情况和进程。同时,也可以为后期的结案和以后的案场设置与管理留下重要的参考资料。文件档案由客服助理整理和管理,可以设置计算机文档,但必须设定密码,保证信息资源的保密性。

1. 案场的文件档案分类

案场的文件档案分类如表 8－3 所示。

表 8－3　案场的文件档案分类

类　别	内　容
案场管理手册	各岗位职责、销售流程、案场规范、各岗位考评表、行政表单原件、业务表单原件
行政文件	每周排班表、考勤汇总表、日常工作交接单、案场会议记录、物品申领、物品发放、库存记录、名片请印单、离职人员移交物品、业务记录
业务文件	日/周报表、请佣单、楼书、销讲资料、退定申请、房源打开、换房申请、退房申请/作废认购书、签约助理保管的所有文件资料
公司下发文件	销售部外其他部门的发文、销售部下发文件(经理例会记录、通知、通告、公告、说明/条例等公文和会刊等)

续表

类　别	内　容
其　他	每周动态(须全员签字)
	客户投诉记录
	修正、备忘记录(每周)
	其他类(一周工作小结等)

2. 档案分类整理方法

在分类整理档案时,通常按阅览文档、流动文档和活动文档这几种情形处理,以便于文件档案的管理。

(1)阅览文档。装置“案场管理手册”“每周动态”。《案场管理手册》中的内容分影印版、计算机版两种,如果是影印版,只需手填,不要求计算机制作,电子版必须由计算机制作完成。

(2)流动文档。装置“案场往来文件”。在不同颜色的分页纸上按行政文件、业务文件、公司下发文件、销售部下发文件分成四大类,每大类中用顿号点开的每小类内容写在分成四大类的分页纸栏内。对公司下发文件、销售部下发文件的每单个文件主题须抄写在标准格式的档案目录清册上(目录清册另行发放)。

(3)活动文档。装置“客户投诉记录”“修正、备忘记录”“其他类”。它的左插页袋为详细清册目录,目的在于将各装置文件内容主题抄写在清册中存档;每周须带回公司的夹在右插页袋。

3. 档案管理制度

在档案管理中,一般应遵守以下制度:

(1)所有档案由专人负责每周完成整理工作,按类置放于案场经理办公室并将明细内容录入统一格式的记录总表内。

(2)档案管理人员要保证档案的整洁、清洁和保密。

(3)明确权属,完备调阅、审批的手续。办证助理有权调阅来往文件中的签约助理经手的文件,除此以外,任何人借阅、调阅须至客服助理处办理借、调手续。

(4)分类管理,每大类及分类内容须用标签纸标志。

(5)所有文件编号归档[年度－案场名－文种－编号],最终填写档案清册。

(三)会议制度

案场会议有助于工作人员之间的交流,总结销售的成绩和经验教训,处理工作中的一些比较棘手的问题,如员工之间的矛盾以及一些突发事件等。因此,会议也是案场管理中一项很重要的内容。

1. 案场会议的类型

(1)工作例会。工作例会通常有晨会、晚会、周会。其特点如下:属于一般性会议,主要对日常工作进行例行检查和安排,检查昨天(今天)或者上周(本周)的工作,安排今天或者本周的工作,设想明天或下周的工作;原则上不能间断;会议由案场经理主持召开,或者由案场经理指定人员主持;到会人员为案场各分部门的主管级人员,其他人员可由案场经理指定列席会议。

(2)业务总结会议。其特点为:总结销售工作方面的经验,解决销售工作中出现的问题;原则上可以一个月定期召开一次,如果销售出现特殊情况,可以临时召开会议。

(3)业务研讨会。其特点为：对重大的业务工作进行集体讨论，会议讨论时间比较长，以2个小时为宜，重大的事项可以适当延长；会议中，主要听取各方的意见。

(4)协调会议。案场作为销售现场，肯定会涉及很多利益问题，容易出现利益冲突，可以以会议的形式调和工作中出现的矛盾和脱节现象。

(5)销售报告会。销售报告会分为对领导部门的汇报和对案场内部的汇报，总结前一段时间的销售工作。针对销售中实际情况随时做出销售部署，会议可以邀请发展商参加。

(6)临时会议。因工作有突发性的变故或者有比较紧急的新情况而临时召开的会议。其特点为：主要宣布新的情况，安排新的工作，解决突发性事件；会议不需要做具体的安排，只需要确定地点，通知相关人员立即到会即可，但会议的时间不宜过长，以免影响工作人员的正常工作。

2. 案场会议流程

(1)确定会议的主题，明确会议的性质。

(2)布置会场，营造会议的氛围。

(3)确定到会的人员和人数。

(4)选取合适的议题和讨论的议题数量。

(5)确定开会的程序，掌握开会的时间，围绕议题展开，避免打乱程序而延长开会的时间。

(6)确定开会的时间、地点，准备会议的资料。

(7)选取该次会议的主持人，有效控制会议的进程。

(8)做好会场记录，做好总结归档。

(9)提出问题、分析问题、解决问题。问题在会议现场解决，如果不能当场解决，就确立方案，并落实到人，可以分派监督人员督促问题的解决和落实。

二、案场形象管理制度

(一)案场环境管理标准

案场环境管理标准如表8—4所示。

表8—4　　案场环境管理标准

案场环境管理标准	地面、桌椅清洁，无纸屑、无污渍(如无法清除的或有特别原因除外)
	物品摆放在指定位置，使用完之后及时归位。包括所有可置放的物件(楼书、预售合同、纸张、存档文件、安全帽、饮水机、饮水桶、烟缸、水杯、衣服、复印机等)
	公告栏张贴的内部通知、公告、决定等文件、排班表、通信表、销售业绩榜、奖惩记录等陈列合理，排列有序，不张贴与工作无关的任何东西
	样板房门口放置鞋套，所有室内物品无灰尘，明示标牌整洁齐全
	照明器材明亮无灰尘，有损坏及时报修准
	所有能支持销售的模块、看板、海报、楼书、告示牌、迎风旗、道旗、装饰品、赠品等销售道具放置合理，无损坏(如损坏，需及时报修)
	背景音乐选择恰当，音量适宜
	私人物品整洁，严禁摆放于销售公告区域(接待区域、讲解区、洽谈区)

(二)案场人员形象礼仪规范

案场人员直接与客户打交道,代表楼盘和公司形象,因此案场人员的形象也有一定的要求,这并不要求案场人员长相出众,而是要求每个员工仪表整洁、整体形象良好,能够让客户一进门就有赏心悦目之感,对楼盘的品质产生良好的印象。此外,案场人员必须有良好的服务态度和服务质量,案场人员的态度好、有礼貌,能赢得客户的信任和好感。这一点对促进销售很重要,良好的态度和规范用语,也是案场员工的形象要求的本质在员工身上的体现。案场员工的形象标准主要从形象和服务两方面来制定。

1. 形象标准

案场人员的外在形象标准如表 8—5 所示。

表 8—5　　案场人员的外在形象标准

案场人员的外在形象标准	穿着白衬衣、黑皮鞋、深色袜子、深色领带,制服成套穿着、无污渍
	严禁奇装异服
	男性每日剃须,面容保持清爽,头发定时修剪,不允许留长发
	女性须化淡妆,发型选择短发或披肩发扎束,只可佩戴一对钉式耳环,口红为红色系,项链不可露出衬衫外
	手指甲定时修剪,不留过长的指甲,不涂过于夸张的指甲油,佩戴首饰不宜过多
	坐姿挺胸立腰,手放于桌上,面带微笑,平视顾客
	站姿挺胸收腹,两手交叉置于身前或抱销售宣传资料于右胸前。讲解不能手扶模型
	胸卡吊挂于制服外,正面朝向客户
	手机置于口袋等隐蔽位置
	水杯统一整齐置于员工休息室;其他物品均由个人保管,锁于各自的更衣箱内
	工作期间严禁吃零食
	严禁在公共区域化妆

2. 服务态度标准

案场人员的服务态度标准如表 8—6 所示。

表 8—6　　案场人员的服务态度标准

案场人员的服务态度标准	接听电话时在铃响三声内接起,并用亲切致语:"您好,××(案场名)"
	客户进门前为其开门并致问候语,入座前为其拉开座椅
	与客户交流时尊重客人、态度诚恳,有技巧地对待客户
	绝不与客户争吵,并努力使客户情绪平静(如让座、递水等),让投诉客户与普通客户分离,不影响案场形象
	销售过程当中,保持微笑服务
	与客户、同事之间都使用礼貌用语,让礼貌成为生活的一部分
	养成好的服务方式,不断注意和改善服务,主动学习和操练服务技能,参与各类培训活动
	不坐等客户提要求,应积极主动,提供交通指示服务、安全防范措施

三、现场销售管理制度

(一)客户接待管理

客户接待管理方面,应注意以下事项:

(1)现场销售员按照顺序表接待客户,并在客户登记表上填写记录,不得抢客、争客或怠慢客户。如有抢客、争客或怠慢客户,一经查实,视具体情况给予经济或行政处罚。一般情况下,将扣罚当事人当日基本工资和当日所有佣金;情况严重者,将扣罚当月基本工资和当月应发成交佣金的一定比例。

(2)售楼员接待客户,首先要问客户是否有其他售楼员接待过。如果有,应将客户引领给首次接待的售楼员,如该名售楼员不在或正在接待其他的客户,按排序表上轮到的售楼员应积极主动接待客户,违者将给予处罚。如果成交,佣金双方分成。

(3)如首次来的客户,进门后要求指定某个售楼员接待,则该名售楼员可不按排序表接待,此客户也就成为该售楼员的客户;如售楼员认识首次来的客户,但客户并不声明指定接待,则可按排序表顺序接待。

(4)客户重新上门,不论是否被首次的售楼员接待,均不计入接待客户。

(5)售楼员之间应以公司利益为重,团结协作,互助互爱。对待购房客户应热情礼貌,亲切周到,时刻注意保持公司形象,维护公司声誉,否则一经查实,对于故意挑起事端者,给予辞退处理,并扣罚当事人当月应得成交佣金的一定比例。

(6)售楼员要全面掌握项目情况、销售资料及客户较关心的问题,做到对答如流,遇到客户提出问题自己不能解答时,不能简单说“不知道”,而应请客户稍等一下,并及时找到案场经理或其他负责人予以解答。

(二)电话接听规范

接听电话时,应注意以下规范:

(1)接听电话的语调必须亲切,吐字清晰易懂,说话的速度适当,内容简洁而不冗长。

(2)接听电话人员必须熟悉楼盘的详细情况及促销口径,事先准备好介绍的顺序,做到有条不紊。

(3)案场人员每人都有义务和责任接听电话,外来的电话响声不能超过3声。

(5)当客户提出问题,可以首先告诉客户,“这条是热线电话,可不可以留下您的姓名和电话,我换个电话打给您”,以便做好电话追踪记录。这样既不影响热线电话的正常工作,又建立了有效的客户档案。

(6)回答问题时应有耐心但又不能太详细,以免阻碍其他客户的电话打进来。

(7)打给客户的电话,可以先简单地回答其提出的一些问题,时间通常不要超过3分钟(广告日时间应更短);掌握重点说明,尽量吸引对方来现场洽谈。

(8)回答问题时,尽量强调现场买楼的人很多,可以邀请客户到案场或展销会参观,告诉客户现场会有专业的售楼人员为他介绍。

(9)在与客户交谈过程中,尽量问到几个基本问题,如姓名、电话、地址、购房意向和信息来源。

(10)如果客户所找人员不在时,应很客气地询问对方有何事,可否代为传话,或者记录下来以便转告。

(11)叫人接听电话时,不应远距离大声喊叫,而应走到被叫人身边去说,放话筒时动作要轻缓。

(12)不许对着话筒咳嗽、打哈欠、叹气、大笑等。

(13)不许在接听客户电话时与其他人搭讪。

(三)客户管理制度

客户的管理是房地产营销中一项重要的内容,房地产客户的管理不仅包括客户基本资料和需求的基本信息,而且包括对客户的投诉信息管理和对客户的跟踪管理等。一般来说,对客户的管理可以按照以下几个方面的要求来操作:

1. 客户资料登记管理

(1)客户基本资料管理主要包括客户的姓名、联系方式等基本信息,以及购买的户型、面积、楼层、单价范围和数量等基本需求信息。

(2)客户资料登记不论在开盘前,还是在销售中,或在接待时都是基本的和必需的。

(3)如果有可能,客户基本信息和需求信息尽可能细化和深入,如购买力、购买动机等。

客户资料登记内容如表 8－7 所示。

表 8—7　客户资料登记内容表

序号	客户基本信息			需求信息					备注
	姓名	联系地址	联系电话	户型	面积	楼层	单价范围	套数	

2. 客户跟踪管理

(1)客户跟踪的目的是及时了解客户的想法,解决销售中的障碍,顺利实现销售。

(2)跟踪人一般来说就是首次接待客户的售楼员。

(3)跟踪方式有多种选择,如电话、邮件、登门拜访等。

(4)业务类别是指销售的进程或状态,如初步接洽、预订、签约、交房等。

客户服务跟踪的内容如表 8－8 所示。

表 8—8　客户服务跟踪表

客户名称			会员卡卡号		
联系电话			传　真		
联系地址			邮　编		
业务处理编号			业务类别		
拟解决问题					
跟踪具体情况及结果					
批示意见					
跟踪人		跟踪方式		跟踪日期	

3. 客户投诉管理制度

(1)对于客户的投诉,无论何人接待,都要认真对待,按照表格做好记录。

(2)无论客户的投诉正确与否,先倾听并记录投诉信息,不与客户辩论或争吵。

(3)对不属于客户的问题必须受理,确定责任部门、责任人,并由其处理问题。

(4)投诉的类别主要是服务质量、销售中的纠纷、房屋质量问题等。

(5)责任部门/人处理投诉之后,必须亲自通知客户,了解客户意见。

客户投诉信息表的内容如表 8－9 所示。

表 8－9　　客户投诉信息表

<table>
<tr><td>客户名称</td><td colspan="2"></td><td colspan="2">会员卡卡号</td><td></td></tr>
<tr><td>联系电话</td><td colspan="2"></td><td colspan="2">传　真</td><td></td></tr>
<tr><td>联系地址</td><td colspan="2"></td><td colspan="2">邮　编</td><td></td></tr>
<tr><td>投诉类别</td><td colspan="2"></td><td colspan="2">投诉日期</td><td></td></tr>
<tr><td>投诉内容</td><td colspan="5"></td></tr>
<tr><td colspan="6">□受理投诉　　□不受理投诉</td></tr>
<tr><td>受理编号</td><td></td><td>受理人</td><td></td><td>受理日期</td><td></td></tr>
<tr><td>责任部门/责任人</td><td colspan="5"></td></tr>
<tr><td>处理批示意见</td><td colspan="5"></td></tr>
<tr><td>客户反馈意见</td><td colspan="5"></td></tr>
</table>

(四)处理客户抱怨规范

处理客户的抱怨时,可以参考以下方法:

(1)客户并不总是正确的,但让客户正确往往是有必要的,也是值得的,因为这为达成交易提供了机会。客户的抱怨在一定范围内是难以避免的,因此不要把客户的抱怨看成对自己的指责。

(2)对客户的抱怨采取宽宏大量的态度,将会得到客户的支持,站在客户的立场看待客户提出的抱怨,正确判断客户抱怨的原因。不管客户的抱怨是否有理,都应时刻保持认真合作的态度。

(3)客户激动或发怒时,对销售人员的不信任或轻率态度特别敏感。这时可以让客户先谈谈自己的意见,或过一会儿再与之交涉。待客户冷静后,再询问事情的缘由,并且在交流过程中不发表任何带有个人评判的意见。

(4)如果客户打电话前来投诉,案场人员要做好相关的记录,请客户留下联系方式,表示处理好后会给予满意的答复;如果直接到案场来投诉,最好把客户带到另外一个区域,向有关的当事人和事发当天的人员调查,并且上报给公司,让公司出面协调。

(5)要探询客户不满意的症结所在,从而对症下药,而不是空乏的谈论,以免浪费时间,耽搁其他客户的咨询,使客户出现焦躁心理。

(6)如果出现客户故意闹场的行为,经过善意的劝阻仍然无理取闹,严重妨碍到案场的正常工作,或者可能出现对其他客户不利的行径,有必要通知有关部门来处理或者采取报警方式。

(7)在未证实客户的话是否真实之前,不要轻易下结论。不要向客户做出不能兑现的保证,以免引起纠纷。

(8)处理客户为了维护个人声誉或突出自己而提出的抱怨时,要格外谨慎小心。

(9)对于客户的抱怨要尽快处理,不必遵循任何特殊的规则,并对自己的错误负责。

(五)与开发商和其他部门的关系处理规范

在处理与开发商以及其他部门的关系时,应注意以下几个方面:

(1)开发商到案场,对案场提出一些变动的要求,比方说样板房的装修问题,案场软装潢的设置,案场经理或案场助理可以陪同开发商参观案场,认真听取开发商的建议,并且向开发商解释案场设置的意图。同时,在与开发商开会商讨时要做好笔录,以便向公司其他相关部门反馈,从而及时做好调整。

(2)如果出现公务人员前来调查,应让其出示相关的证件。在其进场之前,准备好证件资料或者复印件,如果需要开发商提供的,必须告知并且督促开发商尽快办理所需的材料。

(3)如果有媒体前来采访,工作人员的态度要同对待客户一样,热情诚恳,树立良好的形象。对于采访人员的提问,要做出适度的回答,没有必要有问必答,保留项目的重要信息,对于有利于项目宣传的问题可以透露,并且可以适度反复强调。

(六)正式销售过程中的管理规范

正式销售过程中,应注意以下规范:

(1)禁止案场销售人员参与炒楼行为,如有自行发现或顾客反映,应追究相关销售人员的责任,上报公司负责人尽快处理事件。马上清理该名销售人员所经手的房屋,对于不符合操作要求的房屋归档处理,严格按照法定程序操作,对于不具有法律效力的事件和资料尽快处理。

(2)如果发生案场人员相互指责等不团结的行为,必须把双方拉离案场,以免给客户留下不好的印象。了解事情的具体情况,倾听双方的意见,安抚双方的情绪,告知工作人员应该相互团结,做好双方的思想工作。对于态度蛮横不讲理的工作人员,可以申请调离,要求公司负责人做出相应的处理。

(3)如果出现案场人员在没有先行告知的情况下突然离职,应先调配人员代替上岗。人事部门如果做好人员的调配,案场必须登记清楚人员的调离,并且对有关人员所经手的材料进行整理归档。

(4)企划、项目事业部对销售进程和方案做出变动和调整,案场要做好及时协调,并且及时反馈销售的业绩,在相关的例会上提出自己的建议以及方案的实际绩效。

(5)在建造过程中,如开发商出现后续资金跟不上,停止对房屋的建造,项目部应及时通知案场负责人,案场负责人必须把有关客户资料汇总上报,并且遵照公司对案场的安排。如果开发商出现易主的现象,在公司做出合理的安排后,案场必须变更开发商的署名,且有义务通知已签售的客户前来调换相关的资料。

(6)在办理按揭贷款的时候,如果银行因为开发商的原因拒绝放贷,或者开发商撤销担保,那么购房者有权单方面解除购房合同,并可以要求开发商承担违约责任。

(7)在小订、大定、签约、付款等时,都要提前告知客户所要带齐的个人资料和所有办理的手续,最好提前打电话给客户进行确认。如果出现资料缺带的现象,就必须向其告知,并且说明办理的时限;如果客户本人委托他人办理,就必须要求其出示代理人和客户的身份证明,以及客户签署的委托书，并且有必要向客户查证确认。同时，要联系好刻章的地点和人员，以防客户没有带好个人的印章等。

(8)如果客户是行动不便的人士或者比较特殊的客户，案场就有必要派人做专门的服务。如果有客户的家人前来，就要做好各自的安排工作，并且要看好谁的意见具有较好的决定作用，就可以避重就轻同主要人员商讨；如果带有小孩，最好提供孩童的游乐玩具或者区域，帮助照看好小孩；如果有客户提出要现场就去看房，可以告知详细的项目地点，方便客户自己前往，或者引领到看房班车上。

(9)当客户出现退订、退房、更名的情形时，可以根据相关的流程进行，应询问客户退订或退房的原因，并且告知将要出现的情况和将要承担的后果，客户可能因为听到对项目不好的传言，比方说开发商资金周转不灵等问题，就可以向客户出示一些开发商实力的证据，令客户信服；客户在到项目现场查看以后，发现周边的配套设施与楼书、模型等所展示的或者想象中的有距离，就要向客户解释以后相应的规划发展前景；如果出现客户违约或违规行为，案场人员完全有权利拒绝客户的无理要求，或者告知恶意炒作等行为可能会产生的不良后果；如果客户只是因为楼层、房屋的朝向、居住面积等实际问题，可以帮助做适当的调整以引导客户购买。

(10)如果由于工作人员某个工作环节的疏漏，如一套房屋出售以后，销控人员没有做好及时的销控，造成“一房两嫁”的现象，可以先联系客户，听取客户对房屋的意见，然后做适当的调整，让两个客户都能够满意。

(11)客户在签订合同时，如果要变更合同的某些条款，就要做好这些条款的变更记录，新旧合同要经过相关负责人的签字确认，旧的合同归档处理、新的合同作为双方签字确认的凭证；客户在付款时，提出变更原来的付款方式，由原来的一次性付清分成随工程进度分次付清，或者按揭贷款方式、期限的变动，或者商业贷款和公积金贷款方式组合的变动，或者还款年限的变动，都要经过负责人的确认签字，交银行办证人员确认签字，新的文档从而生效，旧的文档归档处理。

(12)如果出现客户在限定的时间快要到期时，仍未付清首付或者应该付清的款项，可以通知客户；如果出现违约行为，案场人员有权利按照合约办理；如果客户按时到场，但是告知没有余钱付清，要求做适当的延长或者以其他东西抵押的方式代为执行，案场人员可以上报公司处理。

(13)客户要求退房，如果是因为预售房设计或规划变更导致预购人的商品房结构、户型、朝向等发生变化，或者出现预售合同约定的其他影响房屋质量或者使用功能情形的，应在变更之日起 10 日内书面通知购房者，并且按照退房流程办理。如果没有出现上述情况，除非双方在预售合同另有约定外，可以拒绝购房者的要求。如果通知了购房者，但是购房者没有在 15 日内书面回复，而是在此之后来要求退房和承担违约责任，案场人员可以拒绝。

(14)在办理按揭贷款时，如果因为购房者个人资信原因未能获得贷款，而且在购房合同中又未能就此有约定的，购房者须一次性付清房款；如无法付清房款，则将承担相应的违约责任。

(七)房源跟踪管理制度

按照销售流程的工作内容不同和房源的销售进程，房源跟踪管理大致可分为四个部分(见表 8—10 至表 8—13)，分别由不同的人员负责，跟踪房源的销售状态，总结销售状况。

表 8—10　　项目房源成交跟踪表[一]　　年　月　日

序号	销售员	认购人	联系电话	栋号	楼号室号	套数	面积（平方米）	销售单价（元）	成交总价（元）
1									
2									
3									
总计									

注：房源成交跟踪表[一]由案场助理填制。

表 8—11　　项目房源成交跟踪表[二]　　年　月　日

大　订					退　订					签　约				退　房			
日期	套数	定金	面积	成交总价	日期	套数	退订金额	面积	退订总价	日期	套数	面积	金额	日期	套数	面积	总金额

注：房源成交跟踪表[二]由签约助理填制。

表 8—12　　项目房源成交跟踪表[三]

移交办证				预/出售登记				贷款合同签订			贷款合同公证			出收件收据			其他项权证[移交开发商]		

注：项目房源成交跟踪表[三]由办证助理填制。

表 8—13　　**项目房源成交跟踪表[四]——付款情况**　　年　月　日

一次性付款										自办贷款			委托贷款												
套数	面积	总金额	第一次金额	日期	第二次金额	日期	第三次金额	日期	差价	套数	面积	金额	套数	面积	应付首付款金额	第一次金额	日期	第二次金额	日期	第三次金额	日期	差价	应到贷款金额	实到金额	到款日期

注:房源成交跟踪表[四]由财务人员填制。

(八)交房工作规范

在交房阶段,应注意以下规范:

(1)在寄发交房通知单时,要事先把每天接待的人数计划好,把通知交接的日期分开,以免造成现场拥挤、接待人员不足等问题。在寄通知书时,一定要说明业主必须带齐的交房过程中所需要的法律文件、个人资料情况以及相关费用等。

(2)原则上,合同中签的房屋所有人必须全都到场才能办理交房手续。如果某一房屋共有人不能亲自到场的,必须出具由此共有人签字、盖章的书面委托书,并留底存档,以防日后纠纷事件的发生。

(3)销售人员在接待业主看房时,尽量给客户灌输升值的理念和小区的高品质,最好能介绍一下升值的原因,以及周边相同楼盘的当前市场信息等,让业主感觉买得很值得、很有眼光。这样,客户就不会太在意房屋的建筑本身或装修中的小问题,减少交房过程中的客户怨言,使得交房工作能够顺利进行。

(4)销售人员在把业主领进房间时,一定记住要把大门关上,以免别的正在看房的业主进去,对彼此关心的一些问题进行商谈,无形中会引起此业主对一些问题的高度注意。

(5)验房之后,不能把钥匙给业主,只有在业主办好其他一切手续后才能把钥匙交给业主。如果业主无异议,就请业主签房屋交接书,但销售员不能填写日期,如果没领到大产证,也不要填大产证号码,以免业主在办小产证时造成不必要的麻烦;如果业主有异议,可以将其引入谈判区,如果谈判不成,要请业主签认可书,即证明业主已经来看房,以避免开发商没能按合同约定时间交房所要承担的违约责任。

(6)如果业主因为大产证没办出,或对物业的装修或者小区规划等非常不满而拒绝在房屋交接书上签字,一般先尽量说服签字;如果业主执意不签,就让业主签一份认可书,以证明业主已来验房,以免去没能按合同约定时间交房,开发商所要承担的违约责任。但是,销售人员在说服的过程中绝对不要给业主任何时间期限的承诺。

(7)在业主吵闹时,销售人员绝不能与业主争吵。要洗耳恭听业主的不满所在,对症下药解决其怨言。尽量把吵闹的业主请至谈判室或者能将其与其他业主隔离开的地方,降低对其他业主的不良影响。

(九)销售周/日报表制度

销售周/日报表(见表8－14)能全面反映销售总体状况，因此是销售工作中管理的重点，其中的数据必须由相应的人员亲自填制，不得代填，更不能弄虚作假。

表8－14内如有未列出之数据描述或数据无法录入以及逾期未付款、未签约、贷款资料不齐全等，应详细说明原因，并以附件形式附于表后，随报表一并存档。

经制表人签字，案场经理审核签字后，应将报表及时存档。

表8－14　　销售周/日报表

数据统计日期：　月　日(第　周)						
	本周销售情况			累计销售情况		
	本周来人总计(组)：			累计来人总计(组)：		
	本周来电总计(组)：			累计来电总计(组)：		
	套数	面积(平方米)	总金额(元)	累计套数	累计面积(平方米)	累计总销金额(元)
1. 大定						
2. 退订						
3. 大定清单＝1－2						
4. 签订预(销)售合同						
5. 退房						
6. 合同清单＝4－5						
7. 预(销)售合同登记						
8. 出收件收据[抵押贷款]						
9. 其他项权证						
10. 签订按揭合同						
11. 贷款公证						
12. 贷款放款						
13. 贷款资料缺件						
14. 移交办证						
15. 移交开发商						
16. 一次性付款						
17. 按揭贷款						
18. 定金						
19. 首付款						
20. 多次付款						
21. 合计收款＝18＋19＋20						
22. 成功销售＝7						
23. 成功交房						
项目总套数		未售总套数				
项目总面积		未售总面积				
项目总销金额		未售总销金额				

制表人：　　　　案场经理：　　　　抄送：　　　部　　　财务部：

练习题

一、思考题

1. 如何制作房地产销售人员培训计划?
2. 如何编写房地产销售手册?
3. 案场日常管理中应注意哪些问题?

二、案例分析训练

锤炼第四代售楼精英

[**案例一**]　“把梳子卖给和尚。”有一家公司为了招聘优秀销售员,给四个应聘者出了一道考题,要求他们把梳子销售给庙里的和尚。第一个推销员接到任务后,心里嘀咕道:“和尚没头发,梳子是梳头发的,要把梳子卖给和尚那是不可能的,哪怕是送一把给他们,要是哪个和尚在腰里掏把梳子出来,也会有‘花和尚’之嫌,所以要把梳子卖给和尚是绝对不可能的。”结果他一把梳子没卖出。第二个推销员开始也一直思考着梳子与和尚的关系,给梳子与和尚画上不等号,但后来他想到梳子可以挠痒,胖和尚手不够长,可以用梳子来挠背,此外,梳子除了梳理头发,其实还可以按摩头部,疏通血脉,老和尚如果经常用梳子梳梳头,念经时就不会打瞌睡。于是,他就以胖和尚和老和尚为目标顾客进行了推销,不停地向胖和尚及老和尚强调梳子挠痒及疏通血脉的功能,终于有一位老和尚接受了他的产品。第三个推销员,接到任务后,没有急于推销,他先进行了一番调查,结果他发现一般的庙都是建在山上,而来庙里上香的香客,经过长途跋涉,往往衣冠不整,特别是山中腰的山风,吹得香客们的头发凌乱。于是,他想到如果能在庙里各个梳洗的地方提供一两把梳子,对香客来说是很方便的。而后,他找到庙里的后勤负责人,把他的观察及想法告诉了这个负责人,结果,他卖出了100把梳子。第四个推销员是个超级推销员,他也不急于推销,而是在庙里进行了长达一个星期的观察。通过他的观察和思考,他发现一个问题,现在人们的生活水平不断提高,人们除了去庙里上香之外,也经常外出旅游,旅游时,人们经常带些纪念品回来,而到庙里上香,捐献香火钱时,庙里却没有任何合适的纪念品馈赠给香客。于是,他想出一个办法,在梳子上刻上三个字“积善梳”(人们上香及捐香油钱的念头无非是想积德行善),当人们向庙里捐香油钱时,赠送一把“积善梳”给香客,香客回家后,天天早上梳完头放下梳子就会看到“积善梳”三个字。同时,就会联想起这间庙,这种联想势必让他产生下一次再来捐香火钱的想法,同时,也加大了他向亲戚、朋友及同事等推荐这间庙的可能性,送出一把小梳子,有所花费,但庙里的收入会因此大大提高。于是,他找了一间香火不太旺盛的庙,并找到庙里的方丈,见面第一句话就问方丈:“我有个方法可以让你庙里的香火旺盛三倍,不知道,你有没有兴趣了解一下?”本来就为庙里香火头痛的方丈一听,自然非常有兴趣,并表现出急切想知道的表情,这位推销员就把他的观察及解决方案跟这位方丈说了一遍,于是,他得到了一张1 000把梳子的订单。

其实,这四个推销员恰好代表着房地产市场中的四代销售人员。其中,第一个及第二个代表的是以“房地产”产品为中心的销售技术,而第三个及第四个则代表以“顾客”为中心的销售技术。以产品为中心的“销售导向”型销售方式强调产品本身,主要靠销售人员将记忆中的内容像装“罐头”一样强行让客户接受。这种独白的销售方式有时也叫成批销售,销售的完成主要依靠销售人员的个人能力;以顾客为中心的"客户导向"型销售方式则强调客户的需求,通过鼓励性的与客户的交流寻求客户的真实需求,以解决客户的需求为最终销售目的。当然,这两种不同导向的销售方式(四代房地产销售人员)在今天的房地产销售市场上同时并存,并起着不同程度的销售作用,只是在我国房地产的不同发展阶段,各代销售人员主导着当时的房地产销售形式。第一代房地产销售形式,被动式"坐销"。这种房地产销售形式是房地产卖方市场时期的主要销售形式,销售人员根据自身产品单向与置业者沟通,置业者口头说需要什么样的房屋,就寻找与之相似的产品,当置业者说不买时,就认为置业者不可能买,他们从不了解置业者的购买动机,从不主动解除置业者的购买抗拒。他们忽略了置业者不是专业购买者,有时对自己的需求是描述不清的。他们就像故事中的第一位推销员,经常用"不可能"来结束一位顾客的购买行为。这种房地产销售形式无论在我国房地产业刚刚起步阶段,还是房地产处于卖方市场时都非常普遍。当然,今天的房地产销售市场仍然有不少这样的售楼员存在,他们共同的特点是戴着有色眼镜看待置业者,"挑剔"是他们的拿手好戏,这些售楼人员普遍业绩不太好。第二代房地产销售形式,通过产品"功能"提高销售。故事中的第二位销售员,他通过挖掘梳子的挠痒及疏通血脉的功能,成功地把"不可能"的业绩提高到一把。第二代房地产销售人员也正是这样,通过挖掘房地产的各项"功能"来提高销售业绩,"房地产不等于钢筋加水泥"就是这一代房地产销售形式的中心思想。售楼员推销房屋时主要从地段、朝向、户型、周边配套、小区环境等入手,单向式地向置业者们推荐他们手头的房屋,在整个销售过程中售楼人员主要扮演着一个房地产产品解说员的角色。第三代房地产销售形式,通过"服务"提高销售。第三位推销员观察到香客需要梳洗这个问题,通过提高庙里服务水平而获得销售提高。销售过程以顾客为中心,发现顾客需求,并服务于顾客。第三代房地产销售形式也正是这样,当房地产进入买方市场时,房地产的销售开始转向以置业者为导向,销售过程开始加强买卖双方的沟通,充分挖掘客户需求,产品设计越来越人性化,市场细分不断升级。售楼人员在推销过程中也不再"唯地段论",大盘、超级大盘的出现不断弱化了"地段论"。目前,这种通过"服务"提升销售的形式得到了肯定及提倡,并在房地产销售领域得以不断升级及推广,房地产领域正悄然进行着一场服务争夺战。第四代房地产销售形式,通过"双赢"思维提高销售。第四位推销员通过观察发现庙里有了纪念品馈赠这个潜在的需求,并通过改良梳子来满足这个需求,不仅为庙里增加香火钱,也使自己获得了销售上的极大成功。从某种意义上可以说,他在提高庙里业绩的同时推销了他的梳子,他的动机是帮助庙里提高业绩。第四代房地产销售形式正是这样,在帮助客户解决问题的同时销售了自己的房子。

[案例二] 一对香港夫妇在内地设厂,准备到某小区购置一套三房住宅,理由是该小区住户可就近入读某知名小学,非地段生入读需要另交择校赞助费 7 万元,而他们正好有一个小孩需要读小学。"孟母之心"驱使他们来到该小区楼盘看了三次,最后选定购买一套非常满意的大三房,所有折扣打完后,520 万元。就在准备下定金之时,细心的丈夫多问了一句:"我的小孩是香港户籍,我们买这里的房子后小孩入读这个小学,是否可以免交 7 万元入校赞助费?"由于户籍政策的限制,非本市户口一律要交赞助费,售楼小姐遵守诚信守则,告诉他们不可以免交。当家做主的妻子,立即把拿出来准备交定金的钱放回了包里,大声说道:"这样啊,不能免 7 万元,那我们不买了,我们现在也买了一套三房,够住了,反正买与不买这里,小孩入读这个小学都要交赞助费,干脆我们就让他住校好了,每个星期一早晨我们就用车送他过来,星期五接回去就行了。"并且她的态度表现得非常坚决。那这对夫妇到底会不会再买这套三房呢?如果第一代售楼人员遇到这种情况,肯定是认为"不可能"了;第二代售楼人员也会因"买房免 7

万择校赞助费”这一功能的丧失而无能为力；第三代售楼人员也不可能再用服务打动客户。我们用第四代售楼人员的眼光来分析一下这个案例，就不难发现，这次销售过程有这样两个事实：一是这对夫妇有购买这个楼盘的能力；二是他们喜欢这个楼盘，有购买欲望。既喜欢，又有能力购买，可阻碍他们购买的唯一障碍是“小孩入学不能免7万元择校赞助费”。其实，这对夫妇购房最主要(原始)的目的是为小孩读书，并不是为了省7万元赞助费。于是，这位聪明的第四代售楼小姐，很快找到了问题及需求所在，一阵寒暄之后，就谈到小孩教育问题，她提到小孩子小时候的教育最好同父母住在一起，这样有利于小孩性格的成长，小孩长时间不同父母在一起，会使小孩得不到足够的母爱、父爱，这样不太利于小孩日后性格的养成。这对夫妇好像恍然大悟，为了小孩读书，520万元都愿意出，却为了7万元忘记了自己购房的真正目的，于是紧抓定金的手又高兴地伸出来了。因此，房地产巅峰销售需要售楼人员从第四代销售思维出发，设身处地以双赢思维帮助置业者切实解决问题，同时，也要熟悉楼盘，做足服务功课。

问题：

1. 第四代房地产销售精英需要具备什么样的素质？
2. 房地产企业如何培训出第四代销售精英？

第九章 房地产营销策略组合

房地产市场营销营销是一个系统工程，需要多方面的资源整合，需要多策略的组合，才能达到营销的目标。“4P”营销策略组合是比较早期的营销策略组合，通常是指：产品策略（Product）、价格策略（Price）、渠道策略（Place）、促销策略（Promotion）四个部分组成。

第一节 房地产的产品策略

产品策略是房地产营销策略组合的首要内容，是所有房地产营销的基础，了解和掌握产品策略非常重要。

一、制定产品策略的注意事项

制定产品策略应注意以下事项：

(1)与目标客户定位相吻合；

(2)顺应和引导消费时尚；

(3)兼顾实际销售的需要；

(4)注重与其他营销策略的组合，注重投入和产出的价值比；

(5)新建楼盘必须有前瞻的个性、和谐的理念；

(6)构筑空间艺术户型，创造舒适的居住场所；

(7)公共空间的塑造达到同质人群相聚的效果。

二、常见的房地产产品策略

常见的房地产产品策略有周期性策略、差异化策略、服务策略、组合策略、创新策略等，其中，周期性策略、服务策略、组合策略与一般产品的策略比较相似，这里主要介绍差异化策略和创新策略。

(一)差异化策略

房地产产品差异化策略是指房地产公司通过与其他房地产公司形成不同的产品、形象、服务以及其他的一些特点与其他房地产进行竞争，从而获取更高利润的产品策略。

1. 房地产产品差异化策略的必要性

(1)房地产市场的转变。房地产市场从卖方市场到买方市场的转变，改变了以往生产者为中心的营销体制和营销理念。在我国房地产行业起步的初期，计划经济是占主导地位的，住房呈明显供不应求的形势。当时国民只要求有房子住，其他的都还没有顾及，一直到20世纪80年代中后期，人们才开始重视住房功能，如住宅的内部功能、外部环境、配套设施等。未来随着房地产行业的更进一步发展，人们将更加重视心理方面的需求。然而客户对于房地产产品的看法又各有不同，对开发商来说，产品能否被客户接受，是否受欢迎，最重要的手段是把自己的产品与竞争对手的区分开来，用自身特有的优势来战胜竞争对手，让顾客喜欢。

(2)房地产产业的同质化。房地产产品很大一部分是根据顾客(潜在顾客)对产品安全、适用、经济、美观等各种要求来确定的,以至于开发商在考虑产品的适用性、可靠性、经济性、外观等方面都较为类似,导致房地产业的同质化现象越来越明显。

(3)房地产的特性。房地产是一种特殊的商品,房地产的特性决定了开发商对房地产产品有必要进行差异化营销的策略。房地产产品是附着土地的一种实体,而土地又是固定的;不同位置的土地受区位和周围环境的影响也不可能完全相同,这样就形成了房地产产品的差异性。即使是两幢外观设计和内外设施设备等完全相同的房地产产品,也不可能是完全相同的。

2. 房地产产品差异化策略的作用

产品差异化策略,要求企业在本行业范围内形成一些具有自身特点的东西(产品、服务、品牌形象等),如在产品设计、品牌形象、主要性能、技术特征、外观特性、服务理念、营销手段及其他方面具有独特性,这种独特性就是将来企业与外部竞争的核心力量。最佳的情况是企业在几个方面都能独树一帜,这样的产品不仅能满足客户的需求,而且在一定的时期内,业内的其他竞争对手也是很难取代的。

房地产产品差异化策略的实施,能够使企业获得比一般水平要高的利润,其主要作用表现在以下几个方面:

(1)降低开发成本,提高竞争力。消费者对喜欢的产品会有一种忠诚度,当这类产品的价格发生变化时,消费者的敏感度会比较低。生产该产品的企业便可以运用产品差异化策略,在一定的范围内与同行业竞争中形成一个隔离区,从而自己不会受到竞争者的侵害。同时产品差异化还能增加边际收益,降低开发的成本,能使企业在较低的开发成本下完成大规模的生产与交易过程。

(2)能提高消费者对品牌的信任度。消费者对品牌的信任度会给竞争对手形成强有力的障碍,其他企业想要进入该行业,则需要克服该种产品的独特性。

(3)产品差异可以借助其所产生的边际收益,增强企业在对上游产品的竞争中,比其他同类产品处于更有利的地位。差异化策略作为一种重要的营销策略在房地产行业中的作用日益凸显。

3. 房地产产品差异化策略的内容

(1)产品差异化。产品差异化的实行策略主要有以下三个方面:①企业在生产技术上具有较高的适应能力和应变能力;②企业在产品的研究和开发上具有较强的创新能力;③企业在市场营销中要有明确的目标市场,并能采取有效的营销手段和方法。具体来说,房地产产品差异化可以从性能质量、风格、特色、设计等方面入手。性能质量是指房地产产品的主要特点在使用中的实际表现水平。其主要可以体现在区位的远近优劣,环境的优劣、区位是否便利,整体布局是否合理,设计是否实用和完善,设备设施是否充分等。如同一区位,本企业楼盘与竞争楼盘相比,在相同得房率的基础上,户型有更多功能组合;本楼盘采用了更多、更新颖的现代设施,那么本楼盘的性能就更好。特色指对房地产产品基本功能的增加,如为住宅增加室内自动报警功能。风格指房地产产品给顾客的视觉和感觉效果,如苏州园林风格、北美风格等。而性能质量、风格、特色的差异化都需要通过设计来实现。

(2)服务差异化。业内专家认为,由于受房地产及相关行业发展水平的限制,楼市的产品更新很难再有质的突破,产品品质的"同质性"越来越严重,而取得成功的关键就在于服务的差异化,房地产企业必须在传统的客户服务的基础上进行服务升级,升级后的"客户服务"不再是传统意义上仅仅体现在对产品售后的"客户服务",而应包含产品设计、生产、销售、使用中所有的服务环节，而且越来越强调多元化、人性化、规模化和个性化。房地产业已经进入“服务经济”时代，只有通过不断满足客户对服务的需求、扩大服务范围、延长服务时间等方式，房地产开发企业才能获得市场认可。通过将客户服务于市场营销相结合，这种独特的服务方式给房地产企业带来稳定的客户群，这种服务的差异化使得房地产企业能够在项目开发之初就可以具备相当大的市场支持度。采用这种客户“克隆”模式的楼盘一方面调动旧客户投资购房的需求，另一方面通过旧客户带动新客户的联动效应，并通过各类大规模的市场活动带动潜在消费者，以获得认同。已经有多家房地产企业采用了其中的一种或者多种方式，以服务来体现价值。

(3)认知差异化。通过CIS企业形象统一战略或者品牌战略将企业或企业树立的某类产品的品牌进行强势的宣传，这种策略将形象识别系统与品牌经营、营销推广、市场细分等紧密结合在一起，从而使尽可能多的受众将该企业与其他企业明显地区分开来。

(4)价格差异化。价格差异化是通过使自己房地产产品的价格明显高于或低于其他产品的竞争策略。房地产行业存在着周期性，在周期波动以及国家宏观调控等因素的影响下，房地产行业的整体形势也在发生着变化。房地产市场也同样面临着价格方面的影响，并不一定是水涨船高或者跟风降低，通过具有其他产品存在的明显差异的价格，房地产企业通常能够达到自己尽快回笼资金或者赢取超额利润的目的。这种差异化是建立在其他差异化的基础上或者是自身精确的成本控制和产品定位上。

(二)创新策略

房地产产品的创新可以是房地产开发全过程中任何一个环节的创新，包括规划设计创新、房地产开发过程创新和服务创新等。

1. 房地产产品的规划设计创新

房地产产品的产品规划、图纸设计基本上决定了产品品质的高低，因此，房地产产品的创新性也主要应在该阶段体现出来。规划设计阶段的创新点应着重关注以下几点：

(1)以人为本。以人为本充分体现了房地产新产品开发的原则。事实上所谓的房地产产品创新，不是指用另外一种完全不同的产品来取代房地产产品，而是适应人类对房地产产品需求的多样性和无限性，在原有传统功能的基础上，开发出更多的新功能，其目的是更好地满足市场需求。

(2)注重产品细节。如今人们对投资已非常理性化。虽然每个项目对每个人的吸引力都不尽相同，但所开发出的产品却极具居住价值和投资价值。同时也给了房地产开发商一定的启示，可以用一些局部的、细致的手法来进行产品的规划设计，虽然投资不大，但是在给消费者带来审美满足的同时，也给企业带来较高的经济和社会效益。

(3)形成产品差异化。目前房地产产品同质化非常严重，通过创新使得本企业的产品品质、功能配套等方面与其他企业形成差异，这种差异可能就意味着强大的市场竞争力。实践经验表明，只要顾客相信产品差异化品质值得多花钱，他们就会愿意付出较高的价格。因此，拥有差异化产品的企业往往是按照市场愿意接受的价格定价，从而获得足够的市场需求来支持市场高于平均水平的利润率。拥有差异化产品的企业的优势，在于以竞争对手做不到的方式，更好地满足消费者的需求，最终实现比别人的产品价格高而收益好的目的。

(4)提升产品附加值。商业、教育、医疗等资源都成了房地产产品的附加产品。在房地产市场竞争日益激烈和消费者的消费理念更加理性的情况下，提升产品附加值已成为开发商竞争的重要手段之一，附加产品的创新有时会成为房地产产品的主要竞争力，自然成为楼盘成功的关键因素之一。更多的购房者在选房时不仅看房子、看环境，还要重点考察楼盘的配套设施。楼盘周边的商业设施、学校够不够级别，成为衡量楼盘够不够档次的直接因素，这也决定了楼盘是否能够畅销。

(5)提高产品性价比。房地产产品的创新不能忽视产品的性能价格比。消费者在决定购买某一房地产产品之前，总会“货比三家”，这实际上是在对不同房地产产品的价格和性能进行比较和分析。房地产产品从规划、设计开始，历经开发建设，再到销售和物业管理阶段，每增加一个环节，就会增加一定的成本，而成本又会反映到产品价格上。当价格一旦超过消费者的经济和心理承受能力时，就会造成产品的滞销。因此，开发商在进行产品规划设计时，就必须尽量提升其性能价格比，以达到尽可能吸引消费者购买本企业产品的目的。

2. 房地产产品开发过程的创新

房地产产品开发建设过程中，涉及建材、施工技术、施工工艺等，这使得开发过程成为一个新的创新过程，促进房地产新技术、新材料、新工艺的开发和应用，从而提升开发项目的科技含量和房屋性能质量。对于消费者来说，开发过程的创新，会使消费者享受到因创新而带来的实惠，需求得以真正满足。

3. 房地产产品的服务创新

服务作为房地产产品整体的延伸产品部分，对房地产营销活动的顺利展开发挥着不可替代的作用。真正的服务应涵盖售前服务、售中服务和售后服务，服务创新可以就此展开。比如在预售阶段，应当针对消费者的疑虑和害怕上当的心理，一方面加强解释、宣传工作，另一方面又要让事实说话，通过给消费者提供完善的法律服务，消除消费者的种种疑虑；在现房销售阶段，应当针对市场竞争状况和消费者实际需要，侧重于如何引导消费者看房、答疑赢得消费者信赖，并要提供便利的购房服务；在售后阶段，则应针对消费者可能的不满，做好解释和售后服务工作。

第二节　房地产的价格策略

一、房地产价格的概念和特征

从价值构成来看，房地产价格是指在建设用地开发和房屋建造过程中，凝结在房地产商品中的物化劳动与活劳动价值量的货币形式，是房地产经济价值的反映。从市场角度看，房地产价格是为了获得房地产商品付出的代价，反映了完成某项房地产商品交易时的货币价值量。

房地产价格也称为不动产价格，与一般商品价格相比有以下特征：

(1)房地产价格具有双重的实体。一部分来源于开发土地和房屋建筑制造劳动所形成的价值；另一部分来源于土地使用权价格，即地租。

(2)房地产价格的地区差异性。由于不同的城市、不同的地区，以及具体区位的社会经济地位、环境、交通、景观、文化等方面存在的不同，房地产的价格很自然地呈现地区差异性的特征。

(3)房地产价格形成的市场不充分性。房地产的不可移动性和个别性等特点，使得房地产不能拿到同一个具体市场上去进行比较和让消费者充分选择，不能形成完全自由竞争的市场，而且交易主体的个人因素同样影响房地产价格。

(4)房地产价格的权益性。房地产价格实质上是所有权、使用权、收益权、抵押权等这些无形权益的价格。

二、房地产价格的构成

房地产价格可以分为开发成本、开发费用和利润三个部分。其中,利润率根据各个项目以及开发商等因素的不同而不同。这里着重对房地产开发成本费用进行分析,开发成本是指计入固定资产价值的部分,而开发费用则直接计入当期损益。

(一)开发成本

房地产开发成本共有八项。

1. 土地使用权出让金

国家以土地所有者身份,将一定年限内的土地使用权有偿出让给土地使用者。土地使用者支付土地出让金的估算可参照政府前期出让的类似地块的出让金数额,并进行时间、地段、用途、临街状况、建筑容积率、土地出让年限、周围环境状况及土地现状等因素的修正得到;也可依据所在城市人民政府颁布的城市基准地价或平均地价,根据项目所在地段等级、用途、容积率、使用年限等因素修正得到。

2. 土地征用及拆迁安置补偿费

(1)土地征用费。国家建设征用农村土地发生的费用主要有土地补偿费、劳动力安置补助费、水利设施维修分摊、青苗补偿费、耕地占用税、耕地垦复基金、征地管理费等。农村土地征费的估算可参照国家和地方有关规定进行。

(2)拆迁安置补偿费。在城镇地区,国家和地方政府可以依据法定程序,将国有储备土地或已由企、事业单位或个人使用的土地出让给房地产开发项目或其他建设项目使用。因出让土地使原用地单位或个人造成经济损失,新用地单位应按规定给以补偿。它实际上包括两部分费用,即拆迁安置费和拆迁补偿费。

3. 前期工程费

前期工程费主要包括以下内容:

(1)项目的规划、设计、可行性研究所需费用。一般可以按项目总投资额的一定百分估算。通常规划及设计费为建安工程费的3%左右,水文地质勘探费可根据所需工作量结合有关收费标准估算。

(2)"三通一平"等土地开发费用。主要包括地上原有建筑物、构筑物拆除费用、场地平整费和通水、通电、通路的费用等。这些费用可以根据实际工作量,参照有关计费标准估算。

4. 建安工程费

建安工程费是指直接用于建安工程建设的总成本费用,主要包括建筑工程费(建筑、特殊装修工程费)、设备及安装工程费(给排水、电气照明、电梯、空调、燃气管道、消防、防雷、弱电等设备及安装)以及室内装修工程费等。在可行性研究阶段,建安工程费可采用单元估算法、单位指标估算法、工程量近似匡算法、概算指标估算法以及类似工程经验估算法等估算。

5. 基础设施费

基础设施费又称红线内工程费,包括供水、供电、供气、道路、绿化、排污、排洪、电信、环卫等工程费用,通常采用单位指标估算法来计算。

6. 公共配套设施费

公共配套设施费主要包括不能有偿转让的开发小区内公共配套设施发生的支出。其估算可参照"建安工程费"的估算方法。

7. 不可预见费

不可预见费包括基本预备费和涨价预备费。依据项目的复杂程度和前述各项费用估算的准确程度,以上述1~6项之和为基数,按3%~5%计算。

8. 开发期间税费

开发项目投资估算应考虑项目在开发过程中所负担的各种税金和地方政府或有关部门征收的费用。在一些大中城市,这部分费用在开发建设项目投资占较大比重。应根据当地有关法规标准估算。

(二)开发费用

房地产开发费用是指与房地产开发项目有关的管理费用、销售费用和财务费用。

1. 管理费用

管理费用按项目开发成本构成中前1~6项之和为基数,按3%左右计算。

2. 销售费用

销售费用是指开发建设项目在销售产品过程中发生的各项费用以及专设销售机构或委托销售代理的各项费用。主要包括以下三项:

(1)广告宣传费,为销售收入的1%~2%。

(2)销售代理费,为销售收入的1.5%~2%。

(3)其他销售费用,为销售收入的0.5%~1%。

以上各项合计,销售费用占销售收入的3%~5%。

3. 财务费用

财务费用是指为筹集资金而发生的各项费用,主要为借款利息和其他财务费用(如汇总损失等)。

案例9—1

某房地产公司在某市以总额为人民币5.8亿元竞得一地块国有建设用地使用权,该宗地面积为75 280平方米,宗地项目位于某市山区建新大道北侧,金洲南路东侧。土地用途为商业、居住用地。项目规划建筑容积率为2.3以下,商业建筑面积不超过总建筑面积的3%,建筑密度21.5%以下,如表9—1所列。

表9—1　　某项目开发成本费用汇总

项　目	计算基数	取费标准	合计/万元	计算依据
1.开发成本	—	—	101 373.76	1.1~1.7之和
1.1土地费用	—	—	58 000	
1.2前期工程费			629.34	1.2.1~1.2.4之和
1.2.1三通一平	75 280平方米	10元/平方米	75.28	土地面积×10元/平方米
1.2.2规划设计费	34 628.8万元	1.5%	519.432	建安费×1.5%
1.2.3策划费	34 628.8万元	0.05%	17.314	建安费×0.0.5%
1.2.4勘察设计费	34 628.8万元	0.05%	17.314	建安费×0.0.5%
1.3建安工程费			34 628.8	1.3.1~1.3.4之和

续表

项　目	计算基数	取费标准	合计/万元	计算依据
1.3.1住宅	75 280×2.3×97%	2 000元/平方米	33 589.936	住宅建面×单方造价
1.3.2商业	75 280×2.3×3%	2 000元/平方米	1 038.864	商业建面×单方造价
1.3.3车位				车位建面×单方造价
1.4基础设施费			1 370.096	1.4.1～1.4.6之和
1.4.1供水	75 280 平方米	15 元/平方米	112.92	土地面积×15 元/平方米
1.4.2供电	75 280 平方米	75 元/平方米	564.6	土地面积×75 元/平方米
1.4.3煤气	75 280 平方米	75 元/平方米	52.696	土地面积×7 元/平方米
1.4.4绿化	75 280 平方米	6 元/平方米	45.186	土地面积×6 元/平方米
1.4.5排污	75 280 平方米	37 元/平方米	278.536	土地面积×37 元/平方米
1.4.6道路	75 280 平方米	42 元/平方米	316.176	土地面积×42 元/平方米
1.5公共配套设施费			330	
1.5.1幼儿园	2 200 平方米	1 800元/平方米	330	该设施建面×单方造价
1.6开发期间税费	34 628.8万元	10%	3 462.88	
1.7不可预见费	98 421.116	3%	2 953.64	1.1～1.6项之和的 3%
2.开发费用			19 931.21	2.1～2.3之和
2.1管理费用	101 373.76	3%	3 041.21	1 项的 3%
2.2销售费用	75 280×2.3×13 000元/平方米	3%	6 752.62	销售收入的 3%
2.3财务费用	101 373.76×50%	10%,2 年	10 137.376	假设借款为开发成本的 50%,利率为 10%,借款期为 2 年
合　计			121 304.97	

三、房地产项目的定价方法

房地产项目的定价方法主要有成本导向、竞争导向、需求导向、试探定价和可比楼盘定价法 5 种。

(一)成本导向定价法

成本导向定价法是指一种按照卖方意图定价的方法,开发商考虑收回其在房地产产品的开发过程中的成本费用,并加上一定的目标利润来确定项目的价格。成本导向定价法有变动成本法、成本加成法和售价加成法等。成本导向定价法主要适用于市场价格可比性小、市场竞争相对较小的情况。

(二)竞争导向定价法

竞争导向定价法是以企业所处的行业地位和竞争定位而确定价格的一种方法。它是以竞争者的价格为基础,根据竞争双方的力量等情况,确定比竞争者价格低、高或相同的价格,以达到增加利润、扩大销售量或提高市场占有率等目标的定价方法。对于房地产企业而言，当本企业所开发的项目在市场上有较多的竞争者时，适宜采用竞争导向定价法确定楼盘售价，以促进销售，尽快收回投资，减少风险。竞争导向定价法有随行就市定价法、追随领导者企业定价法两种。竞争导向定价法通常是在市场竞争较为激烈时应当考虑的一种方法，在此种方法下，开发经营者获取较高利润的途径就是必须着眼于降低开发经营成本。

（三）需求导向定价法

需求导向定价法是以消费者对房地产产品的认知价值及对价格的承受能力为依据，以市场占有率、品牌形象和最终利润为目标，按照需求来确定房地产价格。主要有理解价值定价法和需求差异定价法两种不同的形式。

需求导向定价法认为购房者并不清楚也不十分关心市场上房地产商品的成本、造价等问题。他在选购房地产时，影响其做出决定的因素主要有两方面：一是其他同类房地产商品的价格如何，二是以一定的价位购买该项房地产是不是值得。当购房者对某开发公司的品牌有信心时，纵然定价较高，购房者基于享受良好的售后服务和今后物业管理的考虑或是为了体现自己的实力、身份等，仍会欣然前往，而当购房者对推出房地产商品的开发公司不具信心时，一旦定价太低，购房者反而会怀疑其品质而不予信任。为什么在同一个城市里，硬件条件（如交通、绿化、生活服务设施等）相当的一些小区，有的定价较高却仍然卖得火爆，有的价位虽然较低，销售却冷冷清清，一个重要的原因就是顾客的感受。依顾客感受而定价是大胆作风，缺乏理论依据并进行定量计算，所以，尽管房地产和其他商品一样，品牌信誉确定能影响甚至主导消费者的消费意愿，但房地产的定价亦不能太离谱，若超过顾客所能忍受的价位，销售反而不利了。

案例 9—2

某房地产开发商推出一楼盘，共 1 栋商住楼和 1 栋 15 层住宅楼。当时市场行情较为低迷，该开发商采取客户报价方法来确定单元价格。将住宅楼某单元的 1～15 层按照10 500元/平方米低价报出，客户可以报出高于此价格的报价。若客户最后的报价在前 15 名之内，即可以此价格作为客户所报单元的成交价。此方法推出后，市场反应热烈。仅 10 天参与报价的客户就达到 78 人，前 15 名客户按照报价购买了住宅单元，其余客户踊跃参加客户报价活动，住宅楼的月销售率达到了 90%。

（四）试探定价法

在出售商品房时，先以较低价售出少量商品房，如果买房的人多，就可以把价格提高一些；如果提价后仍供不应求，以后还可以把价格再提高。或者说，在正式开盘前的内部预订期，只推出起价和均价，没有给出具体的楼价，根据市场的感受度和消费者的接受度，并结合成本、预期利润，经综合考虑后进行适当调整，从而制定出具体楼价。

（五）可比楼盘定价法

可比楼盘定价法的定价原理是：首先，采用条件相似的楼盘市场均价作为比较基础，对影响价格的因素进行区分，对因素进行指标分解；然后，由专家对各个楼盘的指标进行评分，计算加权分数；最后，对各个楼盘就其与定价楼盘价格关系的密切度赋予相应的权重，求出定价楼盘的可比价格。

1. 比较因素及指标分解

根据物业类型及所处环境的不同是，可以将影响价格的因素进行分类，并确定因素的相应指标。表9－2是某楼盘的比较因素、指标与分值。

表9－2　某楼盘的比较因素、指标与分值

比较因素	指　标	分　值
位置	A. 距所在片区中心区的远近;B. 商业为邻街或背街;C. 写字楼为邻街或背街;D. 住宅距所在片区中心区的远近	A. 最差(远)1;B. 很差(远)2;C. 一般3;D. 很好(近)4;E. 最好(近)5
价格	A. 百元以上为等级划分基础;B. 商铺、写字楼、豪宅、普通住宅等级依次减少;C. 价格是否有优势	A. 最高1;B. 很高2;C. 一般3;D. 很低4;E. 最低5
配套	A. 城镇基础设施:供水、排水、供气、供电 ;B. 社会服务设施:文化教育、医疗卫生、文娱体育、邮电、公园绿地	A. 最不完善1;B. 不完善2;C. 一般3;D. 很完善4;E. 最完善5
物业管理	A. 保安;B. 清洁卫生;C. 机电;D. 绿化率及养护状况;E. 物业管理费;F. 是否人车分流;G. 物业管理商资质	A. 最差1;B. 很差2;C. 一般3;D. 很好4;E. 最好5
建筑质量	A. 是否漏雨漏水;B. 门窗封闭情况;C. 内墙;D. 地板;E. 排水管道	A. 最差1;B. 很差2;C. 一般3;D. 很好4;E. 最好5
交通	A. 大中小巴士路线数量;B. 距公交站远近;C. 站点数量;D. 大中小巴舒适程度	A. 最少(远)1;B. 很少 (远)2;C. 一般3;D. 很多(近)4;E. 最多(近)5
城市规划	A. 规划期限;B. 规划完善程度;C. 规划所在区域重要性程度;D. 规划现状	A. 最不完善1;B. 不完善2;C. 一般3;D. 很完善4;E. 最完善5
楼盘规模	A. 总建筑面积;B. 总占地面积;C. 户数	A. 最小1;B. 很小2;C. 一般3;D. 很大4;E. 最大5
朝向	A. 按方向;B. 按山景;C. 按海景;D. 视野	A. 西(西北、西南)1;B. 东(东南、东北)2;C. 北(东北、西北)3;D. 南(东南、西南)4
外观	A. 是否醒目;B. 是否新颖;C. 是否高档;D. 感官舒适程度	A. 最差1;B. 很差2;C. 一般3;D. 很好4;E. 最好5
室内装修	A. 高档;B. 实用;C. 功能是否完善;D. 质量是否可靠	A. 最差1;B. 很差2;C. 一般3;D. 很好4;E. 最好5
环保	A. 空气;B. 噪声;C. 废物;D. 废	A. 最差1;B. 很差2;C. 一般3;D. 很好4;E. 最好5
发展商实力及信誉	A. 资产及资质;B. 开发楼盘多少;C. 楼盘质量;D. 品牌	A. 最差(少)1;B. 很差(少)2;C. 一般3;D. 很好(多)4;E. 最好(多)5
付款方式	A. 一次性付款;B. 分期付款;C. 按揭付款;D. 其他	A. 最差(少)1;B. 很差(少)2;C. 一般3;D. 很好(多)4;E. 最好(多)5
户型设计	A. 客厅和卧室的结构关系;B. 厨房和厕所的结构关系;C. 是否有暗房;D. 实用率大小	A. 最差1;B. 很差2;C. 一般3;D. 很好4;E. 最好5
销售情况	A. 销售进度;B. 销售率;C. 尾盘现状	A. 最差1;B. 很差2;C. 一般3;D. 很好4;E. 最好5
广告	A. 版面大小;B. 广告频率;C. 广告创意	A. 最差1;B. 很差2;C. 一般3;D. 很好4;E. 最好5
停车位数量	A. 停车位数量;B. 住户方便程度	A. 最差1;B. 很差2;C. 一般3;D. 很好4;E. 最好5

2. 比较因素及指标分解

为了科学地计算出本项目的市场客观合理价格，选取系列与本案具有一定相似性的楼盘作为比较标准，由专家针对以上比较因素进行评分，计算其楼盘综合得分，如表 9—3 所列。

表 9—3　　可比楼盘综合因素量化统计

权重	权数	楼盘 1	楼盘 2	楼盘 3	本案
位置	0.5				
价格	0.5				
配套	0.4				
物业管理	0.3				
建筑质量	0.3				
交通	0.3				
城市规划	0.3				
楼盘规模	0.3				
朝向	0.3				
外观	0.1				
室内装饰	0.2				
环保	0.2				
发展商信誉	0.1				
付款方式	0.2				
户型设计	0.1				
销售情况	0.1				
广告	0.1				
停车位数量	0.1				
合　计	4.4				

3. 可比楼盘的比准价格的计算

根据各楼盘的综合得分与本案楼盘的得分比例关系，计算各可比楼盘的可比准价格 P_1、P_2、P_3，公式如下：

$$P'_i=(Q_x/Q_i)\times P_i$$

式中，P'_i 为第 i 个楼盘的比准价格；P_i 为各楼盘的销售价格；Q_x 为本楼盘的综合因素得分；Q_i 为各可比楼盘的综合因素得分。

4. 本案楼盘价格的计算

计算公式为：

$$P=\sum_{i=1}^{n}W_i\times P'_i$$

式中，P 为本案价格；W_i 为第 i 个楼盘的权重；P'_i 为第 i 个楼盘的比准价格。

案例 9—3

用可比楼盘定价法确定百德·康桥假日洋房均价

百德·康桥假日坐落于服装名城福建省石狮市市区东路北侧与石光化侨中学西侧交叉处，总投资 3.5 亿元，是集商住为一体的综合性高级住宅小区。项目总用地面积88 763.45平方米，总建筑面积332 708.7平方米。规划建设 15 栋多层洋房、9 栋高层，其中 18 层高楼 2 栋，30～33 层高楼 7 栋。规划分为花园洋房区、商业步行街及高楼公寓区三个区。

将百德·康桥假日的洋房与周边其他同类物业房地产楼盘进行价格上的参照对比。

1. 可比楼盘选择

将濠江丽景、濠江明珠、东港花园的花园洋房作为本分析项目——洋房的参考价格。

2. 可比楼盘定价

(1)本项目产品评价因素分值。根据购买者购买时，对各因素的侧重及影响消费行为的诱因等作为重要衡量因素，如表 9—4 所示。

表 9—4　　可比楼盘综合因素

因素	位置					产品			品牌
	交通	综合配套	远景规划	景观	外部环境	社区	户型	建筑规划	发展商品牌
分值	10	15	7	10	8	10	10	15	15

(2)通过对市场的调查问卷、业内人士等评分取样，具体分值计算如表 9—5 所示。

表 9—5　　可比楼盘综合因素评分

项目＼得分	1	2	3	4	5	6	7	8	9	10	平均分
濠江丽景	84	74	76	73	75	78	75	75	79	81	77
濠江明珠	77	71	78	69	72	80	75	67	77	64	73
东港花园	85	84	92	78	84	79	87	73	80	88	83
本项目洋房	73	81	83	78	86	71	92	76	84	76	80

(3)参考均价计算，如表 9—6 所示。

表 9—6　　可比楼盘均价确定

	濠江丽景	濠江明珠	东港花园	本项目洋房
平均分	77	73	83	80
均价	P_A＝8 500	P_B＝9 000	P_C＝8 000	P_X＝?

修正后各相关楼盘价格如下：

$P'_i=(Q_X/Qi)\times P_i$　　注：P_i 为销售均价

$P'_A=(Q_X/Q_A)\times P_A=80/77\times 8\ 500=8\ 831$(元/平方米)

$P'_B=(Q_X/Q_B)\times P_B=80/73\times 9\ 000=9\ 863$(元/平方米)

$P'_C=(Q_X/Q_C)\times P_C=80/83\times 8\ 000=7\ 711$(元/平方米)

各相关楼盘权重取值为 W_i(考虑到与本项目的相似性及影响),$W_A=50\%$,$W_B=30\%$,$W_C=20\%$,故:

$$
\begin{aligned}
P &= \sum P'_i \times W_i \\
&= P'_A \times W_A + P'_B \times W_B + P'_C \times W_C \\
&= 8\ 831\times 50\% + 9\ 863\times 30\% + 7\ 711\times 20\% = 8\ 916.6 \text{(元/平方米)}
\end{aligned}
$$

3. 评价权重的重点说明

表 9—7 为可比楼盘权重说明。

表 9—7　　可比楼盘权重说明

项　目	濠江丽景	濠江明珠	东港花园
均价	8 600	9 000	8 000
权重	50%	30%	20%
权重说明	①该项目规划建设档次与本案类同 ②以营造一个有独特社区文化氛围的大社区为开发理念 ③开发商拥有良好的市场口碑效应 ④该小区是较成熟的地产开发区域,客户对该区域的地产产品品质,口碑一向不错。且随着其良好的发展,拥有一群固定的群体	①该小区与濠江丽景开发商为同一家,所以开发商拥有良好的市场口碑效应,且开发商拥有较强的资金实力与开发经验 ②小区简约而不简单,户型明了、多样,因此,在当时区域条件不成熟的情况下,取得了不错的销售业绩	①洋房产品本身品质较差,户型简单,与本案的竞争力相对低弱 ②属于比本案更早的工程,提升的空间相对本案不是很大
本案洋房产品价格	8 916.6 元/平方米		

根据以上分析,应用市场比较法可以得出项目不同类物业在目前市场环境下的洋房均价为 8 916.6 元/平方米。

四、房地产项目定价的程序

(一)收集整理市场信息及定价楼盘资料

主要搜集开发楼盘的所在城市、区域,尤其是标的物附近同档次楼盘的资料,其中包括楼盘、区域与个别因素、房屋装修、均价、单元价等内容。同时在企业内部整理楼盘开发过程中的各种费用数据。

(二)估计成本和需求

在进行价格定位之前,必须掌握楼盘的成本结构,准确估计楼盘的各项建造成本、销售费用、管理费用以及筹资费用。就房地产市场而言,期房的定价比现房定价更为复杂。因为相对于现房而言,期房在定价时有许多成本核算及费用尚未发生,必须依赖预测和判断。

估计项目的需求是以项目在不同价格水平下,消费者可能产生的需求变动。通过消费者需求量变动的估计,可以大致确定楼盘的价格水平,确保楼盘得到最大限度的利润。

(三)分析竞争对手

这一步骤的作用在于分析自己与竞争者之间项目的差异程度。了解不同项目的不同特征对价格的影响，并进行初步的量化分析，找出本楼盘在产品性质、特征上的优势，根据竞争者的价格确定适合自己的价格水平。这一步骤对房地产商选择竞争导向定价方法极为重要。

(四)选择房地产定价的目标基本方法

在项目定价之前，必须对楼盘的营销目标进行深入研究，考虑竞争环境，权衡地产营销中的各种关系，依据楼盘的定位、发展商自身的经济实力，确定合理的定价目标。例如，定位于高档豪华商品房，则可选择最大利润定价目标；而中、小规模开发商则可采取应付与避免竞争之目标，然后根据定价目标确定应采用的方法。

(五)决定楼盘的平均单价

任何一个楼盘首先需决定其整体价格水准，也就是一般所俗称的“平均单价”。虽然开发商在开发土地时，通常会预估一个单价水准，但到了真正公开销售之前，常常由于市场竞争、时机差异、产品规划及开盘目标等因素的影响，有必要再确定“平均单价”水准，以作为细部价格制定的依据。分析“平均单价”对全楼盘销售金额有利润的影响，也是发展商和代理公司最“计较”的一环。

(六)决定各期、各栋的平均单价

一旦决定了平均单价，若为大规模楼盘预计分期销售，则可就各期定平均单价；若个案规划为数栋建筑，则可评价各栋差异因素及程度，如栋距、楼层数、景观等，从而决定各栋的平均单价。除了评估差异条件之外，还需检视各期或各栋的可销售面积，使各期或各栋平均单价乘以各自可销售面积的总和，等于楼盘的平均单价乘以各自或销售面积的总和，等于楼盘的平均单价乘以全部可销售面积的总和。

(七)决定楼层垂直价差

垂直价差，顾名思义，主要是指楼层高度的不同所产生的价格上的差异，通常以每平方米的单价差额来表示。

随着城市化的不断加快，楼盘从原先的多层发展到带电梯的小高层、高层及摩天大楼，对楼盘垂直空间的价值判断随之变得繁复。一般而言，除非楼盘的最低几层因商业用途而使楼盘的价值随楼层的增高而减少外，对于带电梯的高层住宅而言，楼层越高，单价越高。以一般带一层底商的电梯高层住宅为例，就二楼以上而言，不论是小高层还是高层，其最高单价楼层几乎全在顶楼，最低单价楼层则为二楼，至于其他楼层之间价格高低的程序，可以依据实际情况划分等级。顶楼之所以价格最高，主要在于私密性好，采光、通风、视野等条件较佳。

一般在确定垂直价差时，先确定一个基准楼层，使基准楼层的单价等于该栋建筑的平均单价，然后评估其他楼层与该基准楼层之间价格差异的程度，从而确定其他楼层的相对价格，并使各楼层相对基准楼层的价格差异总和等于零。基准层一般选取价格顺序居中的楼层，如纯住宅楼栋，若楼高为 11 层，选取第 6 层为基准层；若楼高为 18 层，则选取第 8.5 层为基准层。设基准层的垂直系数为 1，其余各层价格按照调整系数进行垂直价格调整。至于各楼层与基准层的价差，也因产品而异。如多层住宅高度较低，各楼层的采光、通风等条件相同，楼层的价格差距一般在 100～200 元/平方米；而高层住宅，特别是二三十层的住宅，楼层的价格差距在 500～1 000 元/平方米以上。以上的价差幅度与一定的楼栋平均价格作为参照，在实际确定基准价过程中，可以采取百分比而不是具体数值的方法。

若一层作为商铺使用，由于商铺与住宅的价值差异较大，因此其价格与二层以上的平均价格的差距可能达到 2.5～5 倍。倍数的大小受行业结构、商业规模、附近商铺的开店率等因素的影响，具体表现为：附近商铺的开店率高，商业气氛已形成，则价差的倍数大；开店率低，商业气氛还未形成，则价差的倍数就小。附近行业结构偏重于零售、服务等行业，则价差的倍数就大；若附近行业的结构多为小作坊（如皮革加工、建材店等），则价差的倍数就小。楼盘所在的位置商业规模大，则价差倍数就大；如果一楼商铺的服务对象为全市市民，规模大，则价差倍数就大；若二层也作为商铺的规划，则二层单价大多为1层单价的40%～70%。百分比的大小可视情况而定，如果地区的消费习惯仅局限于一层，很难延伸至二层，则价差百分比就低；如果消费习惯已延伸至二层，则价差百分比就高。

纯住宅的楼层具体调整系数可以参考表9—8和表9—9。

表9—8　　多层楼层调整系数

系数 层数 / 层次	一层	二层	三层	四层	五屋	六层	七层
1	1.00	1.00	0.98	0.98	0.95	0.94	0.93
2		1.02	1.00	1.00	0.98	0.98	0.98
3			0.99	1.03	1.00	1.00	1.00
4				1.01	1.04	1.01	1.00
5					1.01	1.05	1.03
6						1.02	1.06
7							1.03

表9—9　　高层楼层调整系数

系数 层数 / 层次	15层	20层	25层	30层以上
1	0.970	0.960	0.940	0.930
2	0.975	0.965	0.945	0.940
3	0.980	0.970	0.950	0.945
4	0.980	0.970	0.950	0.945
5	0.985	0.975	0.955	0.950
6	0.990	0.980	0.960	0.955
7	0.995	0.985	0.965	0.960
8	1.000	0.990	0.975	0.965
9	1.000	0.995	0.980	0.970
10	1.010	1.000	0.985	0.975
11	1.015	1.000	0.990	0.980

续表

系数 层数 / 层次	15层	20层	25层	30层以上
12	1.020	1.005	0.995	0.985
13	1.025	1.010	1.000	0.990
14	1.030	1.010	1.000	0.990
15	1.025	1.020	1.010	0.995
16		1.025	1.015	1.000
17		1.030	1.020	1.000
18		1.040	1.030	1.010
19		1.040	1.035	1.015
20		1.035	1.040	1.020
21			1.045	1.030
22			1.050	1.035
23			1.060	1.040
24			1.055	1.040
25	1.050	1.045		
26				1.050
27				1.055
28				1.070
29				1.060
30				1.055

(八)确定水平价差

在确定了项目的垂直价差后,接下来要确定水平价差。水平价差是指同一楼层各户之间的价格差异。它们在同一水平面上,已经排除了楼层的差异。

确定水平价差时,要考虑项目的不同楼栋。首先要对不同楼栋制定水平价差,然后就不同楼盘单独制定同一楼层的价差。如果楼栋各层的户型数目和其相对位置都相同,则只需要对一个楼层的水平价差进行分析,其余楼层价差比照该楼层。如果这个楼层户型并不是每一层都一样,则需要分别为各个楼层确定水平价差。或者楼层户型每层都一样,但是其邻近环境却不一样,也需要不同楼层进行水平价差的分析。

确定水平价差通常是依据各楼层的平均垂直价格,评估同一楼层之间朝向、采光、私密性、景观等因素的优劣程度,写出同层平面中各户的单价,但同一楼层各户单价的平均值与原定平均单价相符。

一般而言，影响水平价差的因素有下列几项：

1. 朝向

朝向通常是指主卧室的朝向，简易的判断方式以主卧室所朝的方向为坐向。传统的房屋朝向观念是“东南向最好，西北向最差”。单元朝向价格调整见表 9—10。

表 9—10　　单元朝向价格调整系数

<table>
<tr><td rowspan="2">单朝向单元</td><td>朝向</td><td>南</td><td>北</td><td>东</td><td>西</td></tr>
<tr><td>调整系数</td><td>+4%</td><td>−4%</td><td>+2%</td><td>−2%</td></tr>
<tr><td rowspan="2">双朝向单元</td><td>朝向</td><td colspan="2">南北</td><td colspan="2">东西</td></tr>
<tr><td>调整系数</td><td colspan="2">+3%</td><td colspan="2">−3%</td></tr>
<tr><td rowspan="2">复杂朝向单元</td><td>朝向</td><td>东南</td><td>西南</td><td>东北</td><td>西北</td></tr>
<tr><td>调整系数</td><td>+4%</td><td>+2%</td><td>−2%</td><td>−4%</td></tr>
</table>

具体户型朝向的价格还需要结合景观、采光等来确定。比如福州南滨东某楼盘的西北向单位比东南向售价高 30%，并很快被买家抢购完毕，而东南向的单位虽然售价低，却销售进度缓慢。原因是该楼盘是临江物业，江景是最大的卖点，西北向是全江景房；相反，东南向望不到闽江。这说明传统的住宅朝向观念已经有所改变。

2. 采光

采光通常是指房屋采光面的多寡或采光面积的大小。若以单面采光者为零，再以同楼层做比较，则无采光的暗房价差可能减 3%～5%；两面采光者可比单面采光者多加 2%～4%；三面采光时则可由两面采光的价格再加 1%～3%；四面采光乃至于四面以上(如某些多边形造型之住宅)，每增加一个采光面，每平方米加价 1%～2%，至于应采用何种调整幅度，则视暗房、栋距、道路宽度、日照、楼层位置等不同，而做上下调整。

3. 私密性

私密性是指私有空间与公共空间或其他户别私有空间隔离的程度，可用栋距来评估。至于应采用何种调整幅度，则视同一楼层的户数多少、管理好坏、防火间隔、与邻房高低差，及至大门入口距离等的不同，而做上下调整。

4. 景观

景观对于住宅购房者而言，常具有决定性的作用。在确定景观价差时，最好事先观察基地区域的现况图及城市规划图，以判别是否有遮挡、正对他户的屋角，以及潜在景观条件等因素。目前景观的有无已明显决定了楼盘是否具有竞争性，通常有景观房屋的售价可比无景观者每平方米高 10%～15%，甚至更高。若景观面不止一面，则每多一个景观面，每平方米可再增加 3%～5%。

景观对于住宅购买者而言，常具有决定性的影响力，对那种能够看到公园、水景、山景、自然或人造的景观单元，通常相对没有景观的单元而言，价格要高出许多，其价格调整系数一般不要超过 15%，对多面景观也最多不要超过 20%。

综合项目的朝向调整系数、私密性调整系数、采光调整系数、景观价格调整系数，可以得出项目水平价格调整系数，如表 9—11 所示。

表 9—11 项目水平价格调整系数

单元号 / 项目	01	02	03	……
采　光				
私密性				
朝　向				
景　观				
合　计				

(九)调整价格偏差

经过上面所述的各个步骤，就已可逐步确定各户型的平均单价，但还需核算整体的平均单价是否与原先预定的相符。这时可以将各户的面积乘以各户的单价，得出楼盘全部的可销售金额，将此可销售金额除以全部可销售面积(即各户可销售面积之和)，即得出所定的平均单价。由于各户的面积大小不一，因此所得出的平均单价可能不等于原先所预定的平均单价，此时即可将差异金额等比例调整至相同。

(十)确定付款方式

付款方式主要包括一次性付款、银行按揭付款和公积金按揭付款等。

一次性付款是指购房者签约后，立刻将所有的购房款项一次性交付。

银行按揭付款是指购房者在购房时，向银行提出担保的质押文件，经银行审核通过后，取得银行的部分贷款，依抵押约定，按期按时向银行偿还贷款本息，并提供该地产作为偿还的担保。

公积金按揭付款指购房者在购房时，以该房产向市或省级住房公积金管理中心抵押贷款，按期偿还贷款本息的方式。一般申请条件为缴住房公积金满一年，每个地区都有规定贷款额度，以某市贷款额度为例：夫妻一方缴交公积金的，可贷 45 万元；双方都缴公积金的，可贷 60 万元。表 9—12 为某项目付款方式。

表 9—12 某项目付款方式

付款方式	一次性付款	银行按揭	公积金按揭
折扣	96 折	98 折	100 折
签署认购书后十天内___月___日前共同签署(房地产预售合同)时	20%	10%	10%
70%	1 个月	20%	20%
	2 个月		
	3 个月		
	4 个月		
	6 个月		
收到(收楼通知书)10 天内付清	5%		

五、房地产定价策略

在确定房地产产品定价方法，得出基本价格之后，还要根据商品房本身的情况、市场情况、成本状况、消费构成、消费心理等影响价格的因素等采用不同的定价策略。定价策略主要有两种：开盘策略和时点定价策略。

（一）开盘策略

开盘定价是动态价格策略中最为关键的一步。常用的开盘价格策略有三种：高开低走的撇脂策略、低开高走的渗透策略和价格稳定策略（如图 9－1 所示）。

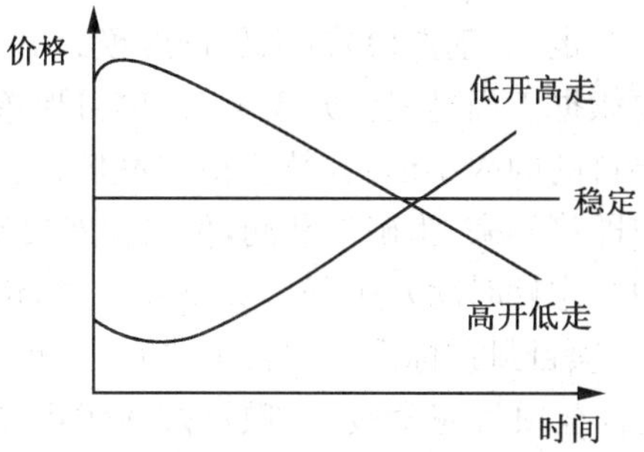

图 9－1　房地产开盘定价策略

1. 高开低走的撇脂策略

撇脂策略是指在房地产产品生命周期的最初阶段，将新产品价格定得较高，在短期内获取丰厚利润，尽快收回投资。

定价者采用撇脂定价的意图是希望在刚开盘时以高价销售，迅速获取丰厚的利润空间，然后随时间进度根据获利情况，以让利、清盘等理由逐步降价。撇脂策略的细分市场首先定位于需求弹性最小的目标客户群（挑剔物业的品质，对价格最不敏感），以求得最大边际利润，然后通过价格的调低来扩大目标客户群，让产品进入新的目标市场。它的实际效果与在细分市场理论中提到的用时间敏感度细分市场的效果是一样的，也是价值中差异需求定价法的具体运用，根本目的都是尽可能多地获取产品的消费者剩余。

撇脂定价的优点如下：

（1）便于获取最大的利润。

（2）高价未必高品质，但高品质必然需要高价支撑，因此容易形成先声夺人的气势，给人以楼盘高品质的展示。

（3）由于高开低走，价格是先高后低，或者定价高、折扣大，消费者会感到一定的实惠。

撇脂定价的缺点如下：

（1）撇脂定价的思想是与一般消费者“买涨不买跌”的消费心理相违背的。同时开盘时高开价格，市场接受的风险较高，很可能造成“骑虎难下”而延长销售期限。

（2）撇脂定价虽然迎合了后期的消费者，但无论如何，对前期消费者是非常不公平的，在一定程度上会损坏企业的形象和项目的品质，给今后企业其他项目的推广带来麻烦。

这一策略适合有以下特点的项目：

（1）具有某些创新性独特卖点的项目。譬如有最先进、合理、经济的户型设计，有其他楼盘所没有的品牌设计。

(2)物业综合性能上佳,功能性折旧速率较慢。

(3)企业已经具有较高的市场信誉度。

如福州世茂外滩花园 2006 年 5 月推出时,其均价高达 10 000 元/平方米,而周边楼盘在 5 000元/平方米左右,主要的原因是它有一个非常明显的优势:当地最高的精装修江景房。另外,该项目是房地产豪宅品牌进入福州的第一个项目,备受市场关注。

2. 低开高走的渗透策略

低开高走的渗透策略是一种低调入市策略,它的内涵目标是获得最大的市场占有率。通过有竞争力的价格吸引市场关注,刺激购买欲望,以销量促进早期资金回流,一旦树立物美价廉的印象后,再逐渐拉升价位。从消费行为学的角度,该策略是对买方趋利心理的纵向挖掘。

目前市场有种控制"低开高走"的基本模式:工程进度模式和销售推动模式。所谓工程进度模式,即项目价格走高主要依据工程进展。开工不久,项目形象尚无法充分展示,因此以试探市场、检验项目定位为主要目的的内部认购,其价格也最低;公开发售开始,项目形象包装、卖场包装准备就绪,主力客户即将到来,为确保利润,价格自然要比内部认购期高出一筹;至样板间开放(或其他工程进展中标志性时间),工程形象日趋完善,销售高潮已经形成,略略调整价格,客户抗拒心理一般不大;项目封顶标志着项目主体完工,购买风险大大降低,项目的大部分优势、卖点大多能充分展示,至项目完全竣工,项目好坏优劣非常清楚,客户资金垫付时间短,适当调高价格消费者也能理解。对于分多期开发的大盘或超大盘来说,随着工程不断展开,生活气氛、居家配套设施的日益完善,一期比一期价高更是常见策略。销售推动模式即主要依据销售进展机动灵活地调整价格,一般来说是在项目聚集了十足的人气后,为进一步制造销售热潮,以调高价格的方式来对犹豫中的客户形成压迫性氛围。

低开高走的渗透策略有如下优点:

(1)价廉物美是每一个购房者的愿望。一旦价格比消费者的心理价格低,给消费者以实惠感,就容易聚集人气。消费者知道了发展商"先低后高"的战略后,考虑到其中包含着升值空间,也容易成交。

(2)能在开盘之初就有效排斥或积压竞争对手的市场空间,从而为企业争取更多的目标客户。

(3)低价开盘,价格的主动权在发展商手里,何时调高,幅度多少,可根据市场反应灵活操控。

(4)资金回笼迅速,有利于其他营销措施的执行。

(5)先低后高实现了对前期购楼者的升值承诺,容易形成口碑和树立形象。

低开高走的渗透策略有如下缺点:

(1)开盘时价格低,投资回收期加长。

(2)开盘时的低价可能给部分消费者以"便宜没好货"的感觉,甚至引起消费者对物业质量的怀疑,损害项目形象。

从以上分析我们可以看出,低开高走的渗透策略适合以下三类楼盘:

(1)项目总体素质一般,无特别卖点。

(2)郊区大盘或超大盘,这类楼盘首要的是聚集人气。入住人多则容易在消费者心中形成大社区概念,而销售也将直线上升,如人气不旺则极易因位置等缺陷而无法启动。

(3)同类产品供应量大,竞争激烈。

3. 价格稳定策略

这是指在项目开盘及其后较长一段时期内，项目的整体价格水平始终保持相对稳定，既不大幅度提价，也不大幅度降价。这种策略的优点是给消费者以稳定的市场信心，对营销策略中已锁定的目标客户做深入发掘，同时可以静观市场变化再采取行动。但它的缺点也是显而易见的，那就是定价者在市场价格博弈中处于较被动的状态，容易造成其他潜在客户的流失。一般来说，这种方法只适用于房地产市场状况稳定的区域，或者在项目可售体量较小，销售期较短时采用。

实际上无论是高开低走，还是低开高走，都不是绝对的，销售过程中的价格变化是较为微妙的。作为价格制定者，关键问题是要在楼盘定价的前期，综合权衡物业形态、品质、市场态势、消费者心理，寻找合适的机会点，这样才能真正赢得市场，否则不考虑项目销售的成交量以及时间成本，将会受到严峻的市场考验。表 9—13 为不同定价策略的选择。

表 9—13　　不同定价策略的选择

策　略	发展商状况	市场状况	产品状况	可达成目的
高开低走	无资金压力、品牌需求	平稳、可控	超越竞争	获取高利润
低开高走	实力较弱、资金压力大	有风险	一般	尽快回笼
稳定	前期要求舒缓资金压力，价值最大	变化，机会和威胁参半	较小，不考虑后期提升	可变化，降低风险

(二)时点定价策略

时点定价策略即以销售价格为基准，根据不同的销售情况适当调整各出售单位价格的策略。时点定价策略大致有以下几种：折扣折让定价策略和用户心理定价策略。

1. 折扣折让定价策略

折扣折让定价策略有数量折扣、功能折扣和现金折扣。数量折扣是房地产开发企业为鼓励购房者集中购买或大量购买所采取的一种策略。它按照购买数量或金额，分别给予不同的折扣比率，购买数量越多，折扣越大。数量折扣又分累计数量折扣和非累计数量折扣两种形式。运用数量折扣策略的难点在于如何确定合适的折扣标准和折扣比例。开发企业应结合产品特点、销售目标、成本水平、资金利润率、需求规模、购买频率、竞争者手段以及传统的商业惯例等因素来确定科学的折扣标准和比例。在大、中城市有专门的媒体组织的购房团前往某一楼盘采购，开发商对其就有一定幅度的优惠活动。

功能折扣又称交易折扣，是指房地产开发企业针对代理其产品销售相关工作的营销代理公司根据其工作内容和不同给予不同的价格折扣。实行功能折扣的主要目的是鼓励代理公司扩大销售，争取顾客，并与房地产开发企业建立长期、稳定、良好的合作关系。功能折扣的另一个目的是对代理公司经营的成本和费用进行补偿，并让代理公司有一定的盈利。例如，从事房地产销售的代理公司，有的只负责收集资料，联系客户；有的不仅联系客户、出售房产，还代办产权登记等工作。因此，开发商可以对不同的中间商采取不同的折扣，调动他们的积极性。

现金折扣是房地产开发企业对购房者迅速付清货款的一种优惠。现金折扣一般根据约定的时间界限来确定不同的折扣比例。采用现金折扣一般要考虑三个因素：折扣比例、给予折扣的时间限制、付清全部贷款的期限。如“1/10，30”表示付款期为 30 天，如果客户在 10 天内付款，给予1%的折扣。房地产的现金折扣可分为一次性付款折扣和分期付款折扣。显然一次性付款的折扣要高于分期付款折扣。例如，某开发商对其楼盘的付款方式规定"现金一次性付款，九八折，分期付款无折扣"。

2. 用户心理定价策略

用户心理定价策略主要有整数定价策略、尾数定价策略、首尾定价策略和心理定价突破策略等。

(1)整数定价策略。对于那些无法明确显示其内在质量的商品，顾客往往通过其价格的高低来判断其质量的好坏。在定价时，把产品的价格定成整数，不带尾数，顾客产生"一分钱一分货"的感觉。但是，整数定价其价格并不是绝对地高，而只是凭借整数价格来给顾客造成高价的印象。整数定价策略适用于高档消费品或顾客不甚了解的产品。如一些高档别墅，其消费对象往往是高收入者和上流社会人士，他们更关注楼盘的档次是否符合自己的要求，而对单价并不十分关心，所以对于这类商品房采用整数定价策略相对于尾数定价策略更合适，如一套别墅定价200万元、300万元或500万元等。

(2)尾数定价策略。这是与整数定价策略正好相反的一种定价策略，是指房地产开发企业利用消费者求廉的心理，在进行产品定价时，取尾数而不取整数的定价策略，比如每平方米6 988元或7 999元等。

(3)首尾定价策略。也就是说，将楼盘最早推出面世的个别单元，以相对低价销售，取得促销轰动效应；将楼盘最难出售的"死角房"也以较低价格出售，从而形成开盘价格与收盘价格的首尾呼应。由于种种主客观原因，楼房设计总会存在少许疏漏，或存在天然缺陷等，这些较难出售的单元唯以较低价格出售才能刺激消费者的需求。

(4)心理定价突破策略。这是利用楼盘本身的条件，结合消费者的心理定价，并根据销售进程的变化巧妙地对价格进行调整。一般来说，如果消费者的心理价格高于实际价格，就会形成强大的销售势能，销售速度和数量都会有很大的突破。

六、房地产价格调整策略

(一)房地产价格调整的类型

1. 降低价格

房地产行业是受国家宏观调控影响较为密切的行业，国家宏观调整政策的力度影响着房地产价格的变化。当房地产开发企业面临趋紧的调控政策时，可能导致其产品滞销、资金占用增加、存货周转变慢，即使增加销售力量、改进产品或采用其他营销手段也无法达到销售目标，从而造成资金周转不灵，房地产开发企业无法进一步扩大业务。于是，一些房地产开发企业可能采取攻击性定价方法，降低价格，从而快速消化库存。

有时房地产开发企业为了获取市场占有率，也会主动降价，随着市场占有率的提高，生产成本又会因销售量的增长而下降。

2. 提高价格

提高价格主要有两种原因：一是市场外部环境变化剧烈，房地产开发企业为了生存，不得不提价，比如政府土地出让价格、建筑材料等成本上涨过快，企业不得不以提高价格方式来保证开发利润；二是整体市场处于繁荣时期，对房地产产品的需求旺盛，企业提高价格，可获取更多利润。提价虽然会导致顾客抱怨，引起公司销售人员的困扰，但如果运用得当，成功的提价会给公司增加利润。

(二)房地产价格调整的方法

1. 直接的价格调整

直接的价格调整就是直接体现在房地产价格的上升或下降。房价的直接变动给客户非常明确的信息。一般来说,价格上调说明物有所值,购买意愿旺盛。对于这样的正面消息,开发商是最希望客户尽快了解的,所以往往进行大张旗鼓的宣传,并由此暗示今后价格上升的趋势,以吸引更多的买家尽快入场。与此相反,价格下调则说明产品有一定的缺陷,不为买家所看好,或者房地产市场不景气。除非市场压力特别大,大部分情况下,房地产开发企业通常是不会直接宣布其楼盘价格下调的,而是通过诸如送装修、免物业费、送面积等方式来实现价格的下调。直接的价格调整有以下几种方式:

(1)调整基价。基价的调整就是对一栋楼宇的计算价格进行上调或下降,因为基价是制定所有单元价格的计算基础,所以基价的调整便意味着所有单元的价格都一起参与调整。这样的调整,每套单元的调整方向和调整幅度都是一致的,是产品对市场总体趋势的统一应对。

(2)差价系数的调整。在房地产价格体系中,通常是在基价的基础上通过确定不同的差价系数来确定不同套、单元的价格,各套、单元的价格则是由房屋基价加权所制定的差价系数而计算的。但每套、单元因为产品的差异性而为市场所接纳的程度并不会与原先预估的一致。差价系数的调整就是根据实际销售的情况,对原先所设定的差价体系进行修正,将好卖单元的差价系数再调高一点,不好卖单元的差价系数再调低一点,以均匀各单元的销售比例,适应市场对不同产品需求的强弱反应。

2. 调整付款方式

付款方式本来就是房价在时间上的一种折让,它对价格的调整是较为隐蔽的。分析付款方式的构成要件可以发现,付款方式与付款时段的确定和划分、每个付款时段的款项比例的分配、各种期限的贷款利息高低的影响构成付款方式的三大要件,而付款方式对价格的调整也就是通过这三大要件的调整来实现的。

(1)付款时间的调整,是指总的付款期限的减少或拉长,各个阶段付款时间设定向前移或向后靠。

(2)付款比例的调整,是指各个阶段的付款比例是前期高、后期低,还是付款比例的各个阶段均衡分布,或者是各个阶段付款比例的前期低、后期高。

(3)付款利息的调整,是指付款利息高于、等于还是低于银行的贷款利息,或者干脆取消贷款利息,纯粹是建筑付款在交房后的继续和延续,如“免息供楼”“首期零付款”等。

第三节　房地产的渠道策略

企业开发生产出来的产品,只有通过各种营销渠道,才能到达消费者手中。房地产商品价值量大,交易价格高,交易费用也高,如何选择和配置房地产营销渠道,用最有效的方式把房地产商品转移到消费者手中,是房地产企业必须重视的问题。因为这个环节关系到房地产企业全部效益的实现。

一、房地产营销渠道的类型

(一)传统的营销渠道

从传统意义上看,房地产的营销渠道主要分为直接营销渠道(开发商自行租售)和间接销售渠道(委托代理租售)两种。

1. 直接销售渠道

直接销售渠道是指房地产开发商直接把商品销售给购房者,而不通过任何中间环节的销售渠道,简称直销。房地产商品直接从房地产所有者租售给消费者,这是最短的营销渠道,又称为级渠道。主要形式有订购销售、自设售楼部销售、推销员通过电话或者访问等方式推销等。例如,北京某集团每年所开发的数十万平方米普通商品住宅,均由其所属的销售中心负责销售工作。

直接销售渠道的优点是:供需双方直接见面,不需要中间环节,缩短了商品房的流通时间,降低了流通费用,提高了开发商的经济效益,还能在一定程度上降低交易价格;便于开发商及时、全面、具体地了解购房者的需求、购买特点及变化趋势,根据购房者的需要有针对性地采取推销策略和方法,有助于提高成交率;便于开发商根据市场需求变化及时调整经营决策;便于开发商为消费者提供良好的售前、售中和售后服务,从而提高开发商声誉,树立良好形象。

直接销售渠道的缺点是:并不是所有的房地产开发商都具备自己组建销售部门进行直销的必要性,以及有足够的财力、物力、人力和相应的管理、运作经验,直销渠道要求更多的专业化的销售队伍和有经验的策划人员;不符合社会分工的特点和要求,开发商肩负开发和销售两项职能,容易顾此失彼,且使风险集中,导致开发商风险增加;直销渠道一般较窄,不利于房地产产品尤其是新产品迅速广泛地推向市场。

2. 间接销售渠道

间接销售渠道是指房地产生产者通过中间商销售房地产的渠道。企业为了发挥专业开发优势,经常将销售工作委托给更具有专业优势的销售代理商来完成。常用的间接销售渠道有以下几种表现形式:

房地产开发商→经销商→消费者

房地产开发商→代理商→消费者

房地产开发商→经销商→经销商→消费者

房地产间接销售渠道多为一级渠道。但有一些项目可能在异地推销,如青岛、厦门等旅游城市的房地产项目向北京、上海等其他城市推销时(或深圳、珠海等地面向海外租售),可能需要两个层级的中间商。

间接销售的优点是:中间商具有庞大的销售网络,能扩大产品的覆盖面,扩大产品销售;中间商长期做楼盘的租售,与自销相比专业性更强,他们能很快找到市场需求切入点,摸索时间短;利用中间商的营销职能,能减少房地产生产者的资金占用和精力耗费,有助于提高生产和经营效率。如一些房地产中间商购买开发商的一部分房源后转手加价出售,可以帮助起到融资的作用,有助于房地产企业分散经营风险。

间接销售的缺点是:流通环节多,流通时间长,中间商会分走开发企业的一部分利润,会抬高房地产销售价格导致项目对消费者的吸引力减弱。一般中间商会获得相当于售价 1%~3% 的佣金(出售时)或收取出租物业年租金的 10%(或相当于一个月的租金),所以有时开发商愿意自行租售;生产者获取的市场信息不直接、不及时;中间商提供的服务不如企业及时周到,容易引起消费者不满。

(二)新型销售渠道

网络营销渠道是随着网络信息技术的发展而产生的一种新型营销渠道。它是互联网和传统营销相结合的产物,是传统的营销理论在互联网环境中的应用和发展。网络营销实质是营造网上经营环境，包括网站本身、顾客、网络服务商、合作伙伴、供应商、销售商相关行业的网络环境。

在美国，95%以上的房子都是通过各式各样的 MLS(多重上市服务)系统进行交易的。但是在我国，这种新型的营销渠道一直未得到房地产企业和消费者的重视。直到 2003 年的"非典"期间，人们才逐渐认识到网络营销的力量。"水泥加鼠标"的房地产网络营销为不能出行的人们提供了足不出户就能了解房地产项目的机会，一时间，网上房展、网上排队预购、网上团体购房等各种网上交易纷纷推出。但是，网络营销渠道在我国房地产界一直仅限于介绍及交流信息，很少有人在网上卖房或买房。2011 年 4 月，SOHO 中国董事长潘石屹特意拿出珍藏户型同新浪乐居在网上进行无底价竞卖，最终两个商铺分别以单价79 893元/平方米和65 852元/平方米成交。此外，淘宝房产和伟业我爱我家也合作推出了海南三亚湾克拉码头豪华一线海景公寓的"一元起拍"活动。搜房网也曾在全国范围推出数十万套房源"零元起拍，限价封顶"的竞拍活动。

随着"互联网+"时代的到来，房地产企业也进入了新的战略层面，例如，2016 年"恒大集团"跨界布局金融，大健康 O2O 家居，强强联手达成战略合作。

相对于传统的营销渠道，网络营销有着明显的优点和缺点。优点主要体现在网络营销使开发商与顾客之间的信息传递更直接、互动，并且省去了传统销售模式下的代理环节，降低了销售费用；尤其在企业进行新产品推广的时候，产品信息传播得更快，有助于企业产品的销售。例如，房地产企业可以对开发项目进行网上宣传，对客户进行项目产品的网上调研，接受意见反馈或通过商品房网上竞拍给项目造势，提升项目人气。可见，作为传统的营销方式的补充和发展，网络营销能更有效地促成消费者与企业或企业与企业之间交易活动的实现。

但是由于房地产产品的位置固定，流动性小，涉及的资金额大，客户即使在网上了解到商品房的相关信息，也还是需要到现场观看，这样顾客并没有通过网络营销节约时间和体力，网络营销也很可能沦为传播信息的媒介，失去了作为新兴渠道的意义。而且当前绝大部分企业对如何开展网络销售也是一知半解，虽然有美好愿望，但是难以良好收效。加之存在网络安全、相关法律法规不完善等实际问题，延缓了网络营销作为新兴渠道模式在我国的进一步发展。

房地产传统的销售渠道和新型的销售渠道各有自己的优缺点，房地产开发商应该根据自身情况恰当地选择销售渠道。

二、房地产中间商

房地产中间商对于间接营销渠道的建立，以及营销渠道的扩展优化起着相当重要的作用。房地产中间商主要有五种类型：房地产包销商、房地产代理商、房地产中介商、房地产经纪人、房地产策划公司。

（一）房地产包销商

房地产包销商一般是一次性或分期付款买断整栋、整片开发商开发的商品房，随后再分单元出售给顾客。房地产包销商以赚取买入价和卖出价的差额为利润(扣减经营成本)，经营风险大，销售利润回报高。

（二）房地产代理商

房地产代理商的业务是针对全案楼盘(整栋、整片楼盘)。销售处主要在楼盘现场，房地产代理商应该具有整盘策划能力、现场销售能力。房地产代理商是房地产间接营销渠道的主要形式。房地产代理商往往要和发展商共同承担营销风险,包括对广告费的垫支。房地产代理商以获取楼盘销售单元佣金(扣除经营成本)为利润。

(三)房地产中介商

房地产中介商的业务是针对零散楼盘(个别单元楼盘)。销售主要是采用店铺式营销,或上门推销。房地产中介商对楼盘只有基本的信息介绍和简单的包装,成交很大程度上依靠于销售人员的个人突破。房地产中介商获取利润的方法与代理商相同。

(四)房地产经纪人

房地产经纪人指具备经纪人条件,经工商行政管理部门核准登记领取营销执照从事房地产经纪活动的组织和个人。这里所说的房地产经纪人主要指上述房地产经纪的含义中的个人,他们为商品房的买方寻求卖方,为卖方寻求买方,进行居间介绍,以买方卖方的成交收取佣金。

(五)房地产策划公司

房地产策划公司的业务是为楼盘销售提供市场调研、营销(广告)策划、销售人员培养、顾问服务等。一些房地产策划公司可以承担包括建筑策划在内的房地产营销全程策划。房地产策划公司可以是代理商(公司)的一种类型,也可以以策划公司名义注册,还有一部分房地产策划公司以工作室的形式出现。

上述五种房地产中间商中,包销商、代理商属于间接营销渠道类型,一般采取总经销、总代理或独家经销、独家代理的方式。中介商可以作为直接营销渠道或间接营销渠道即开发商或代理商销售的分销商。房地产经纪人(个人)可以作为开发商或代理商销售的补充渠道。房地产策划公司属于房地产中介商的范畴,它和发展商的合作仍属于直接营销渠道,但在优化营销渠道乃至楼盘整个营销过程中具有不可忽视的作用。

三、房地产营销渠道策略

房地产营销渠道策略一般是根据房地产营销形势发展而制订的一整套关于营销渠道的行动方针和方法。房地产企业要结合自身的实际情况,对产品、市场、客户群等进行分析,来选择和调整销售渠道,并对销售渠道进行妥善管理,使之能够更好地发挥营销渠道在加快资金周转,提高经济效益等方面的作用。

(一)房地产营销渠道选择策略

1. 以顾客的需求为核心

房地产企业的一切营销活动必须以消费者需求为核心,要在产品设计、价格确定、渠道选择和促销策划中满足消费者的需求。只要适合顾客所需,房地产企业就能够卖出商品,获得利润。如果按重要性将影响营销渠道选择的因素排序,那么顾客对一个新渠道的接受程度和意愿比其他因素都重要。

2. 进行有效的渠道定位

当市场被细分为不同的用户群体后,每一个群体都有一系列的服务产出要求,渠道管理者要为每一个细分市场确定最优的渠道形式。优化渠道设计被视为由必要渠道流所定义的第一步和最重要的一项工作,因此必须执行这一步骤来满足细分市场对服务产出的特殊需求。渠道流就是渠道为终端用户增加价值的所有活动,即产品的促销、谈判、财务、订购和支付等。每个细分市场的产品和服务的销售情况都有其独特的服务产出要求，细分市场不同，渠道流的不同组成功能的重要性也不同。最优的渠道结构产生了必要的渠道流，而渠道流又带来了市场上不同终端用户细分市场所要求的不同服务。渠道设计者必须决定渠道成员的组成，决定渠道的每一个层面上渠道伙伴的角色定位。一家公司在不同的情况下为其产品进入的市场选择渠道时，关键的决策是选择怎样的分销商将产品销售至市场。这个分销商必须与渠道伙伴在目标市场中有良好的关系，能够对产品成功进入市场有明显的影响。

3. 选择符合房地产特色的销售点

房地产销售点是房地产企业实现自己经营目的的前沿阵地，其产品能否最终销售出去以及能否最终实现理想的经济效益，都直接与销售点的选择和经营有关。因此，房地产企业要选择最符合企业产品或服务特色的销售点，然后通过有效的销售渠道管理来实现销售目标。

随着消费需求的多样性和新的消费形式层出不穷，消费者的消费呈现出不确定性。因此，企业销售点的选择也要考虑消费者的购买心理和购买行为的变化及其规律性，从而有的放矢地做出自己的选择。对销售点的选择主要取决于：(1)让商品充分展现，让更多人认知的地点要求；(2)树立商品形象的地点要求等。上述要求具体反映在销售点的选择中，要求企业根据目标市场的特征及竞争状况、自身的经济实力、产品特点、公关环境、市场基础等特点，以及企业所处的外部环境、竞争对手状况、市场购买力水平等因素，经过综合权衡，选择出直接面向顾客的分销点。

4. 让产品“渠道化”

产品渠道适应性并不仅仅是为一个给定的产品配置一个适当的营销渠道，相反，新渠道几乎常常要求对产品重新设计或重新构想。一个新渠道得以成功，产品通常必须是“准备好适应渠道的”。决定产品渠道适应性的一个办法是把产品的复杂性与渠道的“接触性”匹配起来。非常复杂的产品一般需要高接触性的营销渠道或者直接销售队伍。反之，简单的、现成的产品可以更有效地在较低成本的直接营销渠道中销售。把产品“压进”行之有效的最低成本的渠道，可以产生更多的利润，通常也能产生更多的销售收入。

5. 与渠道的盈利能力相适应

房地产企业是追求利润而不是仅仅追求对企业销售渠道的控制。经济分析可以用许多企业经常遇到的决策问题来说明，即企业应使用自己的推销力量还是使用销售代理商。

每一单个的营销渠道都有自己的成本和投资收益。在可行的渠道范围中，可选择的渠道的经济效果经常是渠道选择决策的最后标准。通常，利用代理商所花费的固定成本，比企业经营一个营业处所需的固定成本低。但与此同时，利用代理商实现某一销售水平所需增加的成本比率要比使用企业推销员高，其原因是代理商的佣金率比企业推销员高。因此，当企业销售额较低时，应更多地考虑利用代理商；当销售额较高时，企业宜用自己的力量开设分公司进行销售。一般来讲，小企业以及在较小地区从事经营活动的大企业，最好利用代理商推销产品。

(二)房地产营销渠道的管理策略

1. 房地产营销渠道的冲突管理

如果渠道设计不合理或者旧有渠道结构在新市场条件下不能良好运作，在渠道成员之间就会产生不良后果。如果整个渠道缺乏统一协作指导，就很容易爆发渠道冲突。目前，渠道成员趋向于在大分销中实现专业化、功能化的分工。由于供应链各个环节掌握的资源不同，除了资金的差别外，还包括专业技能、特定市场准入等差别，任何渠道成员都不可能独自完成营销渠道的所有功能，都需要依靠其他环节的功能，从而使得渠道成员之间相互依赖，但营销渠道的每个环节又都是自主经营者,对渠道内部相互独立的业务实体来说,他们既希望实现渠道协同作业,又希望尽可能地实现最大限度的自主经营,其行为背后也存在着多种动机,因此冲突就不可避免。营销渠道管理者在渠道关系开创之初,对冲突的客观存在应有足够的认识和必要的准备。实际上,单纯的良性的竞争行为本质上是有利于渠道目标实现的。

2. 房地产营销渠道的激励管理

房地产营销的渠道激励是指房地产开发商较好地协调与中间商的关系,以各种适宜的方式激励中间商的积极性,促进房地产商品高效地流向消费者的活动过程。随着开发商所追求的目标不断细分和丰富,渠道激励也有了更多的指向,如追求进入特定的市场等。随着营销渠道的发展,竞争日益激烈。渠道激励被赋予了更多元化的目标。促进渠道销售量,是渠道激励的基础诉求点。渠道激励总是与代理商的销售量挂钩的,完成某一数量级的销售任务后,代理商就会得到相应的返点作为奖励。这一诉求就是为了提升渠道的销售积极性。

(1)吸引渠道商,维护渠道忠诚度。在竞争激烈的市场环境下,营销渠道的利润空间受到了挤压。而渠道激励作为渠道利润来源的一部分,对渠道成员的吸引力还是相当大的。因此,渠道激励的奖励额度、内容、支付形式等成为渠道成员选择开发商时所考虑的一个重要因素。以渠道激励吸引经销商、维系和提高渠道忠诚度,也成为开发商激励的目标之一。

(2)以渠道奖励为手段,对渠道进行管理。渠道是否完成了开发商所规定的销售任务往往不是能否拿到奖励的全部条件。如果经销商在某些环节违反了开发商的渠道政策,那么开发商也可能以不支付或不完全支付奖励作为一种惩罚手段,或用奖励对某些遵循渠道政策但因此蒙受了损失的分销商进行补偿。从这个角度看,渠道奖励也成为谋求渠道平衡、对渠道进行有效管理的一种手段。

(3)明确和强调开发商或经销商的渠道、市场、产品策略。渠道激励目标多元化说明渠道激励有了更多的指向性。这些指向性为渠道成员明确了开发商的渠道、市场、产品策略。有的开发商针对行业市场,规定在重点行业打开局面的经销商可以获得更多的奖励,这就为渠道指明了厂商的行业发展策略。在产品上,高端产品高奖励、主产品多奖励已是常见的现象,这表明了开发商的产品策略。

(4)实现对市场的应急性反应。市场是多变的,经常会有意想不到的情况发生。有时为保住客户资源,受到冲击的开发商授意代理商以更低的价格竞标,而用奖励的形式弥补代理商的损失并保证其利润。在固有地盘和客户受到突然性冲击时,开发商可利用渠道激励实现对市场的应急性反应,使营销渠道能够服从开发商的指令而不受损失。

(5)以多样性的渠道激励推动渠道商的发展。渠道的长远发展是开发商所追求的终极目标。多样性的营销渠道需要不同的支持内容。多样性的渠道激励可以适合不同类型经销商的需求,有针对性的激励资源能够帮助营销渠道从长远意义上提升实力。

第四节　房地产的促销策略

房地产促销是房地产市场营销管理中最复杂、最富技巧、最具风险的一个环节,促销策略主要应围绕促销的方式来进行。

一、促销策略的组成

促销策略由广告策略、人员推销、营业推广和公共关系四个部分构成。促销也不单单是促销活动，而广义上对消费者、员工、终端、经销商的促销组合才是完善的促销。就房地产商品而言，由于流通环节的消失，房地产开发商有更多的经费来做促销，地产促销的方式几乎无所不包，将传统商品的手段也加以扩充与放大。

二、促销策略应用的注意事项

促销策略是市场营销策略组合的一个组成部分，也是开发商经常采用的营销手段之一，正确地应用促销策略可以推动销售速度；反之，不仅没有达到加快销售的目的，反而会增加营销的成本。为了正确地应用促销策略开展营销工作，在具体应用时应注意以下几个方面：

（一）活动有针对性，主题突出

在举办活动时，目标是多样的，这就要求组织者在组织活动时做到主次分明。

（二）抓住合适的时机

结合本项目的实际及市场动态灵活开展。一般来说，活动大多是在房地产营销的重要时期举办，如开盘期、旺销期、销售低谷期、尾盘期。如果说市场上出现新的竞争对手，为了保证本项目不受影响，也可举办活动。

（三）最大限度地吸引消费者参加活动

举办活动的根本出发点就在于扩大影响、促进销售，因此活动要有大的吸引力，参与的群众应当是具有代表性的潜在消费群体。

（四）活动开展必须有个性

举办的活动要具有个性特征，能突出自己的特点和优势，要服务于产品营销总体策略，根据市场的变化，结合价格策略，合理安排和策划活动。

三、房地产促销手段

（一）节日活动促销

节日活动促销已成为当今各个房地产企业惯用的手段，特定的节日往往是楼盘吸引客户、与客户沟通、刺激客户购买欲的良好时机。除了“十一”黄金周外，还有春节、元宵节、端午、中秋节、元旦等，例如，重庆龙湖的春节系列活动、重庆金科·云湖天都的中秋业主联谊会、北京珠江绿洲中秋节的猜谜赏月游艺活动等。

利用节日促销不仅体现了开发企业对消费者的人文关怀，而且对提高楼盘品牌形象和长期销售都是很有利的。但由于节假日一般较短，单靠节假日来销售是不够的，不过通过举办类似以上例子中的促销活动，配合价格优势，往往能取得良好的效果。

（二）服务与配套促销

服务是一种“软件”，是房地产使用功能的延伸，可以满足消费者日益增长的物质文化需求，适当且价格合理的服务也是楼盘促销的有力工具。例如，深圳万科、重庆龙湖等开发企业把物业服务做到精细化，这也是它们能够迅速发展的有力支撑。

而配套设施则是一种“硬件”，为消费者提供便利。常见的配套设施有学校、运动设施、大型商业、超市、酒店、医疗设施等。例如，重庆的鲁能星城和融侨半岛均是把重庆有名的中学迁入作为其主要的教育卖点。

（三）业主联欢活动促销

业主联欢活动促销是客户关系营销的重要方式之一，它主要是通过邀请已购房的消费者和有强烈购买欲的消费者参加企业举办的社会文体活动，让消费者感受到开发企业的关怀，从而认同楼盘，将部分有购买欲的消费者变为真正的消费者，还能够使已购消费者向其亲戚朋友推荐楼盘。例如，重庆保利·高尔夫花园成立业主俱乐部，在广州丽江举办业主运动会等。

（四）无理由退房促销

"无理由退房"，这一招看起来是开发企业冒着很大风险为消费者着想，但房子不同于一般小件消费品，真要退起来又谈何容易。首先，装修入住几年后，房子成为"家"的物质外壳，这种感情寄托非金钱可以估量，因此动辄割舍并不容易；其次，中国式买房是"宽进严出"，想退房，程序一大堆；最后，有些开发企业都是项目公司，房子买完后可能项目公司就不存在了，如果承诺期过长，届时买方即使想退房也找不到卖家。"无理由退房"实际上是吸引消费者的一种促销方式。

（五）名人与明星促销

名人与明星促销有以下几个方面的好处：一是这种活动首先会积聚很旺的人气，这样就可以让公众知道该楼盘，能起到很大的作用；二是能够吸引媒体的关注，这样又能够为该楼盘做一定的宣传；三是能够带来很大的附加值，为楼盘的保值与提价奠定基础。例如，北京阳光100让世界级建筑设计大师与消费者对话，重庆海客瀛洲邀请名人任楼盘形象大使。

（六）折扣与赠送促销

折扣与赠送促销是房地产营销中最常用的促销方法。由于房地产具有保值、增值的功能，消费者买涨不买跌，所以"低开高走"的定价模式就成为房地产定价中较常用的模式，而当竞争者激烈、定价偏高时，开发企业往往通过少量的折扣和具有吸引力的赠送来促进楼盘的销售，这就是所谓的"暗降"定价方法。

就折扣促销而言，有直接打折、特价单位、团购价、内部员工价等方式。赠送促销也多种多样，如送物业管理费、送车位、送装修、送家电等。

案例 9—4

北京天兆家园"温泉与海洋有个约会"赠送活动

北京天兆家园推出的"温泉与海洋有个约会"活动，就是赠送促销。在春节期间（初四至十五），凡到销售大厅看房的客户，可获赠北京海洋馆精美小礼品一份；初四至初七购房的客户可免三年物业管理费；初八至十五购房的客户可免两年物业管理费。每订购一套，客户可获赠一套北京海洋馆家庭套票。

（七）个性促销

个性促销是一种非常规的促销方式，"个性"代表"差异"，所以这是一种特别差异化的促销方式，其效果在于引起人们的关注、谈论和惊讶，其特点在于新、奇、特，使楼盘在人们心中留下较为深刻的印象，从而提高楼盘的知名度和关注度。例如，广州世纪华都的"跨行业促销"，提前将装修公司和家电公司汇聚于销售现场，消费者在售楼现场买楼的同时，就可以选定装修公司和购买优惠家电；北京峻峰华亭在销售楼盘时，做了一个假人悬空在5楼和4楼之间（右手抓住5楼的阳台护栏，左手伸向左下方，身子悬在半空，两脚腾空），形象非常逼真，人们从楼盘旁路过时，很容易把“跳楼”的假人看成真人，这样通过“假人跳楼”的作秀就提高了楼盘的关注度。

(八)公益活动促销

公益活动是一种社会效益很高的活动，它不仅能吸引大量的目标客户，而且对树立开发企业和楼盘的品牌形象也起到了关键作用，是一种长期促销行为。例如，江苏新城房地产公司向重庆大学建设管理与房地产学院捐赠建筑集成实验室；在“5·12”汶川地震后，众多地产公司向灾区捐款等。

举办公益活动需要考虑的要点有：首先是要根据当地的习俗考虑举办什么类型的公益活动比较有意义，能更有效地取得所期望的效果；其次是要与政府机构、新闻媒体联手，以使该楼盘的品牌形象提高的同时也产生社会效益。

练习题

一、思考题

1. 常见的房地产产品策略有哪些?
2. 房地产价格由哪几个方面构成?
3. 房地产定价方法有哪几种? 它们是如何确定项目价格的?
4. 简述可比楼盘定价方法的步骤。
5. 简述不同的房地产项目开盘定价方法的优、缺点及其适用条件。
6. 房地产价格调整的方法有哪几种?
7. 简述房地产营销渠道策略。
8. 房地产促销手段有哪些?

二、案例分析训练

房地产销售中的不同促销手法

1. 折扣与赠送促销——江苏某房地产公司定向促销优惠

房价明降，对于房地产开发商来说是一件特别忌讳的事情，采用定向渠道优惠的措施，就会让消费者觉得只是针对某些定向群体给予优惠，并非楼盘降价。在国家宏观调控的影响下，全国楼市成交量普遍下降，各地开发商纷纷使出各种招数。某年5月份，江苏某房地产公司对其旗下的三个楼盘也采取了促销措施。

该公司决定在5月10日～8月31日对三个项目进行定向渠道营销。具体安排为5月10日～31日，武进在职教师、公务员、医生、大学城教师与常州二院医生；6月1日～30日，湖塘纺织城员工与经营业主，横林地板员工与经营业主；7月1日～8月31日，武进在职教师、公务员、医生、大学城教师与常州二院医生。以上这些时间段内业主购买指定楼盘均可在正常优惠基础上再享受降价10%的优惠。根据公司内部数据统计，在优惠活动开始之后，销售量得到明显提升，而且受惠群体的买房数量大大增加，此次促销活动取得了很好的预期效果。

其实该公司此次定向渠道优惠促销相当于打折，间接调低售价。因为公司选择给予优惠的定向客户均是几个项目的最主要客户群，实际上是直接进行了点对点营销，避免了直接降价对项目品牌形象及前期购买产品的客户的直接冲击。

2. 诚信与质量促销——某集团无条件退房活动

某集团推出：凡是在××××年3月1日～31日购买公司旗下8个在售楼盘中的任意一个的客户，均可在活动期间内享受无条件退房的权利。

从该集团开展"无条件退房"责任月活动至结束，真正选择退房的消费者共有3户。有两户最终退了房，另一个购房者退掉了原先购买的一套住宅后，出人意料地在该集团旗下的另一个楼盘购买了一套滨江住宅，同时还介绍自己的亲朋好友来看房买房，几家人共购买了5套该楼盘的滨江住宅。

根据统计数据，该集团旗下8个在售楼盘自3月以来，整体销售态势呈上升趋势。退房变买房，迎来了一波销售高潮。开发商此次策略收到了很好的效果。

"无条件退房"其实传达了两方面的信息：房价不会跌和自身产品的质量经得起考验。实际上，"无条件退房"是在成熟的市场竞争中开发企业都采取的必备手段。保证产品品质、服务质量是企业应当做到的和必需的，只要严格管理、确保工程质量等工作到位，不仅能得到广大消费者的认同，而且还会吸引更多的购房者来买房。

正是有了品质的保障，"无条件退房"才演变为争相买房，该集团的品牌实力得到进一步验证，而此次轰动全城的"无条件退房"事件也被传为佳话。

3. 活动促销——新城南都"情系南都·喜迎2008"的联谊会

2008年1月19日，新城南都售楼处联合南都社区居委会、南都物业在新城南都健身会所三楼举办了主题为"情系南都·喜迎2008"的联谊会，该活动邀请了新城南都已入住业主(约600人次)、2007年购房业主(300人次)和相关新闻媒体(搜房网、常州房产信息网、武进日报等)参加。活动内容包括民乐团合奏、相关领导讲话、答题抽奖活动、演员唱歌、2007新城南都三十大精英业主颁奖(分三批抽奖)、业主才艺表演、互动游戏等。

该活动旨在提升社区文化，丰富社区生活，重塑和提升南都项目"武进首个标杆性成熟大盘"的形象，提升该项目市场知名度和认知度，保持新城房地产公司在该地区首席话语权地位，并且为南都中心商业街招商和美城西区10月开盘做铺垫，同时搭建开发商与业主沟通的平台，使开发商及项目有关的各方能够借此机会与业主进行面对面的互动交流与沟通，并通过对老客户进行优惠信息的释放，继续促进声誉房源的销售，并以此来推动社区文化建设，推动已购业主及潜在购房者对项目形成良好的耳语传播效应。

4. 另类方式的促销

北京广安门附近一楼盘在开盘时，售楼处放置了一个金灿灿的楼盘模型沙盘。该楼盘在促销时紧紧围绕"金"字大做文章，它是京城首家外观设计采用金色玻璃墙与24K金箔砖镶嵌的楼盘，此外它的腰线等装饰部分也用24K镀金来点缀。据开发商介绍，他们这样做是为了提高整个楼盘的档次，让购房者在买房时体验到"尊贵"的感受。

北京门头沟区某楼盘的销售现场大打"学历购房"牌。销售现场打出了"文凭购房，凭证优惠"的标语，具体标准为：专科学历优惠1%，本科学历优惠2%，硕士学历优惠3%。这一"文凭成了优惠证"的促销手段引起路人的特别关注，售楼处对此的解释是"为吸纳更多高学历人士入住，最终目的是为了提高整个小区的档次"。

请明星为楼盘代言司空见惯，某开发商另辟蹊径，花大价钱请一些没有名气的普通人做楼盘的代言。2005年，南京江宁将军大道的一家楼盘邀请了10名业主作为楼盘形象代言人，这些业主的代言费是每位1万元，10名业主总共10万元，这相当于一个小有名气的明星代言费，此外开发商还为这些代言人特意制作了一期特大的广告刊登在报纸上进行宣传。

在各个新房的促销活动如火如荼时，二手房也不甘落后。上海浦东的一位房主为了把手上的一套二手房卖掉，也采取了自己的促销活动。他在中介店打出广告，声称“凡有意购买自己这套房子的人，经过买卖双方确认，买家可以免费试住一周”。该房主是上海第一个提供试住服务的卖房人。

问题：

结合案例说明不同促销手法的优、缺点，以及实施的条件。

第十章 房地产营销信息技术

微软前董事长比尔·盖茨说："房地产业将会由于技术的进步而发生改变，这种改变已经开始并以极快的速度进行，只有意识到这点并接受它的人，才能在房地产业生存下去。"而房地产市场营销更离不开信息技术的应用。本章主要论述房地产市场营销中常见的网络营销信息技术、房地产营销网站的建立、房地产营销软件的选择和运用以及房地产营销网络管理平台的建立，以及房地产软件需求说明的编写五个部分。

第一节 常见的网络营销信息技术

一、互联网营销技术

互联网作为一种数字化的互动式媒介，主要运用在地产营销媒介方面。这种技术在很短的时间内在房地产营销实践中迅速普及，在我国涌现出一大批有影响力的房地产专业网站。

网络营销的效果首先通过其广告的效果来体现，在网络广告的新空间，广告公司与房地产开发商都面临着改变营销传播方法及选取媒体的压力和机遇。与传统的四大传播媒体（报纸、杂志、电视、广播）广告及近来备受垂青的户外广告相比，网上拍卖作为一种尝试也被一些公司反复采用。网络广告在未来具有得天独厚的优势，是未来房地产市场营销中重要的技术手段。

二、数据库技术

网络技术的发现空间同时也加快了房地产营销管理的数字化、网络化进程，越来越多的房地产商在公司内部与网络上建立了自己的营销数据库，在这方面也有了一些成功的应用。

数据库营销给人带来的好处是双向的。主要表现为：其一，销售人员可以通过网络直接进行有针对性的市场调研，了解消费者的需求和心态，便于进行分析和定位，把握营销策划的方向。通过各种手段收集的网民数据库本身也是最好的准客户档案。其二，有利于为客户提供个性化的售前、售后服务。数据库营销利用网络的交互式运作，为供需之间开展双向交流提供了便利。其三，可以实现远程房屋销售管理，有利于公司总部与各售楼处的即时沟通。

三、数字化技术

中国房地产界曾评出年度最具创新的营销概念，前三名分别是：E 概念、宽屏多媒体、网络化数字化社区。这三个概念都与数字技术有关，说明数字技术在房地产营销中的作用越来越重要。

当前，数字化营销概念、数字化营销媒介、数字化营销管理、数字化营销展示在房地产营销中的全面运用，标志着房地产在传统营销的四个要素，即"4P"策略（产品、价格、渠道、促销）中将全部采用数字化技术，数字技术正在全面刷新着传统的房地产营销模式，从而构成了全新的房地产数字化营销模式。

房地产市场灵活运用了网络信息等技术，在营销概念的数字化方面，目前，几乎每一家房地产公司都将数字化与信息化作为自己的卖点，推广数字化、信息化小区已经成为一种潮流与模式。营销概念的数字化主要体现在网络化、数字化社区概念，其实质在于涵盖了教育培训、医疗保健、家政服务、文化娱乐、网上购物、电子商务、家庭办公、视频点播、休闲旅游、求职就业和法律咨询等网络信息服务在内的功能小区。

在促销展示方面，网上选房的优势不言而喻。网上全数字化的三维技术，可以引导受众进入真实感和可视化交互式的环境，对于正处于由传统营销模式向数字化、网络化营销模式转化的房地产业，无疑是一种突破性的解决方案。网络技术改变房地产消费者的信息获取和消费行为模式，亦给房地产市场带来深刻的影响，推动了房地产行业营销模式的变革。

四、虚拟现实技术

虚拟现实技术是 20 世纪末才兴起的一门崭新的综合性信息技术，它融合了数字图像处理、计算机图形学、多媒体技术、传感器技术等多个信息技术分支，从而大大推进了计算机技术的发展。由于它生成的视觉环境是立体的，音效是立体的，人机交互是和谐友好的，因此虚拟现实技术应用于房地产营销领域，将更有助于形象生动地描绘楼盘形象，使客户能够在足不出户的前提下感受到楼盘的整体形象。

虚拟现实技术分虚拟实景（境）技术（如虚拟游览故宫博物院）与虚拟虚景（境）技术（如虚拟现实环境生成、虚拟设计的波音 777 飞机等）两大类。虚拟现实建筑物展示的应用和产业的形成具有强烈的市场需求和技术驱动。随着计算机技术的发展，在 PC 机上实现虚拟现实技术已经得到实现。所以，目前虚拟现实技术系统的运行趋势为单机桌面和互联网两种主要方式，在房地产营销领域主张运用单机桌面的形式，将楼盘形象制作成立面形状，放在销售大厅、案场等，还可制作成数据文件发放给客户，用现代化的技术全面包装楼盘，已成为目前房地产市场营销的总体趋势。

五、移动电子商务技术

目前，人们逐渐意识到了房产营销融合移动通信技术的电子商务将具有更大的潜力，移动电子商务的市场前景普遍被业内人士看好。2018 年 1 月至 6 月，移动互联网接入流量消费累计达 266 亿 GB，同比增长 199.6%。截至 2018 年 6 月，我国手机网民规模达 7.88 亿，占比达 98.3%，较 2017 年末提升了 0.8 个百分点。

房产营销领域也逐渐涉足移动电子商务，一些精明、有远见的开发商已经将移动电子商务与房产营销结合起来，利用互联网和移动通信技术等，如“互联星空”等，将楼盘的详细信息提供给客户，具有灵活、简单、方便等多重特点。

第二节　房地产营销网站

一、房地产营销网站建立的意义和优势

网站建设在房地产营销网络信息技术应用中占据重要位置，在互联网时代，网站的建立对房地产营销具有重大的作用。

(一)有利于提升企业形象

房地产营销网站的作用具有企业在报纸和电视上所做的宣传公司本身、公司品牌及公司楼盘的广告的一般作用,而且网站容量更大,几乎可以把任何想让客户及公众知道的内容放入网站。因此,表现内容更加完整,表现方式更加逼真和多样。通过这些信息的发布,社会消费者可以通过网站更加全面地了解企业的信息,有利于提升企业的社会形象。

(二)全天候网上沟通能力

通过网站的建立,楼盘信息可以全天候、跨区域、全方位地向社会发布,可以形成客户与楼盘的良好沟通。客户可以通过网站,全天候地了解营销动态信息和资料,更加全面地掌握消费决策所需要的信息。同时,通过与网站后台服务人员的沟通,形成全天候的交互服务,提高营销信息传播的效率。

(三)可以详细全面地介绍公司及公司楼盘

企业可以把任何想让人们知道的信息放入网站,如公司简介、公司地址、公司规模、公司效益、公司实力、公司研究机构、代理楼盘、目前运作楼盘等信息,这些都是网站的优势,在房地产营销中,网站通过面向客户提供详尽的楼盘信息介绍,方便了客户索取信息,极大地节省了业务接待、咨询和服务的效率,大大提高了营销的成功率。

(四)可以加强与客户的关系

当人们想了解自己所要购买楼盘的信息,或者只是想知道自己所买楼盘的营销机构的详细情况,可以进入该机构网站,因为大企业习惯了将企业最新信息放入网页,定期在网上发布有关公司的最新信息。越来越多的公司依赖于网络信息,而人们也渐渐习惯了通过网络与企业沟通。

(五)可以与潜在客户建立商业关系

这是企业网站最重要的功能之一,也是很多国外企业非常重视网站建设的根本原因,企业将网址登记在全球著名的搜索引擎(如 Yahoo, Excite, Altavista 等)上,并选择与公司代理楼盘及服务相关的关键字,就可以轻易找到该营销机构。面向开发商建立电子工作模式和环境,建立各种集合,将合作伙伴连接在一起,形成强大的客户网络,增加潜在客户。

(六)可以降低营销成本费用

面向客户提供楼盘或服务的预订或咨询接待,使楼盘的销售范围更加广泛,销售渠道拓宽,但营销成本并没有增加;利用企业网站所提供的多个电子信箱,可以有效地降低营销成本。以往如果给客户发布信息,除了广告方式,就是邮递方式,这些渠道的费用相对比较大;而通过网站,可以大大降低这方面的成本。

(七)可以通过网站及时得到客户的反馈信息

公司在设计网站时,加入专门用于客户与公司联系的电子邮件和电子表格,由于使用极其方便,深受客户欢迎,而公司也可以比较方便地得到客户的意见和建议。同时,在网站设计时,可以通过技术手段,了解客户点击的主要内容和点击率,以及客户关注的信息内容,得到反馈及时的客户信息。

二、房地产营销网站的形式

目前,在互联网上的企业网站主要有四种形式,即信息型、广告型、信息订阅型和在线销售型。

(一)信息型网站

信息型网站也称为传单型网站或公告牌型网站,它的设计目的在于通过间接的途径获取经济效益。这种网站通过网络引起公众对其产品或服务的注意从而增加现实中的交易机会。

(二)广告型网站

网络电视、网络广告以及众多期刊型网站都属于广告型网站的模式。网站所有的费用全部来源于网站的广告收入。消费者对网上广告的注意力成为网站价值的关键衡量指标。广告的形式一般可以是网页横幅、赞助商支持以及其他促销手段。

(三)信息订阅型网站

信息订阅型网站专门为用户提供邮件列表,定期为用户通过电子邮件的方式提供商品信息。这类信息订阅型网站为消费者提供的是一些专业内容和定期的商务信息。

(四)在线销售型网站

在线销售型网站也称为网上商店,在这种虚拟网上商店里可以提供商品的销售。它主要通过生动的图片、视频和文字来描述它所提供的商品,进行促销活动,并且通过"网上购物车"系统和在线交易系统来销售有形产品和无形产品,并提供服务。

目前房产营销机构所建立的网站,如金丰易居网、搜房网以及众多营销公司网站,都是采用以上四种模式中的一种或几种的组合,是一种既提供信息浏览又介绍销售一手楼盘和二手房买卖租赁的复合型网站。对企业来说,对每种模式都应进行认真的考虑,明确其真正的价值所在,从而为实现网络营销拟订现实可行的网络营销规划方案。

三、房地产营销网站的组成

营销网站就是由一张张的网页组成的网上营销平台。在网络上进行网络营销,首先就要通过网页的设计和组织将本企业的相关信息展示出来。如同现实企业具有管理的组织机构一样,网上的企业站点页面也应有一定的组织结构,当然这种组织结构与现实企业的组织结构并不是一一对应的。同时,网站的内容要将企业资源、组织、楼盘信息等多种信息充分展示出来,以方便客户浏览和获得信息。一个完整的企业网站应由以下几部分组成:

(一)主页

主页也叫企业形象页面,是营销网站的首页,作为一个企业在网上的"门面",主页是浏览者进入后对网站的第一印象,是网站最重要的一部分,所以它的设计对整个营销网站来说非常重要,主页应包括企业标志、对站点内容进行简单有效导航的菜单或图标、企业代理楼盘简介,着重标明重要的新闻或修改内容以及客户与公司联系地址等。主页的设计应遵循快速、简洁、吸引人、信息概括能力强、易于导航的原则,同时应纳入企业 CI 计划,并且与企业 CI 计划的其他内容协调一致。

(二)新闻稿档案

营销网站通常都有新闻稿档案。新闻稿档案页面可以发布有关新开发或新代理的项目情况,公开公司各类营销活动动态信息,作为企业档案的一部分,同时又是公司年表活页本。

(三)参考页面

创建并链接到与企业相关的特定主题的网络论坛或其他网络资源,这是使 Web 站点除了提供公司信息和楼盘信息外，还成为对客户更有用的工具并增加页面的访问率最为简单的方法。通过寻找使客户感兴趣的信息，可以很快使 Web 页面变成该主题的权威指南。

（四）楼盘信息及新代理楼盘信息发布

产品页面的主要内容包括产品简介及其价格清单、单个楼盘的页面、建立产品名称到产品页面的链接。产品页面采用信息分层、逐层细化的方法展示公司产品服务。所谓信息分层，是建立不同详细程度的页面，从而允许用户自上而下地找到最适合他们需要的信息层。每个信息层都允许用户在他所使用的信息深度范围内浏览。产品页面还可以利用高级的表格形式给目录增加新的风格和生动的图像，以吸引顾客。

（五）客户支持页面

互联网是一种理想的顾客服务工具，网络的用途之一就是与客户进行通信并为其提供支持。在设计客户支持页面时，应尽可能地站在客户的角度，预料每种潜在的方法，向客户提供有用的信息和服务，使他们对企业及其所代理的楼盘产生亲切感。

（六）市场调研页面

网络即时互动的特性决定了它是一种有力的市场调研工具。企业可以通过市场调研页面收集客户及其对楼盘、项目、服务的评价和意见等信息，由此可建立起市场信息的数据库，作为市场营销决策的量化基础。

（七）企业信息页面

在企业信息页面上应尽可能多地提供一些有关企业的信息，尤其是主要客户一览表、楼盘实际销售情况、楼盘运作等信息。尽量提高企业资信的透明度，让客户从多方面了解项目运行情况以及企业信誉情况。

（八）广告

在营销网站中添加一些广告内容可以增加站点的吸引力。因为有些客户购买时喜欢货比三家，即使是买房这种大宗交易，也喜欢多做比较，因此要浏览一些网站的广告以获得更多的产品信息，提供广告页面正好满足客户的需求，也能提高网站的访问频率。营销网站通过使用广告页面为客户提供独特的信息。

（九）其他内容

营销网站除了以上基本内容外，还可以根据自身的特点和需要增加其他内容，如长期合作伙伴页面、开发商页面、售后服务跟踪系统、安全保密系统等。营销网站要做到信息涵盖面广、信息容量大，使网站的内容涵盖企业多个部门的信息，并使访问者从不同详细程度了解这些信息，由于营销网站信息量大，为了使访问者迅速获得所需信息，还应编排有序，设置导航菜单或图标。另外，营销网站内信息及其信息源的信息应交叉链接，以提高网站知名度与信息利用率。

四、房地产营销网站建设

在互联网迅速发展的今天，电子商务几乎是通过各种网站来实现的。因此，开发和建立网站是运营电子商务必不可少的条件，企业要实行网络营销，首先必须建立自己的网络站点。企业站点是由众多的 Web 页面组成的，这些页面设计的质量，直接影响到这个网站能否受到客户的欢迎，影响到网站在营销中作用的发挥。

(一)营销网站建立应考虑的因素

判断一个营销网站建设的质量,要从多方面综合考虑,不能仅仅看它是否设计得华丽,而且要看这个网站能否最大限度地为用户考虑。要想制作一个有吸引力的网站,至少应该符合以下一些基本标准:

1. 以项目产品、楼盘信息为核心

客户在访问网站时,关心的不是企业自身组织结构等信息,而是企业所营销的楼盘的信息,会关心企业的营销管理经验,关心楼盘的实际情况以及楼盘优势等。所以,通常所说的产品为核心是企业网站建设成功的首要前提。产品信息一般包括项目(楼盘)名称、规模、优势、结构等方面。

2. 上网速度决定效益

互联网的高速发展,带来客户网上购物机会的增多,而客户的耐心也随之下降。如果在某站点内不能快速得到自己想要的信息,客户会毫不犹豫地选择另一个站点。因此,企业在设置网站时一定要考虑设计简洁、租用足够宽带、网页下载速度快、优化图片(使用 GIF 或 JPG 格式文件)等因素。

3. 信息更新要及时

网站信息必须经常及时更新,目前常见的网页内容更新方法有三种:一是利用具有特定功能的软件自动更新,如每天或每周将内容更新;二是设立"新信息"栏目,利用更新软件,自动检索数据库内容的变化,并将更新的内容自动发布在"新信息"网页;三是采用形式上的更新,即使是相同的内容,其强调的内容和排列顺序可随时间滚动变化。无论访问者何时进入该网页,都会有种新鲜感。对于那些网站内容更新较少的楼盘信息,这种更新方法也是有效的。每次更新内容要尽量在首页中提示给浏览者,还应及时剔除过时网页,并保持 URL 的一致性。

4. 完美的检索能力与导航能力

网站的设计还要考虑网站页面的结构设置是否便于客户浏览和查询信息。为使客户能够快速、准确地检索到要找的信息,一些网站在网页上设计了信息索引、目录索引和关键词检索,使客户能够快速找到感兴趣的部分信息。一般设计为树状结构,方便纵向查检。另外,可设计一个检索系统进行目录检索,设计应相当周全,允许访问者从任一页面进入,同时在同站的任何页面都要设计"返回主页"的链接,以方便访问者回到主页。

5. 网站的信息交互能力要强

网站建设必须强调其交互功能。网上论坛的设立可以在客户和企业之间展开对产品的讨论。网络营销人员还可以借此收集市场信息,制订有效的营销计划。而网站将客户的反馈信息直接在网上公布,使客户回访该网站,并可由此形成与客户的固定关系。网站上提供相应的客户信息反馈模块,使客户能够针对目标楼盘或多个项目方便快捷地了解情况。同时,企业的业务员应该能够及时查到客户的反馈信息,并及时回复。

(二)网站建立的流程

一个网站的建立通常要经过三个阶段:网站规划阶段、网站开发阶段和网站发布阶段。

1. 网站规划阶段

任何一个成功的商务活动都起源于良好的规划,网站的规划就是对网站的建设进行总体设计,包括服务对象与目标的定位、经营模式的选择、网站内容与开发工具的确定,以及经费与过程的估算。具体来说,在网站规划阶段,需要开展的工作包括:

(1)网站的定位。无论建立什么样的网站,面临的首要问题都是:做些什么?在网页上展示什么?这些问题的回答,都有赖于对网站的定位。网站定位应进行以下工作:

①确定网站的类型和领域,需要运用技术经济分析方法审慎选择网站的类型和领域。选择网站类型应考虑的因素有:需投资的规模、可获取的技术与人才、各类网站的市场需求情况。

②确定网站的服务对象,即网站所要面对的用户。因为即使同一类网站,也有不同的服务对象,例如,房地产营销网站包括开发商和代理商的网站,还有公共信息型网站,如搜房网。确定网站服务对象,一般从以下几个方面入手:用户的年龄与性别结构、用户的文化层次、用户的职业与职业分布、用户的地域分布、用户的个性偏好。

③确定网站的主题和服务范围。网站的特色最重要的表现之一是有一个明确的主题,主题的选择取决于事先确定的网站类型、涉及的专业领域、选择的服务对象和设计者的创意。其中,网站设计者的创意有决定性的影响,有特色的网站大多是建立在独特的主题创新基础上的。对房产营销网站主题的选择应注意以下几点:营销主题要小而精,定位不宜太大,内容要精;题材以房产内容为主,不要太滥或目标太高。太滥是指人人都有的题材,如房产论坛、免费信息等;目标太高是指要超过知名度很高的站点。

④选择网站的经营模式。从组织管理的角度来分析,一个网站可分为营利性的和非营利性的。房产营销网站具有营利性,要想运行好,必须有经营的理念。而经营的基础是一个合理的模式,它包括网站的内容、栏目的安排、业务的处理方式及相互之间的关系等。

⑤制定网站的发展目标。目前,房产互联网营销还处在初级阶段,孕育着非常大的商机。正确评估自己网站所处的位置,并制订未来发展计划,才不失为有远见的经营之道。可以从三个方面分析内外环境并确定未来方向。

市场:市场是网站运作首先要考虑的因素。没有用户和市场,网站就失去了存在的意义。

技术:技术是决定一家企业命运的最重要因素之一,是企业获得竞争优势的最重要源泉之一。

产业:进行产业分析的内容有网站的产业归属、产出结构和投入结构、产业的技术基础和技术发展方向、产业的生命周期、发展潜力和相关的产业发展动态等。

(2)规划网站的业务内容。规划网站的业务内容主要表现在网站的页面版块和栏目上。一是围绕主题广泛收集、组织各种相关资料和内容;二是配合所收集的资料设计网站将要提供服务的具体内容,尤其是提供有特色的服务。在网站栏目规划和内容设计时应注意以下问题:内容紧扣主题;把最直接表现主题且最吸引人的内容放在最突出的位置;应设立一个最新更新栏目和网站指南栏目,并包含可双向交流的栏目;可以设立一个下载栏目或常见问题回答栏目。

(3)设计业务处理流程。把各项内容或各栏目当作一定的功能模块,通过设计业务流程来规划内容的开发步骤。

(4)确定网站的子站点布局。由于营销企业规模较大,既需要介绍本营销机构,又需要介绍所代理楼盘的详细信息,因此,可以考虑建立几个子站点,这样,每部分内容更新只要对子站点更新即可;另外,当某个站点出了问题时,不会影响其他站点的浏览。

(5)规划网站所需页面和链接结构。一般来说,链接包括以下两种基本形式:

①树状链接结构(一对一)。优点是条理清晰,访问者明确自己在什么位置,不会迷路;缺点是浏览效率低。

②星状链接结构(一对多)。优点是浏览方便,浏览者随时可到达自己喜欢的页面;缺点是

链接太多，容易使浏览者迷路。

(6)确定网页的设计风格。一方面，可以增加网站的特色；另一方面，可以避免各页面的风格不协调，尤其是在进行多人分组开发时。

(7)选择网站开发软硬件平台和工具。

①硬件平台：一个营销网站的建立之前要配备一台 Web 服务器，规模较大的网站还应有邮件服务器、数据库服务器、DNS 服务器和防火墙服务器等，小型网站可以把几种服务功能放在一台服务器上。

②软件平台：包括平台、Web 服务器平台和数据库平台。

(8)预算网站建设所需经费。对于房产网站的开发，一般营销机构对建设经费是十分关心的，建设经费也是网站成败的关键因素之一。费用包括：网站前期准备费用(市场调查费、域名注册费、资料素材收集费、网站初步设计费、硬件购置费、软件购置费和其他费用)、网站开发费用(人力成本)、网站宣传费用以及网站文化与更新费用。

(9)安排网站开发进度。网站开发流程确定之后，再确定每一项任务的起止时间。中型网站(约 200 个页面，10MB 信息容量)的网站规划需 10～15 个工作日，页面设计和程序设计需 15～30 个工作日，网站测试需 7 个工作日，共需 2 个月左右。

2. 网站开发阶段

(1)网站开发前期。网站开发前期应准备以下工作：①申请网站的域名；②组建局域网；③安装软件平台及开发工具。

(2)网站页面内容编排。网站页面编排除正常工作程序外，还应注意以下方面：①确定每页的具体内容，尤其是首页的功能模块、版面等；②各页面内容的排版；③各页面内容的链接。

在网站开发阶段，还有网站程序设计、网页美工设计以及站点测试与修改等工作。

3. 网站发布阶段

(1)站点发布可采取虚拟主机方案、服务器托管方案或 DDN 专线接入方案。

(2)站点更新包括原有栏目的内容更新、栏目重组与创新、网站软硬件升级等内容。

(三)网站建设常见工作

规划设计建设外，网站运行还需要开展以下的工作：

(1)域名注册。企业建立网站的基本条件之一是申请域名。无论申请国际域名还是国内域名，至少要有一个域名，才能使访问者访问自己网站的内容。

(2)虚拟主机。对于大多数中小企业来说，网站内容较简单，信息量不大，没必要自行配置 Web 服务器，租用虚拟主机是最为方便和经济的方式。

(3)服务器托管。不满足于虚拟主机的企业，一般可采用服务器托管的形式建立自己的网站，这种方式使企业有更大的自主性，可根据自己的需要设置网站的功能，能满足较大信息流量的要求，不必受虚拟主机提供商的制约，费用比专线上网要便宜些。

(4)建立在线交易和在线支付平台。

(5)建立网上交易的物流配送系统。

(6)制订在线推广计划，将网站中主要页面向世界各大搜索引擎和中国主要搜索引擎注册；编写营销邮件；及时有效地监控本企业在搜索引擎中的排名，并维护企业的排名；对企业竞争对手进行适时有效的监控。

(7)对员工进行网站维护知识培训和互联网营销知识培训。

第三节 房地产营销软件

房地产企业在营销管理的过程中，主要面临着大量的数据和报表无法在多个部门之间有效地进行通畅的信息交流和沟通，无法实现跨区域的实时管理和监控以及如何满足集团公司多级管理的需求等问题，为了解决以上的所有难题，国内一些软件开发商推出了一系列完全基于 Web 方式的营销管理软件系统；这些系统满足了多项目、跨地域的实时管理和多点同时售楼的需求，并实时汇总集团、公司和项目的业务数据，自动生成各类报表，实现了公司决策者、项目管理者和案场操作者协同工作的目标。

一、系统简介

房地产营销管理系统是用来对房地产公司全部的楼盘销售情况进行管理的系统，它由售场端和总部端组成。通过房地产营销管理系统，可以在提高销售公司及售楼处的工作效率及管理水平的同时，保障公司高层管理人员可以准确把握销售的进展情况，了解客户、业绩、财务等方面的统计信息，从而得到经营决策上强有力的支撑。

系统版本主要有：单机版、局域网版和网络版。

销售管理系统的功能主要有：楼盘管理、客户管理、销售管理、财务管理、报表管理、查询管理以及总部综合决策分析。

二、销售管理系面向销售人员的功能

（一）基础设置管理

基础设置管理是系统中其他管理功能得以实现的基础，主要用来设置系统的一些基础参数。主要功能包括：

1. 参数设置

对保留金、认购金、印花税、预警时钟周期、总预警开关输入法、保留期限、认购期限等进行初始化设置。对以上参数进行设定，便于系统在执行后期功能时能对应执行。例如，对保留期限的设置，系统会按照设置期限进行定时提醒。

2. 编号设置

对保留编号、认购编号、合同编号进行设置。如合同编号设置，可以新增合同编号，且可以反映合同是未用、已用还是作废状态。

3. 销售人员设置

对房产销售人员建立档案，并对各销售人员设定代码，便于系统识别身份，计算佣金。

（二）楼盘管理

楼盘管理主要完成楼宇房间信息录入与维护，主要功能包括：

（1）销控显示：定义销控房态的颜色，对房态进行设置。客户可根据自己的习惯和爱好定义不同房态的颜色，也可以使用系统默认颜色处理：待售、保留、预定、已售等状态。

（2）户型设置：对所售房产的户型进行定义和设置，如 2 室 2 厅 1 卫 1 厨 1 阳台。

（3）房间批量设置：方便快捷地成批设置房间，节省前期房间初始化的工作量。

（4）房间维护：对房产信息进行维护工作。

(5)楼宇信息:对楼宇信息进行维护。

(6)房间复制:快速复制房间信息。

(7)楼盘定价:对每个楼宇的房间进行定价。

(8)房间调价:对个别房间的价格进行调整。

(三)客户管理

客户管理主要用于客户信息的日常录入工作,主要包括如下功能:

(1)客户登记:从客户的基本信息(如姓名等)、详细信息(如职业)及其他信息(如成交原因等)进行记录。

(2)客户关系管理:对于客户在业务过程中的信息加以系统的整理分析,可以分析客户的业务喜好和消费行为。

(四)销售管理

销售管理用来完成日常售楼工作中的保留登记、认购登记、合同登记及车位登记过程中的信息录入工作,主要功能包括:

(1)保留管理:对客户要求保留的房产进行保留登记,并且对销控图进行调整,将房产设置为保留状态。保留查询对客户的保留要求进行操作,系统自动设置提醒时间。

(2)认购管理:对认购的登记进行管理。

(3)合同管理:对合同进行科学的档案化管理。

(4)车位登记:对车位销售情况进行简单的记录。

(五)报表管理

报表管理提供丰富的报表管理功能,提供查询、统计、打印与销售、客户、财务信息等各种相关内容的统计报表,主要报表类型包括:

(1)销售报表。它的功能是:

①对销售情况和实际收款情况进行反映。如日报、周报、月报、年报。

②对各种付款方式进行统计分析,如付款方式统计。

(2)财务报表。根据它的功能可以分为:

①日日记账:对每日到账款项进行记录。

②应收款报表:统计每日的应收款情况。

③实收款报表:统计每日的实收款情况。

④欠款表:统计当前客户的欠款情况。

⑤定金情况表:统计认购金的情况。

⑥合同款交付情况表:统计客户合同金额的收付情况。

⑦装修标准统计表:对签约房间的装修情况进行汇总统计。

⑧装修标准明细表:反映签约房间的装修情况明细。

⑨印花税表:统计印花税的情况。

(3)客户表。根据它的功能和客户的类别,可以分为:

①未交易客户表:只做了客户登记,其他什么都没做的客户情况。

②保留客户表:反映当前为保留的客户情况。

③认购客户表:反映当前为认购的客户情况。

④签约客户表:反映当前为签约的客户情况。

⑤保留超期客户表:反映保留过期的客户情况。

⑥认购超期客户表:反映认购过期的客户情况。

⑦客户退房清单:反映退房的客户情况。

⑧退房情况图表:用图的形式反映退房的客户情况。

(4)预警报表:根据预警设置产生预警报表。

(5)销售人员业绩报表:反映销售人员的销售业绩。

(6)销售人员佣金报表:反映销售人员的佣金情况。

(7)楼盘销控图表:反映楼宇的销控情况。

(8)房间调价历史表:反映房间的调价历史情况。

(9)客户台账表:将客户的基本情况、签约情况、交款情况关联起来,形成一个台账。

(10)实测面积差额统计表:反映房间签约后经过实际测量,与销售面积的差额统计情况。

(六)财务管理

财务管理用来完成日常售楼业务中的应收款登记工作及实收款登记工作,

主要功能包括:

(1)应收款登记。

(2)对应收款进行统计记录。

(3)实收款登记。

(4)对实际到账款项进行登记。

(七)查询管理

查询管理主要用于实现房间、客户、保留、认购、合同的信息查询功能,具体如下:

(1)房间查询:根据客户提出的要求如户型、面积、朝向、楼层、价格等信息快速地查询符合要求的房源,迅速找到客户关注的房产,提高成交率。

(2)客户查询:查询客户的一些基本信息,如职业、年龄等,可以对客户进行一个简单的查询分析。

(3)保留查询:查询保留的情况,如保留金额、保留日期、业务员和客户名称等。

(4)认购查询:查询认购的情况,如认购金额、认购日期、业务员和客户名称等。

(5)合同查询:查询合同的情况,如合同金额、合同日期、业务员、客户名称、付款方式、折扣、成交房款、装修标准和按揭银行等。

三、销售管理系统面向公司管理功能

(一)数据导入

将售楼处导出的文件导入总部数据库。

(二)销售报表

销售报表主要包括:

(1)日、周、月、年报表。

(2)楼盘销控报表。

(三)销售分析

销售分析主要包括:

(1)销售曲线图(月、年):对一定时间内的面积、销售额和套数(可选择)进行分析。

(2)价格分析:基于户型,对每次调价后的套数变化进行分析。

(3)楼盘走势分析:对各时段的成交量进行分析。

(4)格局分析:对某一时段各格局销售套数的分析。

(5)户型分析:对某一时段各户型销售套数的分析,如图 11－1 所示。

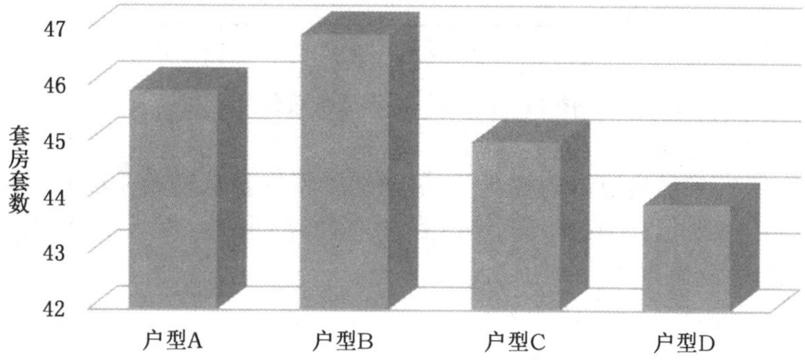

图 11－1　户型销售情况分析

(6)朝向分析:对某一时段各朝向销售套数的分析。

(7)楼层分析:对某一时段各楼层销售套数的分析。

(8)装修分析:对某一时段各装修类型选择套数的分析。

(9)媒体分析:对某一时段各媒体导致认知和导致成交套数的分析。

(10)广告效果分析:包括广告投入及效果分析,如图 11－2 所示。通过图 11－2,可以直接了解到不同媒体对于来人和来电以及签约人次的贡献,可以直接了解到其广告效果。

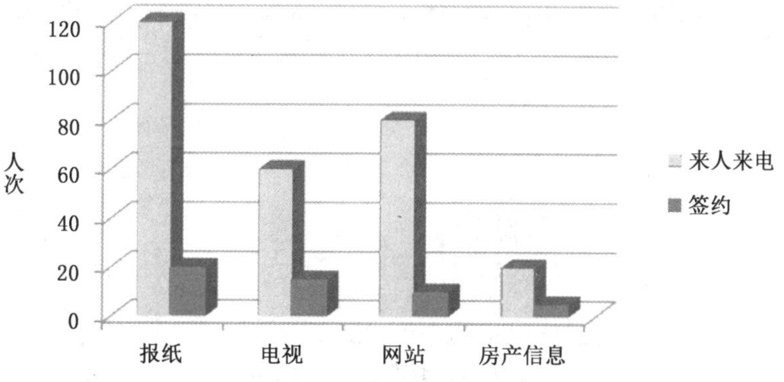

图 11－2　广告媒体效果分析

(11)合同额和回款额分析:对一定阶段内合同额、回款额的对比分析,如图 11－3 所示。通过该图可以直观了解到合同额与回款额的差额。

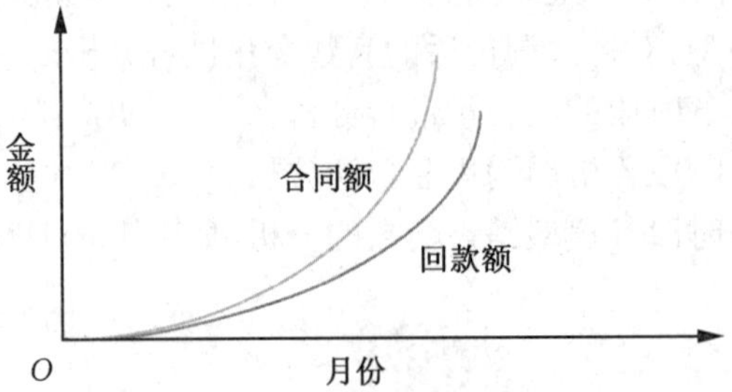

图 11—3 合同额和回款额分析

(12)销售管线图:各销售阶段的柱状图、漏斗图。特别是从初始阶段到小订、从小订到大定的过程,如图 11—4 所示。通过该图,可以直观地看到来电为 30 人次,来人为 110 人,保留房源为 58 套,认购房源为 40 套,签约房源为 37 套。

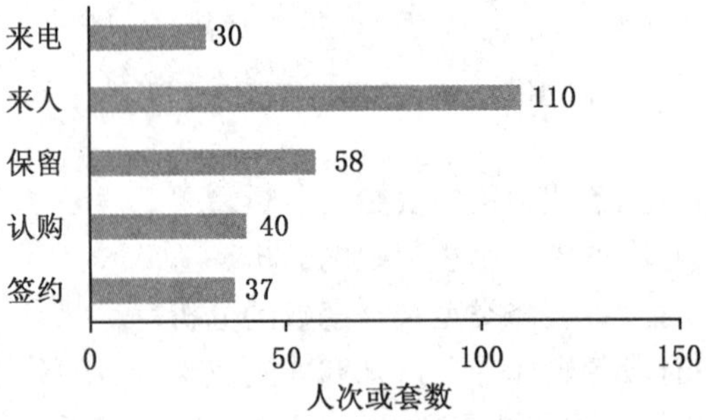

图 11—4 销售管线

(13)成交阶段耗时分析:对"来访—小订—大定—签约"等各阶段的平均周期进行分析,如图 11—5 所示。

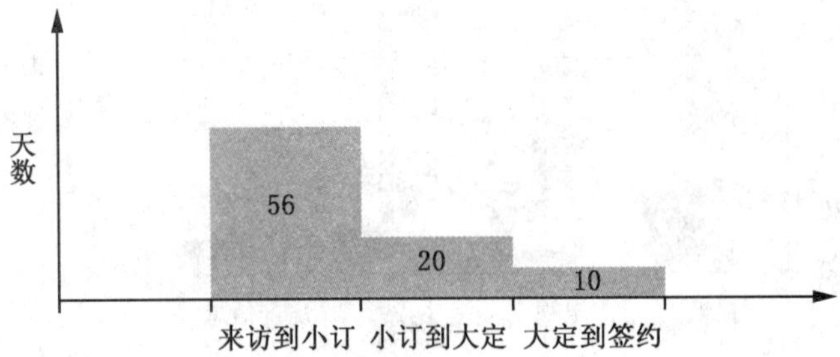

图 11—5 成交阶段耗时分析

(四)客户分析

通常客户分析要有以下内容:

(1)年龄构成分析。

(2)职业构成分析。

(3)购买者工作区域分析。

(4)购买者居住区域分析。

(5)收入水平分析。
(6)学历分析。
(7)家庭结构分析。
(8)购房用途分析。
(9)获得信息渠道分析。
(10)首付能力分析。
(11)项目兴趣点分析。
(12)交通方式分析。
(13)付款方式分析。
(14)询问重点分析。
(15)客户投诉分析
(16)成交原因分析。
(17)不成交原因分析。

(五)销售人员分析

系统对于销售人员的分析主要有:
(1)业绩分析:某一时段内的各销售人员的业绩统计。
(2)成功率分析:某一时段内的销售人员的客户成功率的分析。

(六)财务分析

系统对于财务分析的主要报表类型有:
(1)应收款报表:统计每日的应收款情况。
(2)实收款报表:统计每日的实收款情况。
(3)欠款表:统计当前客户的欠款情况。
(4)印花税表:统计印花税的情况。

(七)代理费管理

根据公司规定,直接由系统计算得出代理费或者业务提成比例,并汇总成表。

(八)数据上传与代码表下载

数据上传包括销售信息、客户信息、销控信息向总部上传。上传时若遇到线路等问题不能完成,可导出一个文件发(送)到总部,再由总部导入,并可进行压缩、加密处理。

代码表下载是从总部下载代码表到售楼处,保持代码表的统一,使总部的分析有效。

四、销售管理系统设计开发的注意事项

在销售管理系统的设计开发中,应注意以下几个方面:

(1)可以同时支持售场端到总部端之间的在线和离线两种运行方式,一套系统两个面孔,可以 B/S 和 C/S 两种方式运行系统。

(2)可以将销售数据和其他非销售数据进行综合统计分析。例如,媒体发布效果分析,给决策人员提供最有效的数据。

(3)可以充分利用销售过程记录、销售业绩及其他工作信息,进行科学的员工综合考核。

(4)可以进行异地之间高效的移动办公。

(5)可以进行充分、深入的数据挖掘,发现企业的各项业务之间的非一般性规律,提升企业

竞争力。

(6)决策分析、网站促销、在线查询等,由点到面,实施完善的销售管理。

(7)高度的灵活性:可以根据自己的销售规则进行楼盘销售,符合中国的销售特点,换房、退房操作简单但不失系统完整性。

(8)强大的业绩和佣金自动计算功能:伴随楼盘的销售活动,系统自动根据公司佣金制度进行销售人员业绩评定。

(9)强大的决策分析功能。总公司决策分析系统不但可以面向一个楼盘进行纵向销售分析,而且可以对多个楼盘销售活动进行横向分析。

(10)支持开发商和代理商销售功能。根据用户性质的设定,如果是代理商,则支持向下和向上的佣金计算。

第四节　房地产营销网络管理平台

房地产营销网络管理平台是建立在房地产销售网络管理系统基础之上的,是基于互联网上的,跨区域的更加开放的营销信息技术平台。房地产销售网络系统充分利用了现代信息技术,把销售人员从一大堆客户资料和客户合同中解放出来,将楼盘的销售推向计算机和网络管理。管理人员通过该系统可及时了解分散在不同地点售楼处的楼盘的动态销售情况,还能非常方便快捷地了解有关销售楼盘的详细资料,及时做出正确决策。该销售系统管理楼盘从信息的建立、销售、收款及相关的客户管理到物业介绍、贷款计算等,给房产销售人员创造了一个轻松的自动化管理环境。

一、房地产营销网络管理平台系统分析

房地产营销管理平台主要包括以下功能模块:

(一)房产管理

房产管理是对房产基本信息的初始化和管理,包括土地、小区信息、楼盘基本信息等。管理所有已登记的房间及其详细资料,包括楼层、房号、面积、单价、总价、朝向、户型、结构、装修标准、房间示意图等。基本信息一次性初始化后可供多个销售中心和多个现场售楼处使用。

(二)客户管理

由现场售楼处的销售人员和业务人员收集客户基本信息和客户需求信息,扩大各现场售楼处与客户的联系和对业务的跟进,包括意向客户登记和成交客户登记。将信息汇总到中心服务器,让销售管理人员对潜在客户进行分析,制订跟进计划,并帮助分析潜在客户群。

(三) 销售管理

销售管理综合了房产销售的所有服务,包括:售房、换房、退房管理,交房结算,以及契约合同登记、查询、打印等功能模块。对销售过程中交易数据的收集和统一管理,真正实现多点销售,也为决策者提供了全面的销售数据,以辅助其进一步调整销售计划。

(四)资金管理

将客户缴费管理、缴费查询和催款有效地组织在一起,并实现强大的报表处理和定期报表打印处理功能。

(五)查询、统计分析和统计报表

一方面根据房屋的具体要求、价格、付款方式等条件,查询到符合客户要求的户型、房间;另一方面,通过调整折扣付款方式、贷款成数、年限设定等条件,帮助客户制定出符合其要求的房产成交方式,以促进客户快速成交。

通过对房产数据、房产销售数据、客户数据、资金数据等信息的统计分析,帮助公司管理层制定决策。统计数据可进行多样化表示(如条形图、饼图、交叉表等),从而能为销售经理等管理人员提供直观的分析结果。

系统还可提供统计分析报表,常见的统计分析报表有:客户资料一览表、客户意向明细表、待签约客户情况表、已签约客户情况表、成交客户档案、换房客户明细表、退房客户明细表、产权办理情况表、销售业绩明细表、销售周期表/月报表、付款方式分析表、项目进展情况表、户型销售分析表、销售年度报表、分户汇总表、预售楼明细表(竞争对手楼盘)、分栋对比统计分析表、待办贷款情况表、已办贷款情况表、房款查询表、催款通知书、客户欠款情况表、客户交款明细表、财务收款总体情况表、已开发票客户情况表、财务收款周统计表/月统计表、预计收款统计表、户型收款分析表、收据使用情况表、发票使用情况表。

(六)系统参数设置和系统管理

营销网络管理平台自动设置滞纳金比例、本外币换算等系统参数。可为每个人设置一个密码、权限,限定其不同的工作范围,多级权限、多级保密,以确保系统的安全。它包括用户权限、数据备份、系统数据、操作日志、楼盘导入、楼盘导出、远程交换数据、数据交换定义等。

二、营销网络管理平台设计

(一)设计原则

1. 先进性

(1)系统结构。营销网络管理平台采用先进的客户/服务器(C/S)模式、浏览器/服务器(B/S)模式、多层应用程序结构(MIDAS)与分布式相结合的系统结构。

(2)系统平台。目前,系统平台分三部分:页面前端(可选用 HDML 系列)、业务处理(可选择 MYSQL 或 PostgreSQL)、数据库(用 Java 编程)。

(3)信息管理。对数据信息实行分散采集,统一管理。信息管理要细致全面,包括各个方面的要素,以便对信息进行整体管理、加工、整理、分门别类。

(4)软件设计。软件设计应模块化、结构化以及选择组合化,系统分析与设计采用面向对象的系统分析与设计(OOA&D)方法,系统开发过程中应用计算机辅助软件工程(CASE)技术进行系统分析、软件设计和开发,确保系统软件和数据库的规范化、可移植性和可靠性,提高系统开发的效率,系统可采用 UML(Unified Modeling Language,统一建模语言),最好能使用面向对象的最新设计方法——语意对象模型方法,实现从业务需求分析到系统设计、系统编码的一致性。

2. 可扩展性

平台应考虑社会和经济及企业的发展状况对房地产销售管理信息系统引起的变化,并且要考虑与国内相关信息及管理系统(如办公自动化等)的衔接,以确保系统的继承性和可扩展性。

3. 易用性

平台建设要考虑界面友好、查询灵活多样、简洁明了、操作使用简便等因素。

4. 可靠性

平台建设应充分考虑系统的可靠性，采用多级数据安全机制、及时的备份保护措施和有关权限控制，确保信息系统安全可靠。

5. 统一规划设计、分步实施

平台总体设计着眼于未来，考虑到将来规模的扩大与发展，同时注重结合目前的实际情况，进行统一规划设计、分步实施，以利于系统规模的发展需要。

6. 规范性

规定和统一程序格式，规定程序内外接口、变量设置、数据格式和文件格式等。提交规范性文档，包括房地产销售管理信息系统调查与需求分析报告、系统总体设计报告、系统详细设计报告、系统测试报告、系统技术手册、系统维护与管理手册等。

7. 经济性

营销网络管理平台应能很好地移植到 Linux 下运行；同时，总部使用的查询、分析、统计、系统管理等模块用 B/S(浏览器/服务器)模式，具有跨平台功能，既可以在 Windows 下运行，也可以在 Linux 下运行，以避免知识产权保护给平台运行带来的影响。

(二)总体设计

1. 房地产营销网络管理平台结构

营销网络管理平台功能主要面对现场售楼处服务端功能和公司总部管理端功能两大部分(见图 11－6)，通过网络手段与公司总部联系，各个售楼处可以同时操作，实现多售楼处信息的汇集和面向同一平台的工作协同。

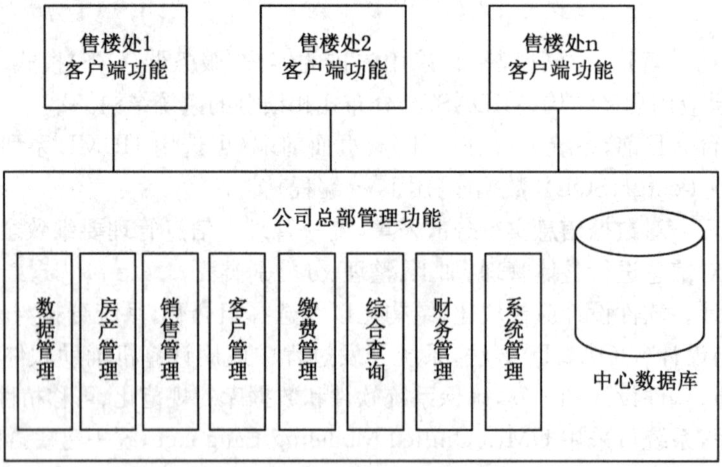

图 11－6 房地产营销网络管理平台结构

2. 开发工具

选用可视化开发工具，如 JAVA。目前，采用 JAVA 可与 Linux 下的开发工具 KYLIX 直接进行代码转换，这样可以做到软件跨平台，节省投资。

3. 数据库选型

售楼处数据可选择桌面数据库，如 Access 中心数据库可选择 SQL Server。

4. 系统网络拓扑图

利用网站服务器或企业自己购置并托管在 ISP 机房中的服务器作为远程数据服务器，与远程售楼处和总部进行实时数据交换；另外，总部可定期从远程数据服务器上备份数据，以供脱机分析。为了提高系统安全，远程数据交换可使用 VPN，即虚拟专用网。

5. 项目开发计划

为了确保房地产营销网络管理平台建设的质量，平台的规划、分析、设计、开发、测试将严格遵守国家有关标准和规范。按照软件工程的要求，规范系统分析、系统设计、系统编码和系统测试。在程序设计过程中，将采用面向对象的方法和计算机辅助软件工程软件进行编程。

6. 支持条件

(1)计算机系统支持。用户要配备系统必需的软件、硬件等条件，并保证其具有合法性。

(2)需要用户承担的工作。需要用户单位指派专人参与房地产营销网络管理平台的需求分析，软件、硬件的安装调试，接受培训。

7. 经费预算

经费预算包括房地产平台开发成本、软硬件平台的投资、网络安全投资、软硬件投入、运行成本、使用培训投资等方面。

第五节　房地产软件需求说明

房地产营销人员掌握编制营销软件系统说明书的内容是必要的，一个系统的好坏，关键在于能否解决业务需要解决的问题，而业务需要解决的问题只有业务人员比较熟悉。一般情况下，房地产销售人员如果学会了编制软件需求说明，就可以更好地保障软件系统的运行质量。

一、引言

(一)编写目的

编写说明中介绍最终要实现的软件必须满足的功能需求、性能需求、接口需要和用户界面需求以及属性、设计约束等，为下一步软件设计提供依据。

预期读者：研究开发部人员、技术开发部人员。

(二)背景

软件需求的背景如表 11－1 所示。

表 11－1　软件需求的背景

中文全称	营销网络管理平台	中文简称	营销平台
英文全称		英文简称	
任务提出者	市场营销部		
任务开发者	软件部或外包技术单位		
目标用户	销售人员		

续表

中文全称	营销网络管理平台	中文简称	营销平台
与系统内其他功能模块的关系	营销网络管理平台是一个为集团/公司服务的统一平台，要求其组成部分相互关联，信息高度集成；因此，销售管理系统作为其组成部分，必须分析它与系统内其他功能模块的关系，这些系统模块包括房源管理、客户管理、人力资源管理、销售管理、权证管理、流转管理、角色管理、信息管理等		

1. 营销网络管理平台与房源管理系统、客户管理系统、人力资源管理系统的关系

如图 11－7 所示，平台的设计思想是将共有系统与个性系统分开，因此将营销管理中有关房源、客户和人力资源管理的内容抽离出来，由房源管理系统、客户管理系统和人力资源系统来完成。在销售管理系统中，发生相关操作时，就调用房源管理系统、客户管理系统和人力资源管理系统的对应功能和界面，包括信息录入、信息修改和信息查询等，其中录入和修改的信息也相应地存入客户管理系统和房源管理系统中。可以在需要时调用查看。

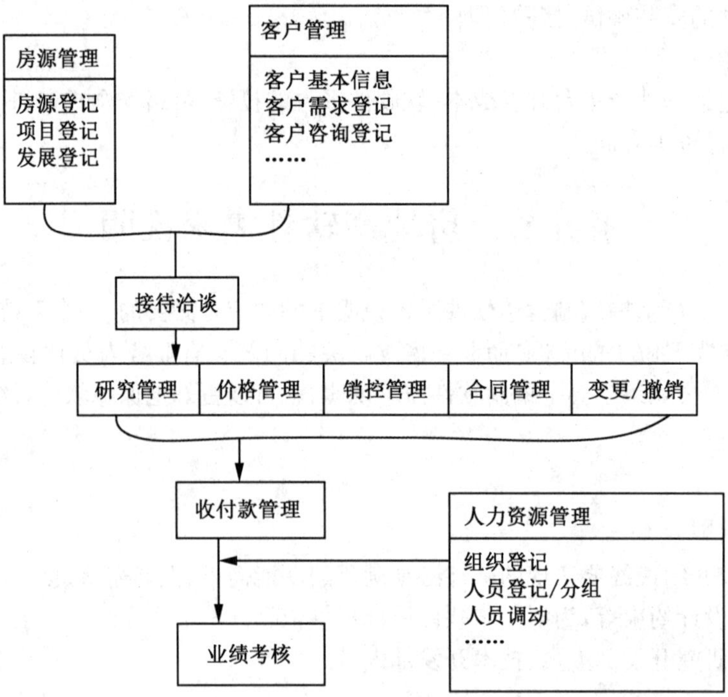

图 11－7　系统关系

2. 房源管理的内容

(1)代理销售楼盘的信息录入(修改)。

(2)价格制定或调整时，需要房源信息的数据，如建筑面积、朝向、楼层等价格影响因素；同时价格生成或调整完成以后，价格应该作为房源信息的一个字段存入房源信息中。

(3)销控管理时，需要房号、建筑面积、单价、总价、房屋状态等房源信息，销控后的房源状态应改变该房源已有的状态，并保存新状态。

(4)接待时，需要查询可出售房源信息，了解可出售房源的详细信息。

(5)签约时，需要调用房号、建筑面积等房源信息，同时，成交价格以及成交状态要作为房

源信息的一个内容存入房源信息中。

(6)变更/撤销时，查询相关房源信息，变更后的状态要作为房源信息的一个内容存入房源信息中。

(7)收付款管理时，需要房号和房屋状态等房源信息。

(8)需要房源信息统计报表。

3. 客户管理的内容

(1)接待时，登记或查询客户的基本信息、咨询信息和需求信息。

(2)签约时，调用客户的基本信息，如果客户的信息发生改变，修改后的信息应同时存入客户管理系统。

(3)在签约过程中，查看客户的需求信息。

(4)在填写变更和撤销登记表时，调用客户的基本信息，查看客户的需求信息。

(5)销控管理时，查看客户的基本信息和需求信息。

4. 人力资源管理系统的环节

(1)在每步操作需要填写接待人员或业务人员时，调用员工信息以及相应组织信息。

(2)对每个员工进行考核时，需要员工的名称信息、岗位信息和分组值息等。

5. 为房源和客户设置属性描述

为了保证将销售管理系统所需的房源信息和客户信息与其他业务系统的房源和客户信息区分开来，必须为房源客户设置相关描述属性。

例如，在房源管理中，为相应的房源信息加上“用途——销售”“公司”“销售案场”等字段。

又如，在客户管理中，为客户基本信息加上“隶属公司”，客户与隶属公司是一对多的关系；为客户需求信息增加“处理公司”等字段。

6. 销售管理系统与租赁和置换管理系能的关系

平台的功能还可以满足不同义务服务功能的共享和转换，如销售、置换和租赁三种系统的共行，在技术层面上，销售管理系统不与租赁和置换房源直接发生关系，而是通过客户管理系统和房源管理系统间接发生关系。例如，如果是售改租，就要把销售的房源改为“租赁状态”，并把房源指定给相应的区域中心或连锁店；如果是商品房改为“特价房”，就要把销售房源改为“特价房”，并把房源指定给相应的区域中心或连锁店。

7. 销售管理系统和权证(贷款)管理系统的关系

销售管理和权证管理是一种上下游业务的关系。

在销售管理中，接受客户办理权证的请求，并将客户的权证办理请求以及相关的客户基本信息和业务信息传递给权证管理系统，由权证管理系统进行权证(贷款)办理。

销售管理系统需要查看权证办理的过程信息(由权证管理系统提供)，例如，一个客户的权证办理当前处在哪个阶段，一些关键步骤的完成时间及审批结果等。

8. 销售管理系统与消息管理、流转管理、角色管理等系统的关系

销售管理系统是业务操作系统，消息管理、流转管理和角色管理等系统是一种技术性的辅助系统：后者帮助前者实现信息集成、办公自动化、系统安全等要求。

(1)消息管理。为销售管理系统使用人员提供交流信息、派发指令和发出请求等功能的非常便捷和快速的工具。

(2)流转管理。业务员等基层岗位通过销售管理系统处理或生成基本数据；然后通过流转管理系统，提交给管理人员；管理人员在销售管理系统中输入相关信息，并通过流转管理系统，

将信息传递给下一个工作环节，延续销售管理系统的运作。

(3)角色管理。它控制了进入销售管理系统的可能性，并限制了相关人员使用系统的范围。

二、任务概述

(一)目标

目标是为营销工作定制并开发专门的软件。这个软件既要满足新项目的需要，又要尽量考虑今后项目销售的需要。整个软件的最终评价标准是客户满意。

(二)用户的特点

软件有较多的用户数量，按使用部门的不同可分为：

(1)管理人员：管理部经理、管理部业务助理、销售助理、秘书、签约员；

(2)销售人员：销售部经理、销售主管、业务员；

(3)配套人员：开票员、统计员。

这些人员的计算机水平一般是参差不齐的，但由于工作节奏的原因，每个人可用于计算机查询和录入的时间很紧。因此，应该最大限度地优化程序设计，减少页面的切换；减少鼠标与键盘的切换；尽量遵循 Windows 的操作习惯。

(三)假定和约束

假定和约束主要描述该系统软件的客户要求，比如，是否跨区域应用，当地是否具备宽带条件，有多少客户同时使用，数据容量大小以及其他系统兼容性要求等条件。

三、基本需求规定

(一)第一层主模块结构

第一层主模块结构如图 11－8 所示。

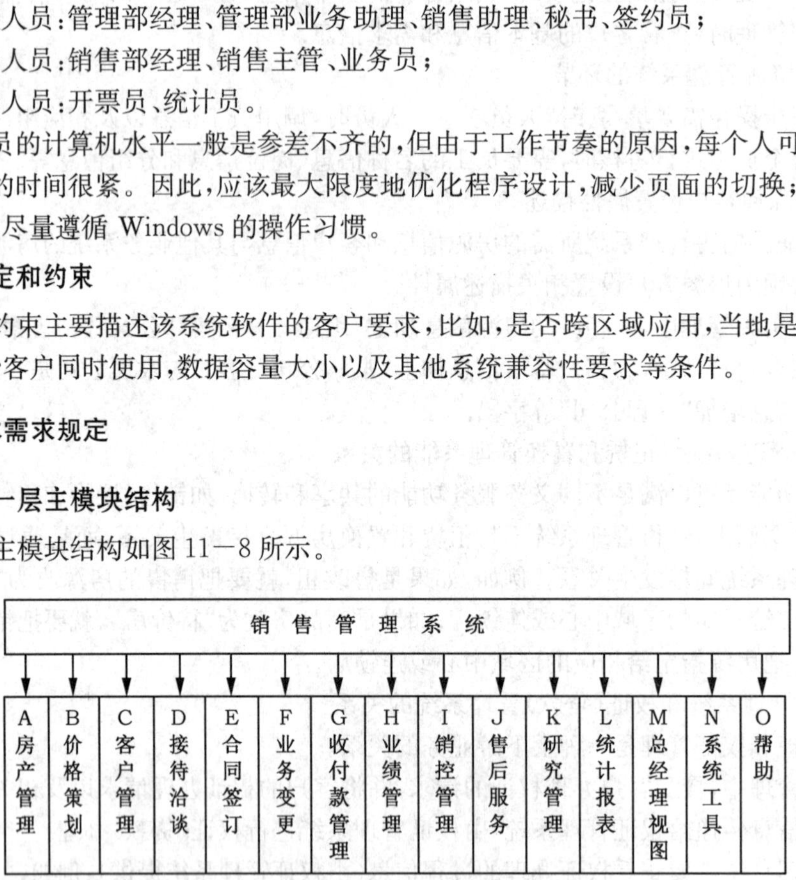

图 11－8 主模块结构

每个模块的重要工作，如表 11－2 所示。

表 11－2　　模块工作示意表

序号	一级模块	主要功能简介
A	房源管理	登记与房源相关的信息，包括房源基本信息、房价、开发商等
B	价格策划	采用系数定价或差价定价的方式，根据多种影响因素对房间进行定价，实现一房一价

续表

序号	一级模块	主要功能简介
C	客户管理	登记客户的来电或来人登记信息
D	洽谈预订	记录客户的小订或大定信息，通过打印，提供预订协议和订购协议
E	合同管理	登记销售合同和贷款合同的信息
F	业务撤销	根据客户的要求，提供抵免、退订和退房的服务
G	收付款管理	管理部根据业务数据，开发付款单和退款单 收款人员记录实际收款和退款数据 对照应收和实收数据，形成催款和欠款名单
H	业绩管理	登记员工和中介公司的信息，根据销售业务记录，计算他们的工作量和可得佣金
I	销控管理	为管理部对房源的销售控制提供快捷有效的工具
J	售后管理	登记贷款办理过程中产生的数据信息
K	研究信息	登记竞争楼盘的信息
L	统计报表	为公司各级管理人员提供有助于管理和决策的明细表和分析报表
M	总经理视窗	为总经理了解业务情况专设的一个功能窗口
N	系统工具	提供系统设置和管理的基本功能
O	帮助	提供系统使用的操作指导说明

（二）模块细化

模块细化如表11—3所示。

表11—3　　模块细化表

编号	功能名称描述	功能描述
A	房源管理	
A01	房源登记	对项目/楼栋/房间进行登记
A02	设备登记	采用批量录入或逐项录入的方式登记项目/楼栋和房间所属的设备
A03	开发商登记	登记项目开发商的信息
A04	房源查询	根据多种查询条件，输出所需的房源信息
B	价格管理	采用系数定价或差价定价的方式，根据多种影响因素对房间进行定价，实现一房一价
B01	价格制定	批量制定房间价格，包括租价和售价，实现一房一价
B02	价格调整	对已生成的房源价格进行调整，调整的方式包括幅度调价、比例调价和一口价调价等
B03	付款方式设定	选择项目所用的付款方式，以及付款时间的设定要求
B04	价目表	根据需要输出房价一览表
C	客户管理	
C01	来电咨询	登记客户来电的咨询信息

续表

编号	功能名称描述	功能描述
C02	来人咨询	登记客户的人口特征信息和需求信息
C03	客户查询	根据多种查询条件,输出所需的客户信息
D	洽谈预定	
D01	房源查询	输入查询条件,输出所需的房源列表
D02	客户资料显示	根据会员卡的卡号,显示系统中已有的该客户的信息
D03	贷款试算	根据房款和客户的贷款要求,计算每月的还款本息额
D04	小订	输入小订信息,打印生成预订协议
D05	小订转大定	把客户预订的房源转换为大定状态,打印生成认购合同
D06	大定	输入大定信息,打印生成认购合同
D07	房源锁定	客户未经过任何预订步骤直接要求合同自签订时,帮助他锁定房源,以便他到签约员那里可以签订合同
E	合同签订管理	
E01	房源查询	输入查询条件,输出所需的房源列表
E02	客户资料显示	输入客户的编号,有会员卡的输入卡号。会员卡的卡号,显示系统中已有的该客户的信息
E03	贷款试算	根据房款和客户的贷款要求,计算每月的还款本息额
E04	合同信息登记	输入合同中主要的内容信息
E05	贷款信息登记	输入贷款合同信息中主要的内容信息
F	业务变更与撤销	
F01	特殊合同审批登记	根据会员卡的卡号,显示系统中已有的该客户的信息
F02	大定更名	显示客户已有的业务资料,小订信息、大定信息或合同信息
F03	退订	登记客户退订的内容
F04	退定	
F05	退房	登记客户退房的内容信息
G	财务收付款	
G01	收款管理	根据业务信息开具付款单记录客户的实际收款情况
G02	钱款减免登记	记录由于各种原因发生的客户应交款的减免情况
G03	付款管理	根据业务信息开具“退款单”记录向客户退款的实际情况
G04	欠款管理	统计到期未付的合同款信息,以便于催收
H	业绩管理	
H01	公司及员工信息登记	登记公司、下设售楼处、公司或代理商的基本信息以组为单位登记业务员信息
H02	考核参数设置	根据公司的考核制度,设置考核参数
H03	业绩指标设置	按月指定员工的业绩考核指标

续表

编号	功能名称描述	功能描述
H04	员工业绩计算和查询	记录和计算员工的业绩和提成
I	销控管理	
I01	房源预留	批量地把房间状态设置为预留,业务员不能对这些房间进行业务操作
I02	房源放开	管理部把未及时付款房源的锁定状态打开,重新进入未售状态
I03	销控图	建立两种销控图,管理用和业务用销控查看销控图和对应的统计报表
I04	房间销售资料	查看符合查询条件房源和所有房间的销售资料
J	售后服务	
J01	贷款办理	登记贷款办理过程中产生的信息
K	研究管理	
K01	竞争楼盘	登记与销售楼盘有竞争关系的楼盘信息
K02	广告信息	登记在楼盘销售过程中发布的广告信息
L	统计报表	
L01	房源管理报表	
L02	客户管理报表	
L03	业务管理报表	
L04	收付款报表	
L05	业绩报表	
L06	售后报表	
L07	综合报表	
M	总经理视窗	
M01	营业信息概要	按天显示日报表中的基本信息
M02	查看详细报表	详细查看日、周、月报表
M03	查看房间销售示意图	
M04	查看销售业绩发展图	
N	系统工具	
N01	权限设置	设置用户可查看或操作的界面范围
N02	参数设置	设置系统运行所需要的参数,如小订付款时间等,这些参数有利于提高系统的自动化
N03	数据参数	对本系统软件中有关文本下拉框的参数进行设置
N04	数据备份	数据库数据的完整和差异备份、发生突发性问题后的数据恢复
N05	操作日志	操作员在系统内进行业务操作的所有记录
N06	数据导出	将系统生成的数据导入 Excel 和 Word 等软件文本中
O	帮助	

续表

编号	功能名称描述	功能描述
O01	帮助	提供图文并茂的软件操作使用说明
O02	网站沙龙	实现与相关网站的连接
O03	联系我们	通过 E-mail 的方式与相关公司联系
O04	关于本软件	版权说明

四、输入、输出要求综述(总的概括)

解释各输入、输出数据类型,并逐项说明其媒体、格式、数值范围和精度等。对软件的数据输出及必须标明的控制输出量进行解释并举例,包括对硬拷贝报告(正常结果输出、状态输出及异常输出)以及图形或显示报告的描述。各类输入、输出的报表格式可分类列表在这一部分,也可另作附录。

五、功能需求的规定

(一)精度

销售软件中对精度的要求主要集中在涉及收付款和面积的功能模块以及数据传输过程中。

1. 款项

涉及款项、价格等财务数据时,单位要精确到分,即精确到小数点后两位(款项单位统一为人民币元)。

2. 面积

面积单位统一用平方米,面积数据要精确到小数点后两位。

3. 百分数

涉及有百分数时,最终结果要精确到万分位。

4. 数据传输过程

数据传输过程中的精确度不降低。

(二)灵活性

针对目前市场的实际情况,销售软件的灵活性要求为中等,主要要求集中在与目前一般企业所拥有的软件的接口问题,以及对一些操作环境变化的适应能力。

1. 操作方式

键盘、鼠标、语音、手写、扫描等多种输入方式应兼容,并设置左右手习惯的操作方式。

2. 运行环境的变化

不同操作系统下的运行均要稳定、可靠。不同操作系统包括:Windows 7,Windows 10等。对硬件环境的要求也要具体描述,以便软件能适应硬件的条件。同时,系统日期变化、网络变化都要有应对的措施。

3. 同其他软件的接口

在导入、导出过程中,数据要准确地传输,主要涉及的软件有 Word,Excel,Access,Foxpro,Oracle 以及相关财务软件。有些接口需要编程人员自己编制。明确列出软件需要导入的格式及导出的格式要求。

4. 精度和有效时限的变化

贷款利息的精度有可能精确到万分位。要求软件有效运行时限分为：无限、年、一周。

(三)服务能力

(1)并发用户的承受能力。要求系统能够承受至少多少人同时进行较高数据库访问量的操作。

(2)时间特性要求。说明响应时间、数据转换时间和传送时间等平台要求。

(四)稳定性

(1)在界面之间切换的过程中，不要丢失数据或使系统停止运行。

(2)数据传输过程中突然停止后，要能够重新传输，而且最好能够自动有效地断点续传。

六、数据库管理能力要求

说明需要管理的文卷和记录的个数、表和文卷的大小规模，要按可预见的增长对数据及其分量的存储要求做出估算。

七、故障处理要求

列出可能的软件、硬件故障以及所产生的后果，并列出对故障的处理措施，如表 11—4 所示。

表 11—4　故障处理

序号	软件、硬件故障	产生的后果	处理措施
1	客户机硬盘损坏	本地数据丢失	重新从中心数据库下载
2	服务器硬盘损坏	数据全部丢失	启用备份
3	网络中断	数据不能反映到数据库	重新连接，再次输入

八、其他专门要求

除上述要求外，还有一些专门要求。例如，用户单位对安全保密的要求，对使用方便的要求，对可维护性、可补充性、易读性、可靠性、运行环境可转换性的特殊要求等。

九、接口需求规定

这里主要指用户有特别要求的操作界面，以及客户端特殊要求(如快捷键)，如外部接口可以包括 GUI 的接口和 Service API 的接口，或指服务器端提供给编程用户的 API 接口。

(一)操作界面

界面基本风格及功能菜单框架，如图 11—9 所示。根据一般计算机使用习惯，常见的布局中，核心业务操作界面置于中心位置，左边为公共服务和工具区域，上部为平台功能菜单区域，下部为便捷服务等功能区。

(二)客户端特殊要求

(1)数据录入的人性化。在系统中尽量应用右键的快捷功能；在键盘录入集中的操作界面中采用键盘热键。

(2)右键功能的强大。录入界面集中在键盘输入成鼠标输入,尽量避免两者的频繁切换。

十、运行环境规定

(一)设备

1. 主机

说明主机的最低硬盘内存要求,是否带光驱、USB接口。最低配置:固态硬盘、4G内存、酷睿IT、独立显卡。

2. 显示器

说明具体的显示器规格要求。

3. 打印机

说明Windows系统支持的所有针式、喷墨和激光打印机。

(二)支持软件

1,操作系统

操作系统应选用Windows 7或以上版本操作系统。

2. 后台数据库

后台可采用Microsoft SQL Sever7.0或相应其他数据库。

3. 开发工具

说明运行环境要求的开发工具。

(三)接口

1. 与一般企业现有软件的数据接口

这主要是指数据转换中的接口问题,不同数据类型之间的转化。一般企业现有的常用软件主要包括:Word和Excel财务软件,数据库主要有:Foxpro、Access、Oracle、SQL、Server。

2. 软件传输协议

目前主要采用TCP/IPDBUNET两种传输协议,说明该软件要求采取的协议方式。

(四)控制

说明控制该软件运行的方法和控制信号,并说明这些控制信号的来源。

练习题

一、复习思考题

1. 房地产市场营销网站制作主要包含哪些内容?

2. 如何编写房地产软件需求说明?

第十一章　房地产营销新论

随着营销理论和实践的进一步发展,新的理论和观点层出不穷。这些成果在不同层面上,对房地产营销同样具有借鉴和指导价值。本章介绍的是目前比较热点的理论和观点,对大家初步了解目前房地产营销的新方向、新思路和新方法具有重要的参考价值。

第一节　房地产品牌营销

迪士尼前总裁麦克尔·艾斯纳曾说:"品牌这个词使用过度,毫无意义,缺乏想象力。"但正是靠迪士尼这块金字招牌,大量的美元源源不断地流入迪士尼公司的口袋。在房地产营销中,品牌营销也是日益重要。

一、房地产品牌营销的提出

品牌营销是房地产市场竞争日趋激烈、市场营销日趋差异化的产物。在房地产市场中,同质化的现象比较严重。随着消费者需求日趋理性,需求层次不断提高,在对开发商没有清楚了解的前提下,他们会对项目进行再三比较,从中选择适合自己的房产。在比较的过程中,品牌是消费者关注的重要因素之一。品牌作为能为消费者提供使用保障和心理保障的一种承诺,备受消费者重视。对于有实力的房地产开发商来说,实施品牌战略无疑已经成为增强其自身竞争优势,提高综合竞争力的强有力武器。

二、品牌营销和品牌效应

(一)品牌营销

品牌营销,简单地说,就是把企业的产品特定形象通过某种手段深刻地印入消费者的心中。房地产品牌营销是指房地产企业利用消费者对产品的需求认知,用产品的质量、文化以及独特性的宣传来创造一个牌子,以求得到用户心中的价值认可,最终形成品牌效益的营销策略和过程。品牌营销是通过市场营销,运用各种营销策略使目标客户形成对企业品牌和产品、服务的"认知—认识—认可"的一个过程。

房地产品牌营销从高层次上就是把房地产企业的形象、知名度、良好的信誉等展示给消费者或者顾客,从而在顾客和消费者的心目中形成对企业的产品或者服务的品牌形象,这就是品牌营销。

房地产品牌营销的关键点在于为品牌找到一个具有差异化个性、能够深刻感染消费者内心的品牌核心价值,它让消费者明确、清晰地识别并记住品牌的利益点与个性,是驱动消费者认同、喜欢乃至爱上一个品牌的主要力量。

(二)品牌效应

1. 房地产品牌效应的含义

房地产的品牌效应就是在房地产交易中，通过品牌认知，向掌握较少信息的购房者还原部分的产品信息的作用。住房产品比较复杂，购房者只有在实际使用之后，才能加深对所购住房（包括开发商所提供的服务）的认识，在此之前，购房者对房屋建筑质量、物业管理水准、开发商的商业信誉等方面的信息掌握不多，相对于开发商而言，购房者处于信息劣势。这种情况对于双方而言都不理想，购房者为了购得理想的住房，就必须加大对各类信息的搜寻成本，同时开发商也为了让购房者了解更多的信息而花费相当多的广告宣传费用，并且拉长了房产的销售周期，降低了资金的周转速度。而通过房地产的品牌效应却可以减少房地产交易中由于信息不充分而带来的不利影响。某种特定的房地产品牌一旦形成，该品牌就向购房者传达了一种代表特定的房屋质量与管理服务水准的信息，降低了事前（买卖行为发生前）的信息不对称性。并且，只要开发商是注重长远利益的，这种由品牌而还原出来的信息就是可信的，因为开发商任何有损房产品牌形象的行为都会降低消费者下一次对该房产的品牌的评价，从而有损开发商的长远利益。

2. 房地产的品牌效应≠案名效应

将房地产的品牌效应简单地等同于案名效应是当前业界较多存在的一个误解。这一误解可能导致开发商片面注重楼盘的案名设计，而忽视了对住房这种复杂商品在质量、服务、功能等方面进行多方位全面的功能改进。比如，在报纸、电视等广告媒体上“××花园”“××广场”“××人家”的新鲜案名满天飞，但消费者到现场一看却大为失望。所谓“××花园”的绿化并不尽如人意；“××广场”也只不过是城市塔林中不起眼的一小块空地。久而久之，消费者对众多没有实质内容的噱头越来越麻木。事实上，案名效应主要是一种短期的广告效应，是开发商在营销策划中用以吸引目标客户群体的一种途径。例如，将针对老年人开发的住宅物业称为“孝心公寓”之类的案名，其作用主要是让年轻一代为老人购买合适的公寓以显示其孝心，激发购买欲，促进该物业的销售。名副其实的物业案名能起到促进房地产品牌效应的作用，而有名无实的案名设计最终只会弱化品牌效应。

三、房地产品牌营销提升的方式

（一）注重产品的创新

房地产业多年来存在着产品类型单一、“千楼一式样”的状况，产品（服务）的创新、升级换代比较困难。而不断提升产品（服务）的功能和效用，是市场的根本要求，也是符合品牌营销需求的。例如，酒店式公寓的推出，将两类物业的服务功能融合，受到了市场的欢迎。因此，房地产业的创新行为是值得推崇的，应始终将技术创新和新房型的开发作为两项最重要的任务。目前，许多房地产企业都加强了设计研究，不断设计出新户型、新房子。都市型联体别墅和错层式住宅的问世，新的和符合人体工程学的国际招标，不仅在生产方式上进行了变革，而且提升了产品与服务的品质，充分体现个性化的消费潮流，拥有巨大的市场感召力。

（二）培养品牌社区

房地产品牌社区就是社区成员对本社区的归属感，品牌社区是物业品牌营销的要点。随着生活质量的提高，物业不再是简单地提供人们吃住的场所，它已经发展为一种新兴的概念，即为特定的目标群体营造一种文化氛围。因此，要注重社区文化的营造，建立小区的社区文化，改变生活方式，开展社区活动，注重开发商与顾客、顾客与顾客之间的沟通。人们生活在社区中，与他人结成种种社会关系（如法律关系、邻里关系、业务关系等）。社区中又存在着种种商业服务配套设施。这些关系和设施在很大程度上满足了人们的生理、心理和自我发展的需要。

(三)推动区域品牌向区域发展

目前国内一些比较有实力的开发商,都选择走出地域的界限,充分利用品牌资源,建立品牌连锁。跨区域的多个楼盘共用一个品牌,充分展示了品牌的强大实力,提升了品牌的美誉度。这些品牌基本上运用两种策略:一种是单一品牌策略,如奥园,在全国复制了许多楼盘,都统一以“奥园”命名;另一种是副品牌策略,如万科开发了万科星园、万科青青家园、万科四季花城、万科城市花园等楼盘。

(四)注重物业形象改进和推广

改进楼盘项目的外观形象,注重楼盘的色彩搭配、绿化布置、楼盘造型、标志性建筑,采用国际流行手法,使产品外观与其本身一样具有吸引力,用建筑语言打动消费者。品牌推广要以广告、形象、包装设计为先导,采用多样化、系统化的推广手段,运用独特的市场导入手法,创造声势,完善物业形象。

(五)塑造企业形象

作为房地产开发企业,必须在经营中树立企业形象,实现企业理念统一化、行为统一化、视觉统一化,通过物业市场占有率的提高来扩大覆盖面。开发商利用企业独特的理念包装楼盘,并将其推向市场,既树立了公司形象,又起到宣传公司质量和规模的作用。通过广告媒体手段,让消费者认识、了解物业的同时,也认识开发企业,然后结合独特的市场导入手法,全面推广、制造效应。

(六)提炼核心理念,坚持统一风格

提炼核心理念是品牌经营是否成功的一个重要标志。奥林匹克花园,以一句“运动就在家门口”的品牌理念一炮打响,提倡了一种运动、健康的生活方式,在各地的连锁楼盘又共同为品牌的核心理念添砖加瓦,营造出强大的品牌效应。作为一种理念、一种风格,不仅体现在建筑上,更多地体现在品牌形象上。品牌一旦确定,就要突破时间和地域的限制,始终如一地坚持下去。万科地产委托专业广告公司,为其量身定制了一部以“建筑无限生活”为主题的品牌形象广告。万科的楼盘虽然分布在全国各地,但都坚持着统一的形象、统一的理念。尽管名字不尽相同,但让人一看就知道出自万科旗下。

(七)注重品牌的定位

进行品牌营销,不是说一定要高档的物业才需要树立品牌,品牌并非别墅、豪华商场的专利。品牌注重的是综合因素,注重实用性能和价格合理。所以,各种档次的房地产均可创立自己的品牌。但是应注意,有了品牌不是意味着一定能带来暴利,品牌的本质之一是信誉。

(八)注重销售服务形象

销售服务形象由售楼处建筑风格、服务手段现代化、企业销售网络完善程度、广告促销力度、销售人员素质等众多因素构成。注重销售服务形象,要求在售楼处建设新颖、令人心动的样板房,具有完善的客户信息系统,收集、保存和使用信息,销售人员要真实详尽地介绍楼盘,及时为客户办理相关手续,物业管理要注重服务周到和快速反应,等等。如“万科”拥有一流的物业管理,就能比周围的楼盘价格高,这就是品牌资产的回报。

(九)整体推进品牌经营

对房地产企业来说,企业品牌较物业品牌更为重要。物业品牌是单个房地产项目的社会声誉,而企业品牌则是该房地产企业整体资信的体现。二者是个别与整体的关系。以项目品牌带动企业品牌,形成互动关系,具体可在推广形象上及广告宣传中体现。虽然整体是由单项物业组成的,但是只有一两个项目知名度高,并不意味着该房地产企业就能建立企业品牌,就能成为业界的佼佼者;反之,如果该房地产企业的绝大多数项目十分成功,该企业的品牌信誉必然很高,但如果个别项目出现问题也会影响整体的声誉和形象。因此,房地产企业对每个项目都要谨慎,只有力争全部项目取得良好的社会效益和经济效益,才能维护和培养品牌。

(十)培养品牌的延伸力

品牌营销可划分为两个层次:一是创造楼盘的多样性,二是有一定的品牌延伸和风险抵抗能力。房地产由于其开发量大,往往对整体楼盘先进行总的品质定位,确定目标市场,即确立总品牌;再根据开发状况和市场情况细分目标市场,确定每一期工程的具体针对群体,即确立衍生品牌。总品牌所关心的对象是所有能够得到楼盘信息的人,其定位要有一定的高度,既要创造楼盘的个性,又要有一定的包容性。潜在顾客对产品的心理定位是总品牌,衍生品牌的延伸并不会影响潜在顾客对产品的心理定位;相反,由于品牌的延伸,楼盘可以吸引更多细分市场的潜在顾客。

(十一)需要企业内部的整体配合

房地产项目的品牌营销必须依赖该项目各部门的共同努力,如项目策划、选择区位、市场调研、规划设计、建筑、销售和物业管理服务等各环节。个别环节出现失误,品牌声誉将受到影响。另外,要注意房地产项目的开发建设必须考虑项目的综合成本、市场前景,做好整体工作。严把工程与服务质量关,预防负面影响的出现,及时妥善处理业主提出的问题。承诺要真实、准确,以便在客户之中建立可信度。

案例 11—1

恒大地产的品牌营销策略

恒大地产秉承“民生地产”理念,在中国 280 多个城市拥有项目 800 多个,与全球 800 多家知名企业战略合作,实施精品战略,打造高品质、高性价比产品,开创行业“全精装修交楼”和“无理由退房”先河,让 600 多万业主实现宜居梦想。2017 年,其总资产达到 1.76 万亿元,销售规模超5 000亿元,纳税超 400 亿元。其品牌营销策略主要体现在以下三个方面:

1. 依托地产业,实现区域性品牌到全国性品牌的提升

在公司成立之初,恒大基于行业竞争、目标市场、消费者负担能力、资金状况等因素的客观分析,确立了“小面积、低价格”的早期发展模式,采取快速销售、加快资金周转,快速实现企业规模壮大的发展战略。经过多年实践及调整,恒大标准化运营模式行之有效,助推恒大实现持续跨越式发展。目前,恒大已经成为中国销售面积最多、在建工程量最大、进入省会城市最多、城市布局最大的房地产龙头企业,在中国房地产企业排行榜上位居第二,恒大实现了从区域性品牌到全国性品牌的跨越。

2. 借力体育产业,实现地产品牌向中国品牌的转变

在恒大足球俱乐部夺冠次日,恒大集团乘胜追击,举办了“恒大冰泉”长白山天然矿泉水的

新闻发布会，特聘广州恒大足球队主教练兼恒大足球学校校长里皮、中国女排主教练兼广东恒大排球俱乐部主教练郎平、前世界足球先生菲戈、前西班牙兼皇马双料队长耶罗，共同出任恒大冰泉全球推广大使。

3. 发展文化产业，实现中国品牌向世界品牌的飞跃

房地产业曾经是朝阳产业，但此后的空间将会萎缩，所以维持现有规模，在住宅之外寻找新的发展空间成为恒大必须考虑的长远战略，现在文化产业是朝阳产业。在文化产业方面，恒大宣称，“凭借恒大集团的雄厚实力和全球视野，恒大文化产业集团将矢志成为中国规模最大、专业水准最高、综合实力最强的娱乐文化超级航母”。

最终，恒大地产成为以民生地产为基础，文化旅游、健康养生为两翼，高科技产业为龙头的世界500强——恒大集团。

资料来源：部分内容节选自戈效国、邵继红，《浅谈房地产营销的品牌策略——以恒大地产为例》，《房地产导刊》2015年第1期。

第二节　房地产关系营销

房地产作为商品，在中国市场已经有了长足的发展，特别是近几年的城镇建设的发展势头更是超出了人们的预想。房地产行业牵涉的行业部门繁多，与各类人员打交道，面临各种关系资源。

一、关系营销的内涵

企业市场营销活动的核心，是制定并实施有效的市场营销组合策略。只要营销组合策略运用得当，产品销售就有保障。但是，企业不是生活在真空中，特别是房地产项目具有很强的地域特点，要受各种市场环境的影响，内部和外部都有着千丝万缕的关系。关系营销是以系统理论为基本指导思想，将企业置身于社会经济大环境中考察企业市场营销活动。关系营销把营销活动看成企业与供货者、购买者、内部组织等发生互动作用的过程，旨在通过与之建立、发展、保持长期而良好的关系，实现利润目标。正确处理这些个人和组织的关系，是营销的核心，也是企业成败的关键。

二、房地产关系营销的重要性

房地产价值链涉及拆迁、规划设计、建筑施工、房屋装潢、建材生产与采购、园艺绿化、房屋出售、中介服务等众多领域，存在向客户销售其他领域商品的可能。房地产本身具有价值含量大、消费周期长的特点，对于众多的购房者来说，是人生中一件大事。因此，消费者的消费层次更加细分化，随着经济能力的改变，消费群有向其他层次流动的可能。房地产商品中别墅、办公楼、商铺等都可以多次交易，存在和房地产商多次合作的可能。房地产产品是相对较规则的产品，有着明确的操作程序，但在实际的操作中也充满了变数。通过房地产关系营销，可以使企业对外部不可能控制因素做出积极的动态反应，进而促进产品销售。

三、房地产关系营销中的关系主体

(一)客户

客户是房地产商品依赖和销售的对象。在市场竞争中，客户有着较强的动态性，其忠诚度

不是一成不变的，会受各种因素影响而变化。因此，企业需要提高客户的忠诚度，这样才能够赢得更加稳定的市场。

(二)员工

员工是房地产企业的企业形象的具体体现者和沟通者，以及各种关系的具体执行者。

(三)同行

房地产市场竞争日益激烈，同行在市场营销中彼此存在竞争和合作的关系。

(四)公众团体

公众团体包括政府、企业、社区、社会组织、金融、工商、卫生、环境等组织团体。公众对企业和各项营销活动起着支持、监督、检查或阻挠、干预的作用。房地产营销组织与这些团体处理好关系，能产生较好的经济和社会效益。

(五)媒体

房地产企业和媒体处于互动关系，房地产通过媒体展示自己，向客户传递信息；媒体则通过房地产广告实现利润回报。

四、房地产关系营销实施的策略

(一)实施客户维系策略，形成稳定的客户群体

顾客是企业的上帝，开发商要实行客户维系策略，可以采取以下两种方法：

1. 实行会员制

会员的营销方法，最突出的销售优势就是将硬性的广告宣传转为会员间的软性宣传，并且所销售的产品确实比市面上同等类别的一般产品质量优胜，价格优异。要把业主、消费者、商家和自身的距离通过会务活动拉近，并且提高彼此的沟通和信任，可以通过实在的会员优惠和文化增值措施，刺激社区消费市场，最终拉动楼盘的销售。例如，深圳万科的“万客会”是我国第一家房地产业的会员组织，1998 年 8 月成立。当时，会员达3 000人，并以每天 10～20 人的速度增加，九成入会时未买房的会员后来都成了万科的业主。作为国内房地产界一家以关系营销为目的的会员组织，万客会除了给会员诸多优惠和方便外，也让他们了解万科、感受万科，产生了部分替代公众媒介的作用。目前，万客会的地域空间已拓展到成都、沈阳等万科涉足的大中城市，会员不断增加，如成都万客会，2014 年会员数量已经超过了40 000人，其中不少已成为万科的潜在客户。通过这些会员，万科成功促销了大量住房，真正实现了营销双赢。

2. 建立房地产客户关系服务中心

(1)为业主(住户)提供服务。服务中心接受业主投诉，对投诉进行跟踪、回访和记录；并对投诉进行统计、分析，然后通知相关部门处理，最后向管理处主任提供分析报告；帮助业主签订入住合约和证件办理等事项。

(2)与企业接口管理。正常情况下，房地产开发企业开设品质管理部门作为唯一窗口与管理处客户服务中心进行一对一接口管理，企业品质管理部门对管理处客户服务中心进行监管，并提供相关服务。管理处客户服务中心将难以解决的问题及时向房地产开发企业品质管理部门提出申请，要求企业品质管理部门给予协助解决。对于品质管理部门不能单独解决的问题，也可以向企业对口部门给予协助解决。管理处客户服务中心定期向企业领导提供分析报告，为企业领导决策提供第一手资料。

房地产客户关系服务中心管理模式的主要特征是:一站式服务、全程式管理、信息流畅、集中处理、快速应答、及时反馈。

(二)加强在竞争中合作,促进双赢

在今天激烈的房地产市场竞争中,开发商之间相互依赖的合作关系发挥着越来越大的作用,竞争产生合作,合作为了取得竞争。房地产开发商要取得持久竞争的优势,就必然需要全方位、多层次企业的合作和产业联盟。这种合作包含相关企业、相关行业、相关专业与非相关专业的合作,这种产业联盟是具有联动性发展企业、产业间的联盟,形成资源的整合、产业的共同发展平台,铸造房地产企业最强的竞争力量。而开发商之间的合作尤为重要。开发商为了获得更大的市场份额而开展各种竞争,当各种压力难以支撑时,应多方寻求释放压力的途径,而寻求合作就是一种有效途径。开发商之间通常采用松散的结盟方式,使合作各方避免直接冲突或共同打造区域品牌,以达到合作各方都有所收益的理想效果。例如,在成都市羊西线两侧开发楼盘的二十余家房地产企业采取"打捆包装、整体宣传"的策略,在营销中共同打造"羊西板块"这一区域品牌,取得了良好的营销效果。

(三)协调好与政府和媒体的关系,创造良好的营销环境

1. 协调好与政府的关系

这是房地产开发商建立和发展与政府关系的主要方法。它包括了解政府、熟悉政策、沟通信息和扩大影响。政府既能影响开发商的营销活动,又能影响市场上的竞争状况,开发商在制订营销计划时必须考虑政府的发展。向律师请教有关产品安全性、广告真实性等法律问题,并考虑市政规划的要求以及政策的导向问题,从而与政府建立良好的关系。在有可能的情况下,还应取得政府的支持。例如,广州市政府将通往番禺的地铁三号线计划提前,有力地推进了区域的城市化进程,又促进了番禺楼市的热销,形成了开发商与政府的良性互动。

2. 与媒体搞好关系,提升企业形象

开发商同媒体的关系是双向和互动的。一方面,房地产开发商的行为处于媒体的严密注视之下;另一方面,开发商通过媒体也可以获取市场信息,了解公众心态和需求,宣传自己的形象,协调与多种主体的关系,建立足够的品牌知名度和美誉度。通过对企业的精神特征、行为表现、外显识别等把企业的整体形象推向社会,并努力使公众认识、认可企业的整体形象。

(四)充分注重内部关系,创造发展的动力

以"人"为核心,从"人"的立场出发实施营销战略,是现代关系营销思想的核心。这种以人为本的思想强调创造一种能充分发挥人的创造力和激发人的责任感的客观环境和心理环境。要成功地实现以人为本的房地产关系营销思想,必须做到以下几点:

1. 强化信息交流

组织内部公共关系最重要的形式是双向信息交流,其主要内容就是组织领导层与广大员工的沟通。员工了解组织目标,明确努力方向,同时也知晓组织面临的问题,员工感到自己是组织的主人,员工积极参与组织的活动,与组织共渡难关。

2. 优化人群关系

开发商应肯定员工的人生价值,建立他们的主人翁意识,从而激发他们的工作热情和主动性、创造性;发动全体员工参与管理,使员工产生归属感,加强组织的向心力;与员工利益共享,使员工成为组织的一部分。

3. 满足职工需要

关心员工的生活条件，满足他们的迫切需要，解决他们遇到的各种困难，可使员工们解除后顾之忧，感到组织的温暖，一心一意扑在工作上，并在对组织的感激中忘我地工作。

确立以人为本的思想后，可以采取以下措施建立良好的员工关系：树立明确的事业发展道路；重视双向沟通；关心员工利益，从物质和精神两个层面对员工进行激励；提供员工参与管理的机会；加大对员工的培训力度。

五、房地产企业导入关系营销时应注意的问题

(一)树立正确的关系营销观念，杜绝庸俗关系学

房地产开发商要认识关系营销的重要性，并正确理解关系营销的含义，而不应该把关系营销认为是"走门路"的关系学。目前有些房地产开发商实行烟酒开道、吃喝玩乐以及用回扣作诱饵的行销策略，这不是关系营销所提倡建立的关系。关系营销建立的是先进的关系网和科学的关系学，开发商应坚持破除落后关系网和庸俗关系网。开发商运用庸俗关系学，建立的是一个空中楼阁，只要经济上或政策上有什么风吹草动，其合作伙伴或有很大关系的人就会溜之大吉，最终落个人财两空。

(二)优质服务是维持良好关系的前提和基础

客观地说，服务不仅是一种系统行为，更是"润物细无声"的实践和体验。不管是出于将服务进行到底的信念，还是出于对如今市场现状的无奈，在乌云过境的市场敏感时刻，在无处不在的竞争氛围之中，"服务二重唱"的高调亮相显现了不可忽视的积极作用。

开发商经营的产品是贯彻在行为之中的服务，它包含着两个层面：理性服务和感性服务。理性服务可视为企业的核心产品，其质量好坏取决于企业制定的标准和管理措施。而感性服务则是增强产品附加值、提升品牌并赢得业主满意度的部分。例如，北京万达物业实施的全天候服务，以及"物业管理无小事""善待业主的每个抱怨"等物业管理就是万达感性服务的具体表现。又如，北京嘉铭地产推出的"三全服务体系"理念，它所倡导的"全员、全程、全效"则体现了房地产的理性服务。

(三)质量是企业生存和发展的重要保障

在我国，因为建筑质量低劣，"豆腐渣"工程随处可见，每年造成经济损失约1 000亿元。建筑质量是品牌楼盘的灵魂，创造一个品牌楼盘，不能没有质量的支撑；楼盘的品质对促进楼宇营销起着极大的作用。因此，必须像保护眼睛一样来对待楼盘的质量。质量不好的楼盘会直接影响销售，进而导致项目开发的整体失败。所以，开发商无论是与谁搞好关系，还是抛出什么概念、使用什么媒体包装，质量才是房地产的基本立足点。而强化工程质量管理观念，落实《产品质量法》，建立一套完善的质量管理体质，才是企业生存和发展的重中之重。

案例 11—2

李嘉诚经营房地产与各方的合作与关系

1. 李嘉诚与香港地铁公司、香港汇丰银行的合作

李嘉诚 1958 年起进入房地产业，1977 年是他创业生涯的腾飞年。这一年李嘉诚投标夺得香港地铁公司招标的地铁中环及金钟站的发展权，兴建环球大厦、海富中心名利双收。尔后

与香港汇丰银行合作，重建华人行综合商业大厦，为以后在经营上得到香港最大银行的鼎力支持奠定了基础。

曾有记者询问李嘉诚与地铁公司、汇丰银行合作成功的奥秘，李嘉诚说："奥秘实在谈不上，我想重要的是首先得顾及对方的利益，不可为自己斤斤计较。对方无利，自己也就无利，使对方得利。这样，最终会为自己带来较大的利益。我母亲从小教育我不要占小便宜，否则就没有朋友，我想经商的道理也该是这样。"

2. 李嘉诚与同行的关系

李嘉诚处理与同行关系的准则是：生意场上只有对手而没有敌人。怡和财团曾是香港最大的英资企业，旗下有著名的"置地""九龙仓"两家房地产公司。李嘉诚视"置地"为自己的竞争对手，搞房地产要赶上"置地"，超过"置地"。李嘉诚又相助船王包玉刚收购"九龙仓"，"怡和"反收购以失败告终。即使这样。李嘉诚也并没有与"怡和"结为冤家。每一次商战后，他们都握手言和，合作共事。

在香港同行中，李嘉诚与恒基兆业李兆基在新界马鞍山为楼盘销售对峙拼杀曾达白热化程度。李嘉诚的公司长江实业(以下简称"长实")在马鞍山的楼盘为海柏花园，恒基兆业的楼盘为新港城，两个楼盘仅隔一条马路。香港某周刊曾报道"二李决战马鞍山"，为各自楼盘的销售，李嘉诚与李兆基使出浑身解数争取客户，双方从董事到职员甚至进行相互攻击。马鞍山售楼"战役"结束后，李嘉诚与李兆基又言归于好，重新成为事业上的朋友。

3. 李嘉诚与其他方面的关系

(1)李嘉诚与员工的关系

创业初期，李嘉诚选用忠心耿耿、埋头苦干的人才，培养员工荣辱与共、风雨同舟的共识。他有一句名言"要会用人，用人先得人心"，对下属委以重职，他宁亏自己，不亏大家，增加了企业的凝聚力。

企业发展壮大后，李嘉诚又大胆启用富有开拓精神的青年科学及管理专业人才，在用人的时候，李嘉诚总是从各个角度来了解对方，从每一个细节去体察对方，以求进一步取得彼此之间的信任，然后，李嘉诚就会放心地将责任交给对方，而对方也会用心完成每一个责任。

李嘉诚的高层管理人员中有不少外国人士，其中佼佼者有英国人马世民。李嘉诚欣赏马世民的才干。当时为了请他加盟"长实"，竟然买下了马世民任老板的公司。

李嘉诚以各种方法增加下属对集团的归属感，包括让他们以低价购入本企业股票以便日后获利。

(2)李嘉诚与顾客的关系

李嘉诚与顾客的关系，从大局来说，他尽可能满足最为广泛的顾客群体的居住需求，从而获得更大的获利机会，李嘉诚开发的楼盘，主要不是办公楼，而是大型屋村(大型住宅小区)，改善了香港地少人多、市民居住困难的状况。

李嘉诚与顾客的关系，从细节来说，他讲究信誉并为顾客提供方便。如"长实"发售楼盘的一个特色是推出精心设置的样板房。对于样板房，一是要求样板房和以后实际售予顾客的房子在建造规格、标准、设备、装潢等方面必须一致，决不能夸大某些方面来坑害顾客。二是要求样板房制作精良，细致入微，而且设置多种房型的样板房，为顾客选择购房提供方便。

(3)李嘉诚与记者的关系

春节是中国人的一大传统佳节，此时最容易沟通人们之间的感情。李嘉诚深谙人们的心理，抓住这一大好时机，利用贺岁活动拉近人们的距离，顺势推介嘉湖山庄。

1996年新春,"长实"发展的嘉湖山庄举行了丰富多彩的贺岁活动。年初七,李嘉诚特地向前来采访贺岁活动的记者派红包,每封200元。

香港《信报》以"慨将全年袍金作利是(红包)"为题报道此事:

"李超人"每年只象征性地收长实董事袍金5 000元,但昨天收到"超人"利是的记者保守估计也有四五十人,"超人"支出肯定不止5 000元,然则今年"超人"的董事袍金已一次耗尽!

李嘉诚善于在恰当的时机以恰当的方法与记者联系沟通,保持良好的关系。每当李嘉诚有重大活动乃至楼盘发售时,记者总是给予积极的报道,传播信息,推波助澜,在社会公众中产生相当的影响。

第三节　房地产概念营销

一、概念营销的定义和特点

(一)概念营销的定义

概念营销是整合营销,不是简单地对项目所采用的先进技术或小区的景观、环境等方面优势的推广,而是对项目的各个优势进行整合后提出一个最有说服力的核心价值,通过一个具体的概念来表达并进行推广。概念营销必须找到项目的核心主概念,如环保、运动等,然后就要以这个主概念为先导进行策划和制作。所谓概念营销,是指企业在市场调研和预测的基础上,将产品或服务的特点加以提炼,创造出某一具有核心价值理念的概念,通过这一概念向目标顾客传播产品或服务所包含的功能取向、价值理念、文化内涵、时尚观念、科技知识等,从而激发目标顾客的心理共鸣,最终促使其购买的一种营销新理念。

房地产营销中,概念营销的案例不少,北京的万科星园就是典型的概念营销的成功实例。万科星园突破传统的理念,在完成先期概念定位的基础上,展开寻找合适地块等开发程序,强调人本与自由,建造项目的目的是要让生活在其中的人尽情地享受生活。万科主导的是住宅郊区化,项目的首要宗旨是侧重自然。万科星园还提倡现代、浪漫、休闲的生活感觉。在产品理念的指导下,勾勒出万科星园的形象标志,明确目标客户群,并且在以后的工作中严格贯彻产品定位的理念。

业内比较熟悉的案例还有北京市"SOHO"(现代城)的概念营造。随着信息时代的到来和网络技术的发展,都市里的新潮一族越来越有意或无意地模糊居家和办公室的界限,他们对房地产产生了个性化的需求,他们希望能足不出户而尽知天下事,希望把更多的时间花在互联网上。正是看到了这种与传统地产不同的差异性需求,开发商推出了通过信息技术将居住与办公联系起来的个性化产品,并将其命名为"SOHO"(Small Office Home Office)。

(二)概念营销的特点

概念营销面对消费者的理性认识和情感因素,通过产品的概念体现产品的核心价值,完整地表达项目的诉求点,在产品的设计、创新以及营销过程中始终围绕着消费者。通过引导消费者的消费新观念来创新产品,进而通过概念使整个营销得到提升,有利于同消费者产生共鸣。概念营销有以下几个特点:

1. 正向性

房地产项目开发的最终对象是消费者,能否满足并引起消费者的共鸣是项目成功与否的关键。然而消费者的需求是多样化和个性化的，所以在营销中对概念的把握度要合适。在概念的提炼和使用上，应避免大而过当，尽量反映出项目真实的核心价值，并从人性的角度关心消费者，使概念具备一定的亲和力。

2. 创新性

概念营销是对传统营销的变更，在观点和思维上要有新的突破，着重倡导一种现代化的、家居式的生活，在一定程度上反映社会风尚。如绿色营销在环境保护运动中产生，体现了21世纪的经营理念。房地产开发商在树立环保意识的时候，要追求人与自然和谐共处的境界，积极应用环保型材料，改善小区的环境。

3. 周期性

产品都有它的运转周期，所以概念的投入不是一劳永逸的，更何况信息的复制率很高，概念需要不断创新。任何一个概念营销，即使当时反映了消费者的需求，随着时间的推移和新产品的推出，也会逐渐失去效用。如果一个概念被反复炒作，那么很快就会流于平面化，失去它独特的个性。比如，"豪宅"概念在初期引入深圳房地产市场时成效明显，但是后来有很多楼盘不分青红皂白地拿过来用，现在"豪宅"这个概念已不能有效地发挥其营销价值了。

4. 延展性

延展性使概念营销可以把地产的价值发挥到最大化，概念营销也具有一定的生命力，如市中心概念。在几年前人们把眼光投向城郊，因为那里有更好的环境。但是随着城市开发的加剧，市中心项目逐渐成为稀缺产品，这种稀缺性和不可再生性共同把"中心区"这个概念推向市场前沿。

二、概念营销的类型

(一)产品定位类

这种概念紧紧抓住产品的市场定位，创造新鲜概念而赢得市场。例如，北京的"SOHO"现代城，当时市场上都推出商住产品，"SOHO"现代城给该类产品以明确的定义并加以提升，不仅迎合了市场中买家的需求和口味，同时也建立了现代房地产界的一个里程碑。

(二)技术创新类

这类概念营销就是完全依托技术角度的突破创新，在同类产品中脱颖而出。例如，锋尚国际公寓抛弃传统制冷采暖的方式，成为第一个以产品创新概念取得成功的项目。紧随其后的"宽 House"，改变传统的面积配比，将面宽加大、进深减小，也取得了骄人的业绩。

(三)时尚文化类

现代人注重以文化来赢得市场。例如，苹果社区以200万元征集案名，在项目推出之前就树立鲜明的市场形象。同一区域的后现代城，针对崇尚个性自由的一族打出了"BOBOS 酒店式公寓"的概念，很快从区域内竞争项目中脱颖而出。

(四)客户服务类

这类概念营销要求仔细研究客户需求，以赢得市场的认可。例如，珠江地产联合中国银行北京市分行、北京市外企俱乐部合作发行了"长城——FESCO——珠江·合生联名信用卡"。此卡除一般信用卡功能外又增添了许多附加功能，目的是通过提供服务概念来赢得客户。但是，这种概念的背后必须有实际的服务作为支撑。

(五)名人效应类

邀请各界明星作为形象代言人,这种做法在市场上比较流行。但是它有一个严重的弊端,就是在项目的前期能够快速地积累人气,却很难长期支撑一个项目的营销。

(六)复合概念类

如今,项目的开发规模日益增大,单一的营销概念不足以支撑长期的营销推广,复合概念应运而生。例如在北京开发的建外 SOHO 就推出了复合概念,在 SOHO 前期品牌的基础上糅合"风情商业街""疯狂都市""第一大道"等一系列概念,再度创造了楼市营销的成功典范。

要推出概念营销,前提是要建立概念营销信息系统。在信息调研的基础上了解和掌握消费者的心理需求和消费新观念,在此基础上对消费者市场进行细分。通过准确的市场定位来制定营销的概念和产品战略,同时在产品设计、企业包装、销售组织、售楼处、样板房设计等方面,强化概念主题。将目标市场中消费者的心理需求与项目核心价值相结合,能有效地与消费者沟通,把新的理念通过概念的形式传达给消费者,从而取得营销的成功。

四、房地产概念营销的聚集与发散

(一)房地产概念营销的聚焦

房地产概念营销可以说是一种聚焦,通过精心的操作,将楼盘的各种优点聚焦成顾客关注的热点,引起顾客的兴趣和好感,激发和创造需求,说服顾客改变和建立消费观念,促发购买动机。

房地产概念营销的聚焦其焦点可以是楼盘的卖点,也可以是楼盘总体营销中线、面、体的基点。从房地产营销广告策划的角度上来说,它是创意的核心、创意的浓缩,创意由此展开、发展,可能达至撒豆成兵、点石成金的境界。

(二)房地产概念营销的发散

房地产概念营销的发散是将顾客关注的楼盘热点转化为顾客心目中楼盘的各种优点,这是一个由面到点再由点到面的过程,从而引起顾客的兴趣和好感,激发和创造需求,说服顾客改变和建立消费观念,促发购买动机。

案例 11—3

丽江花园的"风水宝地"

丽江花园广告推出的概念是风水宝地,它以整版广告作为先导,篆刻大印"风水宝地",让人产生"御玺"的联想,楼盘概念的聚焦颇有"热度"。随后推出四个半版广告,进行"风水宝地"概念的发散。

"风——看准了再买。"广告提供顾客购房指南,提示顾客三思而行,体现了企业的坦诚和气度,使顾客对企业产生了良好的印象。

"水——美洒家园,在水这一方。"广告陈述了楼盘傍水的环境、饮用水质、建筑水准等。

"宝——金生丽江,玉出南浦。"广告介绍了楼盘的创新(复式、多层电梯、私家大露台等)、管理的完善及升值的前景。

"地——风生水起,宝地气灵。"强调楼盘交通的方便,20 分钟车程到广州市中心,100 分钟水路到香港，特别推出“示范单位，欢迎潜在顾客到实地参观考察”。

案例 11—4

北京罗马花园的“古罗马情怀”

北京罗马花园楼书策划创意以“古罗马情怀”概念聚焦，进行一系列发散，以印证本楼盘的风格和品位。

(1)古罗马遗留下来的各种艺术遗赠，正如优秀的中华文化，在今天依然闪耀着永恒的光辉。

(2)条条大路通罗马，古罗马人的城市规划，尤其是街道的合理布局，令城市设计秩序井然，有条不紊。

(3)古罗马人的生活洋溢着艺术气息，从宏伟壮丽的建筑群，到腰间的皮带扣子，都充满着极迷人的美感。

(4)只有成功人士，才能感受到名流式的生活享受。古罗马人也不例外，而且还追求更高质，更完美的境界。

五、现阶段房地产企业的概念营销

(一)房地产营销之绿色生态概念

绿色营销观念强调企业的营销活动要保护环境，有利于维护生态平衡，减少污染，避免资源浪费，提供亲近自然的、无害化产品和消费。

房地产企业在营销全过程力图体现“绿色”关怀。例如，地段选择尽可能远离污染源，墙体和窗户采用新型保温隔热隔音材料，拒绝使用黏土红砖(减少土地资源消耗)，装修装饰使用新型无污染、无刺激、无公害的材料，房屋建筑尽可能减少光污染、降低噪声、污水和生活垃圾集中处理等。在生态营造方面，则普遍强调小区景观的配套和环境的绿化，强调居住环境的舒适性、无害化以及生态环境的和谐性。这些都成为楼盘中的USP，成为吸引顾客的“卖点”。

(二)房地产营销之物业管理概念

物业管理概念是我国房地产业较早开始“炒作”的一个概念。作为房地产开发链条上的一个重要环节，物业管理水准的高低是影响业主做出购买选择的重要因素。业主都希望生活在一个安全、方便、体贴周到的环境里，因此，一些稍大的楼盘和高档楼盘，往往打出“引入香港顶尖物业管理”之类的旗号。

为适应房地产业的发展需要，我国物业管理机构应该建立自己的经营管理服务理念，探索先进的物业管理服务模式和崭新的物管企业运营机制，充分发掘企业文化和社区文化，着眼于打造物业管理品牌，才能在房地产营销中保持主动。

(三)房地产营销之欧式概念

欧式概念几乎是全国房地产市场上最普遍、最常见的概念模式。从我国房地产业起步伊始的沿海和南方城市，到今天的内陆城市，欧式概念之风一直在热吹之中，成为竞相模仿和攀比的焦点之一。无论是建筑的外观造型，还是小区环境的布局，力图体现欧式建筑的古典美、现代美。在很多城市，稍有实力的开发商，稍大的楼盘，就要请海外设计师担纲设计。外观设计则往往是欧式圆形拱门、欧式窗户、罗马立柱、欧式门楼、檐口和墙面浮雕装饰；小区景观则是城堡式建筑、欧式雕塑小品、欧式风景树、欧式花园草坪等；还有实力雄厚的开发商，甚至将整个小区“欧化”。

（四）房地产营销之品位概念

追求品位，是现代社会逐步富裕起来的人们的共同向往。有一句几乎成为经典的广告语——“我选择的是家，不是房子”。这体现了房子之于家的重要性。从某种意义上说，房子是家的代名词。对老百姓而言，房子是一个家庭最大的“大件商品”，它是人们享受生活的条件。无房的人梦想有房，有了房子的人则无不希望把“家”建设得温馨、高雅和舒适。因此，在善于制造概念的房地产营销人士头脑里，品位概念自然是一个重要的“噱头”。

（五）房地产营销之人文概念

现代都市人，每天奔波于繁华闹市，车水马龙，喧嚣尘扬，更希望能寻得幽雅高尚之所，置业安家，与高尚人士为邻，受文化环境熏陶，修身养性，让自己和家人在享受生活的安逸、温馨的同时还能够浸润在一个文明、高尚的文化氛围里。对人文氛围的追求，是都市人在满足了基本温饱之后，生活境界和精神境界上的更高要求。于是，开发商和企划人员就希望借助人文概念来提升楼盘的内涵和品质。例如，“与高尚人士为邻”，“某某家园，墨香中的家”，“某某花园，书香门第”等。

（六）房地产营销之旅游休闲概念

现代人在紧张工作之余，希望通过休闲、旅游度假调节心情，放松精神，休闲将成为现代人的重要生活方式。因此，那些在城郊接合部开发的项目，特别是别墅项目区，则着力营造旅游休闲概念。如泳池、沙滩、戏水池之外，辟有野趣烧烤乐园，随物业赠送小型花圃或农庄（可代为打理），还有的项目干脆建在远郊的旅游度假区。著名经济学家厉以宁发表的一个观点——拥有两套住房才算小康，曾一度引起社会广泛关注。他所说的另一套房主要被用于周末和节假日度假，如沿海一带的“海景房”等。

（七）房地产营销之会所概念

现代人已经不局限于开门七件事，越来越注重健身、娱乐、聚会等，如果小区能够提供这些服务，则是房地产营销中的一大卖点，会所概念应运而生。会所是社区居民人际交往和文化交流的场所、渠道，社区可以根据其规模的大小设置相应的活动场所，如棋牌室、健身房、咖啡厅、台球厅、社区教育等，也可以开展一些有特色的小区文化活动，如文化沙龙、小型图书馆、游艺活动等。一些大型的房地产项目还设置了连锁会所。

（八）房地产营销之智能化概念

智能化概念是近几年提出的一个新概念。然而，对大多数市民和购房者来说，“智能化”仍然是雾里看花。不少人认为，上网、宽带、可视对讲、红外线监控、远程抄表就是“智能化”，也有些开发商出于“炒”概念的目的，不管够格不够格，故意朝这个概念上套，以时髦的词汇“蒙人”。

真正意义上的“智能化”应该由下列体系构成：一是安全防范系统，包括防盗报警、周界报警、出入口管理、火灾和天然气报警、求助呼叫、访客对讲、指纹识别等；二是信息管理系统，包括三表（电表、水表、气表）、甚至多表远抄、设备监控、车辆管理、紧急广播与背景音乐、有线电视和电话等；三是信息网络系统，要求宽带接入，建立起小区共享的现代信息网络系统，具体包括构建小区信息服务平台，小区电子商务系统（网上超市、商品报价系统、电子付款），和小区综合信息管理(安全管理、人口管理、车辆管理等)。

(九)房地产营销之亲水概念

水是21世纪最珍贵的资源之一,而我国是一个水资源相对缺乏的国家。在很多城市,尤其是北方城市,缺水严重,水就更显珍贵。因此,生活在都市的人们,如果能选择亲水居住,就能过一种亲近大自然的惬意人生。在这种追求下,亲水概念不知不觉风行房地产界。不少开发商把项目用地由原来首选地段因素转向临水因素。于是,那些临湖、临江、临河的项目开发开始热了起来。只要看看如今楼盘项目的名称,便可以看到与水的关系:蓝湾俊园、金色港湾、银河湾、秀水公寓、海岸花园、恋湖公寓、玫瑰湖畔、碧水湾、锦绣香江、星河湾、山水庭苑、临溪居……

第四节　房地产服务营销

一、房地产市场需要服务营销

美国著名的市场营销学家西奥多·莱维特(Theodore Levitt)曾断言:"未来竞争的关键不在于生产、销售什么产品,而在于商品所提供的附加值。"服务虽然是无形的,但能够快速提升房地产项目的附加价值,在房地产营销中起着至关重要的作用。房地产服务营销,确切地说,应该是全过程服务。随着房地产业的发展,服务的对象及内容也出现了新的变化,它不仅包括对现实顾客的服务,而且也包括对潜在顾客的服务;不仅要提高顾客现实的(售后的)满意程度,还要提高预期的(售前的)满意程度。服务可以使企业塑造个性,增加竞争优势,有效地增加企业的新销售和再销售的实现概率。

房地产行业属于第三产业——服务业,所以服务是房地产业的本质。开发商为顾客提供满意的居住(办公、投资)服务,不仅是行业发展的要求,更是营销本身的需要。当前顾客消费更加理性化,服务已成为继产品质量和价格之后的最具竞争力的焦点。任何优秀的企业都不会避开服务竞争的浪潮,房地产企业也应加入以"顾客满意度"为核心的营销潮流中。房地产企业应该树立为顾客服务的思想意识,以客为尊,企业与顾客唇齿相依,共同发展。例如,台湾太平洋房屋公司"'一期一会'的禅心"和"太平洋的心""感谢的心"等经营理念引人深思。

二、服务营销——以顾客满意为目的

顾客满意营销策略的基本观点和方法是,把顾客需求作为企业开发房地产、提供服务的源头,在房屋功能及价格制定、代理促销各个环节中建立和完善物业管理系统,以便利购房者为原则,最大限度地让购房者感到满意。从楼盘规划设计到交房,再到物业管理,每一个细节都关系到整体。因此,企业要在各阶段及时跟踪和研究顾客的满意度,并依次改进目标,挑战企业营销环节。企业不断地稳定和提高顾客满意度,才可以保证企业在激烈的市场竞争中占据有利的位置。在服务营销中,以下几个方面可以更好地提高顾客的满意度。

(一)全过程服务

全过程服务是指开发商在房地产售前、售中及售后的每一个环节都对顾客进行细致而深入的服务。也就是从顾客产生购买房地产项目欲望的那一刻起,开发商为顾客提供优良的服务,使顾客与其产品紧密相连,尽量让顾客对每一层面都感到满意。

(二)全员服务

全员服务要求企业增强员工服务营销的群体意识和团队精神,并在企业内部形成新的服务关系。企业全体员工都在不同岗位全心全意地服务于顾客,并以此作为企业信念和发展目标,在企业内部逐步形成以服务文化为核心的企业文化。

(三)特色服务

服务是差异化竞争方面的内容,解决服务竞争的方法是建立差别化服务优势,以创新的服务特色区别于竞争对手。如某房地产项目,在尝试无理由退房后,又率先提出"10%回报无理由退房"并付诸实施。

(四)承诺服务

在"让顾客满意"的经营理念下,许多企业将承诺服务作为战略的核心环节,不仅让顾客在购买消费中感到满意,甚至让这种满意超过顾客的期望。某些项目从建筑到材料设备、家具都事先做出了质量保证的承诺,并且列出清单作为合同的附则,使开发商对顾客的承诺得到进一步的保证。

(五)售后服务

售后服务是房地产营销的重要环节。从国外大型房地产企业的营销经验来看,售后服务其实是房地产营销的延续和拓展。房地产开发商提供功能齐全、质量合格的硬环境,以供置业者选择。然而,再好的硬件环境也要依赖今后的服务。维护物业管理的维修、保养等服务不仅能够维持物业正常的使用功能,延长使用年限,而且能促进物业的保值、增值。如果物业管理不到位,不仅会损害置业者的利益,还将严重损害房地产商的总体形象。我国房地产业经过长时间的高速发展,已进入成熟期。除了产品质量外,售后服务是建立信誉的核心内容之一,也是房地产企业核心竞争力所在。

售后服务的范围非常宽广,这就要求开发企业从小处着眼,从消费者的实际需求出发,逐一加以完善和落实。

案例 11—5

晟隆大厦超值服务营销

晟隆大厦(原斯必克大厦)位于上海市虹口区东长治路 760 号。总建筑面积12 641平方米,楼层 18 层,为涉外纯办公楼。晟隆大厦租赁率历年均保持 70%～80%,顾客除本国企业外,还有来自日、韩、泰、美、法、德、荷兰等国。晟隆大厦租赁开始就推出超值服务系统。其超值服务表现出以下特点:

1. 经济性:大厦根据市场等因素随行就市,灵活论价,并实行延长顾客装修期等措施使顾客得到经济实惠。

2. 名誉性:大厦每年分期在报纸上做系列广告和在各大传媒上刊登宣传文章,通过提升大厦的知名度和美誉度增加顾客的无形资产。

3. 亲情性:大厦坚持微笑服务,营造亲切、友好、热诚、温馨的人际关系,使顾客充分得到精神的愉悦。

4. 可感性:大厦前建造了一个一千多平方米的中央广场,绿草、花卉、灯饰与彩色广场砖地连成一片，顾客每每进出大厦，顿感心旷神怡。

5. 舒适性：大厦推出十一类九十六项服务项目，大处着眼，小处着手，以服务程序规格化和服务内容多样化，造就顾客的舒适享受。

6. 方便性：大厦一层设置工商银行、商务中心、咖啡厅等，特别开设专门餐厅，为顾客提供一日三餐服务。

7. 及时性：大厦接到维修通知半小时内上门工作，受到顾客投诉24小时给予答复，竭力为顾客提供快捷有效的服务。

8. 安全性：大厦在电视监控防盗防火报警系统的基础上，保安人员24小时值班巡逻，确保顾客"万无一失"。

同时，他们还开拓了协办企业登记、养老保险、住房公积金，提供家政服务包括半成品菜肴等延伸服务。

三、服务营销中应注意的几个方面

服务是颇具影响力的销售行为，开发商要提高服务质量，需要注意以下几个方面：

（一）认识服务的重要性

销售是整体行为，那种以为把房屋卖出去就完事的想法在当今的房地产市场已经过时。随着消费理念和行为的日益成熟和理性化，服务在销售过程中影响着楼盘的销售业绩。从某种程度上讲，服务不仅服务于销售，而且比营销更重要。

（二）适度的超前性

消费者的需求是不断变化的，完全以消费者需求指导生产会使得企业失去自主性，增加企业的额外成本，削弱项目的竞争优势。房地产企业要动态地研究顾客的预期，创造出超过他们预期水平的居住环境和生活方式，具有适度的超前性以引导顾客的需求，而不只是跟从或者服从。

（三）培养服务意识

服务有相对的评判标准，在与同行对手的横向对比和与自身历史的纵向对比之后，消费者会选择当时当地最佳的服务。开发商要提倡"以人为本"，利用网络技术为客户提供更多的便利，完善周边的生活设施，让顾客在购置房产和居住后感受到真切的生活品质。开发商要站在和消费者互相换位的角度，思考消费者所需要的服务，让服务意识贯穿到整个住宅开发过程的始终。

（四）让每个客户满意

一般来讲，顾客对住区的满意包含三个层面：对住宅产品品质的物质满意，对住区服务水平的精神满意，对人与人之间、人与住区之间的环境满意。但顾客不是一个人，而是一大批由不同背景、经历、心态和素质的人所组成的混合群体。要让每个客户都满意并不是一件简单的事，需要提供长期和不断的优质服务。

（五）注重客户投诉

住区的服务本身就是一种文化，应该渗透文化的内涵，表现开发商的思维和行为方式。服务要同企业和项目的品牌挂钩，如果忽略服务的品质和品牌，就会在销售之后遭到众多的投诉。顾客的投诉和埋怨能够使开发商更加直接地看到产品或者服务中存在的问题。因此，开发商不要躲避投诉,重要的是善待投诉,及时地解决投诉问题。如果能使投诉减少,或者通过对问题的预知而避免投诉,本身就是一种重要的进步。

第五节 房地产文化营销

一、文化营销的内涵

文化营销是指企业在产品的营销过程中,给企业产品注入一定的文化元素,把企业的文化理念传播给消费者,并树立良好的联想,使得消费者在消费产品和选择品牌的时候可以获得心灵上的共鸣和价值上的认同,它是比产品营销、品牌营销境界更高的一种营销。房地产产品——建筑本身就是文化的一种形态,开发商在利用传统营销方式的基础上,赋予项目更多的文化内涵,改善社区的社会文化环境,综合提升建筑的品位和魅力。文化营销的主要工作内容是,企业借助文化来实现企业营销的目的。这要求企业将企业文化、市场文化、消费者文化联系起来,通过这种联系来满足各方面的要求。

实施文化营销,在产品和服务中注入丰富的文化内涵,增加产品的附加值,可以使产品的使用价值区别于竞争对手。例如,南国奥林匹克花园为增加项目的内涵和品位,采用了“地产＋体育＋教育”的开发模式,凭借新颖的社区高尔夫环境和文化,成为市场中的热销楼盘。同时,“南国奥园”的成功经验表明,文化营销可以重构企业的价值链,将各种价值链集结起来,形成一个以原有中心功能为核心的网络体系,增进企业的经营独创性和优势。

二、房地产文化营销的特征

(一)时代性

文化营销作为一种价值性活动总是反映和渗透着自己的时代精神,体现出时代的新思想、新观念。比如,“科技是第一生产力”“信誉是企业生命”“销售就是服务”“顾客满意就是金牌”“市场是企业的第一车间”“既要讲竞争又要讲合作”等。每个时代都有各时代自己的精神文化特征。文化营销只有不断适应、追随时代的变化,汲取时代精神的精华,才能把握住社会需求和市场机会,才能赢得消费者,否则就会被时代所淘汰。

(二)区域性

文化营销的区域性指在不同的地区、国度,因文化差异造成的营销对象、营销方式等的差别。它与民族、宗教、习俗、语言文字等因素有着深刻的关系。营销活动的这种区域性表明在营销活动中,一定要考虑到区域文化特点,做好不同文化之间的沟通交流,消除障碍,才能实现文化的营销,否则就寸步难行。

(三)开放性

文化营销由于侧重于一种理念的构建,具有极大的开放性。一方面,它对其他营销方式能产生强大的文化辐射力,从理念价值的角度提升其他营销方式的品位。比如,关系营销中亲缘关系、地缘关系、文化习俗关系、业缘关系等的建立都跟“文化”有着深刻的联系,文化营销中的文化理念、文化资源等对处理上述多种营销关系都有实际指导的意义,有助于在文化这个深层次上建立起更稳固的关系。另一方面,它又不断吸收其他营销活动的思想精华,保持其创新的活力。比如,文化营销可以吸收绿色营销观念,开展绿色文化营销;吸收政治营销观念,开展政治文化营销；吸收道德营销观念，开展道德文化营销等。这种开放性有助于文化营销向纵深拓展，丰富自己的内涵。

(四)导向性

文化营销的导向表现为两个方面：一是用文化理念规范、引导营销活动过程，从深层次上同社会以及消费者进行价值沟通；二是对某种消费观念、消费行为进行引导，从而影响消费者的消费观念，改变其态度行为以及生活方式或生活习惯。

(五)个性化

文化营销的个性化是指在开展文化营销活动中产品服务所形成的有助于品牌识别的文化个性。这种个性化具有鲜明的特色，容易被消费者识别，利于确立企业和品牌形象。

案例 11—6

云南省"创意英国"楼盘的文化营销

云南省某楼盘借助文化营销的策略，从健康、环保、温馨家园等房地产概念中突围出来，取得了良好的销售业绩。其主要采取了以下文化销售策略。

1. 借势营销

开发商和推广人员借助英国在中国推出的大型系列推广活动——"创意英国"，不仅将其楼盘命名为"创意英国"，而且在花费少量广告费的基础上，快速地打开了市场。

2. 英伦情调

项目的目标客户瞄准都市白领，抓住他们生活要有情调和品位、敢于接受新生事物的心理特点，把楼盘的案址房设在昆明中央文化区的心脏位置，由美景公司住宅和国际寓所组成的一个市中心的超大规模时尚生活街区。社区内单元楼和主要干道的命名，都是原汁原味的英伦风格。

3. 人文关怀

项目在环境设计、户型设计、心理定位上，都体现了开发商对消费者消费心理的准确把握和对消费者的人文关怀；环境设计上，首次将社区与城市共生共融规划的理念引入昆明的居住领域。小区的绿化率高达52%，户型设计上注重样式多面化，有2 000多套创意空间，全面满足不同家庭生活的需要。心理定位上，对不同的户型进行定位，如主要为精致型两室的户型，定位为"活力——不断进取赢得肯定。"

4. 教育环境

社区内有全日制的肖邦钢琴幼儿园，把幼儿园大楼的名称以某图书馆的名称来命名。同时，社区周边教育功能完善，高校云集，能够为孩子提供优良的学习环境。这些努力最终使该楼盘取得了良好的销售业绩。

开发商从以上四个方面铺开销售的大网，推动营销的进程，取得了不错的销售业绩。

三、房地产文化营销的层次

社区需要构筑文化，企业需要核心文化，客户需要文化认同。文化营销在实施过程中，可表现为三个层次：

(一)产品或服务的层面

这一层面上的文化营销就是推出能提高人类生活质量、推动物质和精神消费的产品或服务，并能引导一种新的、健康的消费观念和消费方式，如健康住宅、绿色生态住宅等。

（二）品牌文化层面

丰富的文化内涵是企业提倡核心竞争力、提倡企业品牌和项目品牌的核心。例如，人们一提到“万科”两字，就会联想到其人性化的小区规划设计和优质的物业管理。这种追求文化内涵的企业品牌，在企业的新项目形象树立方面能得到良好的转化与延伸。

（三）企业文化层面

在营销过程中，将企业先进的精神理念、价值观念、道德准则、行为方面、组织制度等通过整合有效地传达给社会，以塑造企业良好的形象。良好的企业形象又有助于企业各项营销手段与技巧的顺利实施。

第六节　房地产绿色营销

一、房地产绿色营销缘起

（一）绿色文明和绿色营销

1992年6月3日至14日，联合国环境与发展大会在巴西里约热内卢举行。183个国家和地区代表包括102个国家元首和政府首脑参加会议。大会通过了《环境与发展宣言》《关于森林问题的原则声明》和《21世纪议程》三项文件。这是继1972年联合国人类环境大会后，规模最大、级别最高、影响最深的一次全球性环境保护大会，世界各地掀起了“崇尚自然、保护自然、回归自然”的绿色文明浪潮。人类历史上的农业时代和工业时代又称为“黄色文明”和“黑色文明”，“黄色文明”主要以土地为生产资源，“黑色文明”主要以煤炭、石油为生产资料。它们往往以牺牲环境为代价去换取经济和社会的发展。知识经济时代的“绿色文明”将摒弃以往“黑色文明”和“黄色文明”的致命弱点，建立个人与大自然和谐相处的新文明。

绿色营销中“绿色”的内涵是珍惜和保护地球生态环境，促进人与自然、社会的和谐关系，确保人类社会可持续发展，提高人类生存与生活质量。

（二）房地产绿色营销的基本观念

1. 绿色环保观念

19世纪末到20世纪初，工业革命的成功和发展，带来了社会的进步，但却造成一系列环境问题，如森林锐减、臭氧耗竭、能源危机、土壤流失、生态破坏加剧、危害废物猛增。环境问题的出现和加重，对人类正常的生产和生活产生了众多的负面影响。

建筑特别是现代建筑特别依赖于人类有限的资源。以能源为例，对于大量使用电梯、空调和人工照明的建筑，能源意味着“建筑的血液”。高能耗的建筑不仅是导致能源紧张的重要因素，而且是形成大气污染的重要原因。据美国世界观察研究所发表的一份调查报告表明，目前世界原料和能源的40%用于建筑业，除燃料之外55%的木材也用于建筑业。然而，这些建筑不仅耗费能源，而且还危害人类健康。现在，30%的新建或改建的建筑物都存在着“病态建筑综合征”，居住者受到霉腐空气和化学污染之害。

房地产绿色营销缘起的动力之一即是绿色建筑的问世，所以必须树立环境保护观念，讲究人类居住质量可持续发展，积极向顾客推荐绿色建筑。

2. 绿色环境观念

任何建筑都不是孤立存在的,建筑与环境密切相连。房地产绿色营销观念根植于顾客的绿色环境需求中,这是房地产绿色营销缘起更为深层的动力。

一次对有购房愿望者的调查也表明,他们除了考虑地段、价格、质量外,很重要的一条就是挑环境,要求住宅小区内绿草成片,绿树成荫,花坛、喷泉交织,还有亭台池阁等园林小品,环境幽静雅致。在有关部门联合举办“21 世纪我的家”大型问卷中,对居住环境的要求是:未来住宅小区绿化覆盖率在 40%以上。小区绿化形态要求依次是小区林荫路、宅前绿化、中央绿地等。家庭年收入在 10 万元以上的人 87.5%对宅前绿化情有独钟;而大学本科以上学历的人有 82.6%选择小区林荫路,对小区绿化形态要求依次是常青树木、鲜花和草地。

二、建筑与环境

(一)绿色建筑

绿色建筑是基于生态系统良性循环的原则,以绿色文明为基础,“绿色技术”为支撑,“绿色”环境为标志建立的一种新型建筑体系。在目标上,它追求自然、人和建筑三者的协调和平衡发展;在方法上,它主张“设计追随自然”;在技术上,它提倡应用可促进生态系统良性循环、不污染环境、高效、节能和节水的建筑技术。

(二)绿色环境

21 世纪,房地产商品私用型居室空间的价值会逊于公用型绿色环境的价值,绿色程度越高,它的价值也就越大。

案例 11—7

帝豪花园别墅绿色环境抉择

帝豪花园别墅位于南京市东部紫金山东麓钟山风景区。占地面积147 887.8平方米。规划别墅总建筑面积20 062平方米,分为 15 种款式 100 栋房,分期开发。“帝豪花园别墅”属外销高档别墅,发展商为南京帝豪房地产开发有限公司。顾客分别来自德国 BASF、BOSCH、AUTOLIV,荷兰 PHILIPS,瑞典 ALFA LAVAL,意大利 SAES 等国外著名企业集团和中国香港渣打银行等。帝豪花园别墅销售成功的原因之一是绿色环境的抉择。

(一)绿色环境的选址

高档花园别墅特别讲究对生态环境、自然景观的选择。根据这个要旨,南京市东部的紫金山风景区是建造高档花园别墅的首选位置。巍巍紫金山,林木葱茏,景色秀丽,主峰海拔 448 米,钟山风景区为国家森林公园。帝豪花园别墅选址在紫金山东侧山脚下,西依紫金山,东傍友谊水库,青山绿水交相辉映。选址区域内绿树茂盛、鸟语花香、流水潺潺、空气清新,是上佳的绿色环境。

(二)绿色环境的构筑

帝豪花园别墅的绿色环境总体构思是精心处理区域内地形地貌,保留和借用原有的山、石、水、树、草、禽等自然景观,发展建设适宜的人工景观,依坡就势建造高低错落的建筑群体,从自然和人工两个方面构筑理想的绿色环境。

区内面积达 300 000 平方米的中心公园,其中 15 000 平方米规划为“中心湖”,湖水利用水泵循环系统泵至西南轴线上小山丘，再沿清泉小溪流下，循环不息，保留湖水的天然清澈成分。

别墅建筑风格以欧美古典及后现代之斜顶设计为主，取其精华，再融合当地之地形，每一座建筑根据地势而建，就像从天然环境中生长出来一样，与天然混为一体。90%的建筑单体为南北坐向，面向中心湖，逐级而上。客厅及主人房根据地盘之位置尽量朝向南方，使室内阳光充足，空气流通。

(三)绿色环境的诉求

1. 环境的稀有性

南京帝豪花园别墅西依紫金山东麓，其所处的钟山风景区是闻名世界的旅游胜地，国家对这里开发房地产项目严格控制，此项目是区域内唯一的商品房别墅。其独一无二的性质说明楼盘拥有的绿色环境的稀缺性。楼盘所处的绿色环境具有其他楼盘无法复制、无法替代的特点。在南京机场等处设置的广告看板醒目地写着："帝豪花园别墅——钟山风景区唯一的外销豪华别墅。"

2. 环境的亲水性

帝豪花园别墅东傍友谊水库，碧波荡漾，水光潋涟。小区又设15 000平方米中心湖，别墅布局以中心湖为中心环状分布，进一步创造居住者亲水空间，为绿色环境增添了流动的风景。绿色环境以水为"血脉"，能造就钟灵毓秀，生机盎然的居住环境。

3. 环境的历史性

紫金山钟山风景区为全国重点名胜保护区。密林苍翠，地灵人杰。民国时紫金山兴建了气势磅礴的孙中山先生陵墓，此后又相继修筑了音乐台、藏经楼、流徽榭、光华亭、中山纪念馆等胜迹，以及民国人士廖仲恺、邓演达等的墓地，在中国近代历史演变中占有重要的位置。置身于中山风景区，恍若进入博大浩瀚的历史天地。

4. 环境的诗意化

南京帝豪花园别墅推向市场过程中，又把其绿色环境诗意化。如在售楼书中写道："山很近，势如虎踞龙盘/水很清，浑然天成/空气很净，没有工业的污染，没有都市的尘埃/屋宇很华丽，真正盖在花园上，直接呼吸国家级森林区的气息。"在售楼广告中写道："既有面山的豪情/又怀临水的柔情/坐观日出日落/笑看风云变幻/昔日风流人物的结庐之地/已变成/今天名士展现风采的舞台。"

5. 低容积率

帝豪花园别墅容积率只有0.22(FAR)，这是相当低的环境容量指标。此类楼盘在相同的地段容积率可以达到0.3(FAR)。

帝豪花园别墅作为外销商品房，其绿色环境的诉求又和港台买家的风水观念联系在一起。风水理论认为，建筑应该"负阴向阳，背山面水"，帝豪花园别墅绿色环境符合这一说法，别墅坐北朝南，日照充足，后面有植被丰茂的山坡，前面有碧绿澄澈的湖水，大吉大利。

第七节　房地产体验营销

一、房地产体验营销的引入

按《体验经济》一书的观点，体验是"使每个人以个性化的方式参与其中的事件"，是客户"意识中产生的美好感觉"，"体验营销"改变了过去只强调"产品"或"客户服务"的营销理念，它崇尚实践"体验",让客户直接参与并成为体验的主体,造就一种"无法遗忘的感受",能够赢得客户的忠诚,从而促进产品的销售。

房地产体验营销并非只是加强终端现场即售楼处的展示,还必须提供给购房者除了现场体验外的全程体验流程,加深购房者对产品和品牌的印象。房地产体验营销是一种更为系统的营销整合管理体系。

北京市某房地产为业主提供免费罗马游,目的是让业主提前感受到项目楼盘的社区休闲生活,更为重要的是试图通过活动为业主提高创造一种和谐的邻里体验,把异国情调的感悟融入对楼盘的体验中。

二、房地产体验营销的四个环节

体验营销是伴随着楼盘产品的逐步细化以及买家置业心理和行为的不断成熟而出现的,说明开发商不仅重视产品本身的使用价值,同时开始重视产品所延伸的内涵,包括经济的、功能的、心理的效益。体验营销是对应于消费者行为流程的营销策略流程的整合与一体化管理,它试图打开消费者所有的感官及间接地影响理性器官,使营销者的感官与理性器官更加贴近消费者的脉动特点,以此博得消费者对于体验营销者的行为的认同。体验营销要结合消费者行为学来对消费者的感性行为进行划分,因此,应注意以下四个环节:

(一)第一个环节:看

信息受众通过广告和公开场合的传播获得感受。主要的传播方式有两种:一种是直接传播,主要是通过实物传播,如售楼处、样板间、小区外景、工程现场等;另一种是间接传播,即通过广告来传播,如报纸广告、宣传单页、楼书、户型图、道旗、灯箱等。两者的共同特征是看得见,但是由于客户身处信息量涌动的社会,仅通过这一环节还不能足够地刺激消费者的购买欲望。

(二)第二个环节:听

听有两种:一是直接的听,如对项目业内和朋友间的口碑传播,项目制造的社会新闻的口头传播;二是间接的听,即多环节的传说,如广播广告、立体声宣传广告片等。听的传播方式比看具有更强的冲击力,通过朋友的实际感受体验,更能赢得潜在消费者的信任。这个环节的传播情况是开发商和项目最终落实为大众化还是小众化的转化枢纽。

(三)第三个环节:使用

使用也有两种:一是直接使用,如试住就是这种方式的集中体现。但这种营销方式仅适合现房,对于先租后售的商业物业更为实用。二是间接使用,包括样板间、样板楼、小区内景。如果是分期开发的项目,入住的产品也是未来使用的参照。直接使用对住宅的营销实用性不是很强,开发商应有效地将其集中在样板楼这样的间接使用方式上。

(四)第四个环节:参与

参与包括沟通和展示两个方面。沟通,如客户俱乐部、节庆答谢会等。展示,如参加各类房展活动和公益赞助活动等。参与实质就是开发商设置一个情景,让消费者参与到设置好的情景中,使得消费者在环境中自然地产生应景性的需要,带动消费者的购买欲望。

在这四个环节中,前两个环节为"放量",后两个则为"深耕"。一般而言,后两个环节针对性强,在设定的情景中成交的概率较大;在房地产体验营销中,越向前的环节就越有放量的作用,越向后就越有深耕的作用。

三、房地产体验营销应注意的要点

(一)注重对消费者心理需求的研究和分析

当人们的物质生活水准达到一定程度以后,人们购置房产不再是单纯为了居住,而是出于满足一种情感上的需求,如有些人追求田园般的休闲生活,注重回归自然的情趣,有些人是对自己身份的认同感,注重档次和生活圈的划定。企业营销要关注消费者的心理需求,开发同消费者产生共鸣的产品,发掘有价值的营销机会。

(二)注重产品的心理属性的开发

房地产本身是个性化很强的行业,有强烈的独特性才能吸引更多人的目光。在产品开发过程中,企业需要十分重视产品的品位、形象、个性、情调、感性等方面的塑造,营造出与目标顾客心理需要相一致的心理属性,帮助顾客形成或者完成某种感兴趣的体验。

(三)加强体验式的信息传播

消费者每天都接收着成千上万的信息,他们更相信那些能够感受到真实产品的广告宣传,这些宣传通常是通过一段故事或者一段场景来引出对产品的介绍的。因此,企业在营销宣传中,要加强对产品体验元素的挖掘。以 19 世纪英国著名作家史蒂文森的小说《金银岛》为背景的金银岛大饭店,其设计充满原始意境的海上村落的风格。海岛、村落、轮船、炮火、枪声和凶悍的海盗构成了一幅幅独特的场景,使置身其中的房客觉得每花一分钱都是值得的。房地产体验营销便可借鉴这些做法,从售楼处、样板房、工地现场、看房车等细节中,充分构架体验场景,传递体验信息。

(四)进行精心的体验场景设置

毋庸置疑,销售现场的情景设置是非常关键的,它可能直接影响消费者的最终购买决定。开发商应注重对销售现场气氛的控制、现场的道具设置、样板房的装修等。如某楼盘售楼处在项目推出之前,提前装修概念样板房,为客户精心营造室内空间情境,恰当地把握客户心仪户型的真实生活感受。在两套概念样板房装修完毕后就接受 VIP 客户的参观,向他们展示完美的居室内部空间。

(五)组织体验式活动

目前促销手段多种多样,其中真正能够影响消费者心理的,还是那些与产品相关联的、消费者可以动手参与的活动。企业开展体验营销,可以通过策划大型的消费者参与的活动,说服消费者购买项目。如某楼盘推出配合产品整体建筑风格的"欧陆风情嘉年华"系列活动,拉丁舞、西班牙斗牛舞、苏格兰风情乐队等在现场轮番上演,欧陆名酒展示、鸡尾酒品尝会等活动使来宾们亲身体验欧陆生活,从而增进对项目的了解。另外,开发商还安排了"欢乐小天使"儿童互动游戏,为整个活动增添了一份童趣。

第八节　房地产网络营销

网络在我国飞速地发展,大多数家庭都能够与网络接触。相应地,房地产网络营销也在如火如荼地进行。

一、房地产网络营销的含义

房地产网络营销是指企业利用计算机系统、在线网络和相互作用的数字媒介进行市场调查、产品推销等一系列经营活动，从而更有效地促成个人和组织交易活动的实现，以达到房地产营销目标的一种营销方式。

二、房地产网络营销的优势

(一)降低房地产营销成本

房地产与网络结合，可以通过网上采购和网上销售，大大地减少诸如采购费、租赁费、广告费及大量的销售人员工资等费用，从而大幅度降低成本。网站建设的成本，与开设专门房地产销售店面的费用相比，要少得多。在互联网上从事房地产营销活动，还可以节省大量的房地产广告制作和发布成本。例如，自万科集团建立了“建材采购中心网络”后，万科各地产公司每年总计约 10 亿元的建材采购项目已经全部在该网络上招标采购。据该公司的研究报告指出，通过网上集体采购，最高可节省成本 25％。

(二)给消费者带来极大的便利

在安全运营的前提下，营销网络系统能实现 24 小时连续服务，随时响应来自全国各地甚至全球的消费者的要求，这给平时工作繁忙的消费者带来了极大的便利。他们可以通过电脑或手机查阅分散在各处的房地产信息，这些信息使房地产企业提供的不同产品之间的差异更加直观、详尽，方便查询，不仅拓展了选择空间，而且节省了消费者无效奔波的时间。

(三)加大房地产企业与消费者的互动

消费者登录网站或关注公众微信号等网络平台，可以在上面留言、填写调查表格、进行购买要求登记，通过网络平台提问关心的问题。网络营销的管理者也可以收到各个消费者的反馈信息，及时解答消费者的提问，并相应地调整网上的营销行为，使网上的营销活动更有效。通过网络，房地产企业与消费者可以保持密切的双向沟通和交流。

(四)提升房地产企业的形象

通过网络多媒体的特征对自己的房地产项目进行立体的全方位展示，树立自己的品牌形象，取得品牌效应，从而摆脱单纯削价的价格策略带来的不良影响。开发商可以为购房者提供尽可能多的信息，让购房者充分掌握楼盘信息。可以方便、及时地与客户沟通，了解客户的需要，吸引客户、留住客户。在互联网上开展的营销活动，树立起意识领先、服务全员、信息完备、讲求效率的良好形象，能大力促进房地产的营销。

(五)全方位介绍房地产项目

利用多媒体技术，结合文字、图形、图像、声音等多种媒体传播信息，甚至利用电脑虚拟现实技术，让消费者能“身临其境”地体验自己选择的房屋的大小、光线的明暗、周围环境的好坏等。立体式的全景信息展示房地产项目的特质，能给访问者留下深刻的印象，激起潜在消费者的购房欲望。

(六)突破营销的地域

传统的房地产营销受到地域固定化的限制，往往只在项目所在地进行销售。借助于网络这种信息远程传递形式，可以将各类项目推向全国各地甚至是境外的购房者。可以详细地介绍商品房设计方案、装饰材料、设施功能、交通环境、价格、付款、购买方式等信息,从而达到营销房地产的目的。可以按照购房者的具体IP地址、地理区域、城市等进行精确定向,亦可以按照时间、计算机平台或浏览器类型进行定向。

(七)目标明确,效果易于测量

报纸、广播、电视等传统媒体受众虽然多,但是分布过于宽泛,年龄、收入参数的差距较大,导致这些媒体在房地产营销中的实际命中率很低,广告的效能不高。而网络营销,由于上网人员的年龄和层次相对集中的特征,使得目标消费群较为集中。而且网络检测者在网页程序中插入流量统计和探测流量来源的代码,广告的实际点击率等数据都易于测出。利用网络运营商提供的“广告运营报表”,就可以对每一个投放的广告进行监控。

三、房地产网络营销的缺陷

(一)网络内容简单,不能满足消费者的需要

由于房地产企业的网络营销水平参差不齐,虽然现在房地产网站不少,但是信息服务的质量和数量多数都没有突破传统媒体,网站内容东拼西凑的较多,有个性、有亮点的少,都是大量堆积FLASH,使用大块美工图片。信息的多媒体提供方式还仅仅停留在预想阶段,没有促进网站访问者做出购买决策的强大诱因。一般网站除要为访问者提供三维动态的样板房、小区的位置及环境等房地产本身的信息外,还有必要提供一些有关国家政策、法律咨询、购房程序、购房技巧等知识,以满足不同消费者的需要。

(二)机制缺乏信任感

对于普通的购房者来说,房产购置是其一生中花费最大的消费项目之一。不少人仍然信奉“眼见为实”的观念,看不到实物,他们不可能将一大笔款项交给对方。况且消费者与房地产商的互信度还比较差,所以目前消费者尚无法充分信任网上交易。同时,我国网络交易的立法程序还没有充分完善,一旦发生纠纷,尚不能得到充分的法律保护。

(三)虚拟和现实存在差距

网络能够给消费者提供全面的信息,显示商品的合格指数,但是消费者一般更相信现场的综合感受,而网络无法向消费者提供亲身体验的感受。消费者也可能因为窗外的视野,甚至是隔壁的邻居而放弃购买。网络的特点是覆盖面大、信息传播速度快,而房地产具有不动性和客源地域性的特征,虚拟和现实之间总存在差距。

(四)企业自身的网络营销技术薄弱

虽然有些机构可以协助企业建立网址,设计网页,帮助策划企业上网等事宜,但这些机构帮助企业进行网络营销的出发点不同,如出于盈利、促销、爱好等目的,可能没有设身处地从企业角度对企业营销活动进行深入研究,并结合企业的整体经营战略提供全方位的技术支持。因此,难以取得良好的营销效果。

(五)开展网络营销缺乏计划性

实际上,房地产项目在开展网络营销活动时,应明确企业建立网站的目标,做出完整计划,包括目的、市场调研、网络服务情况、所需的资源、资金分配、预期效果等。有些企业开设网站可能只是为了追赶时髦,甚至对网络营销活动所需的费用都没有明确的概念。在现实中,信息流动量大,网站只有保持及时的更新,才能吸引消费者的关注。但是,网站的更新和维护都需要费用的支出，有的企业进行了前期的网站建设，却没有考虑到后期对网络营销效果的评测工作。所以，企业应建立监控机制和相应的工具，评估网络营销计划的进展和成果。浏览人数不能简单作为评估指标，更有效的参考指标包括查询成交人数、网页登记人数等。

（六）法律保护和网络安全技术保护落后

网络是一个开放的空间，在网上发布广告、张贴信息、拍卖产品很难受到《广告法》《拍卖法》的保护。现实中的网络安全技术也处在“瓶颈”阶段，网站经常受到黑客的攻击，网络信息的安全性受到很大的挑战。

四、网络营销的具体应用

楼盘的开发商利用互联网，通过多个平台的架设，分别与供应商、目标消费群、业主等群体进行相互的信息交流，完成网络营销的功能。

（一）采购通道

房地产商通过互联网对供应链的重新整合，建立起相关企业的信息高速公路，形成企业之间的信息链，改变了产业内上下游企业之间以及企业与政府之间的交往方式，建立无场地办公环境的虚拟房地产企业。例如，房地产开发企业可以利用电子商务进行项目招标，与咨询企业、建材企业、物业管理公司等直接开展业务。

（二）广告宣传

通过门户网站、专业网站及自建网站在网上对开发项目进行宣传，企业网站信息由企业制定，不受传统媒体的时间、版面等限制，也可伴随着企业的发展适时更新，利用虚拟现实等媒体手段吸引大众注意并与访问者进行双向交流。

（三）销售渠道

房地产数字化销售平台可以分为网络直销和网络间接销售两种。网络直销是指开发商通过网络渠道直接销售产品。通行的做法有两种：一种是企业在网上申请域名，建立自己的站点，由网络管理员负责产品销售信息的处理；另一种是委托信息服务商发布网上信息，以此与客户联系并直接销售产品。网络间接销售是指利用网上中介机构进行销售。专业代理网站不仅拥有数量可观的访问群，而且具有房地产专业知识和丰富的营销经验，能够很好地完成营销策划。考虑到本身的实力以及建立和维护网站的成本，这种间接渠道策略尤其适用于中小型房地产公司。

（四）信息发布

利用网站或所设计的网页进行项目相关信息的发布，如项目的建设进度、最新的房地产法规、楼盘的促销信息等，项目某些方案的意见征集也可以利用网络迅速地发布出去。一般承担信息发布职能的网站，至少提供如下信息：楼盘的介绍，包括文本和图像，当浏览者点击文本或者图像时会产生一个更加详细的介绍；开发商的信息，包括背景介绍、公司动态、财务报告等；与开发商交流的机会，这是体现互联网方便沟通的重要方面；离开网址前的订购机会等。

（五）管理服务

房地产网络营销的管理平台是产品售后服务中的一环，开发商在网站架设中要为日后物业管理公司开辟专用的空间，物业管理公司可以以此发布公告通知、小区财务管理情况，听取业主意见，有利于日后小区的规范化管理。现在多数房地产网站的网上社区、移动互联网业主群等，成为业主与业主之间的一个交流空间。

(六)网络促销

网络促销不同于网络销售，前者在实际的情况中，对促进传统的销售十分有效。网络竞价是一种新兴的定价方式，是由消费者按照其所掌握的有关综合信息和物业评价以及需求的迫切程度等因素而进行报价。开发商将众多消费者的报价进行比较分析，择优达成交易。还可以开展网上房展会，网上房展会不受时间和地域的限制，又可以使展会费用大为降低，让利于消费者。企业还可以借助一些著名网站或者自己建立商务网站，实现网络促销策略，同时精心考虑全新的网上产品广告模式，有选择性地向用户提供多层次的信息内容，随时根据市场情况和新产品情况进行调整。

(七)市场调研

网络调研承担的主要工作包括市场分析、产品和服务研究、市场营销策略研究等。企业市场营销可以通过对客户进行项目产品的网络调研，接受意见反馈，从中发现消费者需求动向，从而为企业细分市场提供依据。此外，还可以通过在线调查或者电子邮件的方式完成市场调研。

五、房地产网络营销的管理方式

(一)应尽早申请和保护自己的网络域名

房地产的网络营销者最好尽早申请一个互联网网址，使每一个网络用户在互联网上唯一地识别和搜索到自己的网站。此外，还必须通过法律等手段保护好自己的域名，防止其他人使用和抢注自己的域名。

(二)充实网页内容，体现企业特色

房地产企业应注重网页内容的创意和更新，要站在行业和企业文化的角度决定信息内容，突出企业特色，丰富网页内容。网络主页的设计不仅要宣传企业和介绍房地产项目，还应包括项目的建设进度、最新的房地产法规、楼盘的促销信息等相关项目信息的发布。

(三)提高可信度

网站信息的有效性是指用户可以从网站获得有价值的信息，因此要求网站信息是真实的、最新的、详细的。尤其是用户所关心的内容，如公司介绍、房屋详细说明、详细的联系方式等，更要详细列入网站信息内。如果网站上无法获得详细的联系信息，或者获得的是已经无效的信息，用户对于企业的信誉、售后服务水平等都会产生质疑。

练习题

一、思考题

1. 简述房地产品牌营销提升的方式。
2. 房地产关系营销实施的策略有哪些？
3. 什么是房地产概念营销？其特点和类型有哪些？
4. 什么是概念营销的聚焦和发散？
5. 说明现阶段我国房地产企业的概念营销。

6. 文化营销的特征是什么？

7. 体验营销的四个环节是什么？

二、案例分析训练

西部的发现

西部名都花园紧邻西部集团开发管理的新泉大厦、新怡苑、西部大楼，一个 21 世纪大型生活圈——西部家园正在崛起，总建筑面积为 20 万平方米。集住宅、商业、办公、娱乐、休闲为一体的西部家园，美轮美奂，增值无限。

在“西部的发现”的总概念下，发散“西部”“名都”“房型”三大概念，珠联璧合，相得益彰。楼盘的精华在这里凝结，积淀下来，传递送达给顾客。

（一）“西部”概念

西部名都花园坐落在上海志丹路、甘泉路西北面。“西部”概念先从成熟的区位来阐述：西部名都花园步行 10 分钟内，交通、购物、娱乐、就医等人生的需要都能得到满足。

（二）“名都”概念

“名都”概念首先从小区各栋房子的命名着手。小区内各栋房子分别命名为雅典阁、巴黎阁、费城阁、香港阁、澳门阁等。

销售单片这样描绘“名都”的风采：有巴黎的优雅、威尼斯的浪漫、华盛顿的富足，也有悉尼的清新、曼谷的热情、新加坡的精致。

（三）“房型”概念

西部名都花园房型单位面积由 64.51 平方米至 205.87 平方米。房型概念通过经济性与舒适性来体现。

1. 经济性

首先是精心设计，提高得房率。西部名都花园的平面布局不是单纯地通过缩小公用面积来提高单套室内面积得房率，而是精心设计公用空间面积，减少不必要的浪费。这样既体现了住宅平面布局的宽敞舒适，又相应提高了单室内面积得房率。西部名都多层的得房率为 85%，小高层的得房率为 80%。

其次是合理配比厅卧厨卫面积。单套面积中厅卧厨卫大小体现合理的配比，并不盲目地追求小卧、大厅、大卫、大厨。

2. 舒适性

“四明”特征，即各种房型均为明厅、明卧、明厨、明卫。主卧室和一部分客厅朝南，坐拥阳光。

功能合理。卧室或客厅设置储藏室外，安放家庭杂乱用品，或作衣橱。卫生间外带洗衣处，盥洗洗衣分离。

问题：

1. 该案例体现的是哪种营销理论？

2. 这种营销能够给消费者带来什么样的影响？

参考文献

1. 陈林杰. 房地产营销与策划实务(第二版),机械工业出版社,2018.4.
2. 陈基纯,徐捷. 房地产市场营销理论与实务,化学工业出版社,2013.1.
3. 彭加亮. 房地产市场营销(第二版),高等教育出版社,2006.1.